21世纪高等学校计算机规划教材

21st Century University Planned Textbooks of Computer Science

Flash CS5 多媒体课件制作技术

Flash CS5 The Production of Multimedia Courseware

杨柳 主编

刘小娟 张英香 王可 罗孟华 李军 副主编

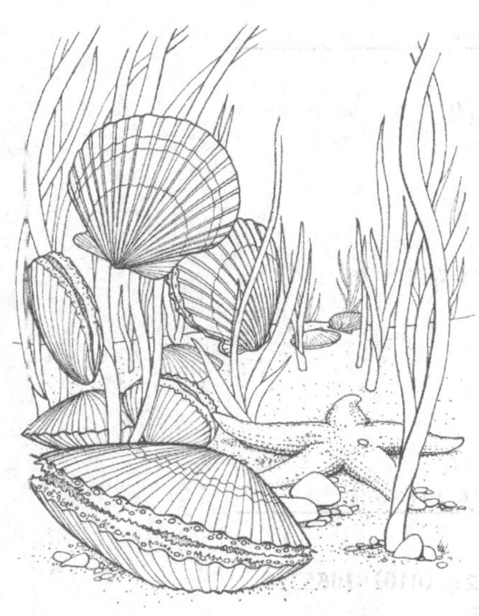

人 民 邮 电 出 版 社

北 京

图书在版编目（CIP）数据

Flash CS5多媒体课件制作技术 / 杨柳主编. -- 北京 : 人民邮电出版社, 2013.10
21世纪高等学校计算机规划教材
ISBN 978-7-115-32840-3

Ⅰ. ①F… Ⅱ. ①杨… Ⅲ. ①多媒体课件—动画制作软件—高等学校—教材 Ⅳ. ①G434

中国版本图书馆CIP数据核字(2013)第196334号

内容提要

随着我国教育信息化的不断深入，社会对教师各方面素质的要求也越来越高，尤其是信息技术方面的要求提到了一个较高的水平，急需一批高素质的课件制作人才。本书通过案例教学由浅入深、由易到难，详细讲解了 Flash CS5 的各项功能及制作课件的技巧，思路清晰，易于理解，让读者通过自学能够在短时间内掌握 Flash 课件制作的各项技巧和方法，迅速提高 Flash 课件制作的能力。

本书共分 8 章：其中第 1 章至第 5 章为基础部分，通过简单的案例，不仅介绍了 Flash 的基本概念、基本操作和基础动画制作，还介绍了图像、声音和视频的处理以及行为的使用；第 6 章和第 7 章为提高部分，这两章通过案例讲解了 Flash 中使用代码编程制作交互课件的相关知识和方法；第 8 章为综合应用部分，以语文、数学等课件的开发为例，详细讲解了课件制作的整个过程以及制作中的技术难点和要点。

本书既可作为高等院校多媒体课件制作课程的教材，也可供一线教师或从事多媒体课件开发的人员参考。

◆ 主　　编　杨　柳
　副 主 编　刘小娟　张英香　王　可　罗孟华　李　军
　责任编辑　王　威
　执行编辑　范博涛
　责任印制　焦志炜

◆ 人民邮电出版社出版发行　　北京市丰台区成寿寺路 11 号
　邮编　100164　　电子邮件　315@ptpress.com.cn
　网址　http://www.ptpress.com.cn
　北京天宇星印刷厂印刷

◆ 开本：787×1092　1/16
　印张：15.5　　　　2013 年 10 月第 1 版
　字数：429 千字　　2025 年 1 月北京第 19 次印刷

定价：45.00 元（附光盘）

读者服务热线：(010)81055256　印装质量热线：(010)81055316
反盗版热线：(010)81055315
广告经营许可证：京东市监广登字 20170147 号

前 言

随着多媒体计算机技术和网络技术的快速发展，信息时代已悄然而至，这给各行各业带来了发展的契机，也使得教育行业迎来了前所未有的发展机遇。教育部在关于推进教师教育信息化建设的意见中明确指出："信息化是当今世界发展的潮流，是社会发展的趋势，信息化水平已成为衡量一个国家现代化水平和综合国力的重要指标，积极推进国家信息化是我国国民经济和社会发展的重要战略举措。提高国民的信息素养，培养信息化人才是国家信息化建设的根本，教育信息化是国家信息化建设的重要基础。教师教育信息化既是教育信息化的重要组成部分，又是推动教育信息化建设的重要力量。"

教育信息化的发展急需越来越多的课件制作人才，急需越来越好的课件资源，为全面推进教育信息化进程，加快信息技术与学科教学的整合，提高教师多媒体课件制作水平已经迫在眉睫。

本书具有以下特色。

■ 结构清晰、内容全面

本书内容全面、图文并茂、结构清晰、由浅入深，详细介绍了 Flash 在课件开发方面的技术和方法，不仅能让读者较快地掌握 Flash 课件制作的相关知识，还能为读者开发设计课件提供借鉴参考。

■ 以案例为中心，上手快

本书以实例为中心，将软件的使用方法和课件的制作思路、方法、技巧等串联起来讲解，针对性更强，可以使读者在制作实例的同时轻松掌握制作课件的技术和方法。

■ 资源丰富，实用性强

本书的配套光盘提供了书中所讲授课件案例的源文件及素材。这些案例典型而实用，都是针对中小学课程设计出的精典案例，能够将教学内容与信息技术有机地结合起来，既发挥了教育技术的特点，又解决了教学中的重点和难点。读者完全可以将这些课件直接用到自己的教学中去，或是以这些课件案例为模板稍作修改，举一反三，制作出更多更实用的课件。

参与本书编写的作者为多年从事教学工作的资深教师和担任"多媒体课件制作"等相关课程教授工作的一线教师，具有丰富的教学经验和课件制作经验，所制作或指导制作的课件多次参加各类比赛荣获大奖。

本书第 1 章为张英香编写；第 2 章为刘小娟编写；第 3 章为王可编写；第 4 章、第 5 章为李军编写；第 6 章为杨柳编写；第 7 章为罗孟华编写；第 8 章第 1 节、第 3 节为刘小娟编写；第 8 章第 2 节为王可编写。主编杨柳做最后的统稿和修改。

课件制作是发展中的学科，由于我们的水平有限，书中难免有不当和错误之处，希望读者批评指正。

编 者

2013 年 6 月

目录

第 1 章 Flash CS5 基础知识

本章主要介绍 Flash CS5 及课件制作的基础知识，包括 Flash 的发展、课件制作原则及综合评价标准、Flash CS5 界面及文档的创建、保存、测试和发布等。并用简单而有趣的动画让读者迅速了解制作 Flash 动画的基本流程，激发读者的学习兴趣。

本章学习目标

- 了解 Flash 动画的发展和应用范围
- 了解 Flash CS5 界面的基本功能
- 掌握 Flash CS5 界面的相关操作
- 掌握 Flash 文件的创建、保存
- 掌握文档属性的设置
- 掌握影片的测试和发布

1.1 Flash CS5 及课件制作简介

Adobe Flash（原称为 Macromedia Flash，通常简称 Flash，其前身为 FutureSplash）是美国 Macromedia 公司（现在已被 Adobe 公司收购）所设计的一款二维动画软件。曾与 Dreamweaver（网页制作工具软件）和 Fireworks（图像处理软件）并称为“网页三剑客”。

1.1.1 Flash 的发展

Flash 最早期的版本称为 Future Splash Animator。1996 年 11 月，Future Splash Animator 卖给了 Macromedia，同时改名为 Flash1.0。Macromedia 公司在 1997 年 6 月推出了 Flash 2.0，引入了库的概念。1998 年 5 月推出 Flash 3.0，支持影片剪辑、Javascript 插件、透明度和独立播放器。1999 年 6 月推出了 Flash 4.0，支持流媒体 MP3、变量、文本输入框等， 并对 ActionScript 功能进行了增强。同时，Flash 4.0 开始有了自己专用的播放器——Flash Player。

2000 年 8 月，Macromedia 推出了 Flash 5.0 ，它所支持的播放器为 Flash Player 5。Flash 5.0 中的 ActionScript 已有了长足的进步，并且开始支持 XML、Java、Smart Clip（智能影片剪辑）、HTML 文本格式。ActionScript 的语法已经开始定位发展成为一种完整的面向对象的语言，并且遵循 ECMAScript 的标准。

2002 年 3 月 Macromedia 推出了 Flash MX，支持的播放器为 Flash Player 6。Flash 6 支持外部 jpg 和 MP3 文件的调入，同时也增加了更多的内建对象，提供了对 HTML 文本更精确的控制，同时也改进了 SWF 文件的压缩技术。

2003 年 8 月 Macromedia 推出了 Flash MX 2004，其播放器的版本被命名为 Flash Player 7。不仅增加了对移动设备和手机、Pocket PC 的支持，还增加了像素字体的清晰显示、可视编程环境等功能，同时 Flash Player 的运行性能提高了 2 ~ 5 倍。

2005 年 10 月，Macromedia 推出了 Flash 8.0，增强了对视频支持。可以打包成 Flash 视频（即 *.flv 文件）；改进了动作脚本面板。

2005 年 Adobe 耗资 34 亿美元并购了 Macromedia。从此，Flash 便被冠以 Adobe 的名头，不久 Adobe 以自己的名义推出 Flash 产品，名为 Adobe Flash CS3（同时也发布了多款捆绑套装）。

2008 年底 Adobe 推出的 Adobe Creative Suite 4 Master Collection 套装（简称 Adobe CS4）中，含有最新版的 Flash CS 4。

2011 年 5 月 Adobe 推出的最新版本 Adobe Flash CS5。其功能有 6 大特点：XFL 格式（Flash 专业版）、文本布局（Flash 专业版）、代码片段库（Flash 专业版）、与 Flash Builder 完美集成、与 Flash Catalyst 完美集成、Flash Player 10.1 无处不在。

1.1.2 课件制作原则及综合评价标准

1. 教学性

教学是课件的出发点也是课件的终结点，也就是说课件来源于教学最终要服务于教学。课件的教学目标应符合教学大纲（课程标准）的要求，适应教学的实际需要，符合教育应遵循的整体梯度推进方式。因此，在多媒体课件中要注意视频、动画、声音、图片等应符合教学的要求，准确无误地通过从各种感官来激发学生，积极调动学生多参与，使其集中注意力，优化教学过程，获得化抽象为形象、化难为易、有效降低教学难度的效果。具体评价标准。

（1）课件知识点是否依据小学课程大纲的要求，教学目标明确，知识点覆盖全面，对学习中的重点、难点、疑点问题和关键知识点讲解透彻，提供能满足学生自主探索学习所需的丰富的学习资源；

（2）课件中是否使用多种与学习内容相关的教学策略，有效地吸引学习者的注意和兴趣，能否调动学习者的积极性，提高教学效率；

（3）课件从教学实际出发，有较强的针对性，选题和内容表达能突出主题、突出重点、突破难点，能解决传统教学难以解决的问题；

（4）课件符合教学原则和认知规律，结构清晰合理，符合教学内容表述的需要；内容组织清楚，阐述、演示逻辑性强，分析、综合、推理深入浅出，富有启发性，能使抽象理论形象化，复杂问题简明化；

（5）课件能够调动师生之间、学生之间、学生与课件之间丰富的交流活动。

2. 科学性

科学性是评价课件的基准，它是课件设计的生命，直接决定了是否能取得良好的教学效果。尤其是小学生，对概念及观点的认知处于记忆再理解的阶段，对概念及观念的表述特别要求科学、严谨、准确无误。又由于小学生对色彩、动画的感知比较容易接受，所以对动画、视频和图片等素材选取要恰当；课件的展示手法、表现形式和连接方式要符合学生的认知规律、思维特点，体现并遵循教育教学规律。具体评价标准如下。

（1）语言表述、用词、概念、定义、公式、字词用法等规范并准确无误，文字符号无错别字，实例贴近生活，真实可靠；

（2）分析、阐述要严谨准确，实验方法、步骤正确无误，符合科学规律；

（3）动画模拟效果逼真，能正确反映具体的现实生活现象和科学原理。

3. 技术性

技术性是完成课件的基础。它直接影响到课件的效果和课件运行，以及是否真正起到为教学服务的作用。课件应能让每一位使用者易于上手，因此，制作出条理清楚、功能明确、易于使用的课件必须有较强的技术性作保证，具体评价标准：

（1）对运行环境要求低，性能稳定，兼容性强；

（2）人机交互性强，操作界面新颖，可靠性好；

（3）图像清晰稳定，画面美观，色彩清新明快，动画或视频播放流畅，画面过渡自然；

（4）配乐得体，音响效果好，声画同步；

（5）技术先进，程序设计合理，技术有突破。

4. 操作性

课件操作简洁明了、功能明确、易于操作，对教师课堂教学及方便处理操作错误都起到很重要的作用。其评价标准如下。

（1）课件跳转或交互菜单设计层次分明、简捷、准确、快速；

（2）较长的等待课件应有提示信息，能按要求控制课件播放进程；

（3）如果不慎执行了误操作，可以方便地退出或重新切入，不会出现死机现象；

（4）按钮和图标设置寓意明确，交互操作尽量采用“用鼠标寻找交互，用光标形状的改变表征交互，用鼠标左键实现交互”的方式，信息提示形式运用恰当。

5. 艺术性

艺术性在很大程度上决定了课件的成功与否，因为课件的一个重要作用就是能吸引学生的注意力，让他们能较长时间地把目光停留在课件上。这样就要求从小学生的认知习惯、审美观点出发，通过课件构建一种知识与艺术互动的氛围，让学生在审美享受中接受知识、启迪智慧、开发思想并逐渐培养欣赏美、创造美的能力。从而达到激发学生的兴趣，让他们的生理和心理始终处在积极认知的状态中。具体评价标准如下。

（1）色彩符合实际，背景选用突出主体；整体颜色明快、和谐；

（2）画面布局主体突出、构图均衡；展示的对象结构对称；色彩搭配合理，符合小学生的审美观；

（3）文字采用适宜小学生的字体，字号适当，数量适中；

（4）音乐旋律优美，音响效果与画面相协调，节奏舒展；配音标准，语速适中、音量适度不会干扰注意力；

（5）图像、动画、视频处理细致，运用恰当。

6. 共享性

课件的共享性对于现在这种注重知识产权的时代是一个比较敏感的话题，现在网上比较好的课件都采用了一定的技术保护，一般技术人员都很难进行二次修改。但是共享却能有效地提高课件的质量，因为一个课件制作者所具备的知识和技术毕竟有限，所以做出来的课件具有一定的技术偏向性，那么共享对课件的优化就显得尤为重要。具体评价标准如下。

（1）能够实现图像、声音、视频等素材的共享。

（2）易于对课件进行全部修改或部分修改。

1.2 Flash CS5 工作界面

1.2.1 界面简介

1. Flash CS5 开始页

运行 Flash 后，便会打开【开始页】(见图 1-1)。通过【开始页】，可以轻松地进行常用的操作。

图 1-1 开始页

【开始页】包含以下 5 个区域。

(1) 从模板创建：列出了创建新 Flash 文件最常用的模板。单击列表中的模板创建新文件。

(2) 打开最近的项目：用于打开最近的文档，也可以通过【打开】按钮显示【打开】对话框。

(3) 新建：列出了 Flash 可创建的文件类型，如：ActionScript3.0 文件，iPhone OS 文件等。单击列表中的文件类型可快速创建新的文件。

(4) 扩展：用户可以在其中下载 Flash 的扩展程序、脚本以及相关信息。

(5) 学习：用于学习、了解 Flash 的相关知识。

2. Flash CS5 操作界面

Flash CS5 的操作界面由以下几部分组成：菜单栏、工具栏、时间轴面板、舞台、属性面板以及浮动面板（见图 1-2）。

标题栏
菜单栏
时间轴
面板
工具栏
工作区
舞台（编辑区）
工作区
浮动面板
属性面板

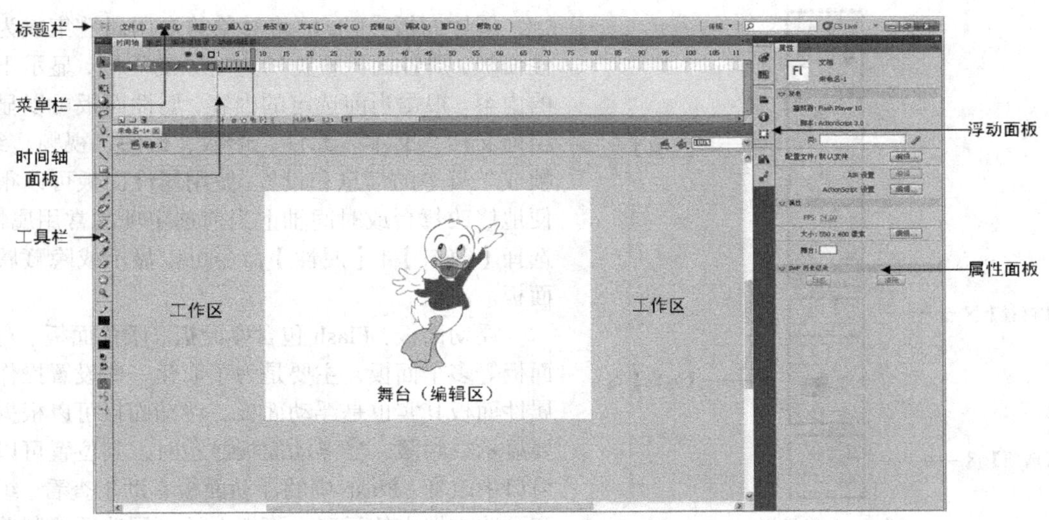

图 1-2　Flash CS5 工作界面

菜单栏：菜单栏包括 11 组菜单命令（见图 1-3），利用菜单命令可以完成对动画的编辑、色彩调整、添加代码、显示或隐藏浮动面板等操作。

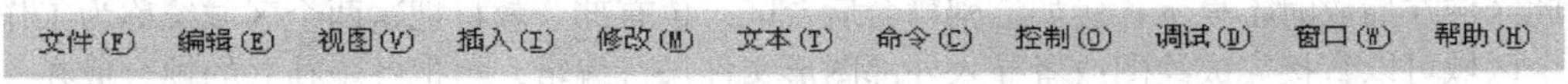

文件(F)　编辑(E)　视图(V)　插入(I)　修改(M)　文本(T)　命令(C)　控制(O)　调试(D)　窗口(W)　帮助(H)

图 1-3　菜单栏

【文件】菜单中的命令主要用于一些基本的文件管理操作。如新建、保存、打印等，是最常用和最基本的一些功能。

【编辑】菜单中的命令主要用于进行一些基本的编辑操作，如复制、粘贴、选择及相关设置等，都是动画制作过程中很常用的命令集。

【视图】菜单中的命令主要用于屏幕显示的控制，如缩放、网格、各区域的显示与隐藏等。

【插入】菜单提供的多为插入命令，例如向库中添加元件、在动画中添加场景、在场景中添加层、在层中添加帧等操作，都是制作动画时所需的命令组。

【修改】菜单中的命令主要用于修改动画中各种对象的属性，如帧、层、场景，甚至动画本身等。这些命令都是进行动画编辑时的重要工具。

【文本】菜单提供处理文本对象的命令，如字体、字号、段落等文本编辑命令。

【命令】菜单提供了命令的功能集成。用户可以扩充这个菜单，以添加自定义的命令。

【控制】菜单相当于 Flash 影片动画的播放控制器，通过其中的命令可以直接控制动画的播放进程和状态。

【调试】菜单提供了影片脚本的调试命令，包括跳入、跳出、设置断点等。

【窗口】菜单提供了 Flash 所有的工具栏、编辑窗口和功能面板，是当前界面形式和状态的总控制器。

【帮助】菜单包括了丰富的帮助信息和教程，是 Flash 提供的帮助的集合。

时间轴面板：时间轴面板主要包括图层面板、状态栏和时间轴三个部分。利用时间轴面板可以完成对图层和帧的管理和编辑。

工具栏：工具栏包含了工具区、查看区、颜色区和选项区等多个功能区，每个区包含多个工具或工具组。利用工具栏可以完成对对象的绘制、填充颜色、选择和修改等操作。

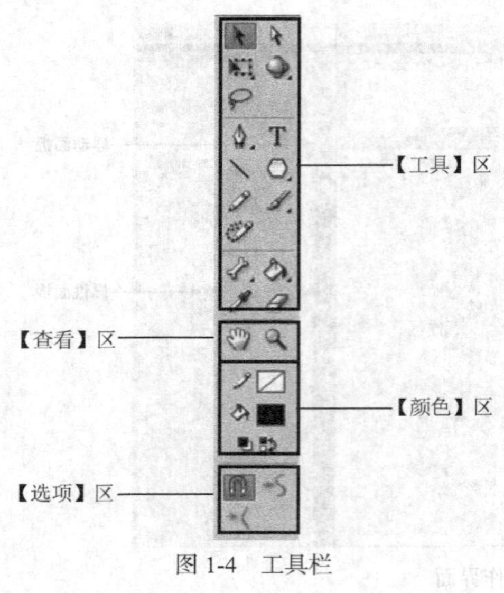

图 1-4　工具栏

属性面板：Flash 将对象的常用属性集成为属性面板，属性面板根据所选对象的不同，显示不同的内容。根据当前选定的内容，属性面板可以显示当前文档、文本、元件、形状、位图、视频、组、帧或工具等的信息和设置。使用属性面板可以很方便地修改舞台或时间轴上当前选定项的常用属性。选择【窗口】|【属性】命令可以显示或隐藏属性面板。

浮动面板：Flash 包含库面板、颜色面板、对齐面板等多个面板，主要是为了简化一些设置操作。属性面板其实也是浮动面板。浮动面板可以根据需要显示或隐藏，当浮动面板显示时，其位置可以在窗口中改变。Flash 中的浮动面板有助于查看、组织和更改文档中的元素。面板上的可用选项控制着元件、实例、颜色、类型、帧和其他元素的特征。

舞台：Flash 主要编辑区，默认为白色背景，大小为 550 像素 × 400 像素。此区域为最主要的可编辑区域。播放时只显示此区域内容，犹如话剧舞台一样，而舞台以外（灰色区域）称为工作区，此区域在播放时不显示，犹如话剧舞台后台区，也有部分教材把这两个区域统称为工作区。在这个区域可以直接完成绘图或者导入外部图形文件进行编辑，再把各个独立的帧合成在一起，形成动画作品。

1.2.2　面板管理与操作

面板可以根据需要进行个性化定制，使操作更加便捷。Flash 中大多数操作都能通过面板来轻松实现。

（1）打开面板：从菜单【窗口】选择所需的面板。

（2）关闭面板：从菜单【窗口】选择所需面板或右击要关闭的面板标题栏，在弹出的菜单中选择【关闭组】。

（3）拆分/组合面板：组合的方法是将鼠标放在要组合的面板标签上，出现一个抓手图标，然后拖动鼠标到另一个面板上。目标面板旁边显示一条黑线，以显示面板将插入的位置。确定后释放鼠标。拆分方法和组合方法相同。

（4）展开和折叠面板：直接单击折叠面板图标展开面板。单击面板右上角的折叠箭头折叠面板。

（5）自定义工作区：选择菜单【窗口】|【工作区】|【新建工作区】，创建自定义工作区。通过菜单【窗口】|【工作区】|【重置工作区】|【管理工作区】恢复自定义设置或系统设置。

1.3　Flash CS5 文档操作

1.3.1　创建 Flash 文档

执行【文件】|【新建】命令，在“新建文档”对话框中选择“ActionScript 2.0”或“ActionScript 2.0”选项，如图 1-5 所示。

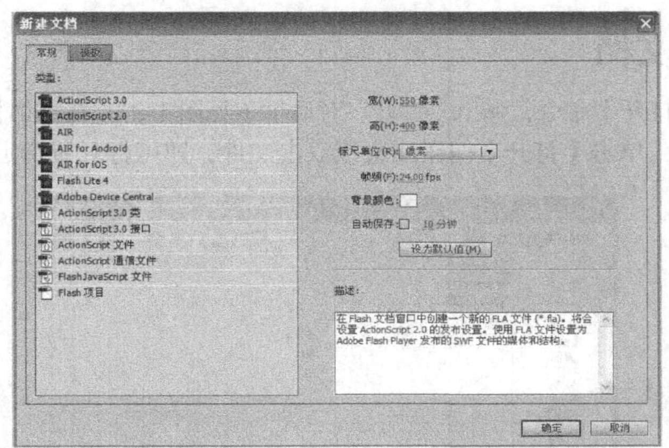

图 1-5　“新建文档”对话框

1.3.2　设置文档属性

执行【修改】|【文档】命令，在“文档设置”对话框（见图 1-6）中设置文档的大小、背景色、动画帧频率和标尺的单位。

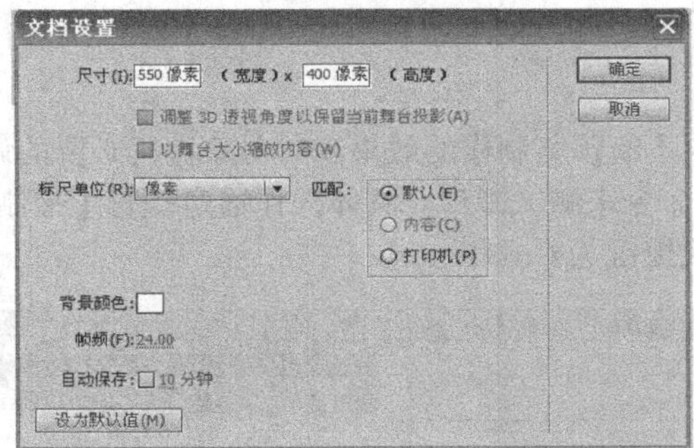

图 1-6　“文档设置”对话框

1.3.3　保存文档

执行【文件】|【保存】命令，在“另存为”对话框（见图 1-7）中设置要保存文件的名称、路径，Flash 源文件的扩展名是.fla。

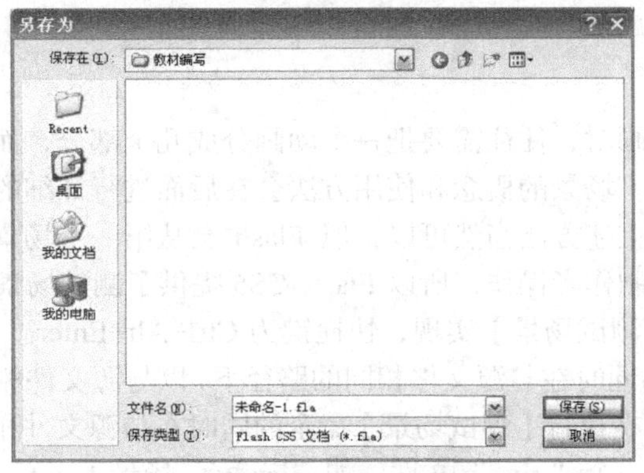

图 1-7　“另存为”对话框

1.3.4 打开文档

执行【文件】|【打开】命令，弹出“打开”对话框（见图 1-8），在对话框中搜索路径和文件，确认文件类型和名称，单击【打开】按钮或直接双击文件，即可打开所指定的动画文件。

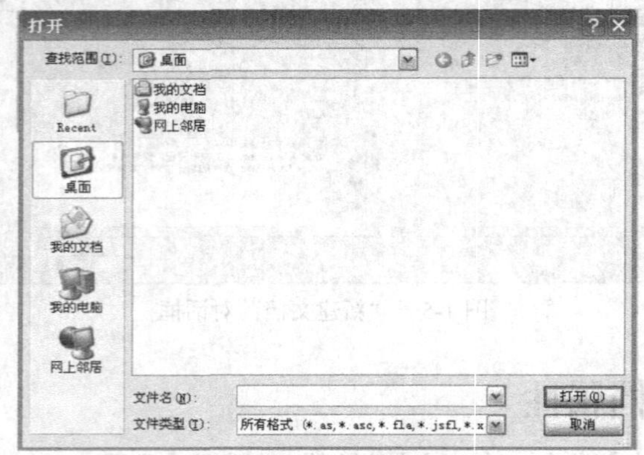

图 1-8 “打开”对话框

1.3.5 测试影片

1. 测试影片

在制作动画过程中需要不断预览制作的效果来对对象进行必要的调整，使动画达到满意效果。Flash CS5 提供了【测试】命令来测试影片。具体操作通过执行【控制】|【测试影片】|【测试】命令来实现（见图 1-9）。快捷键为 Ctrl+Enter。

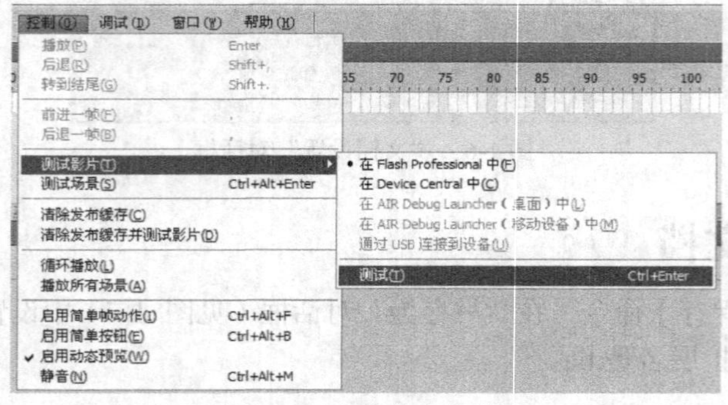

图 1-9 【控制】菜单

2. 测试场景

在编辑较为复杂的动画时，往往需要把一个动画分成几个部分，而且每个部分都能进行独立编辑，这就需要用到场景。场景的概念和使用方法会在后面进行详细的介绍。在需要测试当前场景效果时，如果仍然使用上述方法当然可以，但 Flash 会从第一个场景播放到最后一个场景，这样既浪费了时间也不便于制作者操作，所以 Flash CS5 提供了测试场景的命令（见图 1-8），具体操作通过执行【控制】|【测试场景】实现，快捷键为 Ctrl+Alt+Enter。

在执行【测试】命令的同时在与源文件相同的路径下，以与源文件相同的名字保存一个“.swf”文件；如“未命名.swf”。在执行【测试场景】命令的同时在与源文件相同的路径下，以与源文件相同的名字加场景名保存一个“.swf”文件，如“未命名_场景 1.swf”。

1.3.6 发布影片

Flash CS5 为了便于用户的需要，提供了多种输出格式。可以执行【文件】|【发布设置】命令，打开“发布设置”对话框（见图 1-10）。默认设置为“.swf”和“.HTML”格式，单击不同格式会显示对应文件格式的相关设置。

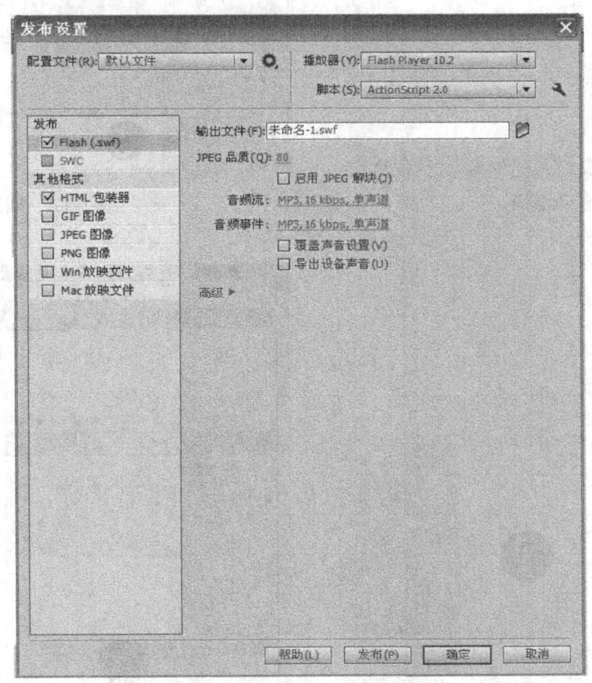

图 1-10 “发布设置”对话框

1.4 课件实战——我的第一个动画

我们已经了解了 Flash 的一些基本知识和操作，现在用一个简单动画来了解 Flash 动画制作的基本流程。

步骤 1 执行【文件】|【新建】命令，在“新建文档”对话框（见图 1-5）中选择“ActionScript 3.0”选项。创建一个空白文件。

步骤 2 执行【修改】|【文档】命令，在“文档属性”对话框（见图 1-6）中设置文档的大小、背景色、动画帧频率和标尺的单位。

步骤 3 单击工具箱中的“椭圆”按钮或按快捷键 O 键，按住鼠标左键不放，拖动鼠标在舞台左边绘制圆形（见图 1-11），然后松开鼠标左键。

步骤 4 移动鼠标至帧面板第 20 帧处，单击右键，执行【插入关键帧】命令（见图 1-12）。

步骤 5 单击工具箱中的“选择工具”按钮或按快捷键 V 键；移动鼠标至圆形上方，按下鼠标左键拖动圆形至舞台右侧（见图 1-13）。

步骤 6 移动鼠标至帧面板第 1 帧至第 20 帧之间任意一帧上，单击右键，执行【创建补间形状】命令（见图 1-14）。

图 1-11　绘制圆形

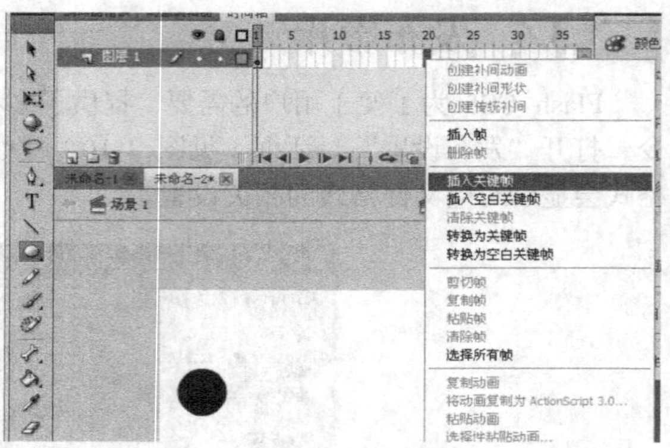

图 1-12　插入关键帧

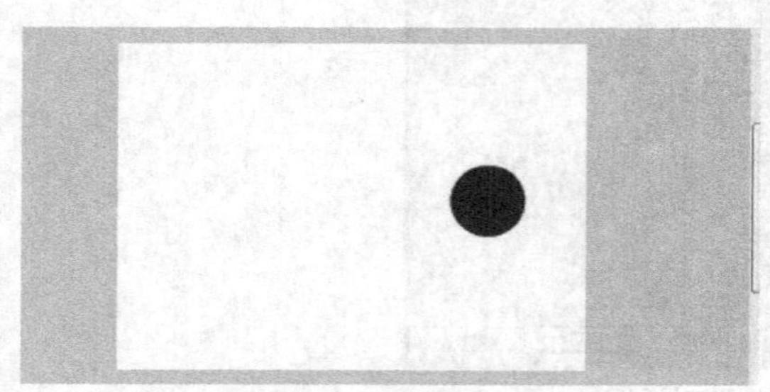

图 1-13　拖动圆形至舞台右侧

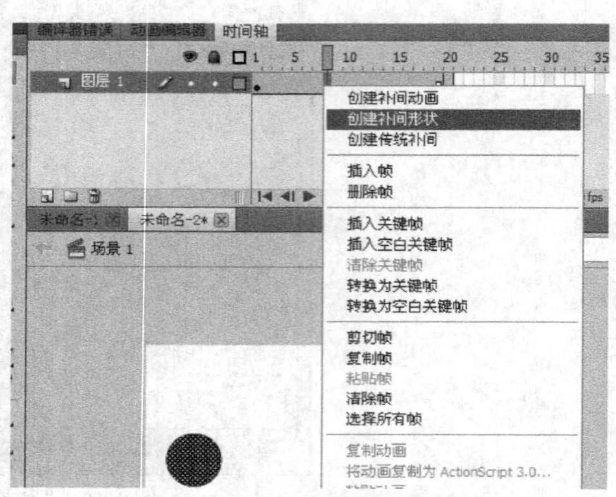

图 1-14　创建补间形状

步骤 7　执行【文件】|【保存】命令，在“另存为”对话框（见图 1-7）中设置要保存文件的路径，取名为“我的第一个动画”，就会把刚才制作的动画保存为“我的第一个动画.fla”文件。

步骤 8　按组合键 Ctrl+Enter 就可以看到动画效果，且会在相同路径产生一个“我的第一个动画.swf”文件，这个文件就是 Flash 的播放文件了，需要安装 Flash 播放器才能打开。

课后练习

1. 熟悉本章所学 Flash 文档的相关操作。
2. 根据实例制作一个上下运动的圆形。

第 2 章 Flash CS5 操作基础

本章主要介绍 Flash CS5 的操作基础知识，包括图形图像的基础知识、认识工具面板、使用绘图工具绘制简易图形、路径工具的使用、如何为图形填充和编辑颜色、如何使用 Deco 工具来装饰画面、如何应用 3D 变形工具创造立体图形、编辑与操作对象、在 Flash 中添加和编辑文字，同时还介绍了辅助绘图工具的使用以及使用滤镜的基本方法等内容。通过本章的学习能为深入学习 Flash CS5 动画制作奠定基础。

本章学习目标

- 了解图形图像的基础知识
- 认识工具面板
- 掌握使用绘图工具绘制与编辑图形
- 掌握 Deco 工具和 3D 变形工具的基本使用方法
- 掌握编辑与操作对象方面的知识
- 掌握文本工具的使用

2.1 Flash 图形基础知识

Flash 的主要功能是制作动画，利用 Flash 可以制作出丰富多彩的动画效果。但是 Flash 动画的基础是图形，没有图形不可能产生动画。因此，为了更深入地理解和掌握 Flash 动画制作的相关知识，我们首先来学习图形图像的基础知识。

2.1.1 矢量图与位图

在计算机中显示的图形一般分为两大类：矢量图和位图。

（1）矢量图

矢量图是以数学的方式对各种各样的形状进行记录，由不同的形状组成的画面称为矢量图形。矢量图一般是以线条和色块为主的，显示与分辨率无关，将其放大或缩小到任意程度，都不会影响清晰度，如图 2-1 所示。

矢量图的另一个特点是文件所占的空间小，方便存储、携带，有利于在网络中传输。

（2）位图

位图也称点阵图，是指以点阵方式保存的图像。它是由许多小方块所组成的图像，这些小方块称为像素，当无限地放大位图时会看到一块一块的像素色块。位图的显示与分辨率有关，当放大到一定程度时，图像会变得模糊，如图 2-2 所示。

相对于矢量图，位图表现出来的色彩信息更为丰富、逼真，也正因如此，位图文件所占的空间比较大，图像的处理速度也慢。

图 2-1 矢量图放大到任意程度都不会失真

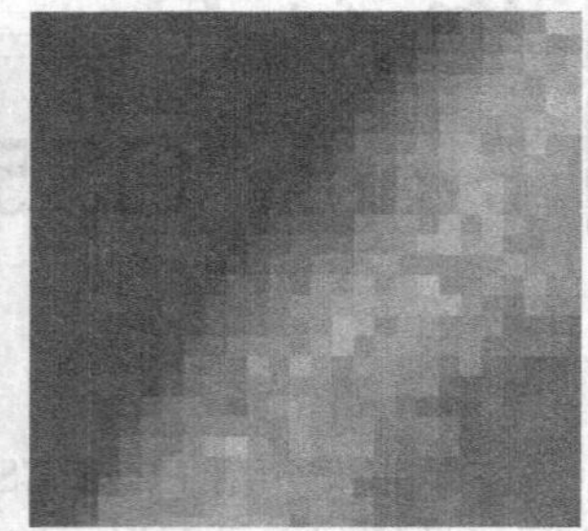

图 2-2 位图放大到一定程度会失真

2.1.2 像素和分辨率

（1）像素

像素是构成图像的最小单位，是图像的基本元素。

（2）分辨率

分辨率是指单位长度中所含像素的数量。与图像处理有关的分辨率有图像分辨率、打印机分辨率和屏幕分辨率等。

（3）图像分辨率

图像分辨率是指每英寸内图像含有的像素数，单位为"像素每英寸或点每英寸"（pixel/inch，ppi）。图像的分辨率越高，图像就会越清晰，文件也会越大，反之亦然。

（4）显示器分辨率

显示器分辨率依赖于显示器尺寸与像素设置，个人计算机显示器的典型分辨率通常为 96 点数/英寸。

（5）打印机分辨率

打印机分辨率指打印机在输出图像时每英寸所产生的点数。如果打印机分辨率为 300 ~ 600 点数/英寸，则图像的分辨率最好为 72 ~ 150 像素/英寸；如果打印机的分辨率为 1200 点数/英寸或更高，则图像分辨率最好为 200 ~ 300 像素/英寸。

通常情况下，如果希望图像仅用于显示，可将其分辨率设置为 96 像素/英寸（与显示器分辨率相同）；如果希望图像用于印刷输出，则应将其分辨率设置为 300 像素/英寸或更高。

2.1.3 颜色及颜色模式

色彩是组成图像的基本信息之一，当色彩运用得不正确的时候，图像就不能成功地表达它要传递的信息，因此图像的处理离不开对色彩的把握。

（1）色彩的 3 种基本特征

色彩的 3 种基本特征又称为色彩的三要素，即色相、明度、纯度。认识色彩的三要素对于我们学习色彩、表现色彩和运用色彩具有重要的作用。

色相：指色彩所呈现出来的相貌，如红、橙、黄、绿等。

明度：指色彩的深浅程度或颜色的明暗程度。明度越高，说明颜色越亮。

纯度：也称饱和度，指色相的鲜艳程度。纯度越大，色彩越鲜艳。

（2）颜色模式

颜色模式是指一种记录和描述图像颜色的方式。每种颜色模式分别表示用于描述颜色和对颜色进行分类的不同方法。常见的颜色模式有 RGB 模式、CMYK 模式和 HSB 模式等。图 2-3 所示的是 Flash 颜色面板中的几种颜色模式表示红颜色时的数值。

a. RGB 模式

基于红（Red）、绿（Green）和蓝（Blue）三原色的加色混合原理，通过对这三种颜色的各种数值进行组合来配置出不同的颜色。彩色电视机的显像管及计算机的显示器都是通过这种方式来混合出各种不同的颜色效果，如图 2-4 所示。

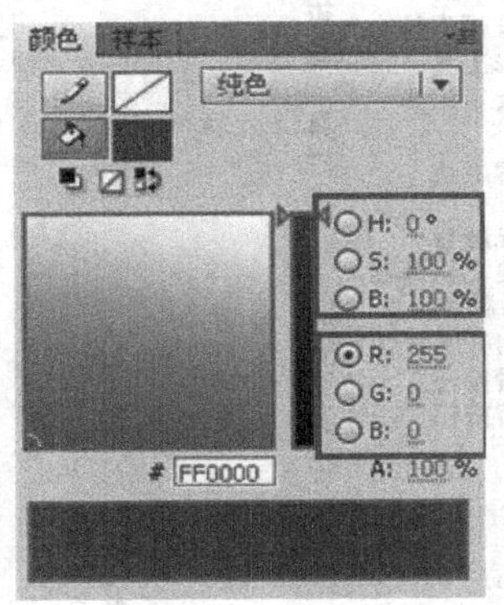

图 2-3　两种颜色模式

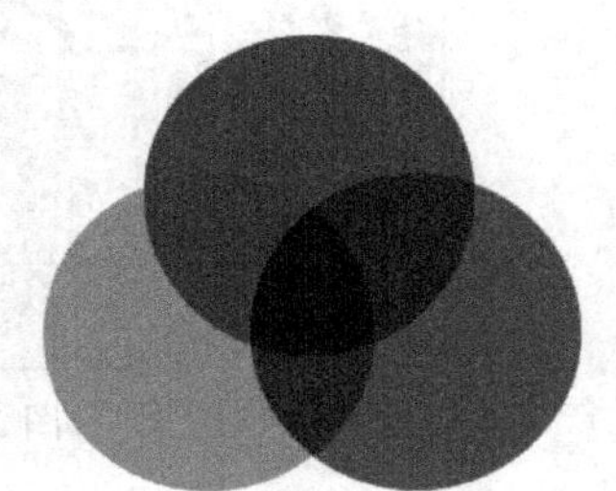
图 2-4　RGB 颜色模式

b. CMYK 模式

CMYK 颜色模式是一种用于印刷的色彩模式，4 个字母分别表示 4 种油墨的颜色：青（Cyan）、品红（Magenta）、黄（Yellow）和黑（Black）。通过这 4 种颜色油墨的各种数值的配比打印出各种不同颜色。

c. HSB 模式

HSB 模式以色相、明度和纯度来表示颜色，是从视觉角度定义颜色的一种模式。在通常的使用中，色相是由颜色名称标识的，比如红、绿或橙色。纯度（饱和度）表示色相中灰色分量所占的比例，使用从 0（灰色）~ 100%（完全饱和）的百分比来度量。明度（亮度）是颜色的相对明暗程度，通常使用从 0（黑色）~ 100%（白色）的百分比来度量。

d. Flash CS5 中颜色模式的选择

在 Flash CS5 中用户可以很方便地使用 RGB 颜色模式或 HSB 颜色模式应用、创建和修改颜色。使用默认调色板或是自己创建的调色板，可以选择应用于待创建对象或舞台中现有对象的笔触或填充的颜色。

2.2　认识“工具”面板

在工具面板中包含了可以绘制、选择和修改图形，为图形填充颜色，或者改变舞台视图的主要工具。用户可以根据自己的喜好来设置工具箱的单列模式或双列模式，其中分为 4 个部分：绘图工具栏选区、查看工具栏选区、颜色工具栏选区以及选项工具栏选区，如图 2-5 所示。

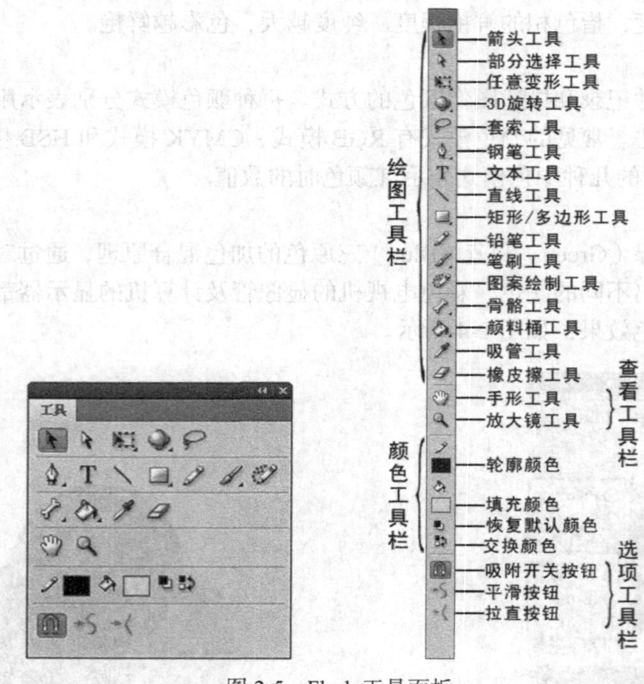

图 2-5　Flash 工具面板

2.3　文字编辑

文本是 Flash 中的重要组成对象，在制作课件、动画时都会用到文本。Flash 在文本处理方面有着强大的功能，不仅可以输入静态文本，还可以制作交互式文本，更可以制作出各种绚丽的文字动画效果。

在 Flash 中，使用【文本工具】可以直接输入文字，在【文本工具】的【属性】面板中可以方便快捷地设置文本类型、字符、段落以及为文本创建超链接等属性。

2.3.1　创建文本

在 Flash 中创建文本的方法：在工具箱中选择【文本工具】T，然后在舞台中以单击鼠标或单击并拖动鼠标的方式即可插入一个文本框，从而可以输入相应的文本文字。

下面通过在舞台中输入文字“动画制作经典实例教程”来详细介绍文本的输入方法。

步骤 1　新建一个 Flash 文档，在工具箱中选择【文本工具】T。

步骤 2　将鼠标移至舞台中，鼠标指针会变成 形状，表明此时可以插入一个文本框，如图 2-6 所示。

步骤 3　单击鼠标左键的同时拖动鼠标即可在舞台中插入一个文本框，此时光标开始闪烁，表明可以在该文本框中输入文字了，如图 2-7 所示。

步骤 4　在文本框中输入文字“动画制作经典实例教程”，当输入的文字超过文本框的长度时会自动换行，如图 2-8 所示。

步骤 5　将鼠标放置于文本框右上角的白色方块上，鼠标指针会变成↔形状，此时按住鼠标左键并拖动即可改变文本框的长度，如图 2-9 所示。

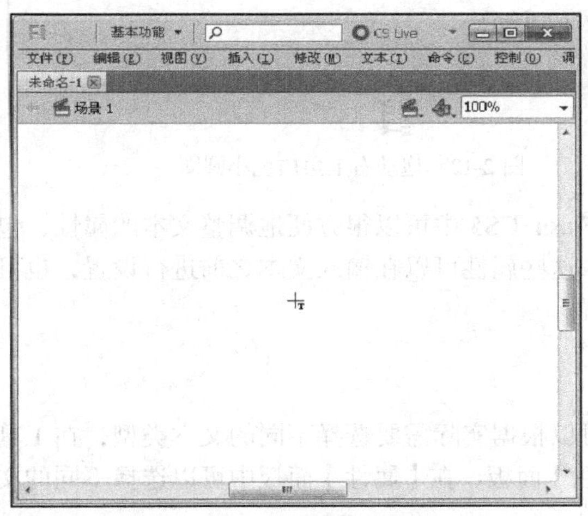

图 2-6　文本框的插入状态

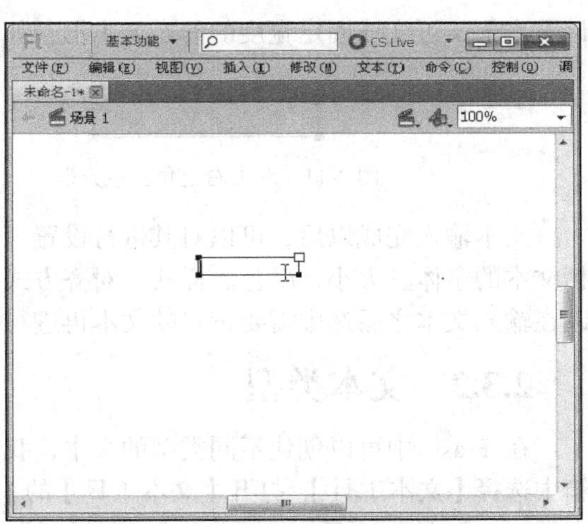

图 2-7　插入文本框后的状态

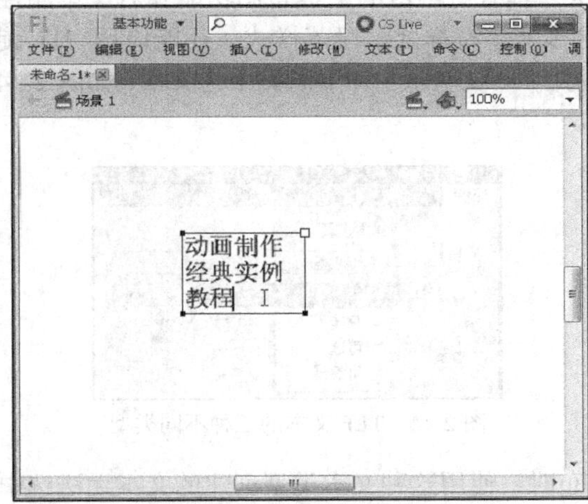

图 2-8　输入文字

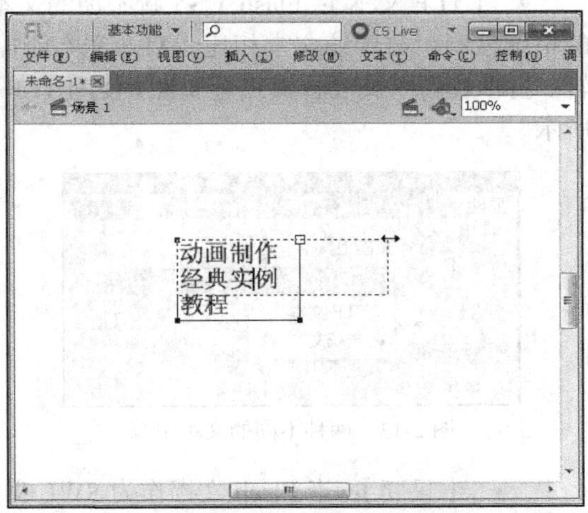

图 2-9　改变文本框的长度

步骤 6　输入并调整文本后，选择工具箱中的【选择工具】即可退出文本的编辑状态，此时文本框内的光标不再闪烁，如图 2-10 所示。如果需要重新编辑该文本框里的文字，只需双击文本框即可切换到文本的可编辑状态。

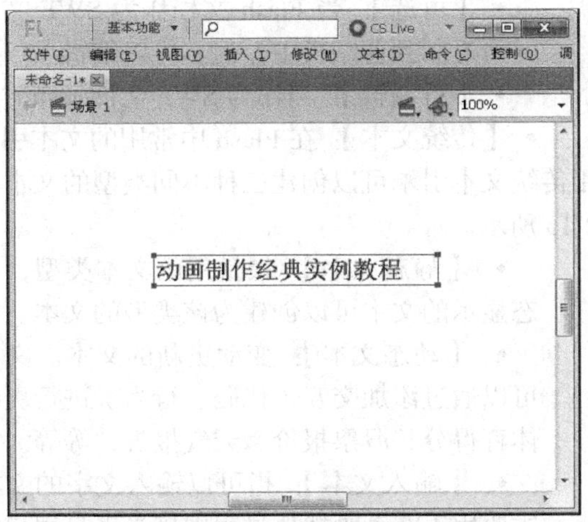

图 2-10　退出文本的编辑状态

在使用【文本工具】T创建文本框时，通过按住鼠标左键并拖动的方式创建的文本框是一个固定宽度的静态文本框，形状如图 2-11 所示，在该文本框中输入的文字长度一旦超过文本框的长度会自动换行；而通过单击鼠标的方式创建的文本框是一个可扩展宽度的静态文本框，形状如图 2-12 所示 ，在此文本框内输入的文字不会自动换行。

在固定宽度的静态文本框右上角的白色小方块上双击鼠标，如图 2-11 所示，该文本框可变成可扩展宽度的静态文本框；在可扩展宽度的静态文本框右上角的白色小圆圈上单击并拖动鼠标，该文本框又可变成固定宽度的静态文本框，如图 2-12 所示。

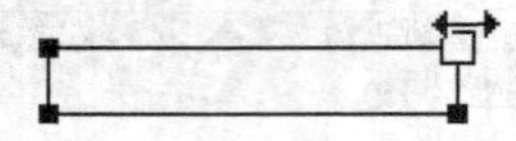

图 2-11　双击右上角白色方框

图 2-12　拖动右上角白色小圆圈

文本输入完成以后，可以对其进行设置。在 Flash CS5 中可以很方便地调整文本的属性，包括文本的字体、大小、颜色、样式、对齐方式等，这些属性可以在输入文本之前进行设置，也可以在输入文本之后选中需要设置的文本再进行设置。

2.3.2　文本类型

在 Flash 中可以创建不同类型的文本，我们可以根据实际需要选择不同的文本类型，在工具箱中选择【文本工具】，打开【文本工具】的【属性】面板，在【属性】面板中可以选择不同的文本类型，如图 2-13 所示。

- 【TLF 文本】：Flash CS5 新添加的文本引擎，具有更丰富的文本布局功能和对文本属性的精细控制，与传统文本相比，TLF 文本能提供更多的字符样式、段落样式，还能应用 3D 旋转、色彩效果以及混合模式等属性。使用 TLF 文本引擎可以创建 3 种不同类型的文本，如图 2-14 所示。

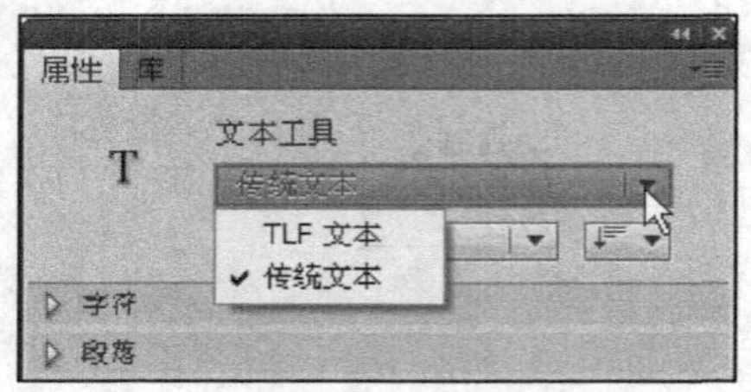

图 2-13　两种不同的文本引擎

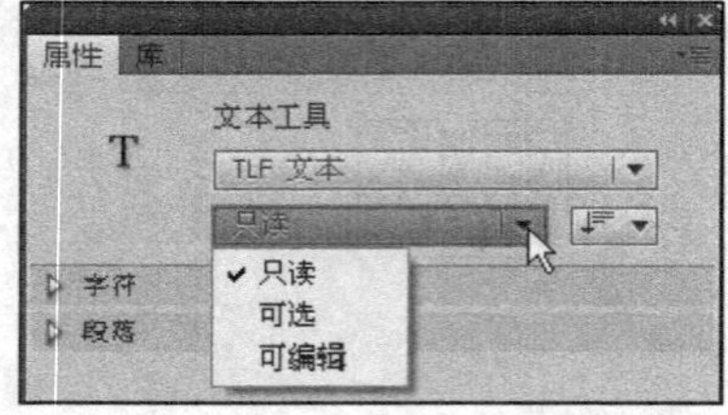

图 2-14　TLF 文本的三种不同类型

◆【只读】：当 Flash 文档作为 SWF 文件发布时，使用这种文本类型创建的文本无法选中或编辑。

◆【可选】：当 Flash 文档作为 SWF 文件发布时，使用这种文本类型创建的文本可以选中并可复制到剪贴板中，但不可以编辑。

◆【可编辑】：当作为 SWF 文件发布时，文本可以选中和编辑。

- 【传统文本】：在 Flash 中常用的文本引擎，使用传统文本引擎可以创建三种不同类型的文本，如图 2-15 所示。

◆【静态文本】：最常用的文本类型，用于静态显示的文本可以创建为该类型的文本。

◆【动态文本】：变动更新的文本。文本内容可以通过添加交互（代码、行为）进行更改。如体育得分、股票报价、天气报告，等等。

◆【输入文本】：指可以输入文字的文本框。主要用于在动画播放过程中接受来自用户的输入操作数据。

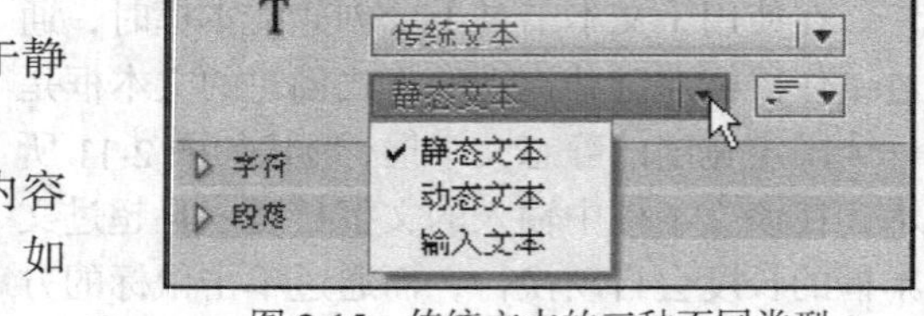

图 2-15　传统文本的三种不同类型

- 改变文本方向按钮：该按钮位于【文本类型】选框的右侧，单击可弹出下拉列表，提供 3 种选择方式，如图 2-16 所示。

◆ 【水平】：选择该项时，文本将在水平方向上从左向右依次横排。

◆ 【垂直】：选择该项时，文本将在垂直方向上下排列，并从右向左依次横排。

◆ 【垂直，从左向右】：选择此项时，文本将在垂直方向上下排列，并从左往右依次横排。

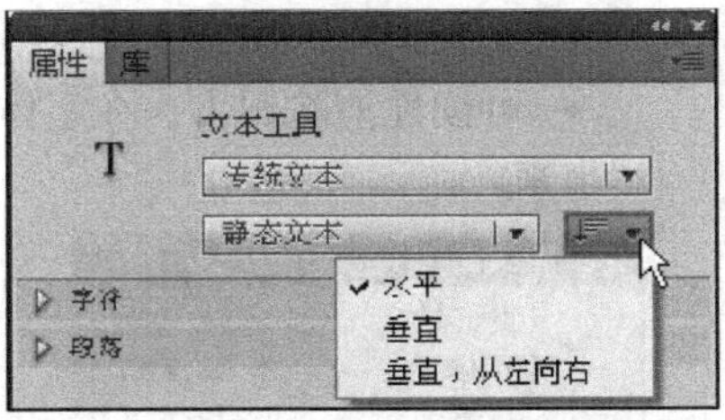

图 2-16　改变文本方向的下拉列表

2.3.3　设置字符属性

在 Flash 中输入文本之后，需要对文本的属性进行相应的设置，文本属性主要包括字符属性和段落属性，这一节主要介绍字符属性的设置。

字符属性一般包括字体、字号、颜色、字符间距、自动字距微调和字符位置等，在【文本工具】的【属性】面板中可以对这些字符属性进行详细的设置。

（1）传统文本的字符属性设置

选择【文本工具】，打开【文本工具】的【属性】面板，在文本引擎的下拉列表中选择【传统文本】选项，单击【字符】选项前的小图标▷，展开字符设置选项，如图 2-17 所示。

- 系列：黑体：用于设置文本字体的字型。下拉列表框中列出了计算机上所有可用的字体。
- 样式：Regular：用于设置字体样式。下拉列表中一般包含常规、粗体或斜体 3 种样式。
- 大小：20.0 点：用于设置文本字体的字号。可以在大小文本框中直接输入字号的值来改变文字的大小，也可以在鼠标指针变为形状时，单击鼠标左键并前后拖动鼠标来改变字号的大小。
- 字母间距：0.0：用来设置文字之间的间距。可以在文本框内输入数值进行设置，也可以单击鼠标左键并前后拖动来设置字母间距。
- 颜色：：用于设置文本字体的颜色。单击颜色框后，在弹出的颜色选择器中选择文本的颜色。
- 消除锯齿：可读性消除锯齿：设置文本字体的呈现方式。单击【消除锯齿】下拉按钮，可以弹出下拉列表，如图 2-18 所示。

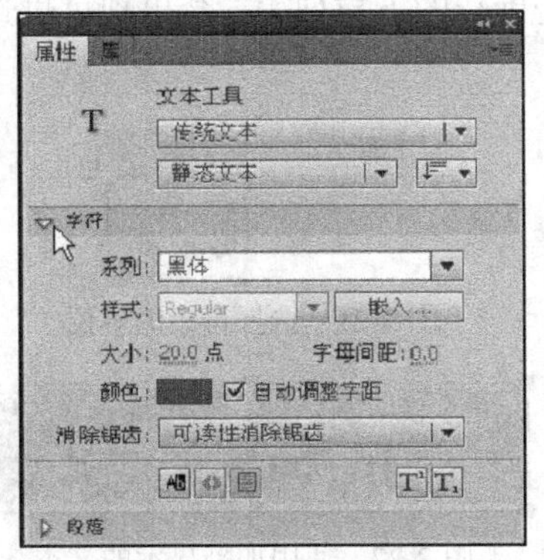

图 2-17　展开【传统文本】的字符设置选项

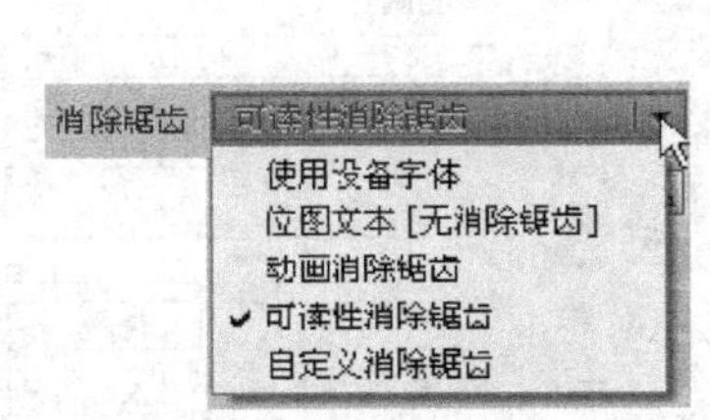

图 2-18　【消除锯齿】下拉列表

◆ 使用设备字体：指定 SWF 文件使用本地计算机上安装的字体来显示字体。使用设备字体时，字体系列最好选择最常安装的字体。

◆ 位图文本（无消除锯齿）：用于关闭消除锯齿功能，不对文本进行平滑处理，显示的文本边缘比较尖锐。

◆ 动画消除锯齿：通过忽略对齐方式和字距微调信息来创建更平滑的动画。

◆ 可读性消除锯齿：在字体边缘不工整时，选中此方式来显示，再小的字体也能清晰显示出来。

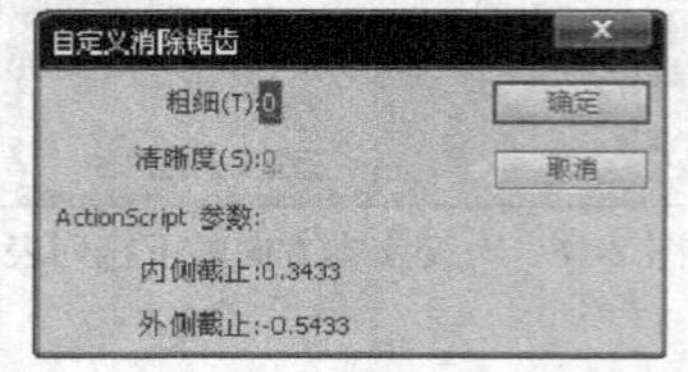

图 2-19 【自定义消除锯齿】对话框

◆ 自定义消除锯齿：可以修改字体呈现的粗细和清晰度，选择该选项后，会弹出【自定义消除锯齿】对话框，如图 2-19 所示。

● 【可选图标】：适用于静态文本和动态文本，选中此项后，当 Flash 文档作为 SWF 文件发布时，可以复制或剪切文本，然后将文本粘贴到单独的文档中去。

● 【边框图标】：在文本周围显示边框。适用于动态文本和输入文本，选中此项后，在输入的文本周围会显示出一个方框。

● 【上标】：将所选文本设置为上标。适用于静态文本。

● 【下标】：可将所选文本设置为下标。适用于静态文本。

（2）TLF 文本的字符属性设置

选择【文本工具】，打开【文本工具】的【属性】面板，在【文本引擎】的下拉列表中选择【TLF 文本】选项，单击【字符】选项前的小图标，展开字符设置选项，如图 2-20 所示。

可以看到【TLF 文本】的字符选项与【传统文本】的字符选项类似，不同的是【TLF 文本】的字符选项比【传统文本】的字符选项多出了几项，下面将对这几个选项进行详细介绍。

● 行距：120 %：用于设置文本行之间的垂直间距。可以在文本框内输入数值进行设置，也可以在文本框上单击并前后拖动鼠标来设置行间距。行距可以用百分比表示，也可以用点表示，单击行距右侧的下拉列表即可以选择行距的单位，如图 2-21 所示。

● 字距调整：0：用于调整所选字符之间的间距。双击后面的数值即可出现字距调整文本框，可在文本框中直接输入数值以调整字符间距；也可以通过在蓝色数值上单击并前后拖动鼠标的方式更改字符的间距。

● 加亮显示：---：用于加亮文本以便突出显示，使用后会给文本添加一个底纹色。单击【加亮显示】旁边的颜色框，在弹出的颜色选择器中选择加亮的颜色。效果如图 2-22 所示。

● 旋转：自动：可以对各个字符进行旋转操作。单击旋转的下拉列表，会出现可供选择的旋转值，如图 2-23 所示。

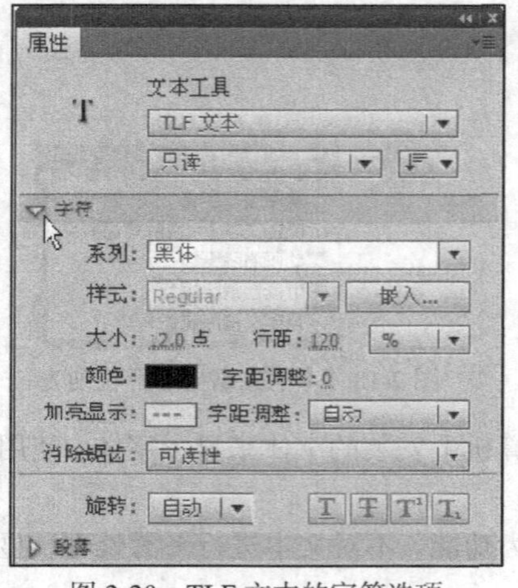

图 2-20 TLF 文本的字符选项

图 2-21 选择行距的单位

图 2-22 使用加亮显示的文本

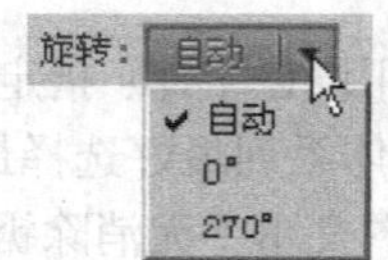

图 2-23 【旋转】下拉列表

- 自动：指定字符逆时针旋转 90°。
- 0°：强制所有字符不进行旋转。
- 270°：主要应用于垂直方向的罗马字文本。应用于其他文本可能会导致非预期的结果。

- T：为所选文本添加下划线，如图 2-24 所示。
- T：为所选文本添加删除线，如图 2-25 所示。

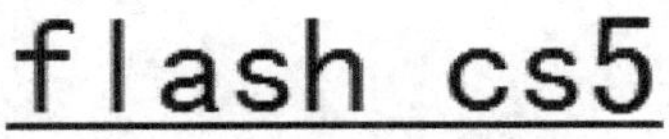

flash cs5

图 2-24　添加下划线

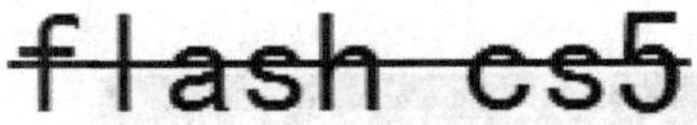

flash cs5

图 2-25　添加删除线

2.3.4　设置段落属性

段落属性一般包括对齐、边距、缩进和行距等，在【文本工具】的【属性】面板中可以对这些段落属性进行详细的设置。

（1）传统文本的段落属性设置

选择【文本工具】，打开【文本工具】的【属性】面板，在【文本引擎】的下拉列表中选择【传统文本】，单击【段落】选项前的小图标，展开段落设置选项，如图 2-26 所示。

- 格式：用于设置文本的对齐方式。此处共有 4 种对齐方式。
  - 【左对齐】：使文本左端对齐。
  - 【居中对齐】：使文本居中对齐。
  - 【右对齐】：使文本右端对齐。
  - 【两端对齐】：使文本两端对齐。
- 【间距】：主要设置文字的缩进和行距。
- 【边距】：用于设置左边距和右边距的值。
- 【行为】：用于设置行类型，仅适用于动态文本和输入文本。单击该按钮会弹出行类型下拉列表，如图 2-27 所示。

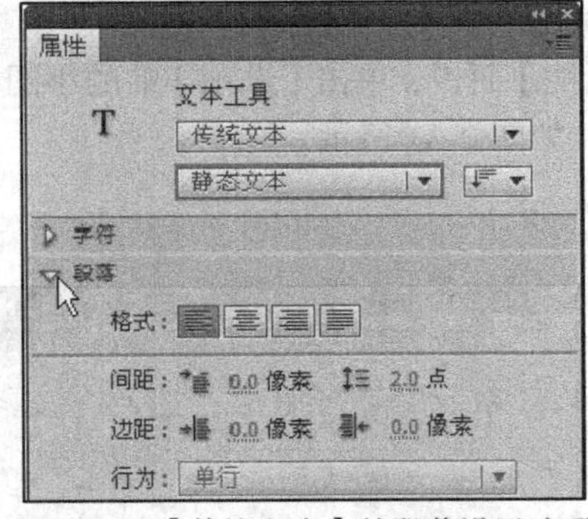

图 2-26　【传统文本】的段落设置选项

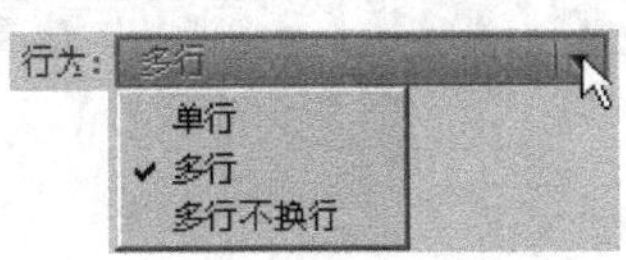

图 2-27　【行类型】下拉列表

- 单行：将文本显示为一行。
- 多行：将文本显示为多行。
- 多行不换行：将文本显示为多行，并且仅当最后一个字符是换行字符时才换行。

（2）TLF 文本的段落属性设置

选择【文本工具】，打开【文本工具】的【属性】面板，在【文本引擎】下拉列表中选择【TLF 文本】选项，单击【段落】选项前的小图标，展开段落设置选项，如图 2-28 所示。

- 【对齐】：用于设置文本的对齐方式。此属性可用于水平文本或垂直文本。
- 【边距】：设置左边距和右边距的宽度。
- 【缩进】：指定所选段落的第一个词的缩进量。
- 【间距】：设置段落的前后间距。
- 【文本对齐】：设定文本应如何应用对齐。单击按钮会弹出文本对齐的下拉列表，如图 2-29 所示。

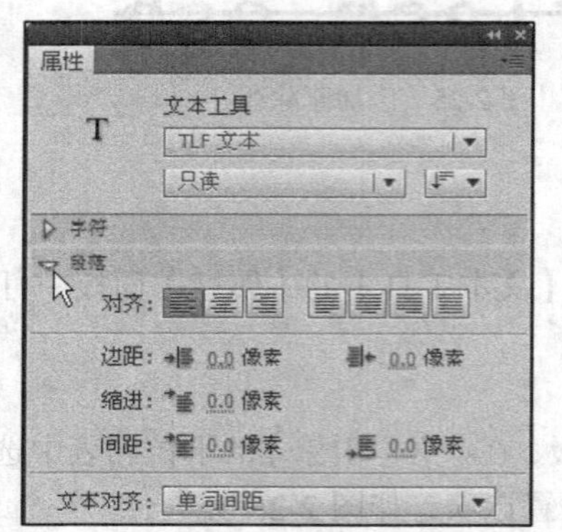

图 2-28 【TLF 文本】的段落设置选项

图 2-29 【文本对齐】下拉列表

- 字母间距：在字母之间进行字距调整。
- 单词间距：在单词之间进行字距调整。

2.3.5 为文本添加超链接

使用【文本工具】|【属性】面板中的【链接到 URL】文本框可以为文本添加超链接，即测试影片后单击该文本可以跳转到其他文件。下面详细介绍为文本添加超链接的操作方法。

步骤 1 在工具箱中选择【文本工具】，打开【属性】面板，在【文本引擎】的下拉列表中选择【传统文本】，在文本类型的下拉列表中选择【静态文本】，将鼠标移至舞台中单击鼠标创建一个文本框，在文本框中输入文字“flash cs5”，如图 2-30 所示。

步骤 2 使用【选择工具】选中整个文本，打开【属性】面板，单击【选项】前的小图标展开选项设置，在【链接】文本框中输入需要链接的网址，如图 2-31 所示。

图 2-30 创建文本框并且输入文字

图 2-31 输入需链接的网址

步骤 3　设置完毕以后，舞台中的文字下面会出现下划线，表明设置超链接成功，按 Ctrl+Enter 快捷键测试影片，当鼠标放置于文字上时，鼠标指针会变成形状，此时单击鼠标即可跳转到所输入的页面，如图 2-32 所示。

另外，为 TLF 文本设置超链接的方法与传统文本类似，只是 TLF 文本的【链接】属性位于【属性】面板中的【高级字符】面板中，如图 2-33 所示。

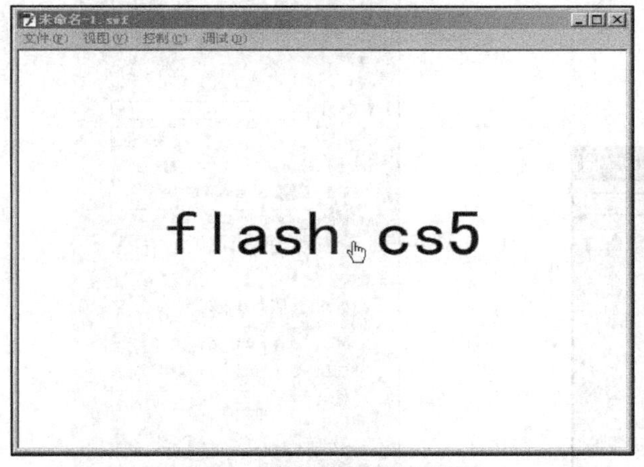

图 2-32　单击跳转到输入页面

图 2-33　TLF 文本的【链接】属性

2.3.6　课件实战——秋天的图画

下面是一个简单的文字类静态课件，小学二年级语文课本中的一篇课文“秋天的图画”。课件中把要学习的生字用红色标注出来，能够达到直观的教学目的，“秋天的图画”课件的最终效果如图 2-34 所示。

通过制作该课件，可以掌握 Flash 中【文本工具】的使用方法。制作“秋天的图画”的方法如下。

步骤 1　打开 Flash 软件，执行【文件】|【新建】命令，弹出【新建文档】对话框，如图 2-35 所示。单击【确定】按钮，创建一个 Flash 文档。

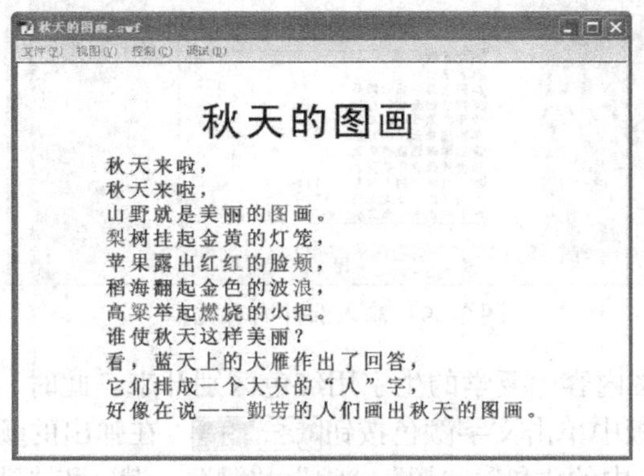

图 2-34　“秋天的图画”课件的最终效果

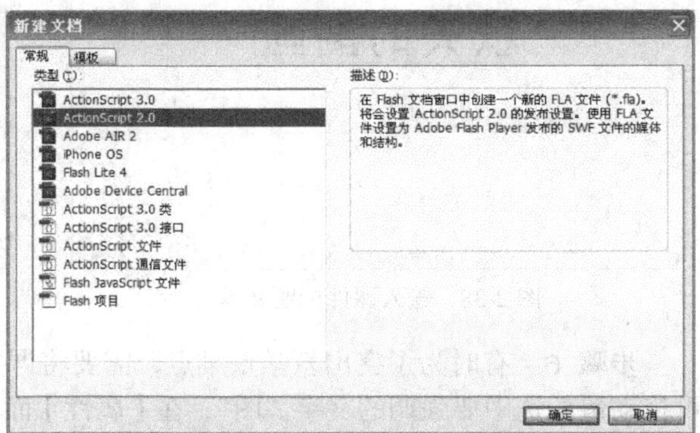

图 2-35　【新建文档】对话框

步骤 2　在【属性】面板中单击【编辑】按钮 编辑... ，弹出【文档设置】对话框，在【文档设置】对话框中，将文档尺寸的“宽”设置为“600 像素”，其他属性保持默认设置，单击【确定】按钮，如图 2-36 所示。

步骤 3　在工具箱中选择【文本工具】T，在【属性】面板中设置文本格式为【传统文本】，【文本类型】为【静态文本】，字体设为“黑体”，字体【大小】为“40”，【字母间距】为“3”，文本的【颜色】为“黑色”，【段落】格式设为“居中对齐”，如图 2-37 所示。

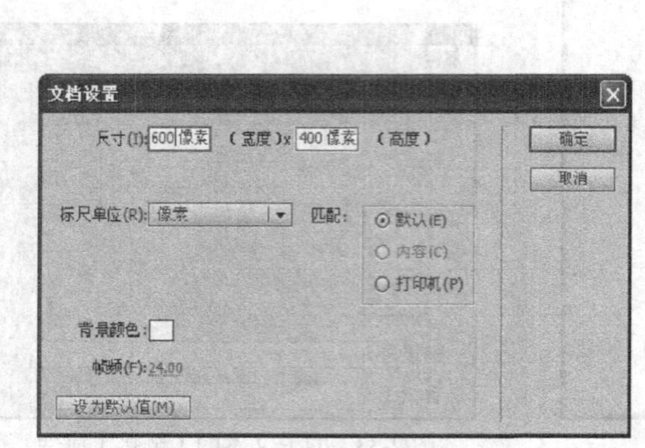

图 2-36　设置文档属性

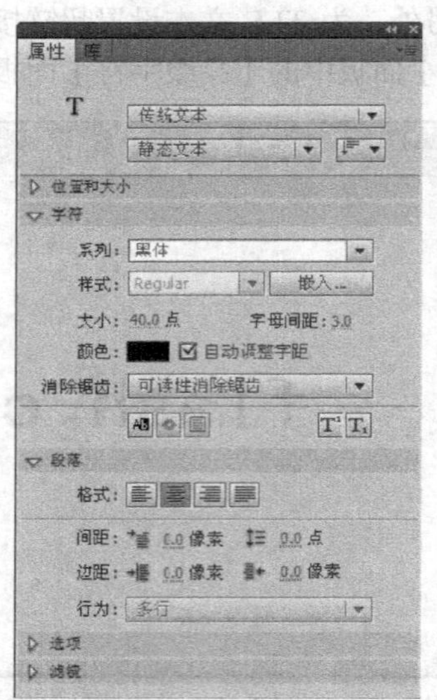

图 2-37　设置【文本工具】的属性

步骤 4　将鼠标指针移至舞台中间位置，单击鼠标建立一个文本框，在文本框内输入“秋天的图画”作为课文的标题，如图 2-38 所示。

步骤 5　在舞台空白区域单击鼠标取消标题文本的输入，在标题下边合适位置拖动鼠标创建课文内容文本框。在【属性】面板中设置字体为“宋体”，字体的【大小】为“20”，【段落】格式为“左对齐”，【行距】为“5”，输入课文内容，如图 2-39 所示。

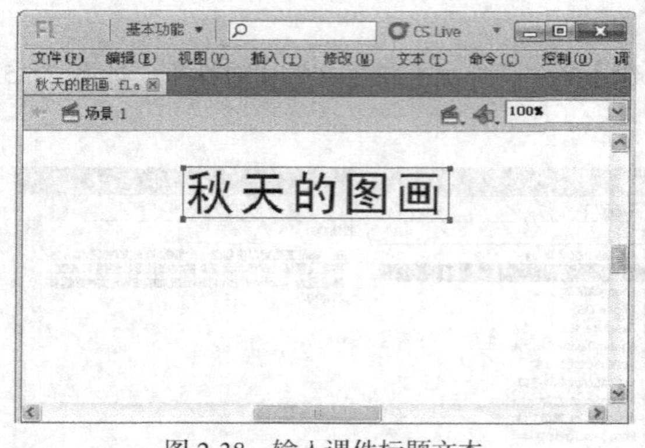

图 2-38　输入课件标题文本

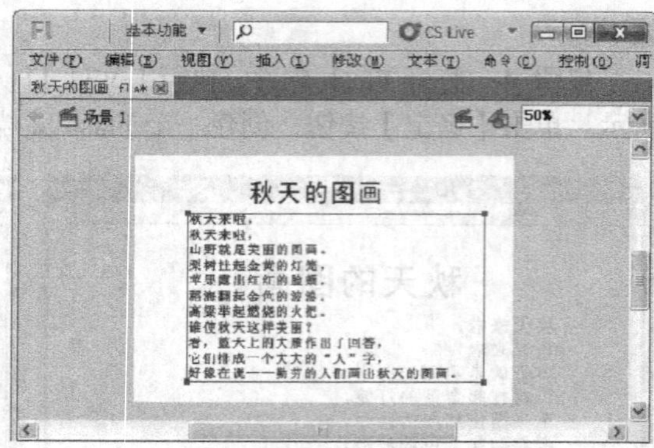

图 2-39　输入课件内容文本

步骤 6　有时为了突出教学重难点，需要将课文内容中要学的生字用红色区别开来。此时，可拖动鼠标选中要强调的文字“图”，在【属性】面板中单击文字颜色按钮颜色: ，在弹出的颜色面板中选择红色（#FF0000）。用此方法依次将课文中的“梨”、“颊”、“浪”、“梁”、“燃”和“勤劳”等字设置为红色，如图 2-40 所示。

步骤 7　至此，一个文字类静态演示课件制作完成。选择【文件】|【保存】命令，在弹出的【另存为】对话框中，将文件命名为“秋天的图画”，并选择合适的位置保存，如图 2-41 所示。

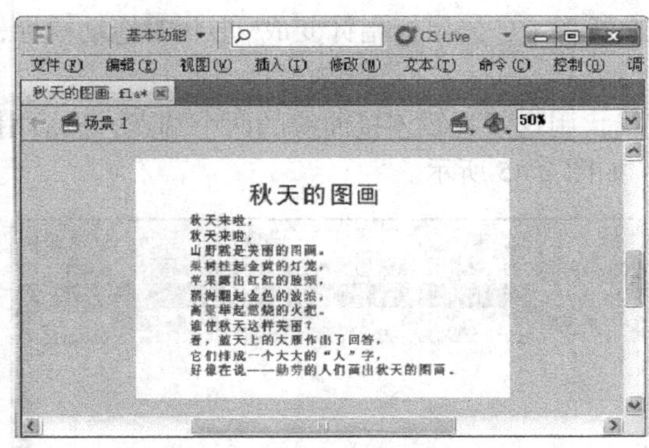

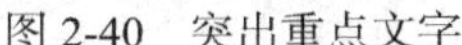
图 2-40　突出重点文字

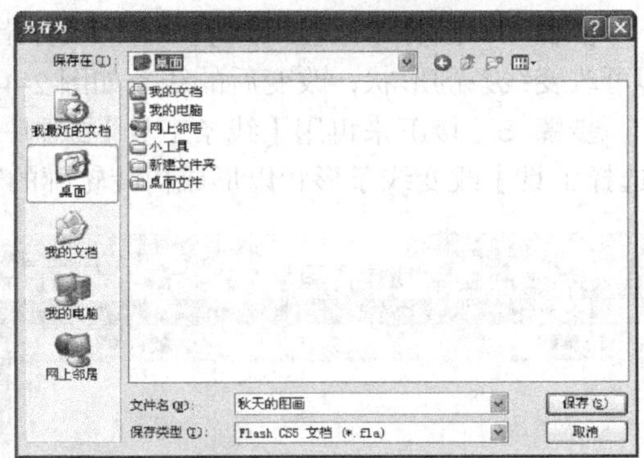

图 2-41　保存文件

步骤 8　选择【控制】|【测试影片】命令，或按 Ctrl+Enter 快捷键导出并测试课件，效果如图 2-34 所示。

2.4　绘制图形工具

绘制图形是制作 Flash 动画的基础，Flash 提供了很多实用的矢量绘图工具，利用这些工具不仅可以绘制出精美的静态图形，同时也能为制作动画提供原始素材。这一节主要介绍在 Flash 中绘制基础图形的操作。

2.4.1　线条工具

【线条工具】 的主要功能是绘制线条。

绘制方法：选择【线条工具】在舞台中拖动鼠标即可绘制出直线，按住 Shift 键拖动鼠标可以绘制出水平、垂直和 45° 斜线。

绘图常用的方法是用【线条工具】绘制出直线，然后用【选择工具】 改变线条的形状以形成图形轮廓。下面将利用【线条工具】和【选择工具】来绘制一片小树叶，操作方法如下。

步骤 1　在工具箱中选择【线条工具】 。

步骤 2　将鼠标指针移至舞台中，鼠标指针变成十字形，表明此时可以绘制直线，如图 2-42 所示。

步骤 3　按住鼠标左键并拖动，然后在舞台中的合适位置松开鼠标，直线便绘制完成，如图 2-43 所示。

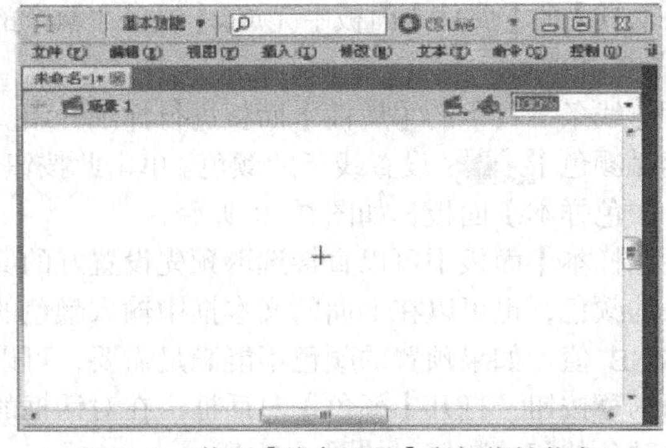

图 2-42　使用【线条工具】鼠标指针状态

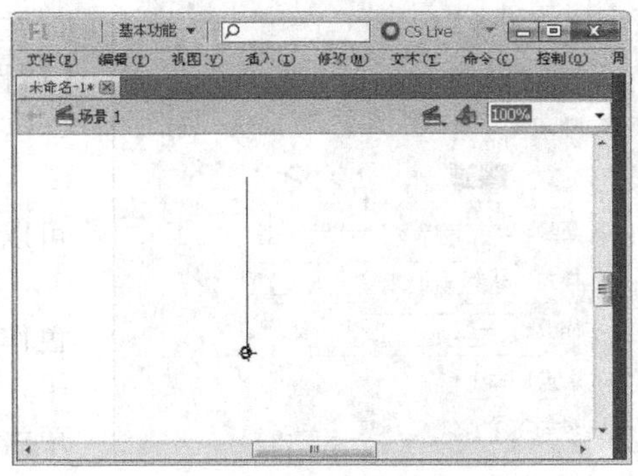

图 2-43　绘制直线

步骤 4 选择【选择工具】，将鼠标指针放在线条上，当鼠标指针变成形状时拖动鼠标，即可改变线条的形状，改变后的线条如图 2-44 所示。

步骤 5 接下来再用【线条工具】绘制一条直线，用这条直线连接曲线的两个端点，然后用【选择工具】改变线条形状以形成树叶轮廓的雏形，如图 2-45 所示。

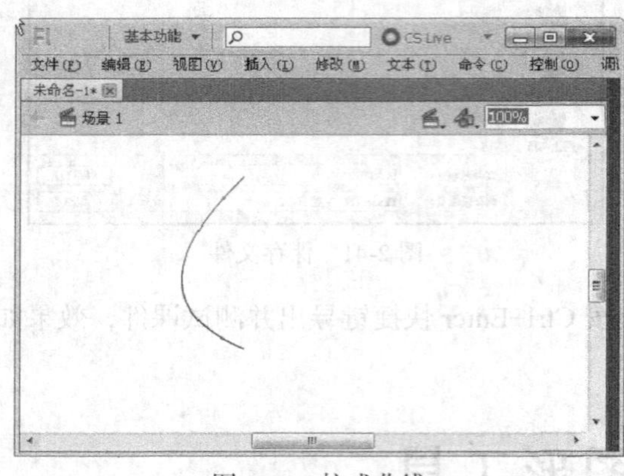

图 2-44 拉成曲线

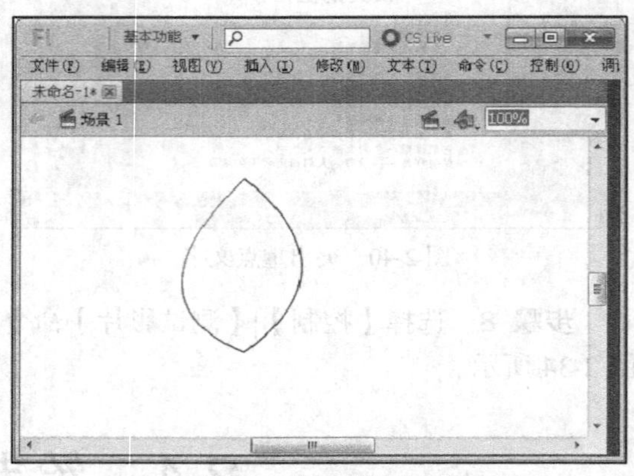

图 2-45 树叶轮廓雏形

步骤 6 绘制直线并改变线条形状形成树叶的叶脉，如图 2-46 所示。

步骤 7 最后，再用【线条工具】在树叶上添加一些小叶脉，完成树叶最终效果的绘制，如图 2-47 所示。

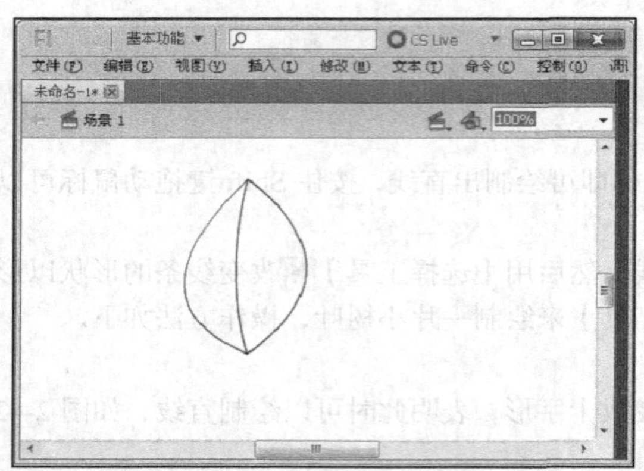

图 2-46 绘制树叶的叶脉

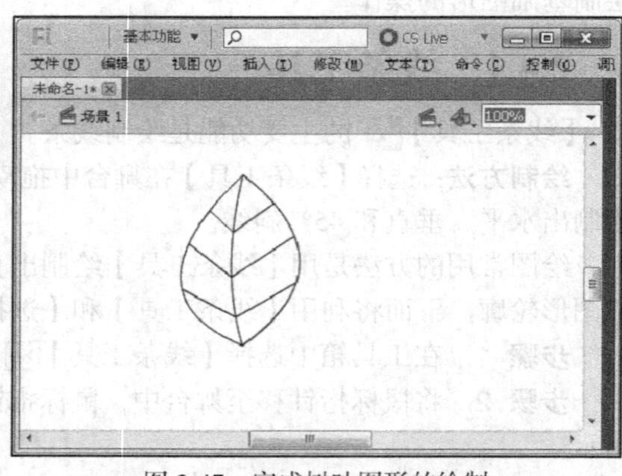

图 2-47 完成树叶图形的绘制

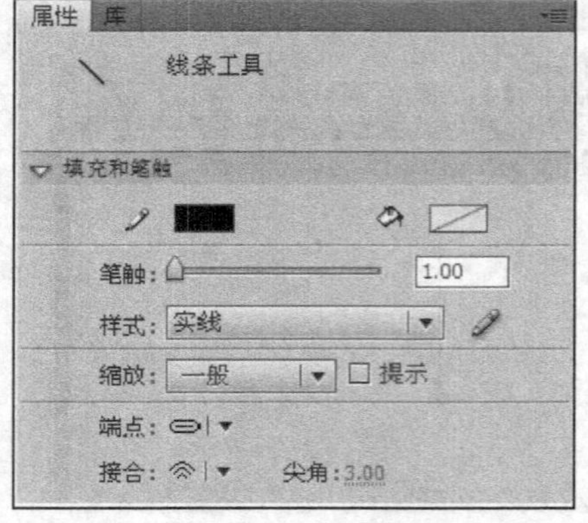

图 2-48 【线条工具】的【属性】面板

要对线条进行颜色、粗细、样式等属性的设置，均可以在【线条工具】的【属性】面板中完成。【线条工具】的【属性】如图 2-48 所示。

下面对【线条工具】的【属性】面板进行详细介绍。

- 【笔触颜色】：设置线条的颜色。单击此按钮，可以弹出【颜色样本】面板，如图 2-49 所示。

在【颜色样本】面板中可以直接选取预先设置好的颜色作为线条的颜色，也可以在上面的文本框中输入颜色的十六进制 RGB 值。如果预置的颜色不能满足需要，可以单击右上角的按钮，打开【颜色】对话框，在对话框的右下角设置颜色的相关数值，如图 2-50 所示。

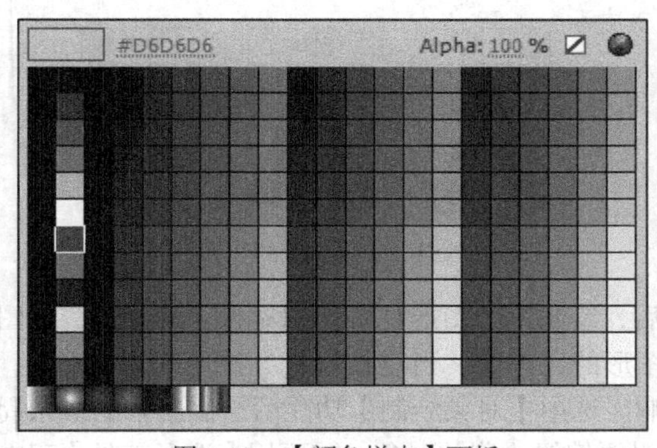

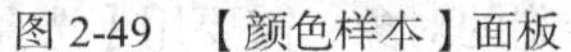
图 2-49 【颜色样本】面板

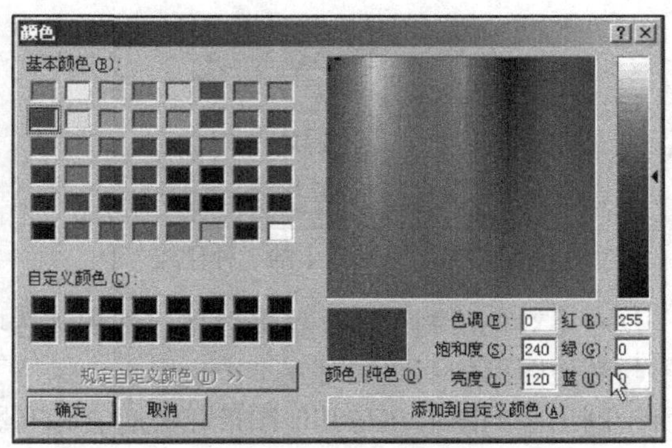

图 2-50 【颜色】对话框

• 【笔触大小】笔触: 41.35：设置线条的粗细。可以通过拖动滑轨上的滑块来设置线条的粗细，向左拖动滑块，线条会变细；向右拖动滑块，线条会变粗。也可以直接在后面的文本框中输入笔触大小数值来设置线条的粗细，值越小线条越细，值越大线条越粗。

• 【笔触样式】样式: 实线：选择线条的预置线形。打开【样式】的下拉列表框，就可以选择列出的预置线形。Flash 预置了一些常用的线条类型，如极细线、实线、虚线、点状线、锯齿线、点刻线和斑马线，如图 2-51 所示。

• 【编辑笔触样式】：对预置线形的属性做更多细致的调整。单击【属性】面板上的按钮，可以打开【笔触样式】对话框，如图 2-52 所示。在该对话框中可以对实线、虚线、点状线、锯齿线、点刻线和斑马线进行相应的属性设置，创建出多种多样的线条样式。

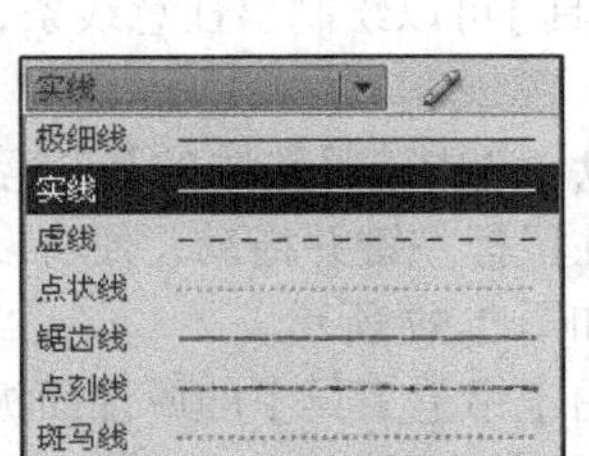

图 2-51 【样式】的预置线型

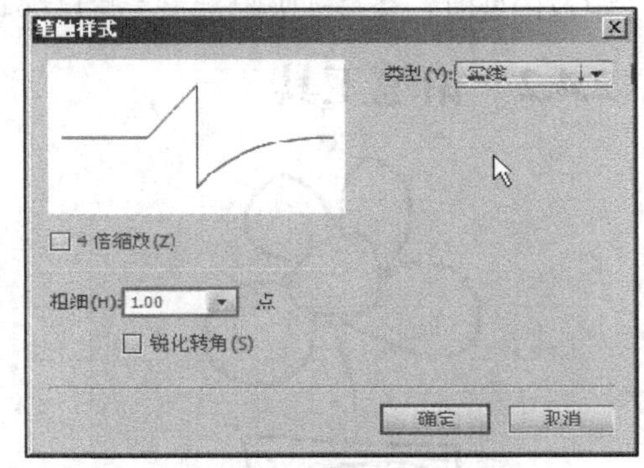

图 2-52 【笔触样式】对话框

• 【缩放】：设置当线条缩放时线条的显示是否随之缩放。有“一般”、“水平”、“垂直”和“无”4 种缩放模式可供选择。

• 【提示】：将笔触锚记点保持为全像素，可防止出现模糊线。

• 【端点】：设置线条端点的样式。单击按钮，在弹出的列表中可以选择线条端点的样式，共有“无”、“圆角”、“方形”3 种样式可供选择，如图 2-53 所示。

• 【接合】：设置两条线条接合处的样式。Flash 中提供了“尖角”、“圆角”和“斜角”3 种接合点的形状。当选择了“尖角”时，可以在左侧的文本框尖角: 3.00中输入尖角的数值。接合处的 3 种样式分别如图 2-54 所示。

除了以上所述的【属性】面板中的设置选项可以对所绘制的线条进行相应的设置外，【线条工具】在工具箱的【选项】面板中还有相应的附加选项，如图 2-55 所示。在使用【线条工具】时，还可以对这些附加选项进行设置。

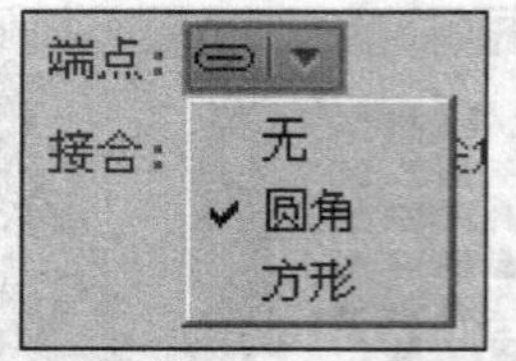

图 2-53 【端点】的 3 种样式

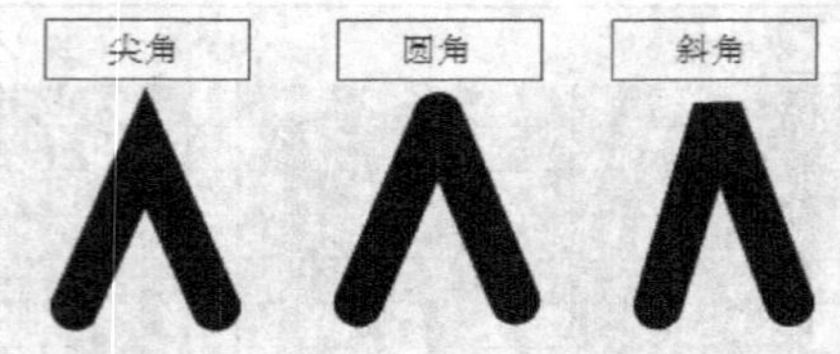

图 2-54 【接合】的 3 种样式

• 【对象绘制】：单击按钮选中该选项后，绘制出的图形是一个相对独立的对象，该图形与其他图形相互叠加时互不产生影响，保持了图形的完整性。当按钮没有被选中的情况下，所绘制出来的图形在与其他图形相叠时会相互影响。选中【对象绘制】功能后绘制出来的线条周围会添加矩形边框来标识它，如图 2-56 所示。如果要编辑绘制的对象，需要用【选择工具】双击该对象进入编辑状态。

图 2-55 【线条工具】在工具箱中的附加选项

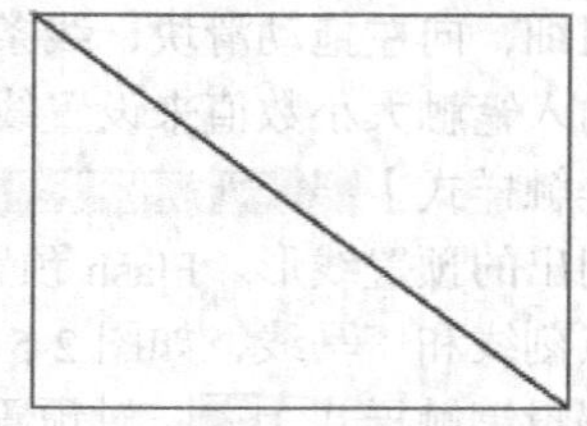
图 2-56 选中【对象绘制】选项后的绘图效果

• 【紧贴至对象】：自动吸附功能选项。选中该选项后，绘制出的线条靠近另一目标对象的一定范围处时，会自动吸附过去，与目标对象很好地连接在一起。

2.4.2 铅笔工具

图 2-57 铅笔工具绘图效果

【铅笔工具】可以绘制出任意线条，使用灵活方便。

使用方法：选中工具箱中的【铅笔工具】，在舞台上按住鼠标左键并拖动，便可以画出任意曲线线条，如图 2-57 所示。

下面介绍【铅笔工具】的属性面板。

【铅笔工具】的属性面板如图 2-58 所示，可以通过【属性】面板对【铅笔工具】的相应属性进行设置，【铅笔工具】的【属性】面板与【线条工具】的属性面板基本一致，只是【铅笔工具】多了一个【平滑】选项，该选项用于调节所画线条的平滑度，默认取值是 50。

【铅笔工具】在工具箱中的附加选项如图 2-59 所示。

• 【伸直】：可以对所绘制的线条进行自动校正处理，将绘制的近似直线取直，平滑曲线，简化波浪线，自动识别椭圆、圆和矩形。

• 【平滑】：能减少抖动造成的误差，自动平滑曲线，使绘制的曲线达到一种平滑的线条效果。

• 【墨水】：该模式能够最大限度地保持所绘制的线条的原始形状，而只做轻微的平滑处理。

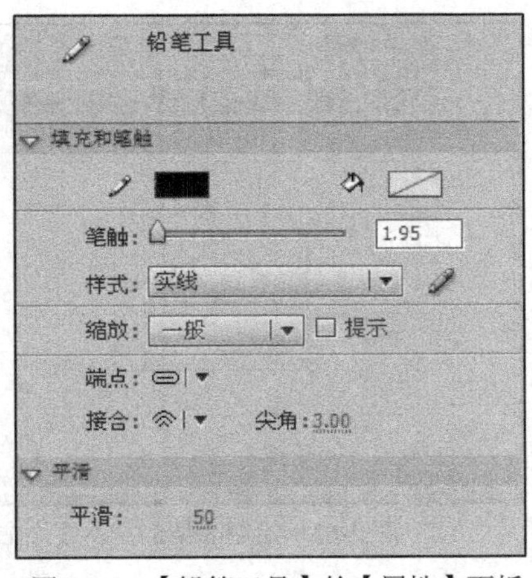

图 2-58　【铅笔工具】的【属性】面板

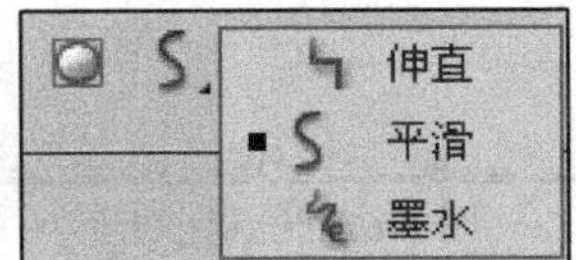

图 2-59　【铅笔工具】在工具箱中的附加选项

2.4.3　矩形工具与椭圆工具

（1）矩形工具的使用方法

使用【矩形工具】可以快捷地绘制出任意矩形或正方形，还可以绘制出多种凹角或圆角的图形。

使用方法：单击选择【矩形工具】按钮后，在舞台中单击鼠标左键并拖动就可以绘制出矩形，按住 Shift 键的同时拖动鼠标则可以绘制出正方形。

下面利用【矩形工具】来绘制一个表情“囧”的图形，操作方法如下。

步骤 1　在工具箱中选择【矩形工具】。

步骤 2　将鼠标指针移至舞台中，鼠标指针会变成十字形，表明此时可以开始绘制矩形，如图 2-60 所示。

步骤 3　按住鼠标左键同时拖动鼠标，在舞台中合适的位置松开鼠标，即可绘制一个矩形图案。用【选择工具】单击选中矩形内的填充颜色，按 Delete 键删除填充颜色，效果如图 2-61 所示。

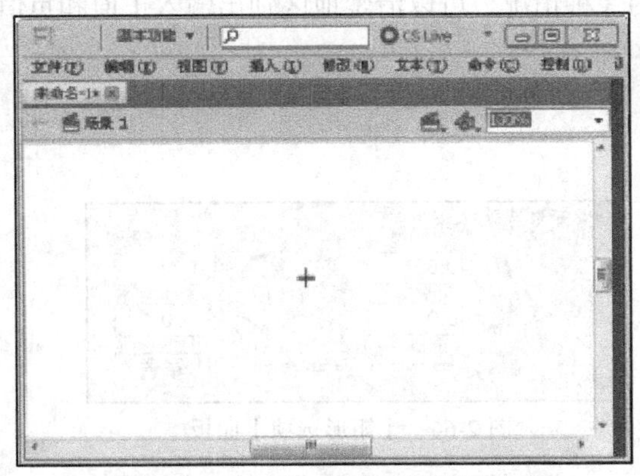

图 2-60　【矩形工具】鼠标指针状态

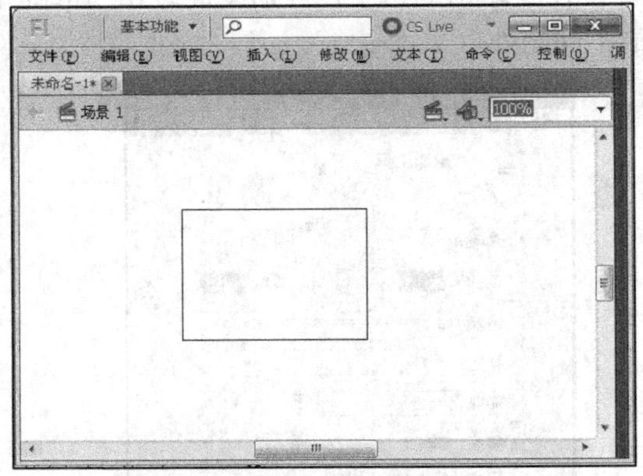

图 2-61　绘制矩形

步骤 4　在该矩形内再次拖动鼠标绘制一个较小的矩形，使其与外面的矩形下边缘重合，将填充颜色删除，效果如图 2-62 所示。

步骤 5　选择【线条工具】在小矩形的上方绘制两条线条，来充当表情的“八”字眉，至此一个表情“囧”的图形就绘制完成了，效果如图 2-63 所示。

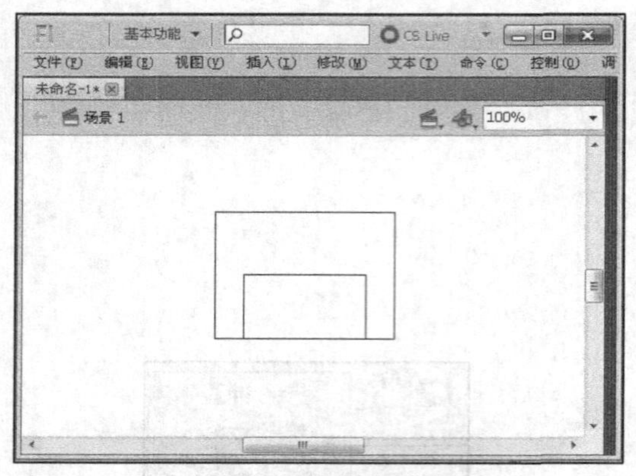

图 2-62　绘制小矩形

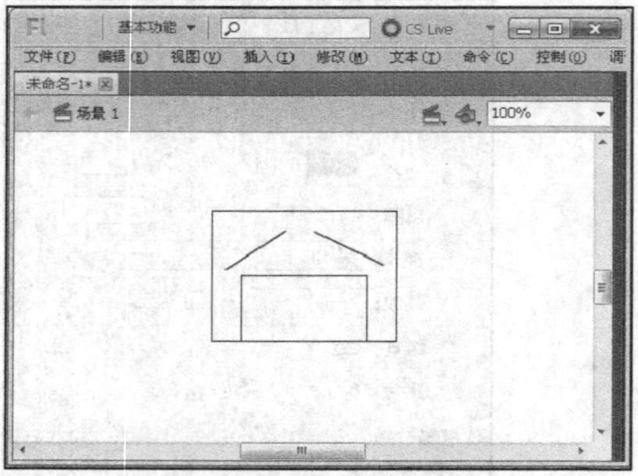

图 2-63　绘制表情的“八字”眉

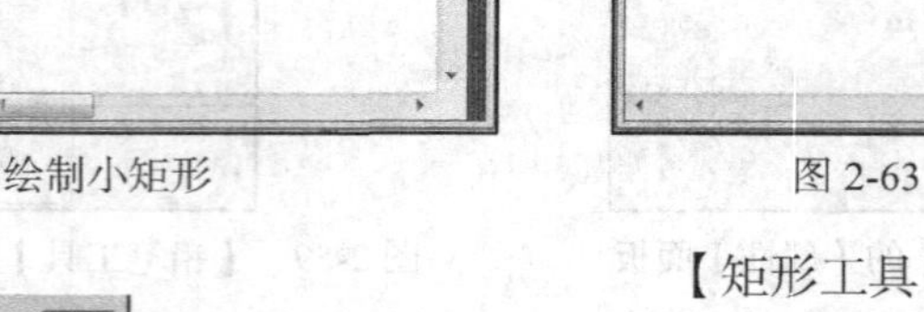

图 2-64　【矩形工具】在工具箱中的附加选项

【矩形工具】在工具箱【选项】面板中有两个附加选项，分别是【对象绘制】和【紧贴至对象】，与【线条工具】的附加选项一致，如图 2-64 所示。

下面详细介绍【矩形工具】的【属性】面板，如图 2-65 所示。

可以看到【矩形工具】的【属性】面板与【线条工具】的【属性】面板相似，只是多出了【填充颜色】和【矩形选项】。下面重点介绍这两项。

【填充颜色】：单击该按钮可以设置矩形的填充颜色。

【矩形选项】：用于设置矩形边角形状的选项。注意：要设置矩形边角的形状需要在绘制矩形之前对其设置。【矩形选项】面板如图 2-66 所示。

图 2-66 中的 4 个文本框中可以输入矩形 4 个角的角半径值，4 个圆弧图标分别对应于矩形 4 个角的方位：左上、左下、右上、右下。当文本框中输入的是正值时，所绘制出来的矩形的边角是圆角；当文本框中输入的是负值时，所绘制出来的矩形的边角是内凹的圆角。数值的取值范围为-100~+100。也可以通过拖动面板下方滑杆上的滑块来调整文本框中的数值。图 2-67 是矩形的角半径分别设置为 0、15 和-15 的 3 种情况，可以清楚地区别出输入正值和负值的不同之处。

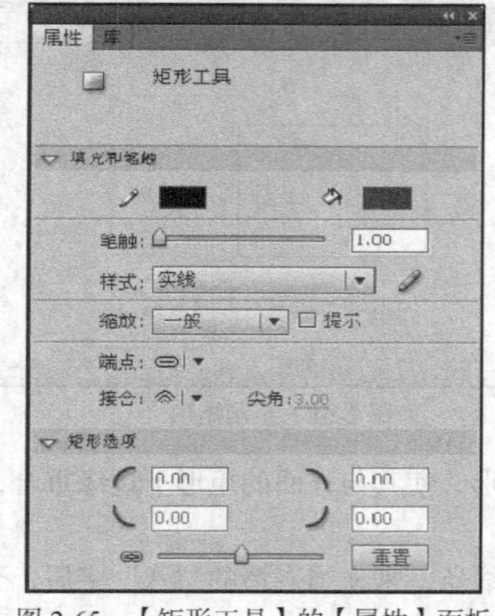

图 2-65　【矩形工具】的【属性】面板

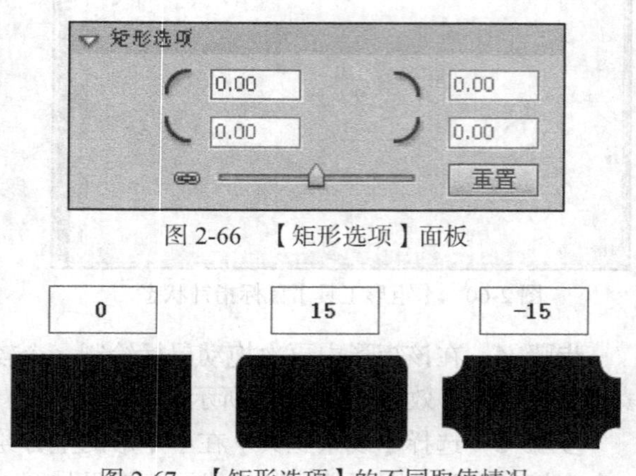

图 2-66　【矩形选项】面板

图 2-67　【矩形选项】的不同取值情况

【矩形选项】面板右下方的 重置 按钮是一个复位键，单击它后可以将文本框中的值归零。

【矩形选项】面板左下方的按钮是一个锁定键，在此锁定状态下，只能设置“左上角”的值，其他三个角的值会随着“左上角”值的改变而变化，且四角的角半径数值会始终保持一致。锁定状态适合用于绘制四角对称的图形，如图 2-68 所示。

当单击按钮后，按钮会变为按钮，该按钮是一个解锁键，表示未锁定 4 个边角的值。在此未锁定的状态下，四角的角半径值可以分别设置，且互不干扰。这种状态下能够创造出多种多样的任意形状，如图 2-69 所示。

绘制矩形并且选中后，【属性】面板中会出现该矩形的一些相关信息，如图 2-70 所示。

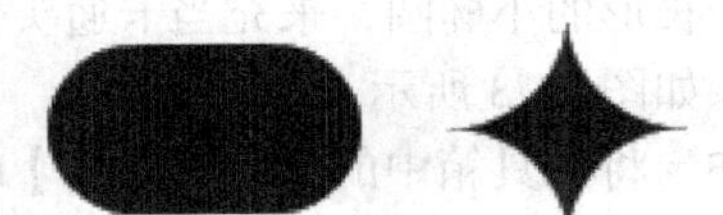

图 2-68　在锁定状态下绘制的对称图形

图 2-69　在解锁状态下绘制的任意图形

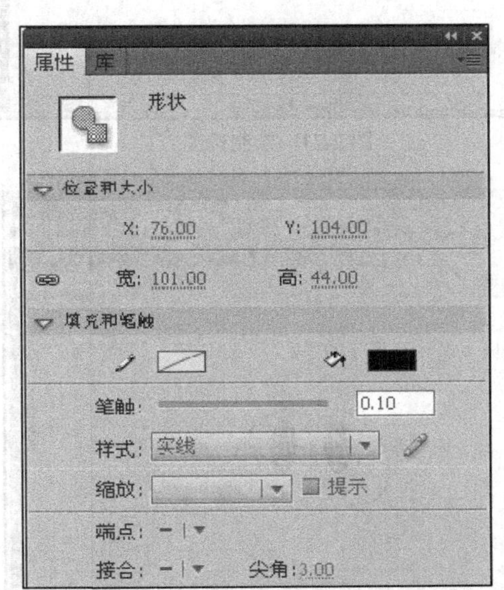

图 2-70　选中矩形对象后的【属性】面板

图中【位置和大小】选项中的 4 个数值分别表示该对象的宽度、高度和其在 X、Y 轴的位置，可以更改后面的数值来调整该对象的宽度、高度和在 X、Y 轴的位置。【位置和大小】选项左下方的按钮用来固定矩形的变形比例，在此按钮状态下，调整该对象宽度或高度任意一值时，另外一个数值会按原来的宽高比例进行调节；单击按钮后，按钮变为状态，在状态下，输入数值调整宽高时，可以输入任意数值调整宽度和高度。

（2）椭圆工具的使用方法

使用【椭圆工具】可以快捷地绘制出任意椭圆或正圆，还可以绘制出多种诸如扇形、环形以及一些凹形等不规则的图形。

使用方法：按下【矩形工具】按钮后停留 1～2 秒，在出现的列表中选择【椭圆工具】椭圆工具(O)，在舞台中单击鼠标左键并拖动就可绘制出椭圆，按住 Shift 键同时拖动鼠标则可以绘制出正圆。

下面利用【椭圆工具】来绘制一个卡通头像，操作方法如下。

步骤 1　在工具箱中选择【椭圆工具】。

步骤 2　将鼠标移至舞台中，当鼠标指针变成十字形时，按住鼠标左键并拖动，在舞台中的合适位置松开鼠标，椭圆就会绘制完成，将椭圆内的填充颜色删除，效果如图 2-71 所示。

步骤 3　使用【选择工具】，将鼠标指针放在椭圆的下方弧线上，当鼠标指针变成形状时拖动鼠标，即可改变椭圆的形状，改变后的椭圆如图 2-72 所示。

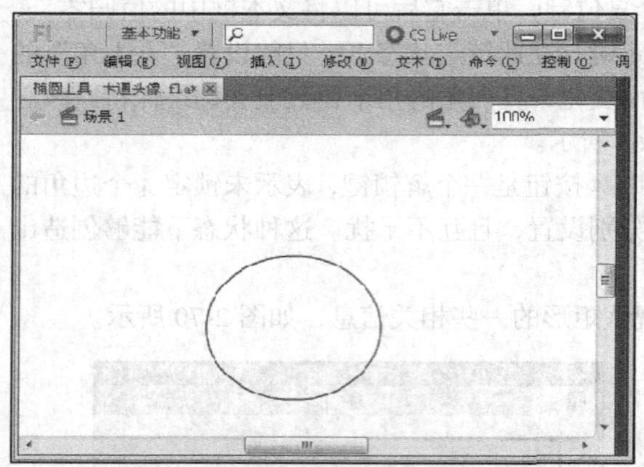

图 2-71　绘制椭圆

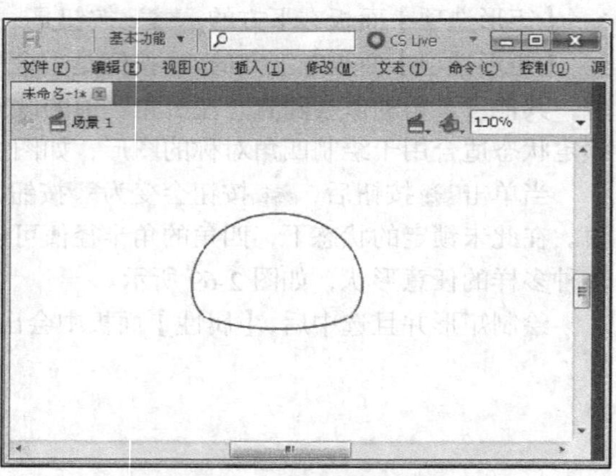

图 2-72　调整椭圆形状

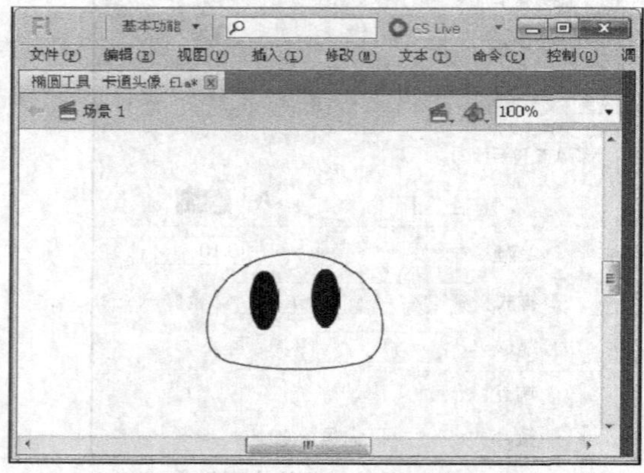

图 2-73　绘制两个小椭圆

步骤 4　在改变后的椭圆内再次拖动鼠标绘制两个长形的小椭圆，来充当卡通头像的眼睛，效果如图 2-73 所示。

步骤 5　将工具箱中的【椭圆工具】的填充颜色改为白色，然后在卡通头像的眼睛里再次拖动鼠标绘制两个较小的白色椭圆。使用相同的方式绘制卡通头像的小嘴。效果如图 2-74 所示。

步骤 6　按下 Shift 键的同时，在头像的外围上端拖动鼠标，绘制两个正圆，来充当卡通头像的耳朵，此时卡通头像绘制完成。效果如图 2-75 所示。

图 2-74　完成卡通头像眼睛和嘴巴的绘制

图 2-75　绘制卡通头像的耳朵

下面介绍【椭圆工具】的【属性】面板，如图 2-76 所示。

【椭圆工具】的【属性】面板与【矩形工具】的【属性】面板唯一不同的是【椭圆选项】，包括【开始角度】、【结束角度】、【内径】等选项，见图 2-76，通过对这些选项的参数进行设置，可以绘制出如扇形、环形以及一些凹形等不规则的图形，如图 2-77 所示。

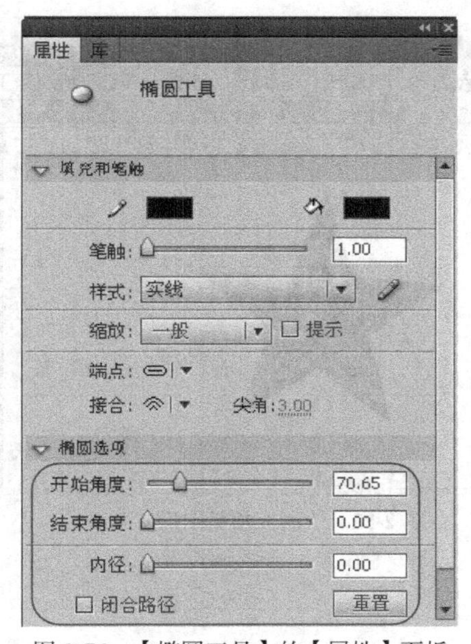

图 2-76 【椭圆工具】的【属性】面板

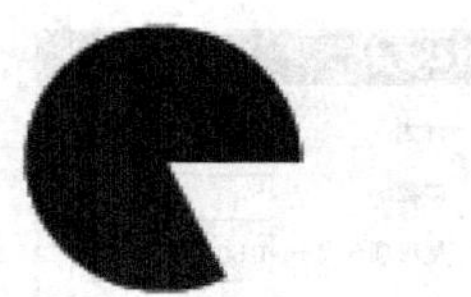

（a）仅更改【开始角度】的数值

（b）仅更改【结束角度】的数值

（c）仅更改【内径】的数值

图 2-77 【椭圆选项】的参数值的不同情况

2.4.4 基本矩形工具与基本椭圆工具

【基本矩形工具】与【基本椭圆工具】均位于工具箱中的【矩形工具组】中，如图 2-78 所示。

【基本矩形工具】和【基本椭圆工具】的操作和属性的设置与【矩形工具】和【椭圆工具】基本一致，不同的是使用【基本矩形工具】与【基本椭圆工具】绘制出的图形均是独立的对象。

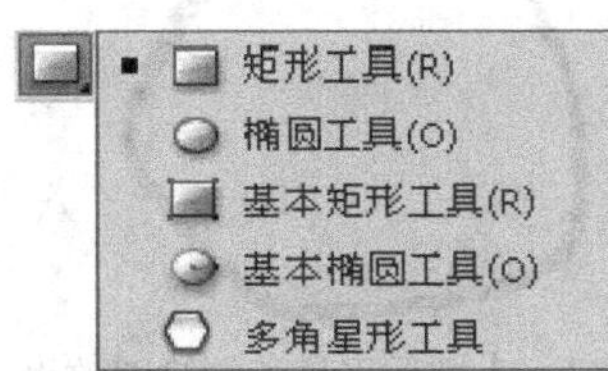

图 2-78 【矩形工具组】

2.4.5 多角星形工具

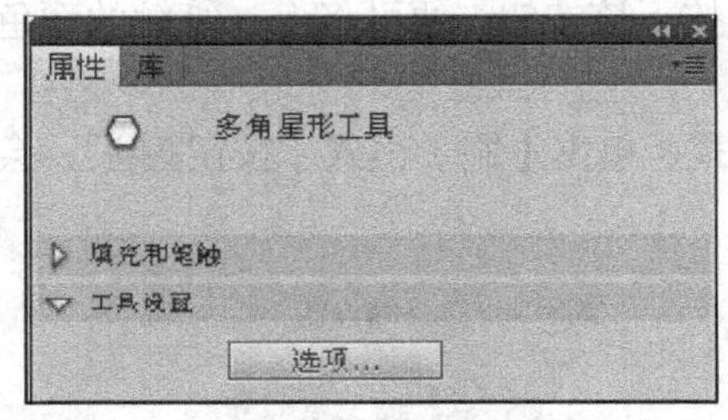

图 2-79 【多角星形工具】的【属性】面板

使用【多角星形工具】可以方便快捷地绘制出任意的多边形和星形图形。【多角星形工具】位于【工具箱】的【矩形工具组】中，如图 2-79 所示。【多角星形工具】的【属性】面板与【矩形工具】的【属性】面板类似，不同的是【多角星形工具】的【属性】面板的【工具设置】项，如图 2-79 所示。

下面通过绘制一个五角星图形来介绍【多角星形工具】的使用及其【属性】面板中的【工具设置】选项的设置，操作方法如下。

步骤 1 在工具箱中选择【多角星形工具】。

步骤 2 打开【多角星形工具】的【属性】面板，并单击【工具设置】下的【选项】，弹出【工具设置】对话框，如图 2-80 所示。

步骤 3 从【样式】选项后的下拉列表中选择“星形”，单击确定按钮。参数设置如图 2-81 所示。

步骤 4 将鼠标指针移至舞台中，按住鼠标左键并拖动，在舞台中合适的位置松开鼠标，五角星就绘制完成了，效果如图 2-82 所示。

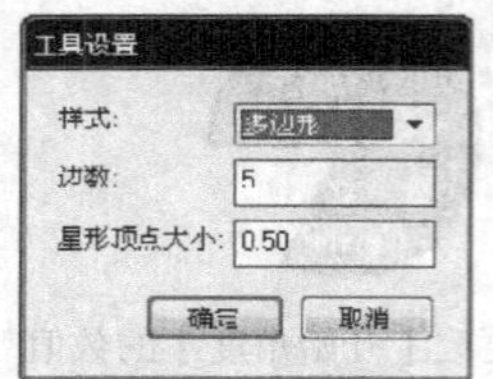

图 2-80 【工具设置】对话框

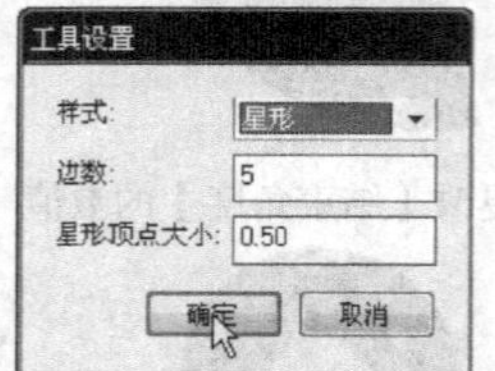

图 2-81 【样式】的参数设置

图 2-82 绘制五角星图形

2.4.6 刷子工具

图 2-83 【刷子工具】的绘图效果

【刷子工具】是 Flash 绘图工具中最接近手绘效果的工具之一，使用【刷子工具】能够绘制出形状自然的笔迹，适合用于绘制自然随意的图形和画面，也可用于大面积的涂抹或填色。【刷子工具】的绘图效果如图 2-83 所示。

【刷子工具】在工具箱中的附加选项是【刷子工具】的属性设置的重要部分，通过这些附加选项的设置，可以调整画笔的不同样式以及绘画方式等，【刷子工具】在工具箱中的附加选项如图 2-84 所示。

这些附加选项的功能说明如下。

- 【对象绘制】：在该按钮被选中的情况下，绘制出来的图形是独立对象。
- 【锁定填充】：当使用渐变色作为填充颜色时，按下该按钮，便可将上一笔触的颜色变化规律锁定，作为这一笔触对该区域的色彩变化的规范。
- 【刷子模式】：用于设置【刷子工具】的绘画方式。单击【刷子模式】按钮后，会弹出如下的下拉列表，如图 2-85 所示。

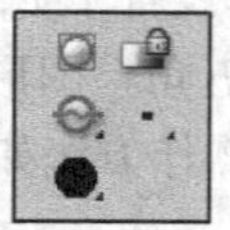

图 2-84 【刷子工具】在工具箱中的附加选项

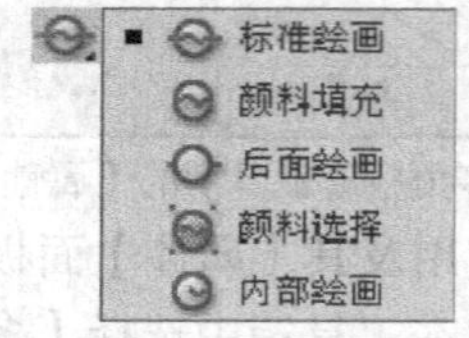

图 2-85 【刷子模式】下拉列表项

- 【标准绘画】：该方式可对同一层的线条和填充区域涂色。
- 【颜料填充】：该方式只能涂改填充区域，图形的线条轮廓不受影响。
- 【后面绘画】：对一已知对象涂改时，不会涂改该对象本身，而只是在该对象区域外涂色，不影响该对象的线条和填充。
- 【颜料选择】：涂改对象时，只对该对象预先选择的区域起作用。

◆【内部绘画】：与鼠标落下的起始点相关，只涂改起始点所在的封闭曲线的内部区域。如果起始点落在空白区域，则只能在空白区域内涂改；如果起始点落在图形的内部，则只能在该图形内部进行涂改。

- 【刷子大小】：用于选择刷子笔触的大小。单击该按钮就会弹出选择刷子尺寸的列表。
- 【刷子形状】：用于选择刷子笔头的形状。单击该按钮可在弹出的列表中选择刷子的笔头形状。

另外，【刷子工具】的【属性】面板，还可更改【刷子工具】的【填充颜色】和【平滑】两个选项的值。

- 【填充颜色】：设置画笔的颜色。单击【属性】面板中的【填充颜色】按钮，可弹出【颜色样本】面板，在该面板中可任意选取需要的颜色作为画笔的颜色。
- 【平滑】：用于调节所画笔迹的平滑度。单击【属性】面板中的【平滑】选项平滑：50 其右侧的虚线文本框中可输入平滑度的值。默认值为 50，数值与平滑度成正比，数值越大，绘画笔迹越平滑。

2.4.7　喷涂刷工具

在 Flash 中，可以通过【喷涂刷工具】来喷涂图形，【喷涂刷工具】位于【刷子工具】的下拉列表中。选择【喷涂刷工具】，在舞台中单击即可喷涂出几个黑色小粒子，单击鼠标并拖动鼠标左键即可以连续不断地喷涂出黑色小粒子。

下面利用【喷涂刷工具】来喷涂出一个满天繁星的效果，操作方法如下。

步骤 1　在 Flash 中，打开舞台的【属性】面板，单击【属性】面板中的填充颜色按钮舞台：，在弹出的【颜色样本】面板中选择黑色，如图 2-86 所示。

步骤 2　在工具箱【刷子工具】的下拉列表中选择【喷涂刷工具】。

步骤 3　打开【喷涂刷工具】的【属性】面板，单击【属性】面板中【编辑】按钮下的颜色选框，在弹出的【颜色样本】面板中选择白色，如图 2-87 所示。

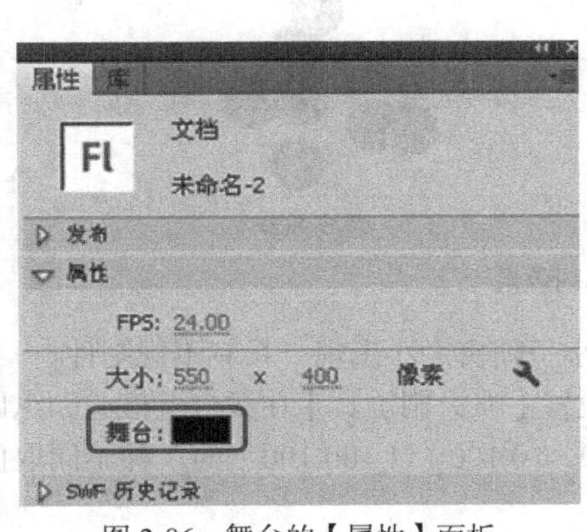

图 2-86　舞台的【属性】面板

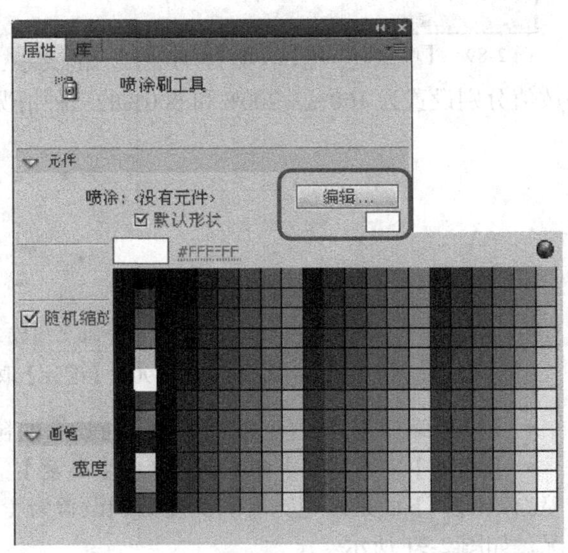

图 2-87　在【喷涂刷工具】的【属性】面板中更改颜色

步骤 4　将鼠标移至舞台中，鼠标指针变为喷涂刷形状，按住鼠标左键并在舞台的上部分来回拖动，满天繁星的效果即绘制完成，效果如图 2-88 所示。

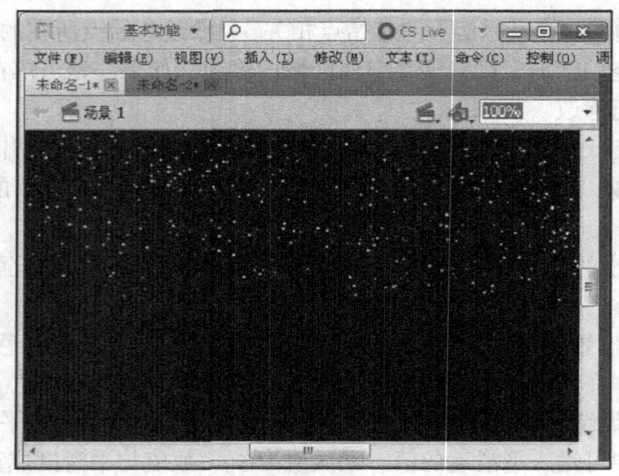

图 2-88　满天繁星效果

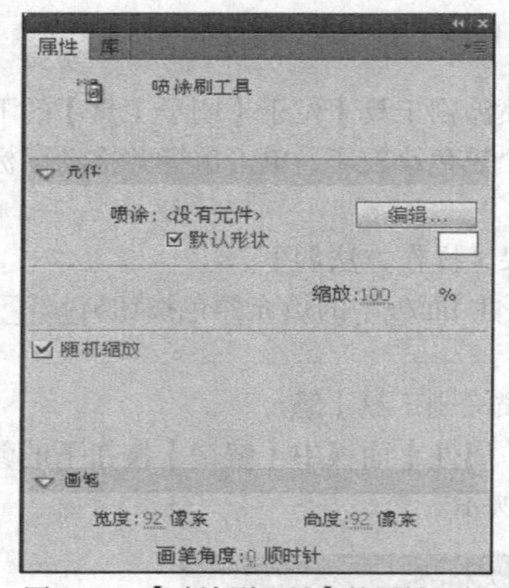

图 2-89　【喷涂刷工具】的属性面板

下面详细介绍【喷涂刷工具】的【属性】面板及各选项，如图 2-89 所示。

- 【编辑】：单击该按钮可以打开【选择元件】对话框，可以选择预先存放好的影片剪辑或图形元件用作“喷涂刷粒子”（相当于传统画笔的笔触形状），当用户选中某个元件，元件名称将显示在编辑按钮的旁边。如果没有预先存放元件，那么就按默认的“点状图案”喷涂。
- 【喷涂颜色】：位于编辑按钮下方的“颜色块”，用于设置喷涂粒子的填充色。当使用库里元件图案喷涂时，将禁用该项。
- 【缩放】：用于设置【喷涂刷工具】喷涂粒子的大小，右侧为缩放值，有各种选择。图 2-90 所示为缩放值分别设置为 100%、200%和 800%的三种情况，可以清楚地看出输入不同数值的区别。

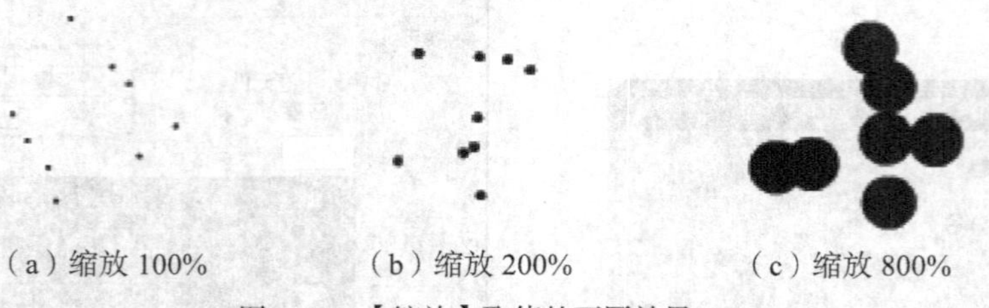

（a）缩放 100%　（b）缩放 200%　（c）缩放 800%

图 2-90　【缩放】取值的不同效果

- 【随机缩放】：该复选框选中后，所喷涂的粒子大小呈随机大小出现，具有不规则性。
- 【画笔】|【宽度】和【画笔】|【高度】：用于设置【喷涂刷工具】在舞台上横向和纵向的喷涂范围。下面是画笔宽度和高度分别设置为（100,0），（0,100），（100,100）的三种不同取值情况，如图 2-91 所示。
- 【画笔角度】：用于对喷涂的基础图形进行角度的设置，这样可以模仿在实际情况下的喷涂方向。下面是在画笔宽度和高度取值一致的情况下，设置不同的【画笔角度】数值的效果，如图 2-92 所示。

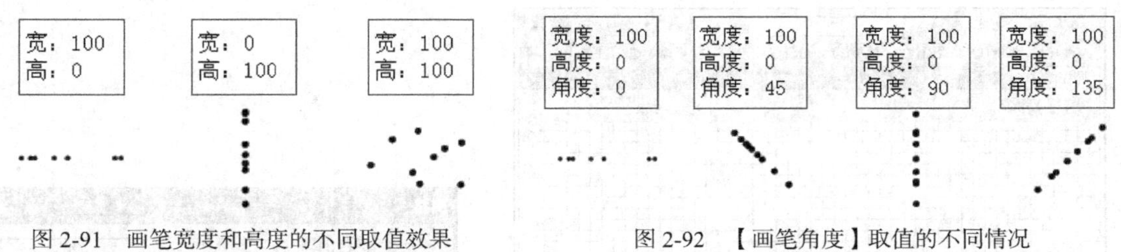

图 2-91　画笔宽度和高度的不同取值效果　　　图 2-92　【画笔角度】取值的不同情况

影片剪辑或图形元件可以用作喷涂刷粒子，打开【喷涂刷工具】的属性面板，在【元件】选项中单击【编辑】按钮，在有元件存在的前提下，可以弹出【选择元件】对话框，在该对话框中可以选择需要的元件作为【喷涂刷工具】的喷涂粒子形状。

2.4.8　课件实战——圆柱体

这是一个数学课件，课件中的图形是几何课中常见的圆柱体图形。圆柱体的最终效果如图 2-93 所示。

这个课件是利用【线条工具】、【矩形工具】和【椭圆工具】绘制一个圆柱体图形，然后利用【文本工具】将圆柱体的高做上标记。通过制作该课件，可以掌握 Flash 中【线条工具】、【矩形工具】和【椭圆工具】等的使用方法。制作“圆柱体”的方法如下。

步骤 1　打开 Flash 软件，执行【文件】|【新建】命令，弹出【新建文档】对话框，如图 2-94 所示。单击【确定】按钮，创建一个 Flash 文档。

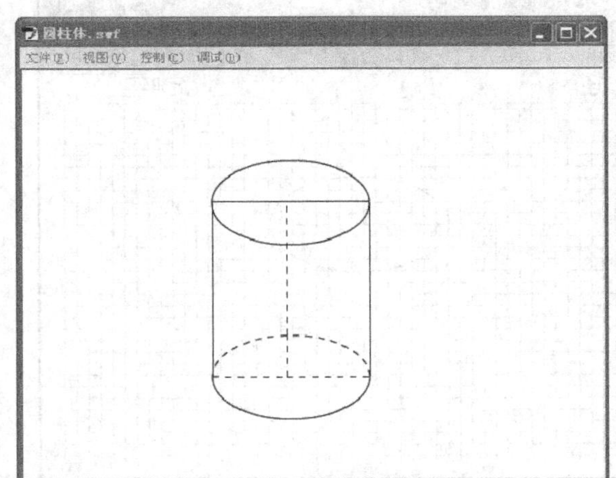

图 2-93　“圆柱体”课件最终效果图

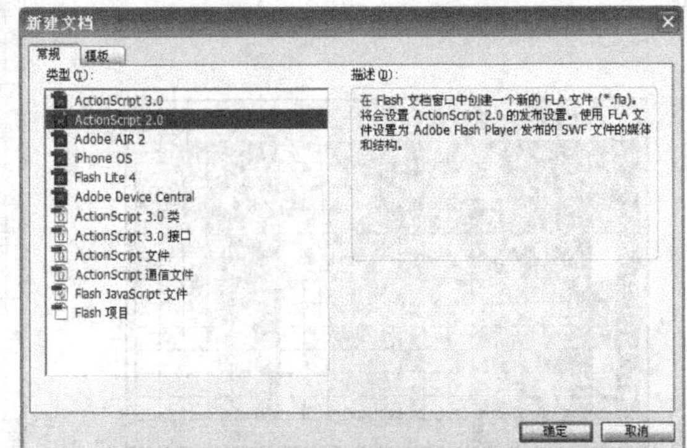

图 2-94　【新建文档】对话框

步骤 2　选择【视图】|【网格】|【显示网格】命令，舞台中出现灰色网格，如图 2-95 所示。

网格是一种辅助工具，在绘制比较精准的图形时会经常用到。选择【显示网格】命令后，在所有场景中都将显示网格，但是在测试影片和文档时不会显示。取消选择【显示网格】命令，即可隐藏网格。在 Flash 中提供了 3 种辅助工具，即网格、辅助线和标尺。

步骤 3　选择【视图】|【网格】|【编辑网格】命令，弹出【网格】对话框，选中【紧贴至网格】复选框，如图 2-96 所示。这样绘制的图形会吸附在网格上，便于图形的绘制。

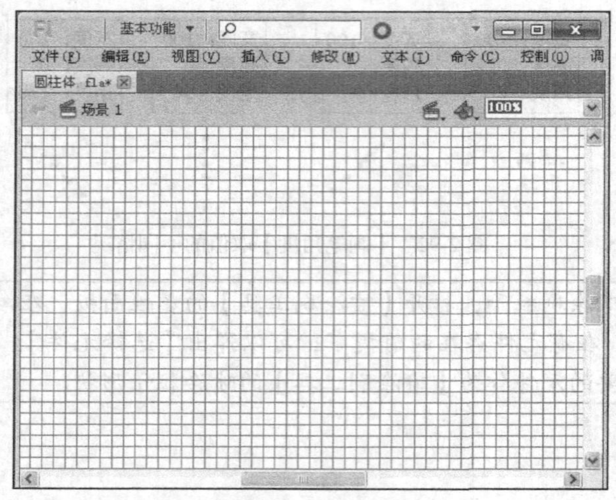

图 2-95　显示网格

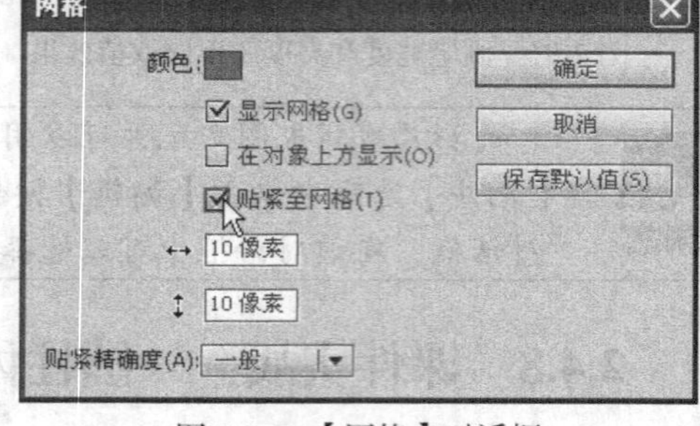

图 2-96　【网格】对话框

步骤 4　在工具箱中选择【椭圆工具】，在【属性】面板中设置笔触颜色为“黑色”；单击【填充颜色】按钮，在弹出的【颜色样本】对话框中单击右上角的按钮，设置填充颜色为“无色”，如图 2-97 所示。

步骤 5　将鼠标移至舞台中，鼠标指针变为十字形，单击并拖动鼠标左键到合适的大小后，松开鼠标左键，就绘制出了一个椭圆形，如图 2-98 所示。

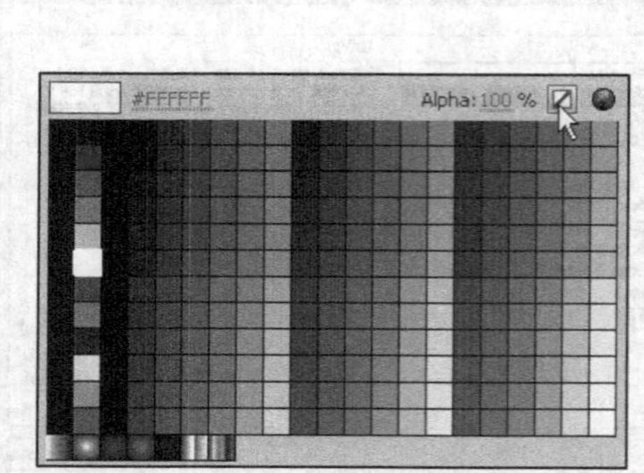

图 2-97　设置椭圆填充颜色为“无色”

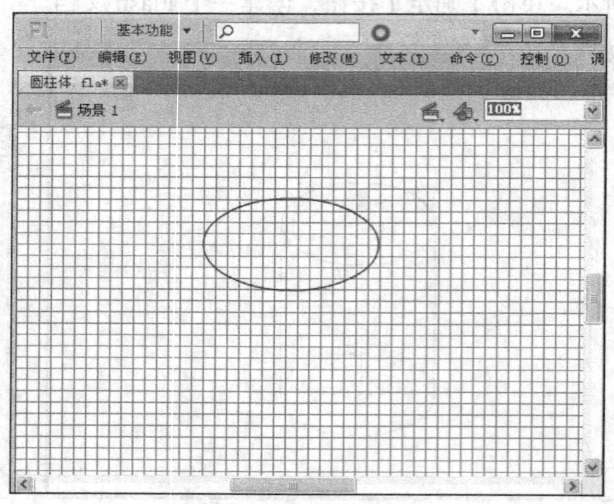

图 2-98　绘制椭圆

步骤 6　使用同样的方式，在刚绘制的椭圆形的正下方绘制一个同等大小的椭圆，效果如图 2-99 所示。

步骤 7　选择【矩形工具】，在两个椭圆形之间绘制一个矩形，效果如图 2-100 所示。

步骤 8　选择【线条工具】，在矩形的上下边之间绘制一条垂直直线，作为圆柱体的高，效果如图 2-101 所示。

步骤 9　选择【选择工具】，单击选中圆柱体的高，打开【属性】面板，将【样式】设置为“虚线”，如图 2-102 所示。

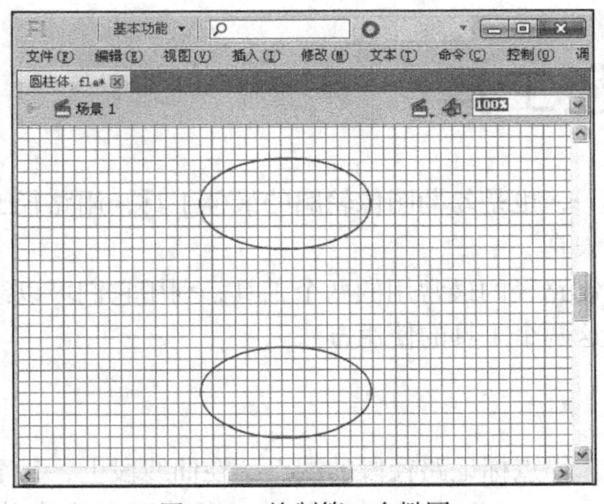

图 2-99　绘制第二个椭圆

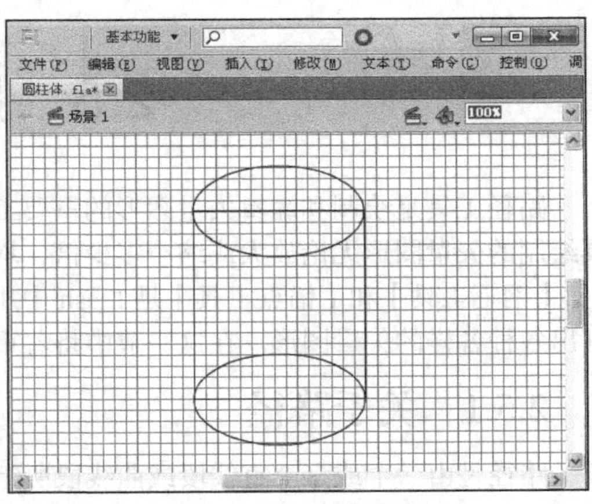

图 2-100　绘制矩形

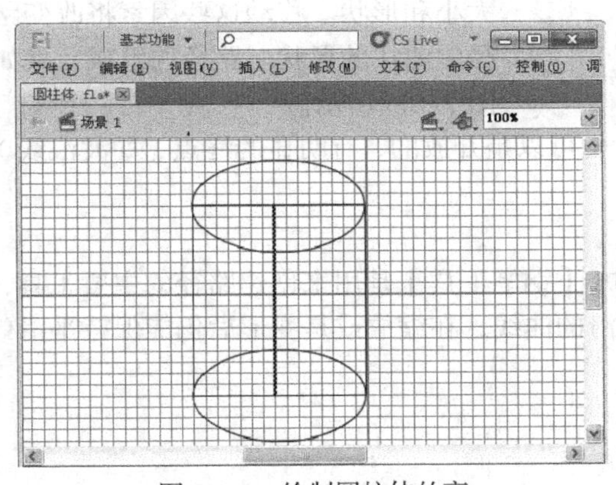

图 2-101　绘制圆柱体的高

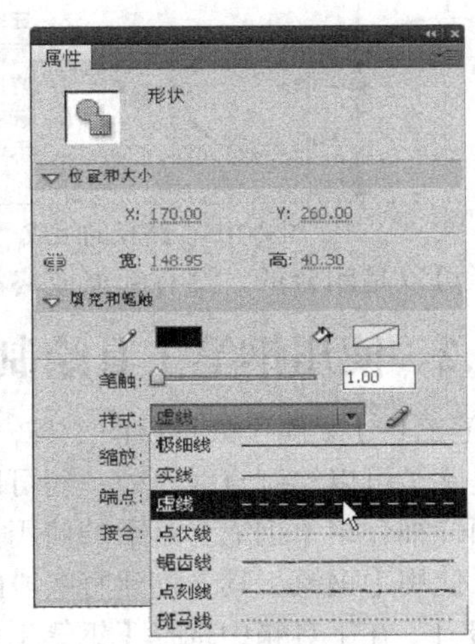

图 2-102　选择【线条大小】和【线条样式】

步骤 10　使用同样的方式将圆柱体底面弧线和矩形的底线也设置为“虚线”，效果如图 2-103 所示。

步骤 11　至此，圆柱体绘制完成。取消选择【显示网格】命令，效果如图 2-104 所示。

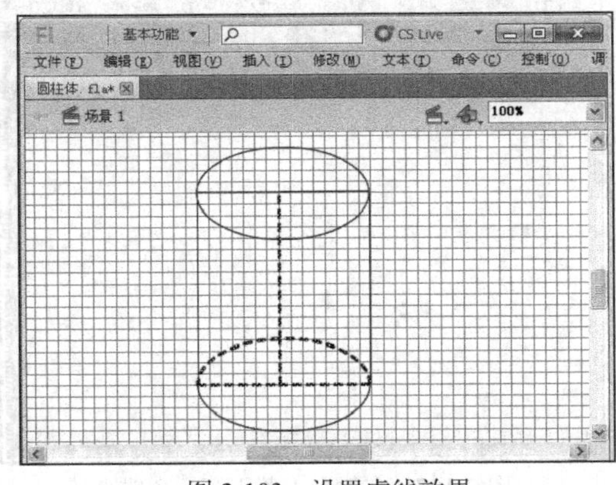

图 2-103　设置虚线效果

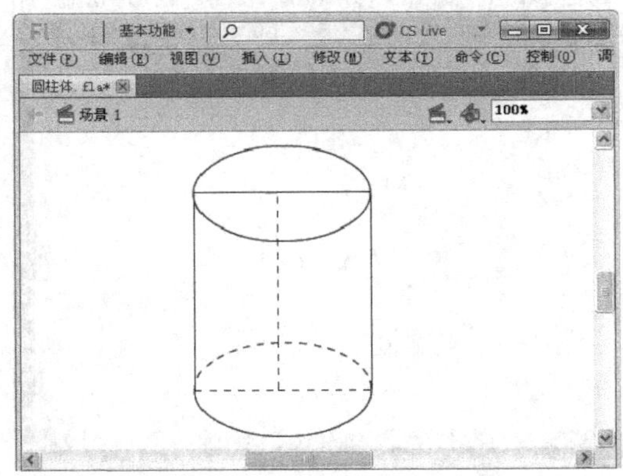

图 2-104　圆柱体效果

步骤 12　保存并测试课件，效果如图 2-93 所示。

2.5 路径工具

路径工具是绘制和编辑矢量图形的重要工具之一，也是勾勒图像轮廓的最佳工具，用路径工具绘制的矢量图形无论放大或缩小多少倍，均不会失真。

【钢笔工具】和【锚点工具】是 Flash 中用于绘制路径的最常用的两个工具，利用它们可以绘制出各种各样的矢量图形。在这一节中将着重讲解这两个工具的使用方法。

2.5.1 关于路径

路径是由一个或多个直线段或曲线段所组成的。锚点标记路径段的端点。在曲线段上，每个选中的锚点显示一条或两条方向线（也称控制杆），方向线以方向点结束。方向线和方向点的位置决定曲线段的大小和形状。移动这些因素将改变路径中曲线的形状。路径的组成元素如图 2-105 所示。

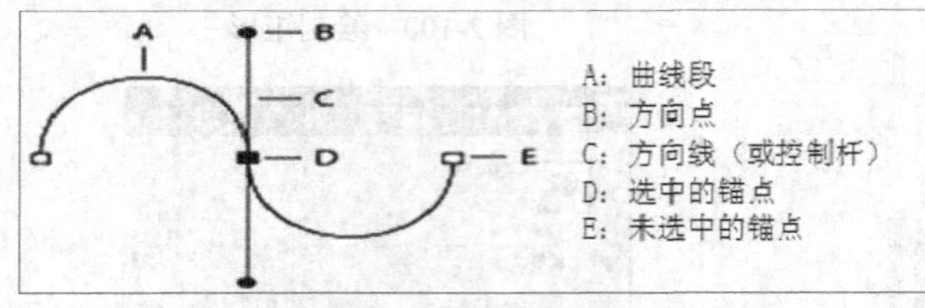

图 2-105 路径的组成

路径可以是闭合的，没有起点或终点（如圆）；也可以是开放的，有明显的终点（如波浪线）。

2.5.2 使用钢笔工具绘制图形

【钢笔工具】属于矢量绘图工具，在 Flash 中，【钢笔工具】是用来创建路径的主要工具，其优点是除了可以绘制直线段外，还可以勾画出平滑的曲线，在缩放或是变形后仍能保持平滑效果。下面详细介绍【钢笔工具】的使用方法。

（1）使用【钢笔工具】创建直线段路径。

步骤 1 在工具箱中选择【钢笔工具】。

步骤 2 将鼠标移至舞台中，鼠标指针会变成形状，表明此时可以开始绘制路径，如图 2-106 所示。

步骤 3 在舞台上单击鼠标，就会落下一个锚点，如图 2-107 所示。

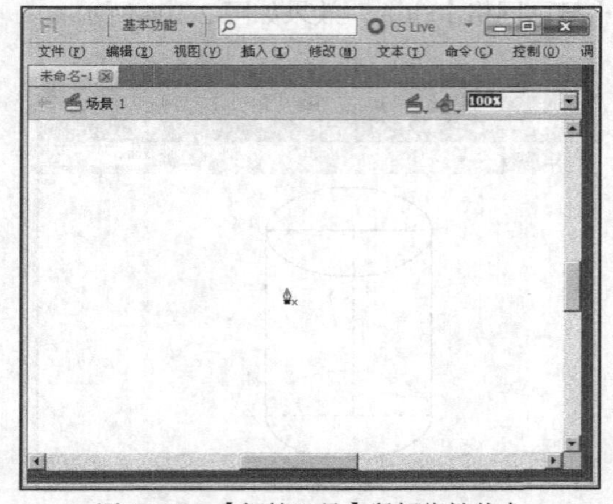

图 2-106 【钢笔工具】鼠标指针状态

图 2-107 在舞台上落下第一个锚点

步骤 4 在舞台上的任意位置再次单击鼠标，会落下第二锚点，同时两个锚点间连接成为一条直线段，完成一条直线段路径的绘制，效果如图 2-108 所示。

步骤 5 还可以继续在舞台上任意位置落下多个锚点，创建多线段路径，效果如图 2-109 所示。

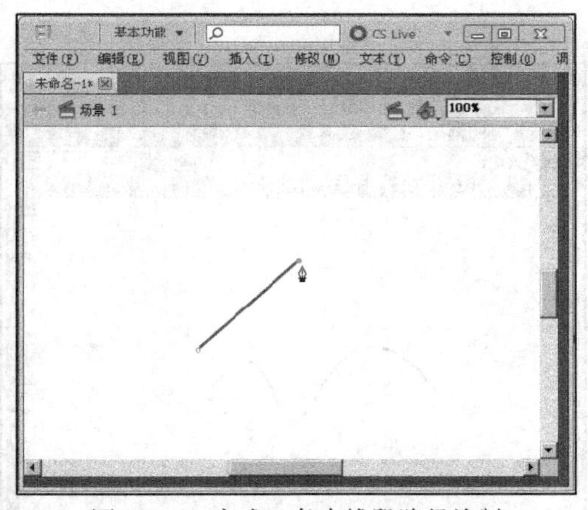

图 2-108 完成一条直线段路径绘制

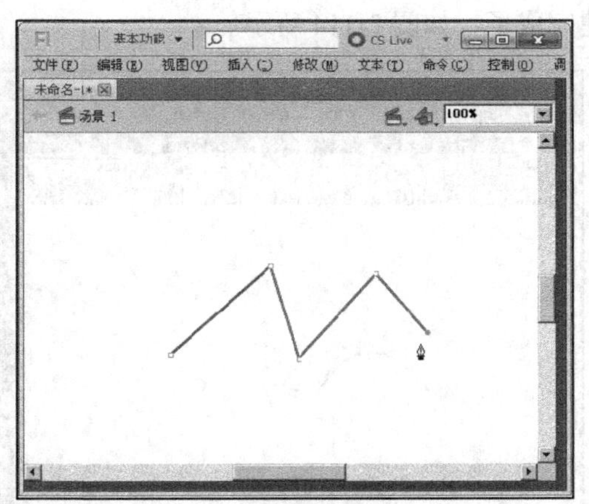

图 2-109 绘制多线段直线路径

步骤 6 单击工具箱中除【钢笔工具】组以外的任意工具，则退出路径的绘制状态，完成多线段路径的创建。

（2）使用【钢笔工具】创建封闭路径。

选择【钢笔工具】，在舞台中单击 A 点作为起始落点，当鼠标单击 B 点和 C 点后，回到起始点 A 点时，【钢笔工具】指针右下方会出现一个小圆圈（形如），这表明此时单击鼠标左键，路径就会闭合。路径闭合之后，带小圆圈的钢笔工具指针就会变为带小叉的钢笔工具（形如），这表明此时单击将开始一条新路径的绘制，如图 2-110 所示。

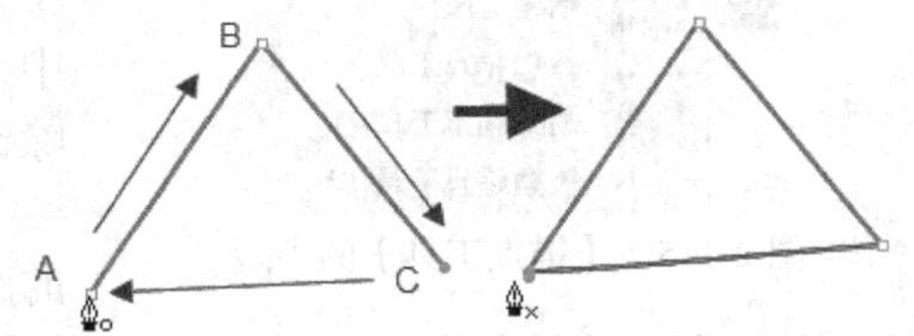

图 2-110 创建封闭路径

（3）使用【钢笔工具】创建曲线路径。

曲线路径是通过单击并且拖动鼠标来创建的。

步骤 1 在工具箱中选择【钢笔工具】后，在舞台中单击鼠标落下 A 点，如图 2-111 所示。

步骤 2 然后，将鼠标移动到 B 点，在 B 点单击并同时拖动鼠标，则在 A 点和 B 点之间便会出现一段曲线路径，如图 2-112 所示。

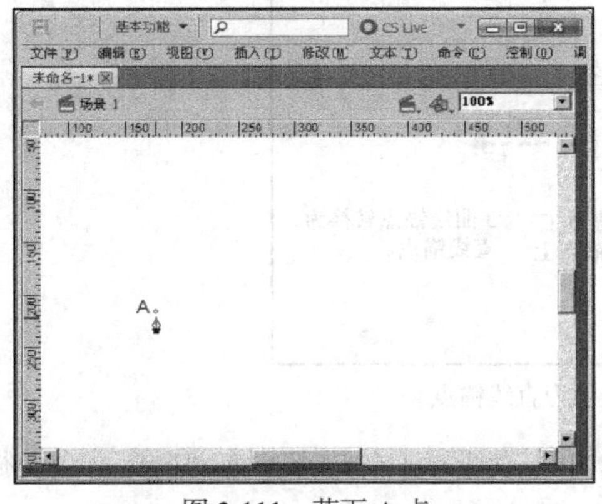

图 2-111 落下 A 点

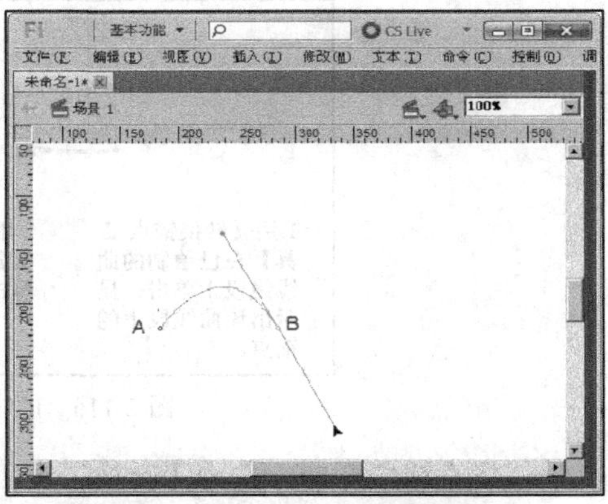

图 2-112 创建 AB 间的曲线路径

步骤 3 接着，移动鼠标到 C 点，在 C 点单击并同时拖动鼠标，则在 B 点和 C 点之间创建一段曲线路径，如图 2-113 所示。

步骤 4 单击工具箱中除【钢笔工具】组以外的任意工具，至此，一个完整的曲线路径就创建完成了，如图 2-114 所示。

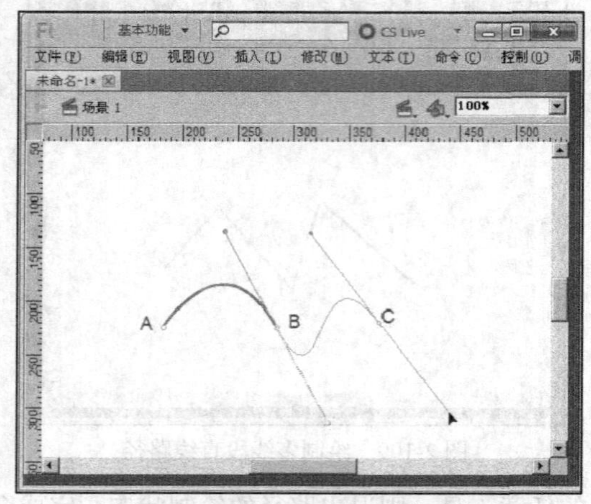

图 2-113 创建 BC 间的曲线路径

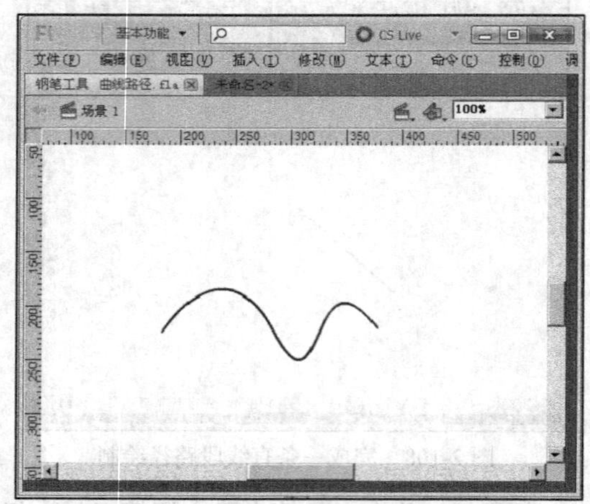

图 2-114 完成曲线路径的创建

2.5.3 锚点工具

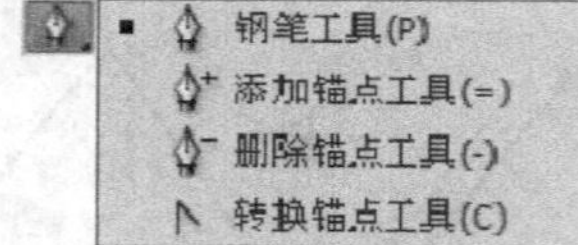

图 2-115 【锚点工具】的类型

【锚点工具】位于工具箱中【钢笔工具】的下拉列表中，有 3 种工具可供选择，分别是【添加锚点工具】、【删除锚点工具】和【转换锚点工具】，如图 2-115 所示。

- 【添加锚点工具】：使用该工具可以在已绘制的路径上添加锚点，即控制点。选择【添加锚点工具】后，在操作的过程中按住 Alt 键，可以将【添加锚点工具】切换为【删除锚点工具】。
- 【删除锚点工具】：使用该工具可以删除已绘制路径中的锚点。选择【删除锚点工具】后，在操作的过程中按住 Alt 键，可以将【删除锚点工具】切换为【添加锚点工具】。
- 【转换锚点工具】：使用该工具可以实现曲线锚点与直线锚点间的切换。
  - 将曲线段伸直：选中【转换锚点工具】单击曲线段上的锚点，会使得曲线段变成直线段，如图 2-116 所示。

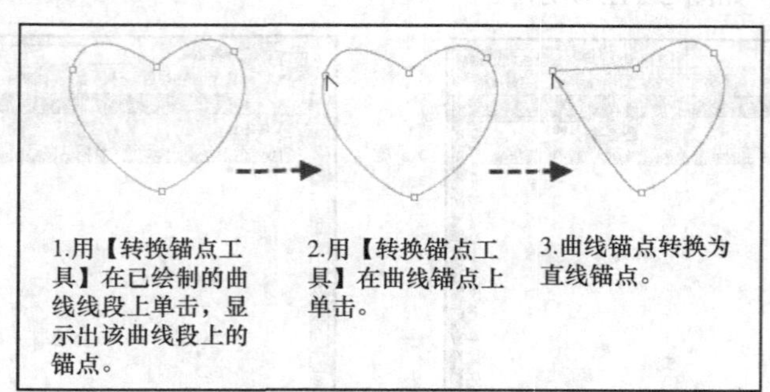

图 2-116 曲线锚点转换为直线锚点

  - 将直线段弯曲：选中【转换锚点工具】单击直线段上的锚点并拖动鼠标，会使得直线段变成曲线段，如图 2-117 所示。

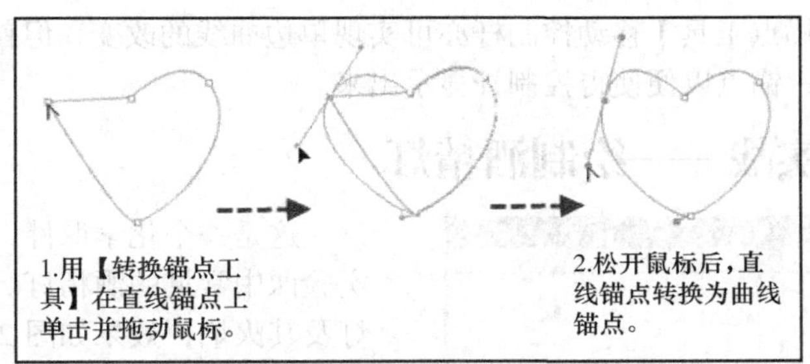

图 2-117 直线锚点转换为曲线锚点

2.5.4 调整路径

在编辑调整路径之前，首先需要选中路径或锚点，然后再进行相应的调节。选择调整路径常用的工具有【部分选取工具】和【转换锚点工具】。

- 选择路径和锚点
  - 利用【部分选取工具】选择路径和锚点

【部分选取工具】是 Flash 中最重要的选择路径并对路径形状进行调整的工具。使用它单击路径或锚点可以选中单个路径或锚点。按住 Shift 键的同时单击多条路径或多个锚点可以同时选择多条路径或多个锚点；如果要一次性选择多条路径或锚点的话，还可以采用在路径外任意一处单击并拖动的方式框选多条路径或锚点。

  - 利用【转换锚点工具】选择路径

使用【转换锚点工具】单击即可选中该路径。【转换锚点工具】只能选中路径而不能选中锚点，利用【转换锚点工具】一次只能选中一条路径，不能同时选中多条路径。

- 调整路径形状
  - 利用【部分选取工具】调整路径形状

当使用【部分选取工具】选取锚点时，选中的锚点呈实心状，并在锚点上出现两条控制杆，如图 2-118 所示，此时单击该选中锚点并拖动鼠标，可以实现锚点的移动。当鼠标指针移至控制杆的两个端点上时，鼠标指针变为形状，如图 2-119 所示，表明此时可以单击并拖动控制杆，以调节曲线的形状（锚点两边的曲线同时改变形状）。按住 Alt 键同时移动控制杆可以实现单边曲线形状变化。

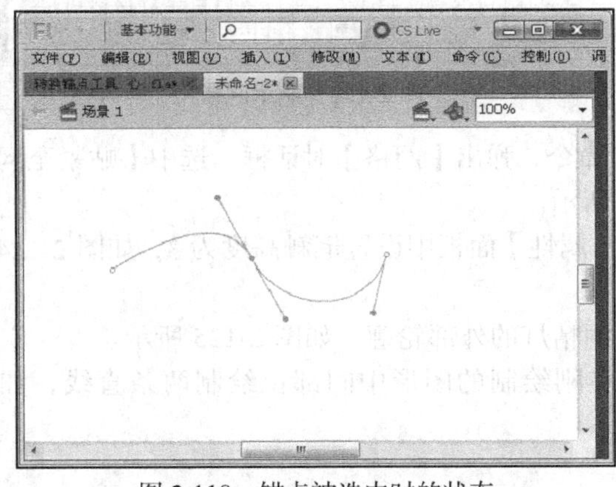

图 2-118 锚点被选中时的状态

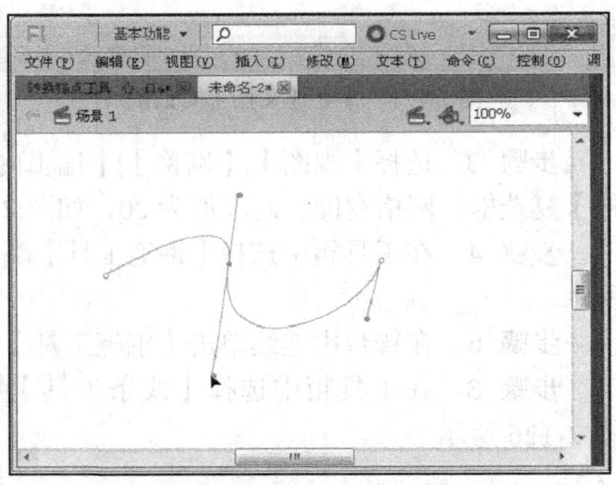

图 2-119 可调节控制杆状态

◆ 利用【转换锚点工具】调整路径形状

利用【转换锚点工具】移动控制杆亦可实现单边曲线的改变，但首先必须使用【部分选取工具】选中某一锚点以便使得控制杆显示出来。

2.5.5 课件实战——绘制酒精灯

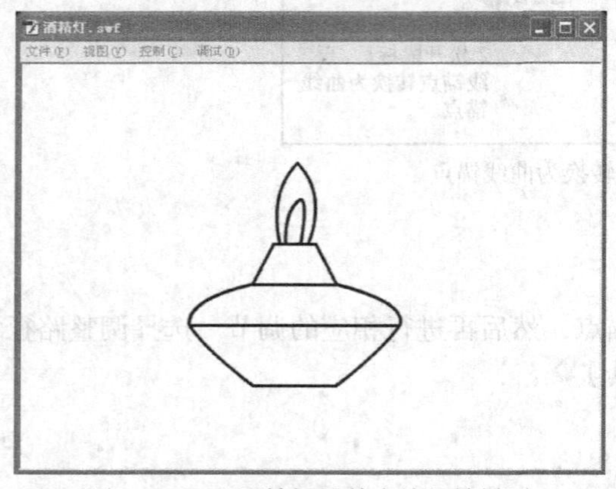

图 2-120 "酒精灯及其火焰"效果图

这是一个化学课件，课件中的图形是化学实验课中常见的酒精灯。在课件中绘制出酒精灯及其火焰，效果如图 2-120 所示。

这个课件使用了 Flash 中的【钢笔工具】，并配合使用【锚点工具】和【部分选取工具】对创建的路径进行调整。制作"酒精灯"的方法如下。

步骤 1 打开 Flash 软件，执行【文件】|【新建】命令，弹出【新建文档】对话框，如图 2-121 所示。单击【确定】按钮，创建一个 Flash 文档。

步骤 2 选择【视图】|【网格】|【显示网格】命令，这时舞台中会出现灰色网格，如图 2-122 所示。

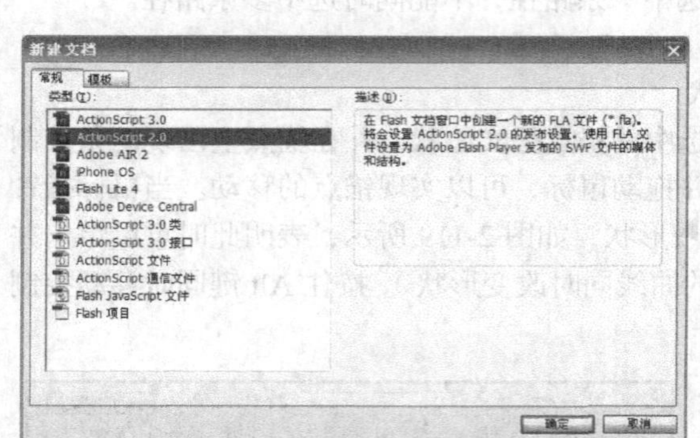

图 2-121 【新建文档】对话框

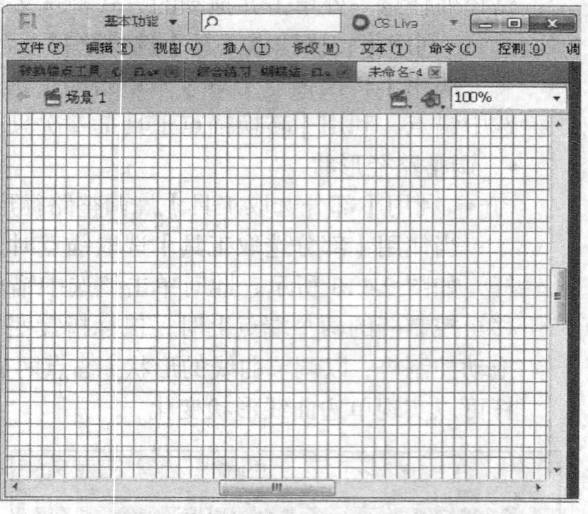

图 2-122 显示网格

步骤 3 选择【视图】|【网格】|【编辑网格】命令，弹出【网格】对话框，选中【贴紧至网格】复选框，网格宽度、高度值为 20，如图 2-123 所示。

步骤 4 在工具箱中选择【钢笔工具】，在【属性】面板中设置笔触高度为 3，如图 2-124 所示。

步骤 5 在舞台中连续单击【钢笔工具】绘制酒精灯的外部轮廓，如图 2-125 所示。

步骤 6 在工具箱中选择【线条工具】，在刚绘制的图形中间部位绘制两条直线，如图 2-126 所示。

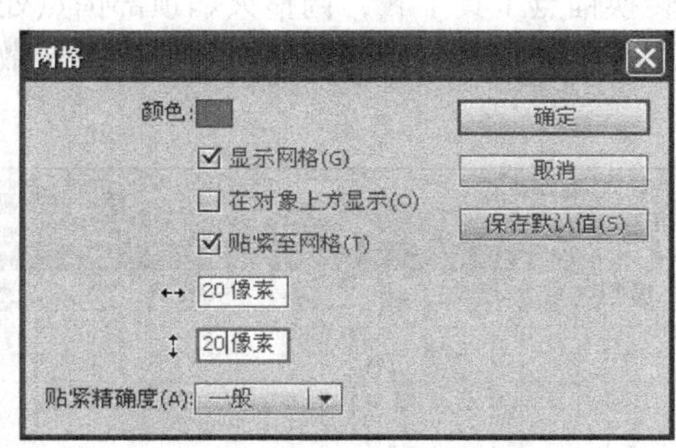

图 2-123　【网格】对话框

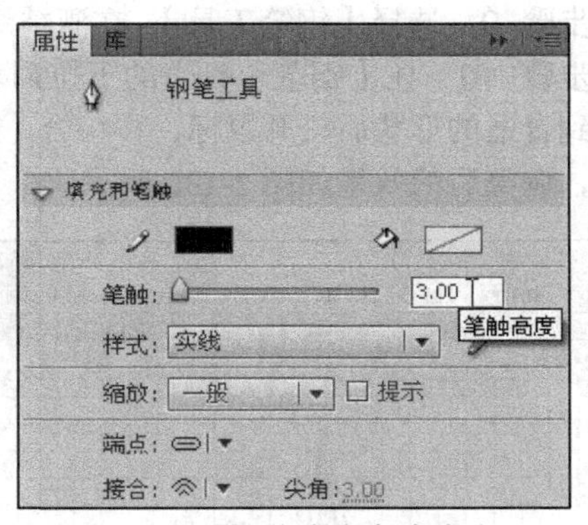

图 2-124　设置钢笔笔触高度为 3

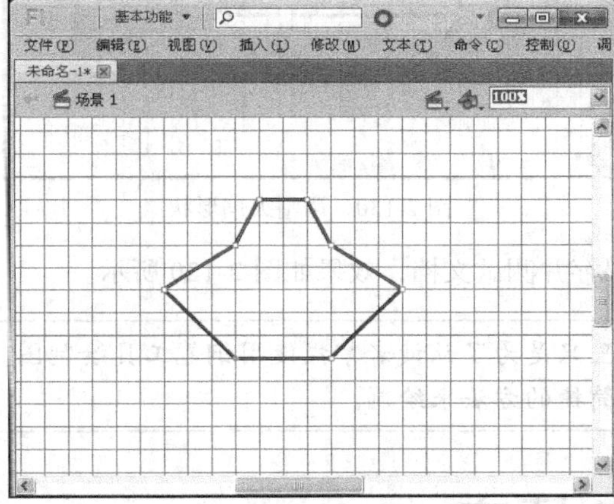

图 2-125　绘制酒精灯外部轮廓

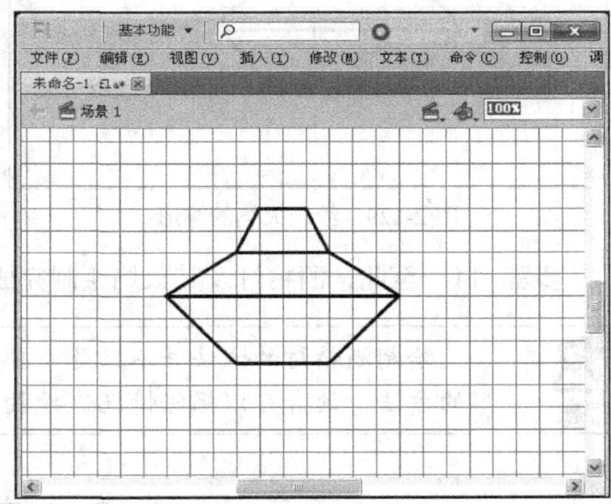

图 2-126　绘制两条直线

步骤 7　在工具箱中选择【选择工具】，将鼠标指针放在酒精灯灯身两侧的直线线条上，当鼠标指针变成形状时拖动鼠标，即可改变线条的形状，改变后的曲线如图 2-127 所示。

步骤 8　选择【视图】|【网格】|【编辑网格】命令，弹出【网格】对话框，取消选中【贴紧至网格】复选框，如图 2-128 所示。这样绘制的图形将不会吸附在网格上，便于火焰图形的绘制。

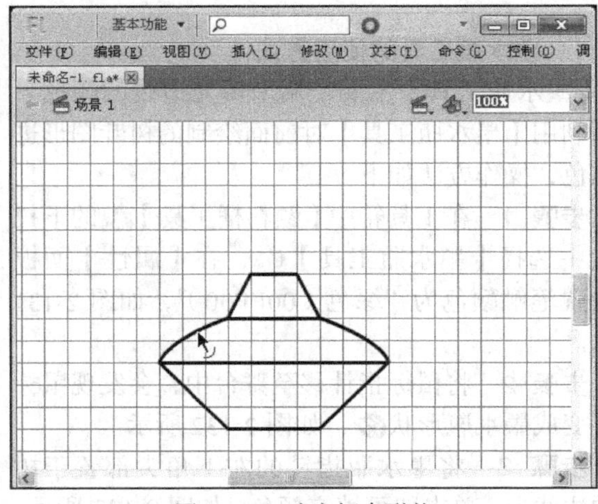

图 2-127　改变灯身形状

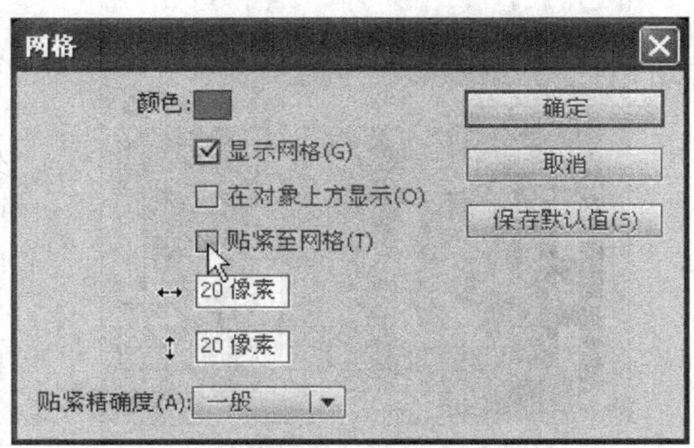

图 2-128　取消【贴紧至网格】复选框

步骤 9 选择【钢笔工具】，在酒精灯上绘制火焰的雏形，效果如图 2-129 所示。

步骤 10 在【钢笔工具】的下拉列表中选择【转换锚点工具】，调整火焰顶部锚点处的路径到合适的形状后松开鼠标，再结合【部分选取工具】和【转换锚点工具】对控制杆进行微调处理，调整后的效果如图 2-130 所示。

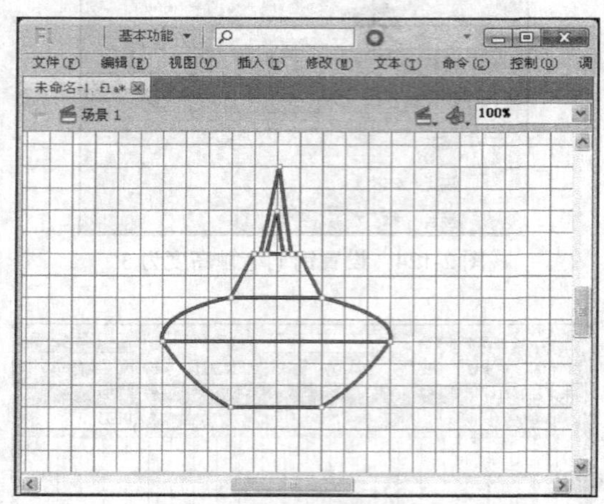

图 2-129　绘制火焰的雏形

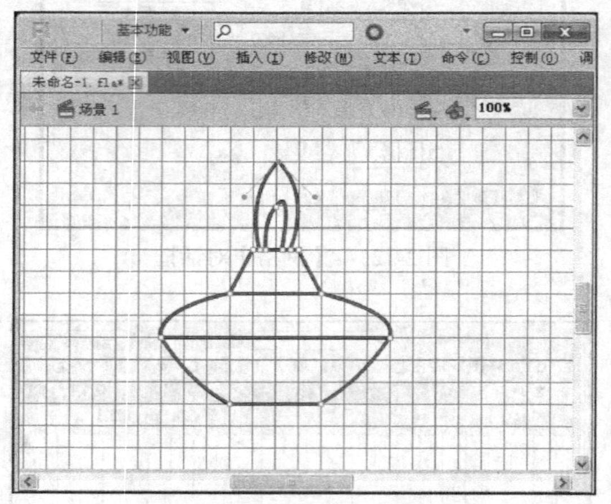

图 2-130　调整火焰形状

步骤 11 至此，酒精灯及其火焰绘制完成，保存并测试文档，效果如图 2-120 所示。

绘制酒精灯的方法并不只是一种，这里只是为了让读者掌握使用钢笔工具绘制图形的方法，读者可以根据情况选择最方便简捷的方法来绘制。

2.6　颜色填充

前面介绍的工具在 Flash 中大多是用来绘制图形轮廓的，想要更丰富的图形效果还需要对绘制的图形进行颜色填充，在这一节中主要介绍几种和颜色填充相关的工具的使用。

2.6.1　墨水瓶工具与颜料桶工具

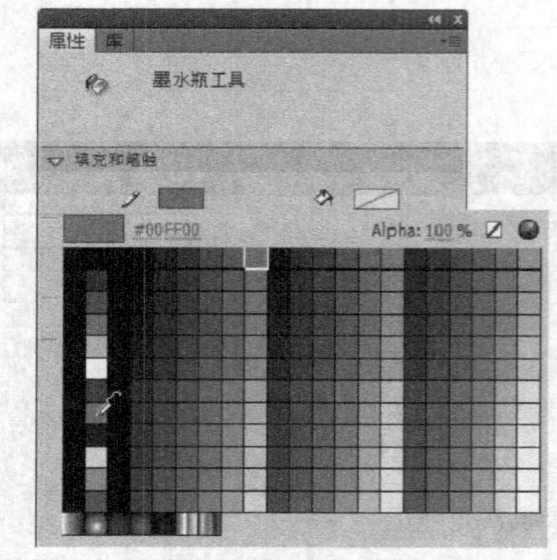

图 2-131　设置笔触颜色

1．墨水瓶工具的使用方法

【墨水瓶工具】主要是用来填充边线的颜色。下面利用【墨水瓶工具】对前面绘制的树叶图形进行填色，操作方法如下。

步骤 1 在工具箱中【颜料桶工具】的下拉列表中选择【墨水瓶工具】，在【属性】面板中设置笔触颜色为“绿色（00FF00）”，如图 2-131 所示。

步骤 2 将鼠标指针移至舞台中，会发现鼠标指针变成墨水瓶形状，如图 2-132 所示。

步骤 3 将墨水瓶指针的左下角尖部置于树叶的边线上，单击即可填充颜色，如图 2-133 所示。

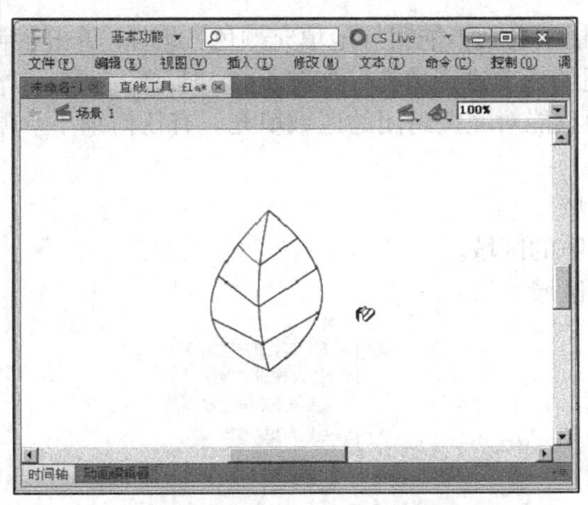

图 2-132　【墨水瓶工具】指针状态

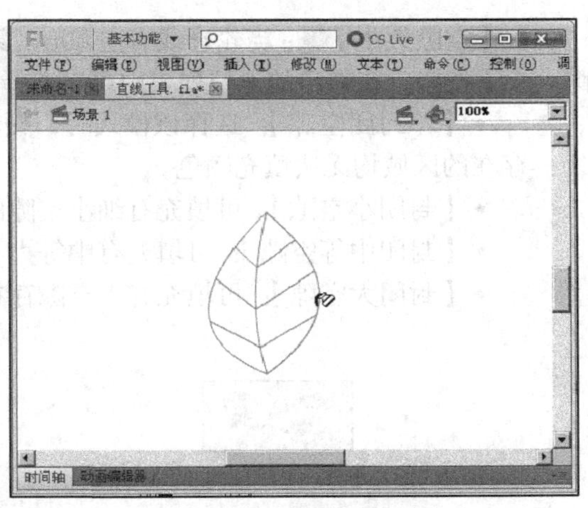

图 2-133　填充线条颜色

2. 颜料桶工具的使用方法

【颜料桶工具】不仅可以对图形填充颜色，还可以用来修改已有图形的颜色。要给所绘制的图形填充颜色，该图形轮廓线必须是封闭的，或者是相对封闭的，填充的颜色可以是纯色、渐变色或是位图。下面利用【颜料桶工具】对光盘/第 2 章/2.4/2.4.5 综合练习蝴蝶结.fla 进行填色，操作方法如下。

步骤 1　在工具箱中选择【颜料桶工具】，在【属性】面板中设置填充颜色为“粉红色（FF99CC）”，如图 2-134 所示。

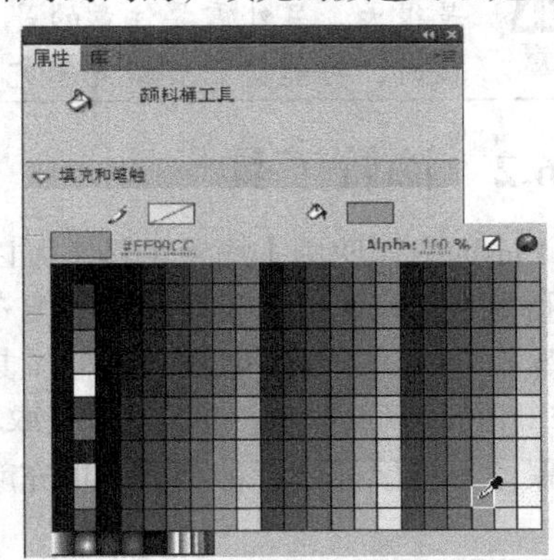

图 2-134　设置填充颜色为粉红色

步骤 2　将鼠标指针移至舞台中，会发现鼠标指针变成形状，如图 2-135 所示。

步骤 3　将颜料桶指针的右下角尖部置于封闭轮廓线中，单击即可填充颜色，如图 2-136 所示。

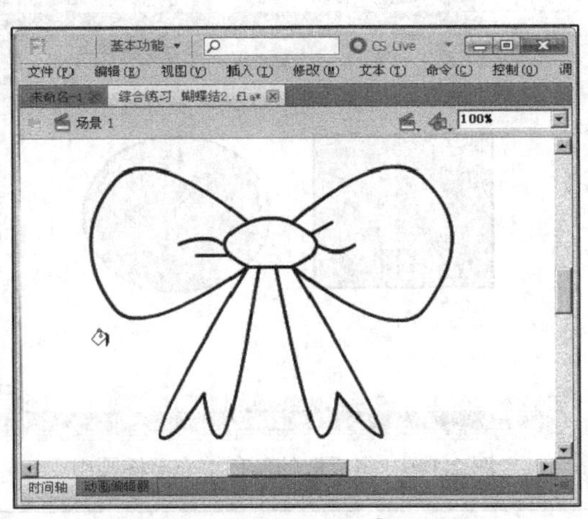

图 2-135　【颜料桶工具】指针状态

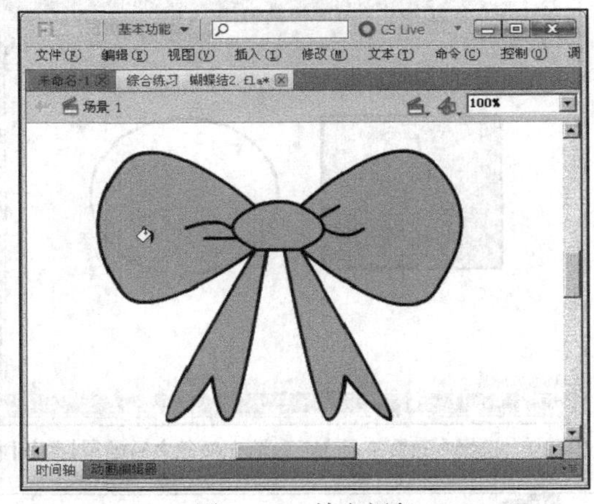

图 2-136　填充颜色

【颜料桶工具】在工具箱中有相应的附加选项，如图 2-137 所示，可以通过这些附加选项对其进行设置。

• 【空隙大小】：当轮廓线有空隙时，颜料桶工具就不能很好地填充颜色，此时，单击【空隙大小】按钮，在弹出的下拉列表中可以选择合适的选项进行填充，如图 2-138 所示。

◆【不封闭空隙】：选择该模式时，颜料桶只能对完全封闭的区域填充。有任何细小空隙存在的区域均无法填充颜色。

◆【封闭小空隙】：可填充有细小空隙的区域。

◆【封闭中等空隙】：可填充有中等大小空隙的区域。

◆【封闭大空隙】：可填充有大空隙存在的区域。

图 2-137 【颜料桶工具】的附加选项

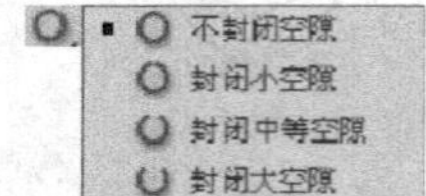

图 2-138 【空隙大小】下拉列表

• 【锁定填充】：当使用渐变色作为填充色时，单击该按钮，可将上一笔触的颜色变化规律锁定，作为这一笔触对该区域的色彩变化规范。

注意　填充区域的空隙大小只是一个相对的概念，即使是【封闭大空隙】实际上也不是很大。另外需要注意的是，如果选择【封闭大空隙】后去填充一个封闭较好的区域时，可能会出现填充不完全的情况。

2.6.2 滴管工具

在 Flash 中，使用【滴管工具】可以吸取舞台中的任意颜色，从而填充到另一个图形上。下面介绍利用【滴管工具】吸取颜色和填充颜色的操作方法。

步骤 1 在工具箱中选择【滴管工具】，将鼠标指针移至舞台中要吸取的填充颜色之上，单击鼠标即可使滴管吸取该填充色，吸取填充色后，会发现鼠标指针变成形状，如图 2-139 所示。

步骤 2 将鼠标指针移至需要填充颜色的图形上，单击鼠标即可实现颜色填充，如图 2-140 所示。

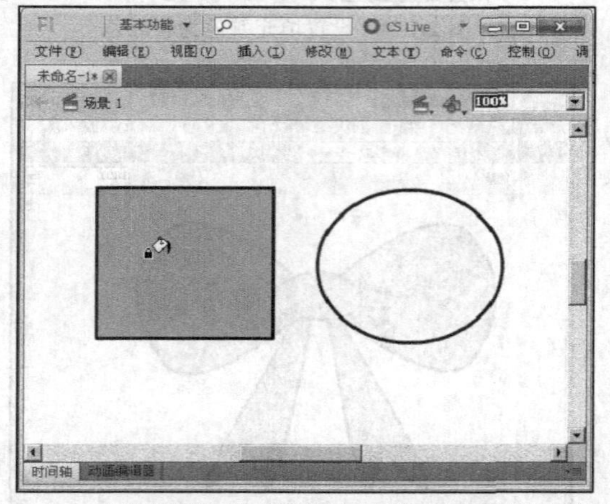

图 2-139 选择【滴管工具】吸取填充颜色之后的鼠标指针状态

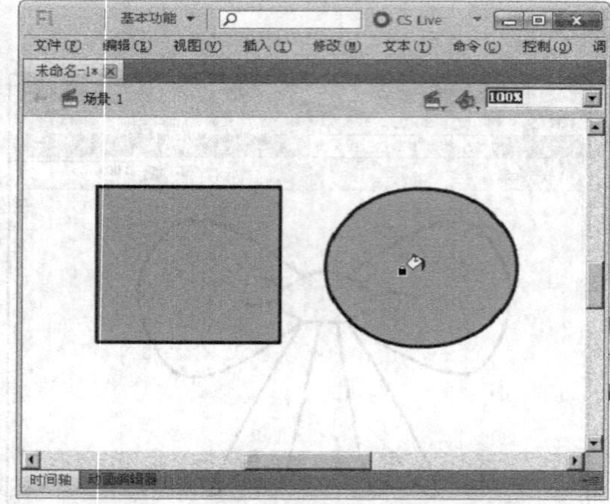

图 2-140 将吸取的颜色填充至椭圆中

注意　使用【滴管工具】吸取的边线颜色只能用于边线的填充，吸取的填充颜色只能用于填充色。吸取边线颜色后滴管工具会变成类似墨水瓶工具的形状。

2.6.3　橡皮擦工具

在 Flash 中，【橡皮擦工具】用于擦除舞台中的多余部分。【橡皮擦工具】不仅可以擦除所绘制图形的填充色和线条，还可以擦除打散后的位图图形中的内容。

【橡皮擦工具】在工具箱中有其附加选项，如图 2-144 所示。

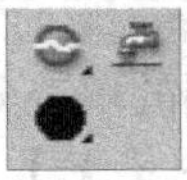

图 2-141　【橡皮擦工具】在工具箱中的选项

- 【擦除模式】：单击该按钮会弹出下拉列表，列表中有不同的擦除模式可供选择，不同的擦除模式会产生不同的擦除效果。
  - 【标准擦除】：擦除橡皮擦经过的所有区域内容，可以擦除填充和线条。此模式为 Flash 的默认模式。
  - 【擦除填色】：只擦除舞台中的填充色而不会擦除线条。
  - 【擦除线条】：只擦除舞台中的线条而不会擦除填充色。
  - 【擦除所选填充】：只擦除舞台中被选中的填充色，不会擦除线条。
  - 【内部擦除】：只擦除橡皮擦起始落点位置所在区域的填充色，不会擦除线条。如果从舞台中的空白区域开始擦除的话，则不会擦除任何内容。
- 【水龙头】：选中此项后，在需要擦除的填充色或者轮廓线上单击鼠标左键即可去掉相应的内容。
- 【橡皮擦形状】：单击该按钮会弹出下拉列表，在下拉列表中可以选择不同的橡皮擦的形状和大小。

2.6.4　颜色面板

在绘图时，线条和填充色除了可以在各自工具的【属性】面板中进行设置外，还可以在【颜色】面板中进行设置。选择【窗口】|【颜色】命令，即可打开【颜色】面板，如图 2-142 所示。

- 该【颜色】面板提供了 HSB 和 RGB 两种颜色模式实现颜色的选择，也可以直接输入十六进制数值指定色值。
- 【笔触颜色】：设置线条或边框的颜色。
- 【填充颜色】：设置图形的填充颜色。
- 【Alpha 值】A: 100 %：可设置颜色的透明度。可以直接在文本框中输入数值，也可以通过单击文本框并前后滑动鼠标的方式更改其值。Alpha 值为 0%表示透明，Alpha 值为 100%表示不透明。
- 【颜色选择器】：可以直观地选择颜色，如图 2-143 所示，圆圈指针的位置为当前颜色位置，要修改颜色只要改变它的位置即可。上下拖动右侧的滑块，可以改变颜色的亮度。

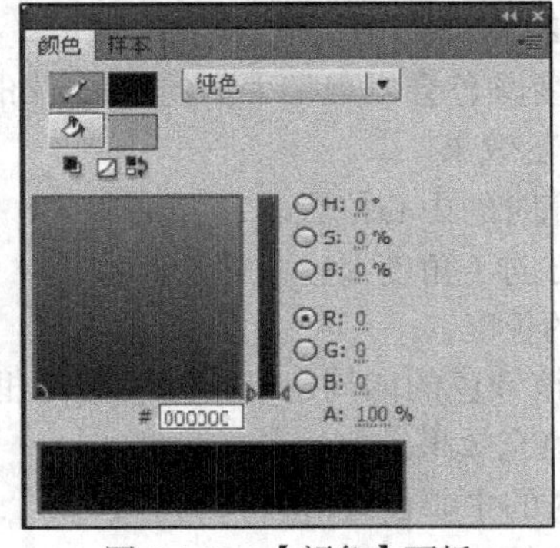

图 2-142　【颜色】面板

图 2-143　【颜色选择器】

- # 000000：在此文本框中可以直接输入十六进制 RGB 值来指定颜色。
- 【当前颜色样本】：位于【颜色】面板最下方，色条为“当前颜色样本”，显示当前设定的具体颜色。
- 纯色：填充样式，设置填充颜色的类型，下拉列表如图 2-144 所示。不同类型会产生不同的填充效果。
    - 【无】：关闭填充、无填充颜色状态。
    - 【纯色】：最常用的填充类型。
    - 【线性渐变】：沿直线轴方向更改颜色的渐变类型，填充效果如图 2-145 所示。

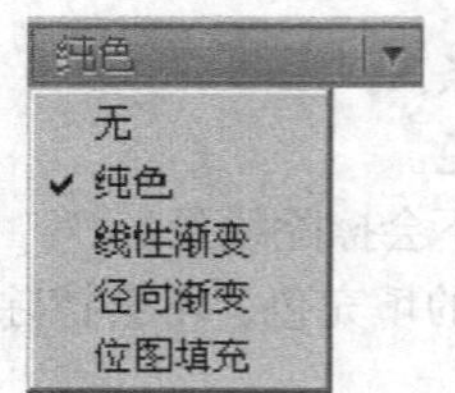

图 2-144　填充颜色的类型

图 2-145　【线性渐变】类型的填充效果

- 【径向渐变】：从一个中心点开始向外变换颜色的渐变类型，产生一个由中心向外更改颜色的渐变类型，填充效果如图 2-146 所示。
- 【位图填充】：使用位图图像平铺所选的填充区域。填充效果如图 2-147 所示。

图 2-146　【径向渐变】类型的填充效果

图 2-147　【位图填充】类型的填充效果

2.6.5　渐变变形工具

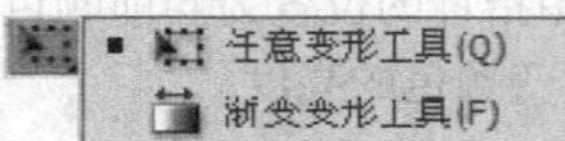

图 2-148　【渐变变形工具】

【渐变变形工具】是用来编辑填充色的线性渐变和径向渐变的填充方式，位于工具箱中【任意变形工具】的下拉列表中，如图 2-148 所示。

在工具箱中选择【渐变变形工具】后，单击一个线性渐变颜色会出现带手柄的边框，如图 2-149 所示。通过该带手柄的边框可以控制调节线性渐变色的渐变效果。

- 【中心圆点】：移动该圆点可以改变线性渐变色填充时的中心位置。
- 【旋转角点】：旋转该圆点可以改变填充色的渐变方向（角度）。
- 【边框箭头】：拖动边框上的箭头可以改变填充色的长度。

选择【渐变变形工具】，单击一个径向渐变颜色，在该颜色的四周出现带手柄的边框，如图 2-150 所示。通过该带手柄的边框可以调节径向渐变色的填充效果。

- 【中心圆点】：移动该圆点可以改变径向渐变填充时的中心位置。
- 【中心三角】：在中心线上移动可改变中心填充颜色的位置。

- 【边框箭头】：拖动边框上的箭头可以改变填充色的长度。
- 【圆框箭头】：拖动圆框箭头可以缩放填充色的大小。
- 【旋转角点】：旋转角上的空心圆点可以改变填充色的旋转。

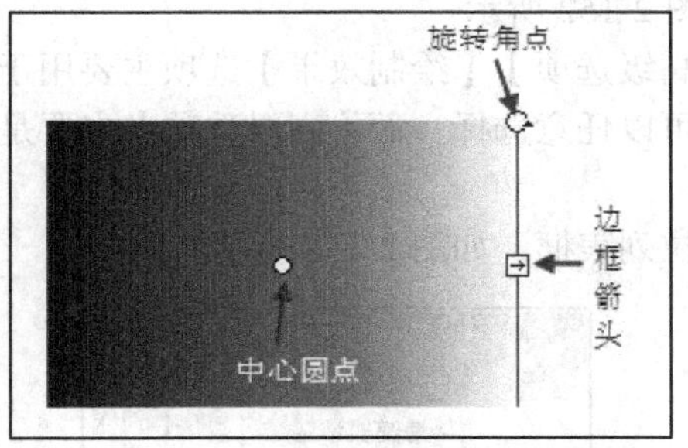

图 2-149　线性渐变的编辑状态

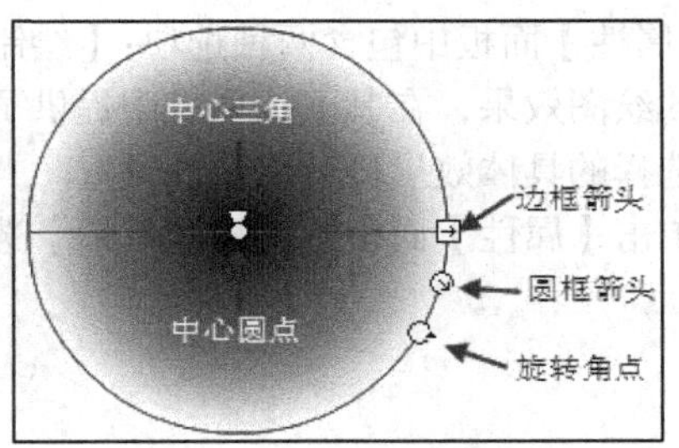

图 2-150　径向渐变的编辑状态

2.7　Deco 工具

Deco 工具是一种装饰性绘画工具，利用该工具可以很方便地创建出一些复杂的图形和图案效果。在工具箱中选择【Deco 工具】，打开【属性】面板，【属性】面板中的【绘制效果】选项为我们提供了很多种绘图效果，在这一节中主要介绍【Deco 工具】的使用以及对不同类型绘图效果的设置。

2.7.1　使用 Deco 工具填充图形

使用【Deco 工具】不仅可以对舞台上的选定对象应用不同的效果，还可以直接在舞台上填充不同的图形。

下面详细介绍如何使用 Deco 工具填充图形。

步骤 1　在工具箱中选择【Deco 工具】，将鼠标指针移至舞台中，会发现鼠标指针变为形状，此时，单击鼠标左键即可看到自动绘制的图形，如图 2-151 所示。

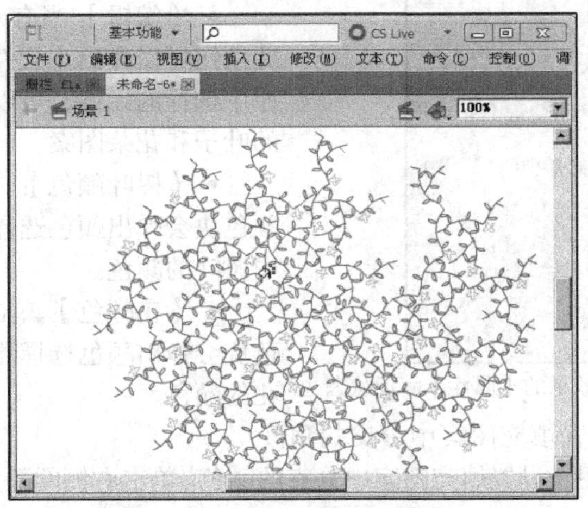

图 2-151　单击鼠标开始填充图形

步骤 2　再次单击鼠标左键，即可停止图形绘制，完成绘制图形的操作。

2.7.2 Deco 工具的属性设置

通过【Deco 工具】的【属性】面板可以设置不同的图案效果，以及对各种图案效果进行细节的设置。选择【Deco 工具】，打开【属性】面板，如图 2-152 所示。

【属性】面板中包含两种选项：【绘制效果】和【高级选项】。【绘制效果】选项主要用于选择不同的绘图效果，在其下拉列表中提供了不同的效果可以任意选择，而【高级选项】主要是用于对所选择的具体效果进行细节的设置。

单击【属性】面板中【绘制效果】选项，弹出下拉列表框，如图 2-153 所示。

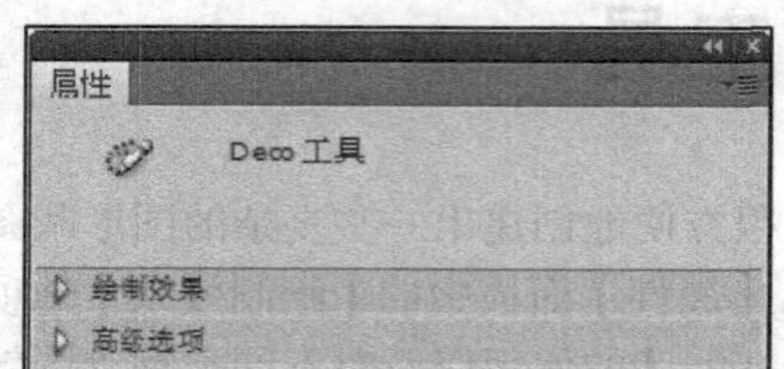

图 2-152 【Deco 工具】的【属性】面板

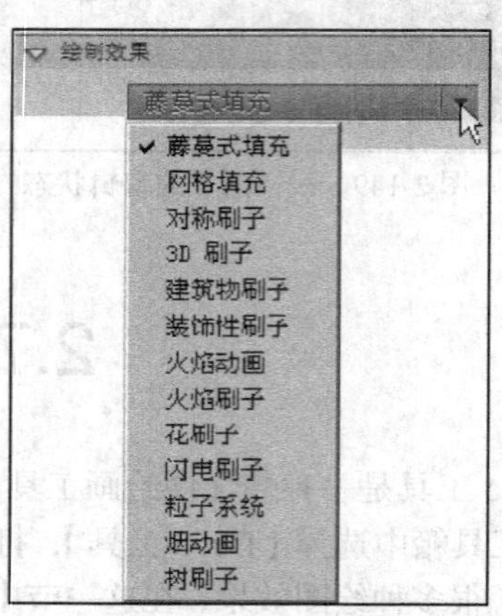

图 2-153 【绘制效果】下拉列表

1. 藤蔓式填充

选择【藤蔓式填充】效果，可以用藤蔓式图案填充舞台、元件或封闭区域。选择工具箱中【Deco 工具】|【属性】|【绘制效果】，在下拉列表中选择【藤蔓式填充】后，【属性】面板的状态如图 2-154 所示，可以利用【属性】面板的这些属性对【藤蔓式填充】效果进行更为详细的设置。

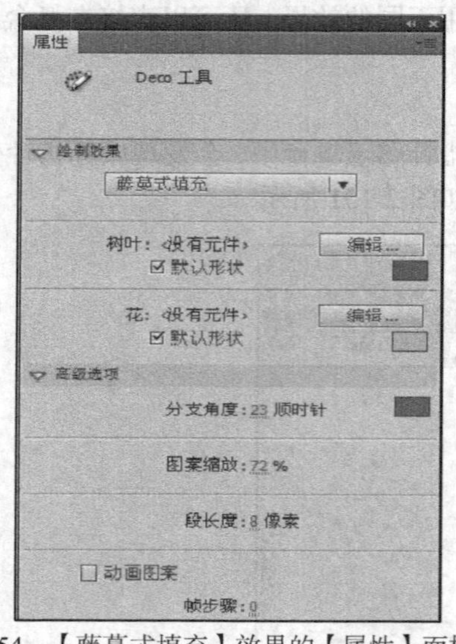

图 2-154 【藤蔓式填充】效果的【属性】面板状态

- 【编辑】：当有元件存在的情况下，单击此按钮可以弹出【元件选择】对话框，通过从库中选择的元件，可以替换【藤蔓式填充】中的叶子和花朵图案。
- 【树叶颜色】：单击【编辑】按钮下方的颜色块会弹出颜色选择器，用于改变填充图案中树叶的颜色。
- 【花颜色】：单击【编辑】按钮下方的颜色块会弹出颜色选择器，用于改变填充图案中花的颜色。
- 【分支角度】：设置填充图案中分支的角度。
- 【分支的颜色】：用于设置填充图案中分支的颜色。单击右侧的颜色块，会弹出颜色选择器，用于改变分支的颜色。
- 【图案缩放】：用于设置填充图案的大小。

- 【段长度】：用于设置叶子节点和花朵节点之间的段的长度。
- 【动画图案】：在绘制花朵图案时，选中此选项将创建花朵图案的逐帧动画序列。
  - 【帧步骤】：设置绘制效果时每秒要运动的帧数。

这些属性的设置必须在使用图案填充以前进行设置，图案填充完毕后不能更改这些属性的值。

2. 网格填充

选择【网格填充】填充舞台的效果如图 2-155 所示。

在工具箱中选择【Deco 工具】|【属性】|【绘制效果】，在下拉列表中选择【网格填充】效果后，【属性】面板的状态如图 2-156 所示，可以利用【属性】面板的这些属性对【网格填充】的效果进行更为详细的设置。

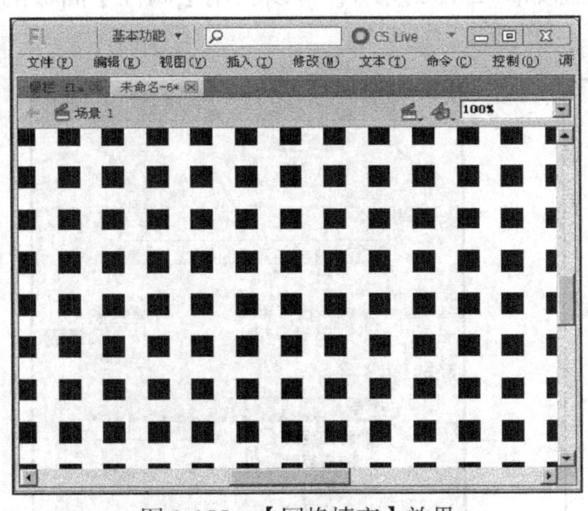

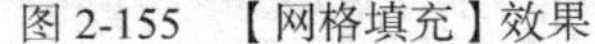

图 2-155 【网格填充】效果

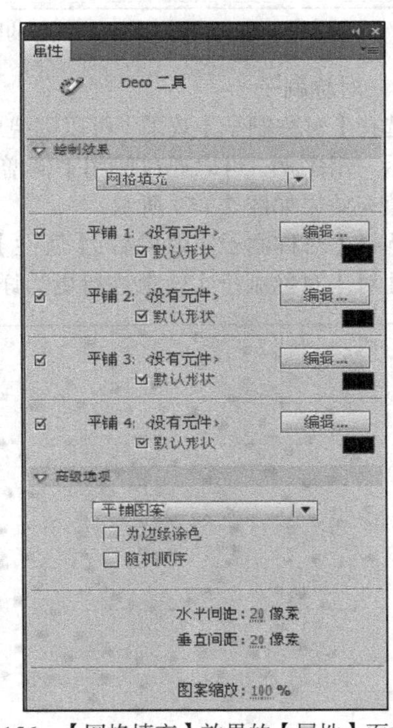

图 2-156 【网格填充】效果的【属性】面板状态

- 【编辑】：当有元件存在的情况下，单击该按钮可以弹出【元件选择】对话框，通过从库中选择元件，可以替换【网格填充】中的网格图案，最多可以将库中的 4 个影片剪辑或图形元件与网格填充效果一起使用。
- 【网格颜色】：4 个【编辑】按钮下方的颜色框用于设置网格颜色。4 个颜色框设置不同颜色时的效果如图 2-157 所示。
- 【平铺图案】下拉列表中共有三种填充布局，平铺图案、砖形图案和楼层模式，如图 2-158 所示。
- 【水平间距】：设置网格填充中各网格之间的水平距离。
- 【垂直间距】：设置网格填充中各网格之间的垂直距离。
- 【图案缩放】：用于设置填充网格的大小。

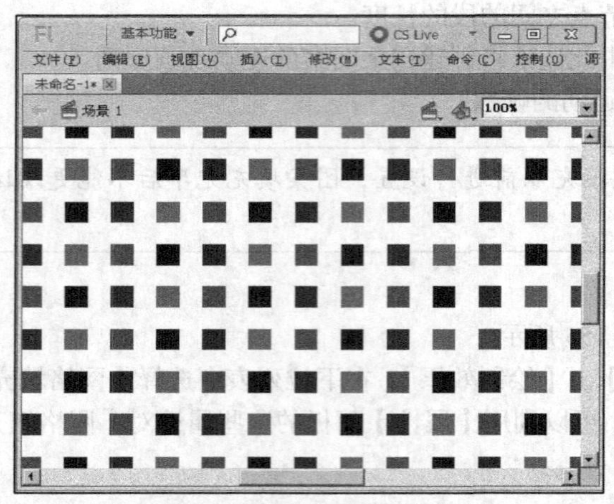

图 2-157　设置 4 种不同颜色的网格

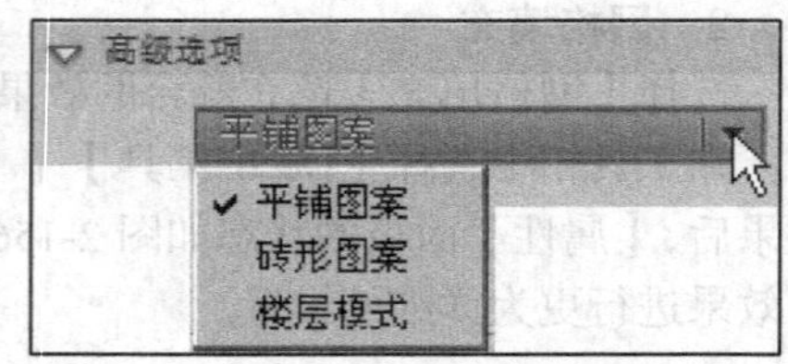

图 2-158　【网格填充布局】下拉列表

3．对称刷子

选择【对称刷子】效果，可以围绕中心点对称排列图案或元件。在舞台上绘制图案或元件时，将显示一组手柄。可以通过使用手柄增加图案数、添加对称内容等方式来控制对称效果。【对称刷子】填充效果如图 2-159 所示。

选择【对称刷子】效果后，【属性】面板的状态如图 2-160 所示，可以利用【属性】面板的这些属性对【对称刷子】效果进行更为详细的设置。

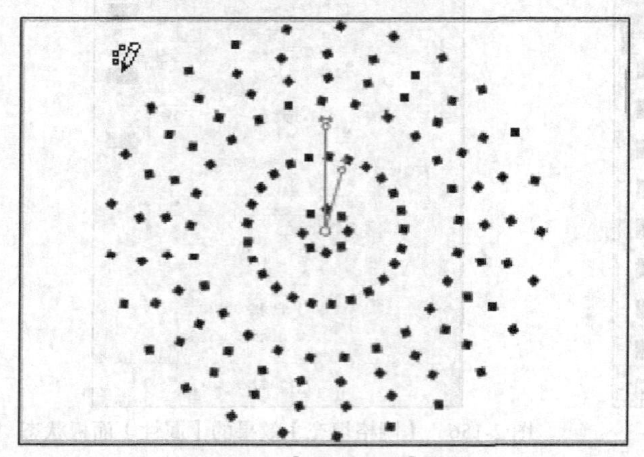

图 2-159　【对称刷子】效果

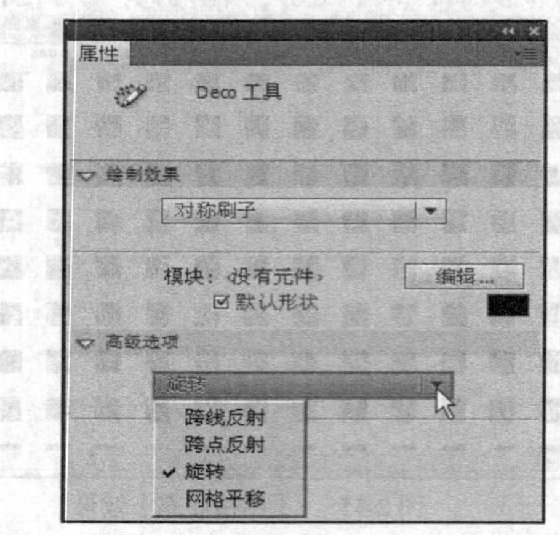

图 2-160　【对称刷子】效果的【属性】面板状态

4．建筑物刷子

选择【建筑物刷子】可以在舞台上绘制建筑物。使用【建筑物刷子】绘制一个建筑物的操作方法如下。

步骤 1　在工具箱中选择【Deco 工具】。

步骤 2　在【属性】面板的【绘制效果】下拉列表中选择【建筑物刷子】。

步骤 3　将鼠标指针移至舞台中，从建筑物底部的位置开始，垂直向上拖动鼠标，直到绘制建筑物到一定的高度后，松开鼠标。效果如图 2-161 所示。

5．装饰性刷子效果

通过应用【装饰性刷子】效果，可以绘制装饰线，例如点线、波浪线及其他线条。使用【装饰性刷子】的操作方法如下。

步骤 1　在工具箱中选择【Deco 工具】。

步骤 2　在【属性】面板的【绘制效果】下拉列表中选择【装饰性刷子】。

步骤 3　在舞台中单击鼠标左键并拖动，即可沿光标的路径创建一条样式线条，效果如图 2-162 所示。【装饰性刷子】的【高级选项】中一共提供了 20 种不同的线条样式可供选择。

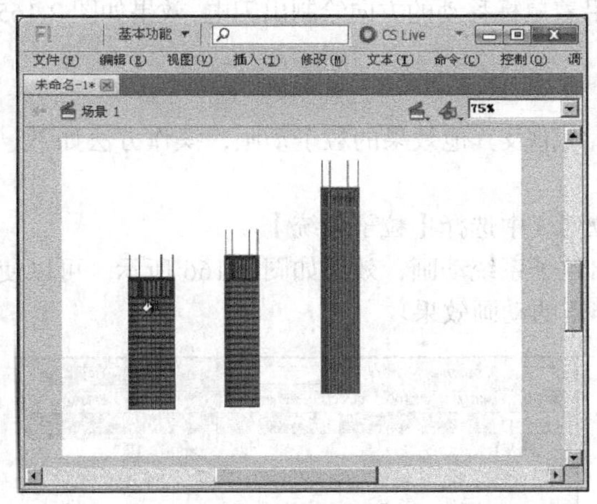

图 2-161　【建筑物刷子】绘图效果

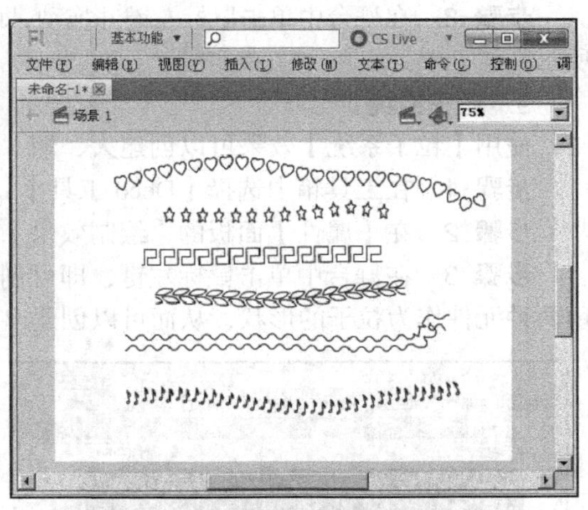

图 2-162　【装饰性刷子】的绘图效果

6. 火焰动画效果

使用【火焰动画】效果，可以在舞台上绘制火焰动画。操作方法如下。

步骤 1　在工具箱中选择【Deco 工具】。

步骤 2　在【属性】面板的【绘制效果】下拉列表中选择【火焰动画】。

步骤 3　在舞台中单击鼠标左键即可创建一个火焰动画，也可以单击并拖动鼠标创建多个火焰动画，效果如图 2-163 所示。

7. 花刷子

利用【花刷子】效果可以在舞台中绘制各种鲜花效果。操作方法如下。

步骤 1　在工具箱中选择【Deco 工具】。

步骤 2　在【属性】面板的【绘制效果】下拉列表中选择【花刷子】。

步骤 3　在舞台中单击鼠标或拖动鼠标，即可绘制出一种鲜花图案，效果如图 2-164 所示。【花刷子】的【高级选项】中一共提供了 4 种不同的鲜花样式可供选择。

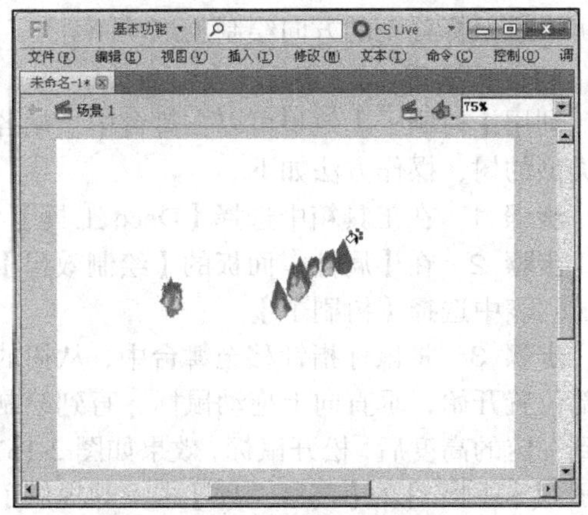

图 2-163　【火焰动画】绘制效果

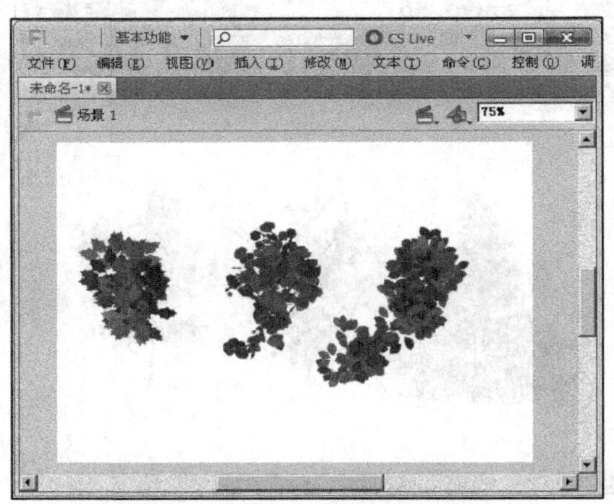

图 2-164　【花刷子】绘图效果

8. 闪电刷子

利用【闪电刷子】可以在舞台中创建闪电效果和闪电动画。操作方法如下。

步骤 1　在工具箱中选择【Deco 工具】。

步骤 2　在【属性】面板的【绘制效果】下拉列表中选择【闪电刷子】。

步骤 3　在舞台中单击鼠标左键并拖动，即可沿着鼠标移动的方向绘制出闪电，效果如图 2-165 所示。

9. 粒子系统

使用【粒子系统】效果可以创建火、烟、水、气泡及其他效果的粒子动画，操作方法如下。

步骤 1　在工具箱中选择【Deco 工具】。

步骤 2　在【属性】面板的【绘制效果】下拉列表中选择【粒子系统】。

步骤 3　在舞台中单击鼠标左键，即可创建出粒子系统动画，效果如图 2-166 所示。可以使用两种元件作为粒子的形状，从而可以创建出更丰富的动画效果。

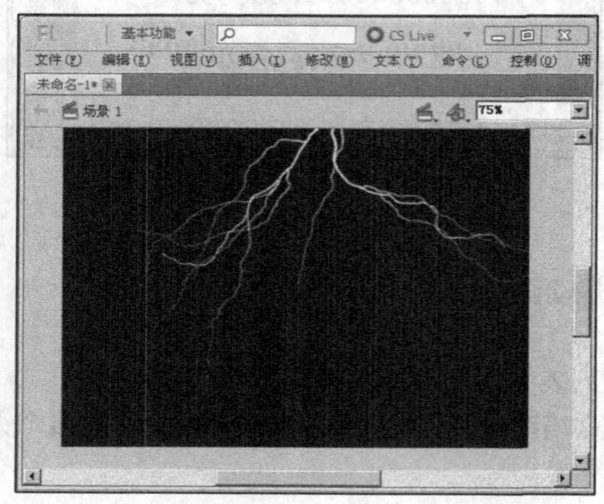

图 2-165　【闪电刷子】绘制效果

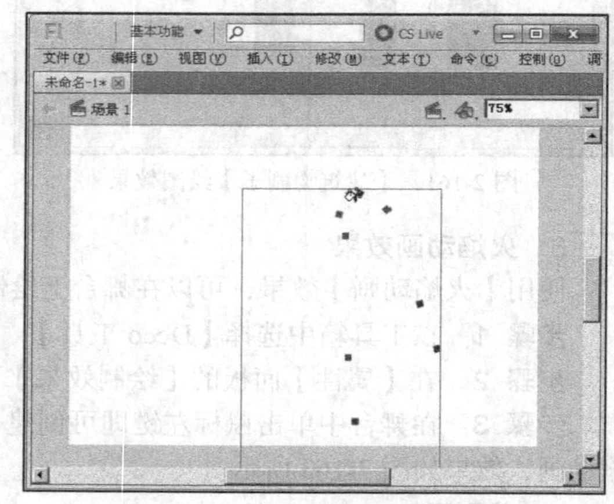

图 2-166　【粒子系统】动画效果

10. 烟动画

利用【烟动画】效果可以在舞台中创建烟动画，操作方法如下。

步骤 1　在工具箱中选择【Deco 工具】。

步骤 2　在【属性】面板的【绘制效果】下拉列表中选择【烟动画】。

步骤 3　在舞台中单击鼠标或拖动鼠标，即可沿着鼠标移动的方向绘制出烟动画。

图 2-167　【树刷子】绘图效果

11. 树刷子

利用【树刷子】效果可以在舞台中绘制各种类型的树，操作方法如下。

步骤 1　在工具箱中选择【Deco 工具】。

步骤 2　在【属性】面板的【绘制效果】下拉列表中选择【树刷子】。

步骤 3　将鼠标指针移至舞台中，从树的底部位置开始，垂直向上拖动鼠标，直到绘制树到一定的高度后，松开鼠标，效果如图 2-167 所示。【树刷子】的【高级选项】中一共提供了 20 种不同类型的树可供选择。

2.7.3　课件实战——我的小花园

这是一个幼儿学习儿歌的课件，为了迎合幼儿的特点，课件中绘制了花、树、蓝天、白云等多个部分，配合儿歌文字的展示，生动活泼。课件“我的小花园”最终效果如图 2-168 所示。

这个课件综合运用了上一小节的颜色填充的相关知识和本节中介绍的 Deco 工具的使用。通过制作该课件，可以掌握 Flash 中【颜色面板】、【渐变变形工具】和【Deco 工具】的使用方法，并可以绘制出带有背景的简单课件。制作“我的小花园”课件的方法如下。

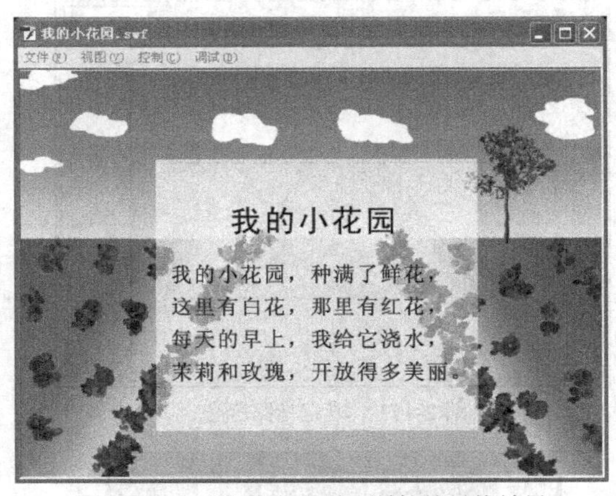

图 2-168　“我的小花园”课件的最终效果

步骤 1　在工具箱中选择【矩形工具】，打开【属性】面板，将【填充颜色】设置为“无色”，【笔触颜色】设置为“黑色”；然后将鼠标指针移至舞台的右上角，将舞台的【缩放比例】设置为“50%”，最后在舞台中绘制一个矩形（该矩形只需要框住舞台即可），效果如图 2-169 所示。

步骤 2　在工具箱中选择【线条工具】，然后将鼠标指针移至舞台上绘制出三条直线段，如图 2-170 所示。

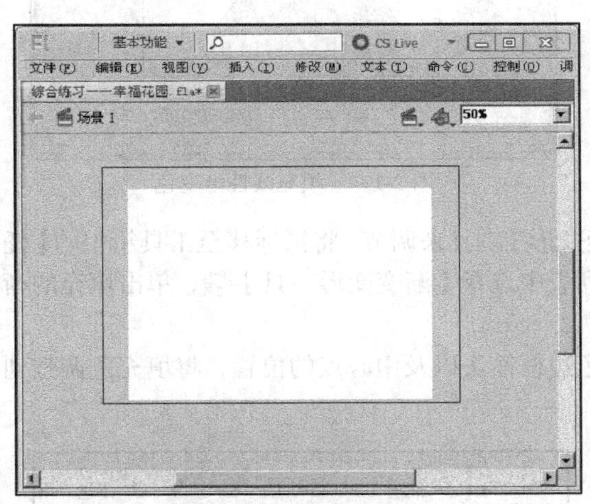

图 2-169　绘制矩形

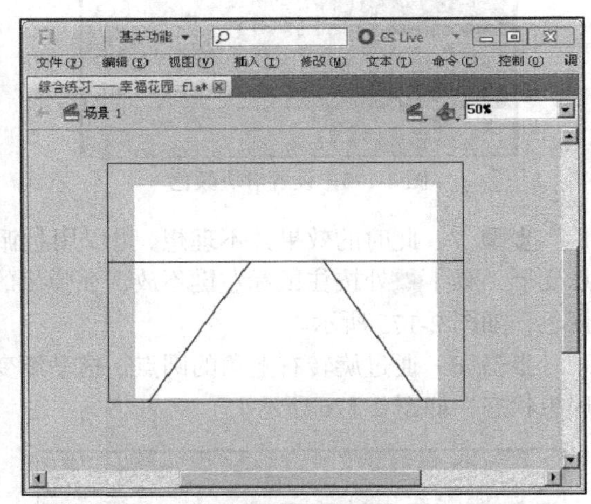

图 2-170　绘制直线段

步骤 3　在工具箱中选择【颜料桶工具】，打开【属性】面板，将填充色设置为“灰色（#CCCCCC）”，然后将鼠标指针移至舞台中，单击鼠标填充马路颜色，效果如图 2-171 所示。

步骤 4　在菜单栏中执行【窗口】|【颜色】命令，弹出【颜色】面板，在【颜色】面板中选择填充类型为“线性”，鼠标移至如图 2-172 所示位置时变为形状，单击鼠标左键创建一个渐变色滑块。

步骤 5　分别单击 3 个滑块，在颜色文本框内输入颜色数值，左端滑块颜色设置为“#0099FF”，中间滑块颜色设置为“#00FFFF”，右端滑块颜色设置为“#FFFFFF”，如图 2-173 所示。

步骤 6　将鼠标指针移至舞台上方矩形处，单击填充颜色，如图 2-174 所示。

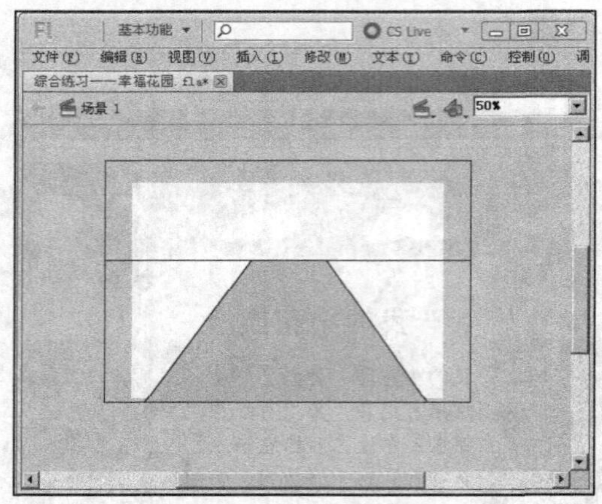

图 2-171　填充马路颜色

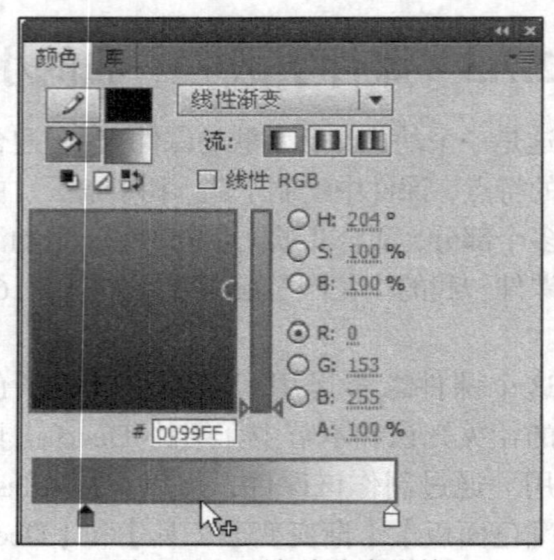

图 2-172　添加渐变色滑块

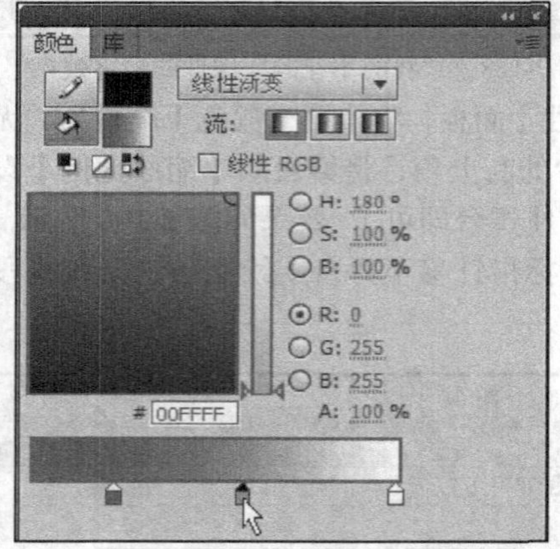

图 2-173　设置滑块颜色

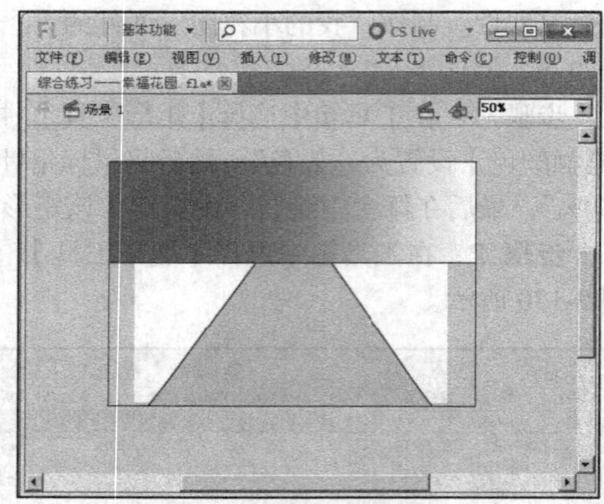

图 2-174　填充线性渐变色

步骤 7　此时的效果并不理想，可以用【渐变变形工具】来调节。将鼠标移至工具箱中的【任意变形工具】处按住鼠标左键不放，在弹出的列表中选择【渐变变形工具】，单击填充的渐变色，如图 2-175 所示。

步骤 8　通过旋转右上角的圆点、拖动渐变色边框箭头以及中心点的位置，将填充色调整到理想状态，如图 2-176 所示。

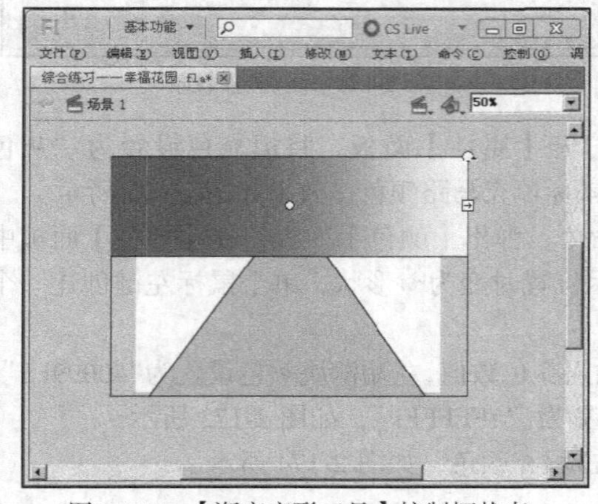

图 2-175　【渐变变形工具】控制柄状态

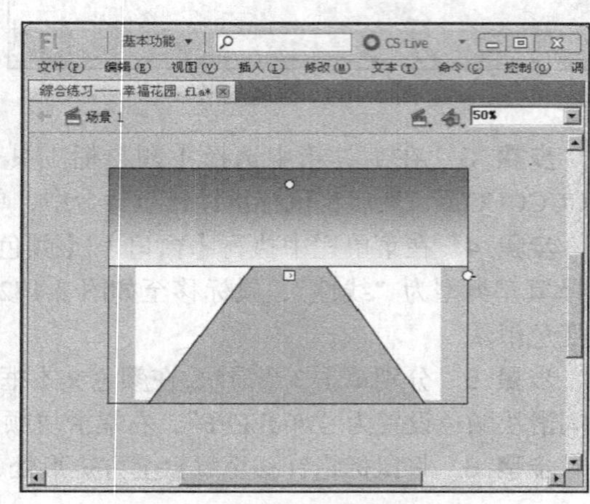

图 2-176　调整渐变色填充

步骤 9　选择【颜料桶工具】，在菜单栏中执行【窗口】|【颜色】命令，弹出【颜色】面板，在【颜色】面板中选择填充类型为“线性渐变”，分别单击【颜色】面板下方的 3 个滑块，设置 3 个滑块的值分别为，左端滑块颜色值 “#009900”，中间滑块颜色值“#00FF00”，右端滑块颜色值“#FFFFFF”，如图 2-177 所示。

步骤 10　重复步骤 6 至步骤 8，填充马路两侧草地的颜色，填充完毕后删除周围的黑色线条，效果如图 2-178 所示。

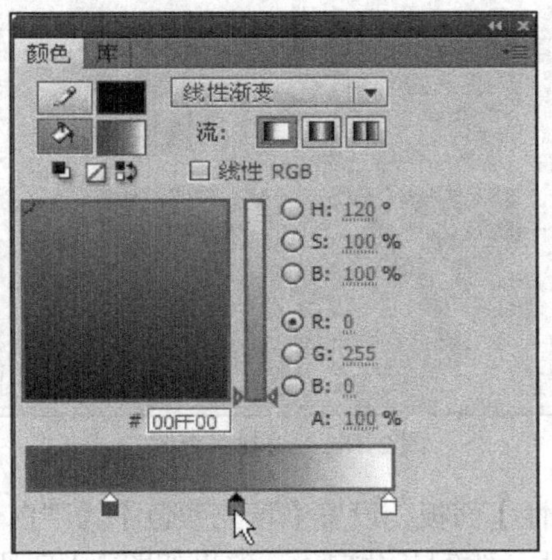

图 2-177　设置三个颜色滑块的值

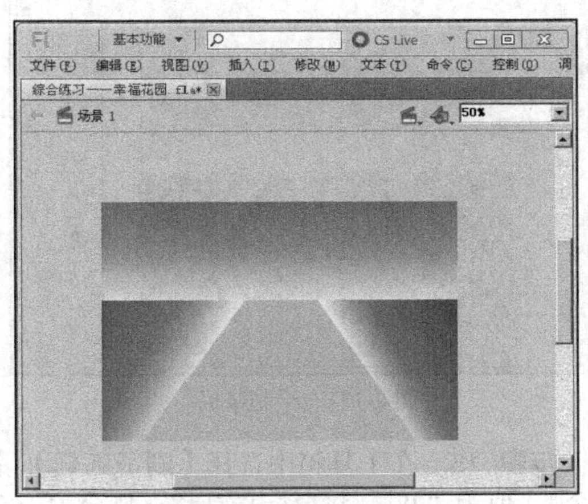

图 2-178　完成草地的填充

在 Flash 中删除对象的方法是，先用【选择工具】选中对象，然后按 Delete 键将其删除。

步骤 11　在工具箱中选择【Deco 工具】|【属性】|【绘制效果】，在下拉列表中选择【花刷子】，【高级选项】下拉列表中选择【玫瑰】选项，【花色】及【大小】的设置如图 2-179 所示。

步骤 12　将鼠标移至舞台草地的位置，单击鼠标，在草地上绘制玫瑰花，效果如图 2-180 所示。

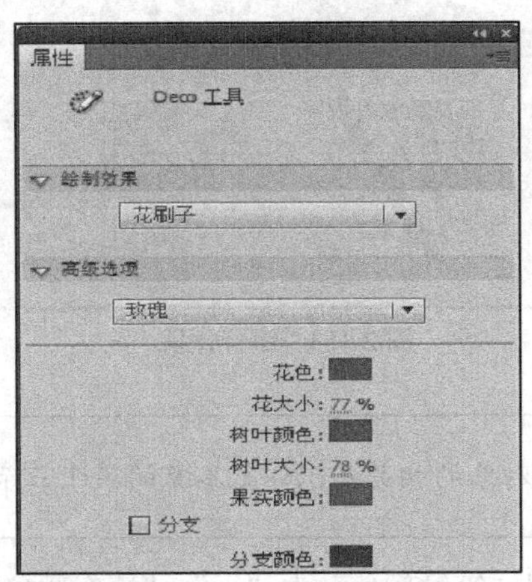

图 2-179　【Deco 工具】的属性设置

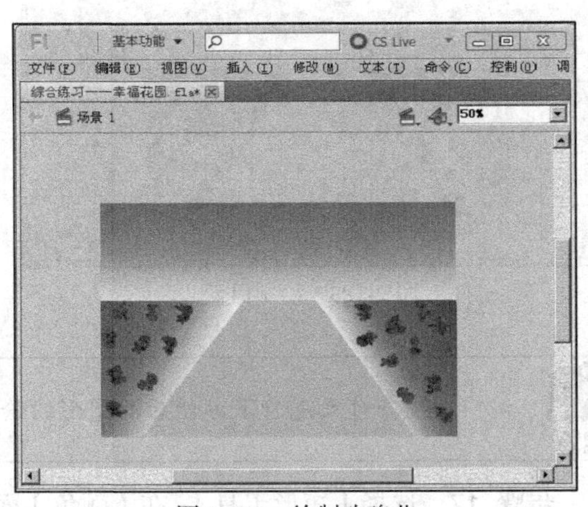

图 2-180　绘制玫瑰花

步骤 13　选择【Deco 工具】|【属性】|【绘制效果】下拉列表中的“花刷子”选项，在【高级选项】中选择“浆果”，然后将鼠标指针移至马路和草地的交汇处，单击鼠标左键并拖动鼠标，在马路两旁合适的位置绘制“浆果”，效果如图 2-181 所示。

步骤 14 在【Deco 工具】的【属性】面板中，将【绘制效果】设置为“树刷子”,【高级选项】设置为“银杏树”，将鼠标移至舞台的合适位置，单击鼠标左键并由下向上拖动鼠标绘制一棵“银杏树”，效果如图 2-182 所示。

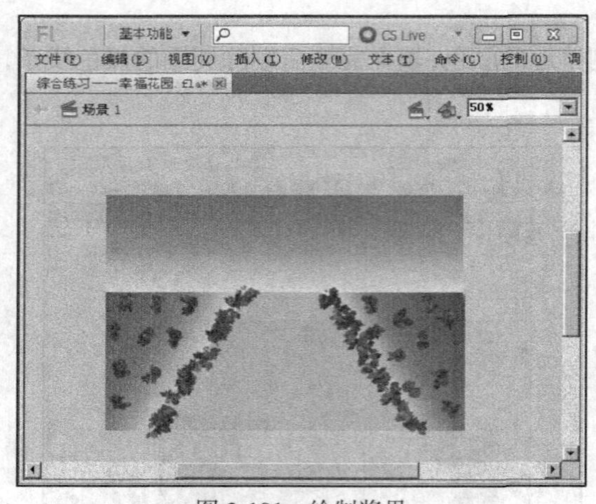

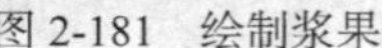
图 2-181 绘制浆果

图 2-182 绘制银杏树

步骤 15 在工具箱中选择【刷子工具】，打开【属性】面板，设置【填充颜色】为“白色”，【平滑】值为“28”，将鼠标指针移至舞台中天空的位置上，绘制几朵白云，效果如图 2-183 所示。

步骤 16 至此，背景部分绘制完成，按快捷键 Ctrl+A 全选背景，按快捷键 Ctrl+G 将其组合，组合后背景部分将成为一个整体。效果如图 2-184 所示。

图 2-183 绘制白云

图 2-184 组合背景

组合对象是为了方便后面图形的绘制。组合对象的相关知识详见本章的第十三节。

步骤 17 选择【矩形工具】，在【颜色】面板中设置“笔触颜色”为“无”，“填充颜色”为“白色”，Alpha 值为“60%”，如图 2-185 所示。

步骤 18 绘制一个矩形作为儿歌文字的背景色。绘制完成后按快捷键 Ctrl+G 将其组合，并且移动到合适的位置上，如图 2-186 所示。

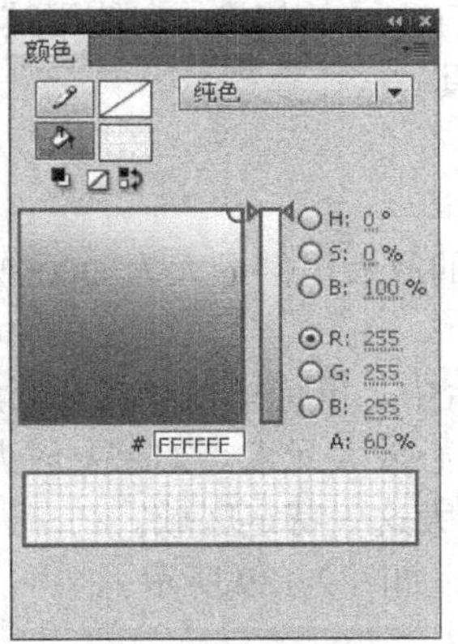

图 2-185 设置颜色

图 2-186 绘制文字背景

步骤 19 选择【文本工具】，在【属性】面板中设置字体为“宋体”，大小为“20”，颜色为“黑色”，字母间距为“2.0”，段落对齐为“左对齐”，行距为“12”，在舞台上输入儿歌文字，如图 2-187 所示。

步骤 20 拖动鼠标选中标题“我的小花园”，将字体设置为“黑体”，大小设置为“30”，并将其调整到合适的位置，效果如图 2-188 所示。

图 2-187 输入儿歌文字

图 2-188 调整标题文字大小及位置

步骤 21 至此，整个课件制作完成，保存文件名为“我的小花园”，测试文件，效果如图 2-188 所示。

2.8 辅助绘图工具

【手形工具】和【缩放工具】是 Flash 绘图中常用的辅助工具，这一节主要介绍这两种工具的使用。

2.8.1 手形工具

【手形工具】可以拖动舞台在工作区视窗中的位置，是绘图过程中用于查看的常用工具。

使用方法：在工具箱中选择【手形工具】，将鼠标移至舞台工作区时，鼠标指针的形状会变为形状，此时按住鼠标左键并拖动，舞台便随之而移动。

利用键盘上的空格键可以很方便地实现其他工具与【手形工具】的切换，在使用其他工具时，按住空格键可切换为【手形工具】，松开后又切换回原来的工具。

2.8.2 缩放工具

【缩放工具】可以放大或缩小舞台的显示大小。舞台上的放大比例最大为 2000%，缩小比例最小为 8%。

使用方法：在工具箱中选择【缩放工具】，将鼠标移至舞台中，鼠标指针形状会变为形状，要放大某个元素就在某个元素上单击，即会以鼠标单击处为中心放大元素。如果要放大某一特定的区域，可以用【缩放工具】在舞台上拖出一个矩形选框以放大这一特定区域。

【缩放工具】在工具箱的【选项】面板中有两个附加选项，如图 2-189 所示。

- 【放大】：此项用于放大页面或选择区。
- 【缩小】：此项用于缩小页面或选择区。

在 Flash 中，除了运用【缩放工具】可以放大或缩小舞台的显示外，利用舞台右上角的【显示比例】选框 100% 也可以放大或缩小舞台的显示大小。具体操作是：单击【显示比例】下拉列表，在该下拉列表中选择预置的显示比例，或是直接在选框中输入所需的页面显示比例数值，如图 2-190 所示。

图 2-189 【缩放工具】的附加选项

图 2-190 【显示比例】下拉列表

- 【符合窗口大小】：选择此项时，舞台会随着窗口大小改变而相应改变。
- 【显示帧】：选择此项时，将显示整个舞台。
- 【显示全部】：显示当前帧上的全部内容。如果没有任何内容，则显示整个舞台。
- 其他几个百分数分别代表舞台与绘图工作区窗口的显示百分比。

2.9 选择对象

在对对象进行操作前，首先必须要选择对象，在 Flash 中提供了多种选择对象的方法，其中包括选择工具、部分选取工具和套索工具，不同的工具有不同的选择功能，这一节中将主要介绍【选择工具】和【套索工具】的选择对象功能。

2.9.1 选择工具

【选择工具】的主要用途是选取对象、移动对象和改变图形的形状。使用【选择工具】时，鼠标指针会出现不同的形状，鼠标指针不同的形状表明可以进行不同的操作。

- 形状：此时按住鼠标左键拖动出矩形框可以选中框内的对象。除此之外，选中对象还有两种方法，一种是不管鼠标指针是什么状态都可采用单击的方式来选中对象；另一种是当对象由多条线段组成时，在任意一条线段上双击可全选该对象，如图 2-191 所示。

- 形状：此时按住鼠标可以拖动对象，如图 2-192 所示。

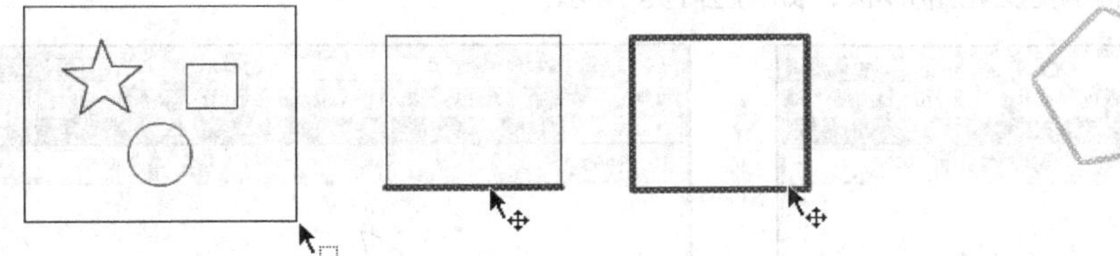

图 2-191　使用【选择工具】选择对象

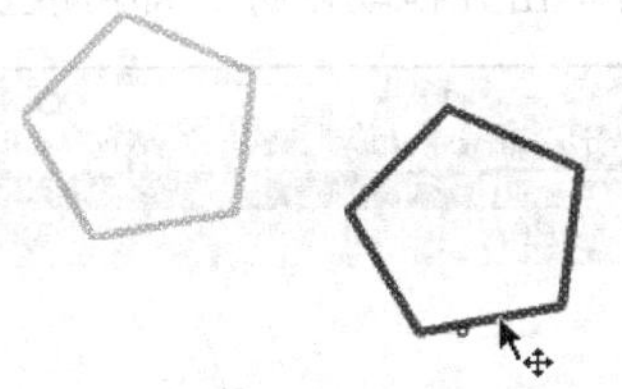

图 2-192　使用【选择工具】拖动对象

- 形状：此形状表明可以改变线条和图形的形状。当【选择工具】靠近线条或是图形轮廓时，鼠标指针会变成形状，此时按住鼠标并拖动即可改变形状。按住 Ctrl 键的同时单击并拖动鼠标，会在线条上增加一个新端点使线条变成转角，如图 2-193 所示。
- 形状：此形状表明可以改变线条的长度和角度。当【选择工具】靠近线条或图形各轮廓线的交汇处时，鼠标形状会变为形状，此时按住鼠标并拖动即可改变线条的长度和角度，如图 2-194 所示。

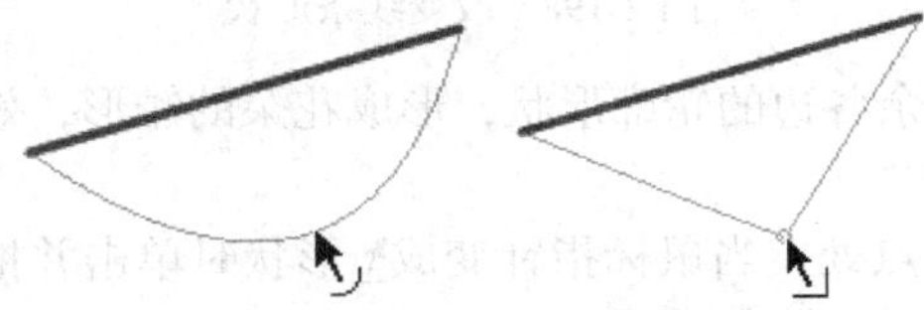

图 2-193　使用【选择工具】改变线条形状

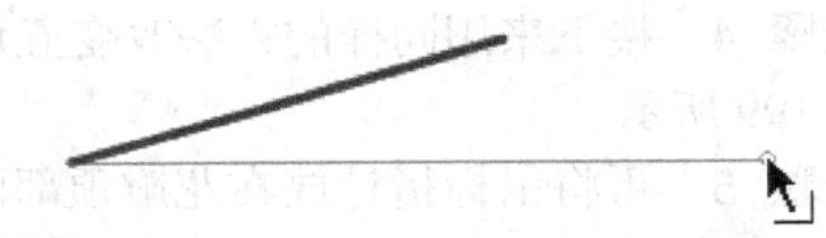

图 2-194　使用【选择工具】改变线条的长度和角度

【选择工具】在工具箱的【选项】区域有相应的附加选项，如图 2-195 所示。使用这些附加选项可以对其进行设置。

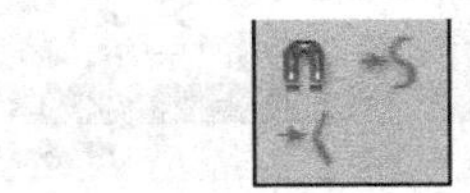

图 2-195　【选择工具】的附加选项

- 【紧贴至对象】：有自动吸附功能，与【线条工具】下的【紧贴至对象】功能相似。
- 【平滑】：此功能在对象被选中的情况下才能使用，可以使线条或矢量图形的曲线更加柔和。选中线条或图形，单击此选项即可对图形作平滑化处理。
- 【伸直】：在对象被选中情况下可用，能够使线条或矢量图形的棱角更加分明。选中线条或图形，单击该选项即可对图形进行平直化处理。

绘图中常用【选择工具】改变线条的形状以形成图形轮廓。下面将利用【选择工具】的选取对象、移动对象和改变图形的形状功能将一个五角星变成小花朵。操作步骤如下。

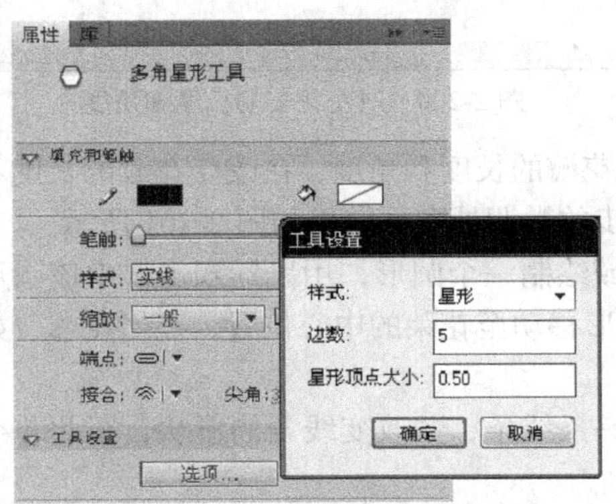

图 2-196　【多角星形工具】的【属性】面板的设置

步骤 1　新建一个 Flash 文档，在工具箱中【矩形工具】的下拉列表中选择【多角星形工具】。打开【属性】面板，设置【填充颜色】为“无色”；单击【工具设置】下的【选项】，在弹出的【工具设置】对话框中，设置【样式】为“星形”、【边数】为“5”，如图 2-196 所示。

步骤 2　将鼠标指针移至舞台中，单击并拖动鼠标绘制一个五角星形状。效果如图 2-197 所示。

步骤 3 选择【选择工具】，将鼠标指针放置在五角星形的一条边上，当鼠标指针变为形状时单击并拖动鼠标，即可改变轮廓形状，如图 2-198 所示。

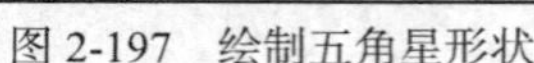
图 2-197 绘制五角星形状

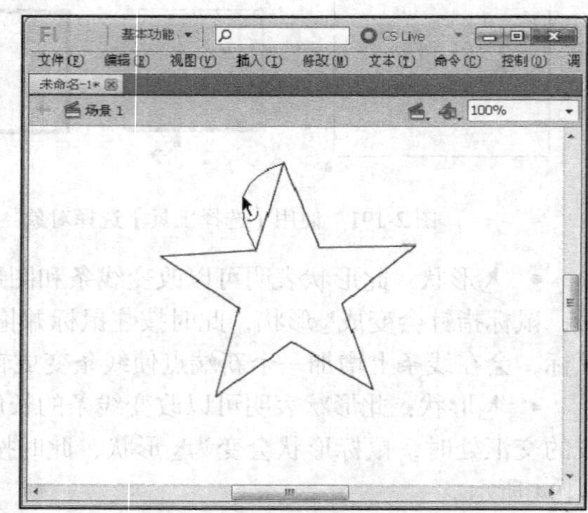

图 2-198 改变线条形状

步骤 4 接下来用同样的方法改变五角星形状其余各边的轮廓形状，形成花朵的雏形，效果如图 2-199 所示。

步骤 5 再将鼠标指针放在花瓣顶部两曲线交汇点处，当鼠标指针变成形状时单击并拖动鼠标，即可拉长花瓣形状和改变花瓣的角度，如图 2-200 所示。

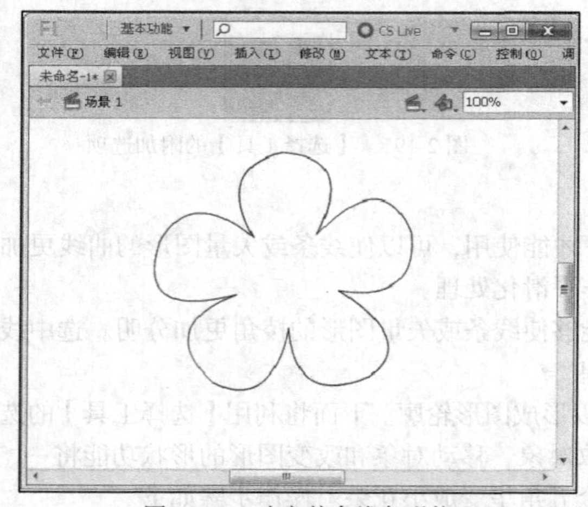

图 2-199 改变其余线条形状

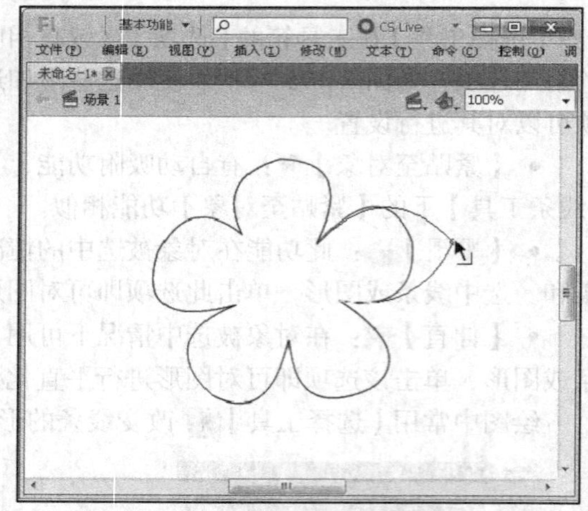

图 2-200 改变花瓣的长度和角度

步骤 6 接下来用同样的方法改变花朵其余四片花瓣的长度和角度，在改变花瓣的长度和角度后，还可以结合【步骤 3】的方式对花朵进行进一步的微调处理，效果如图 2-201 所示。

步骤 7 选择【椭圆工具】，在舞台上的空白区域绘制一个圆形，用鼠标双击选中该圆形，当鼠标指针变为形状时，单击并拖动鼠标可将该圆形移动至花朵的中心位置，充当花蕊，如图 2-202 所示。

步骤 8 选择【线条工具】，在每片花瓣上绘制一条线条，并改变线条的形状，至此花朵的轮廓绘制完成，效果如图 2-203 所示。

步骤 9 选择【颜料桶工具】，然后通过设置不同的填充颜色分别为花蕊和花瓣上色，最终完成星星到花朵的完美蜕变。效果如图 2-204 所示。

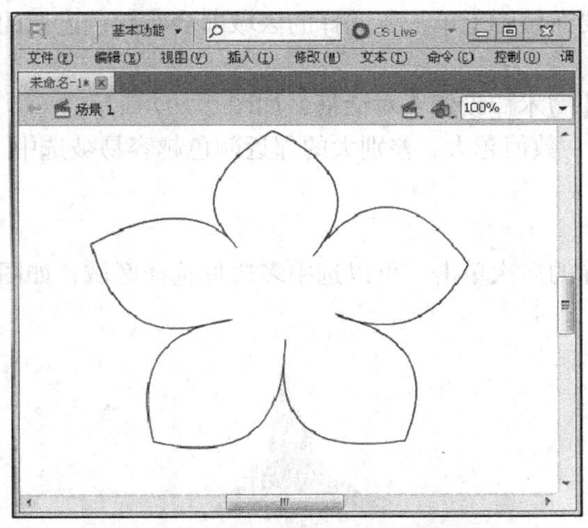

图 2-201 对花瓣进行进一步调节

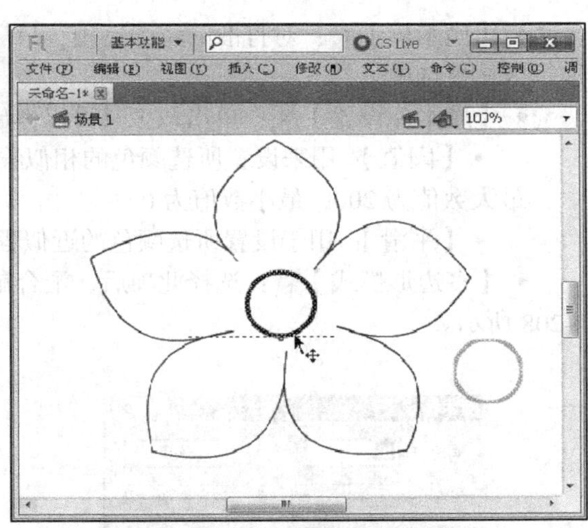

图 2-202 绘制并移动花蕊

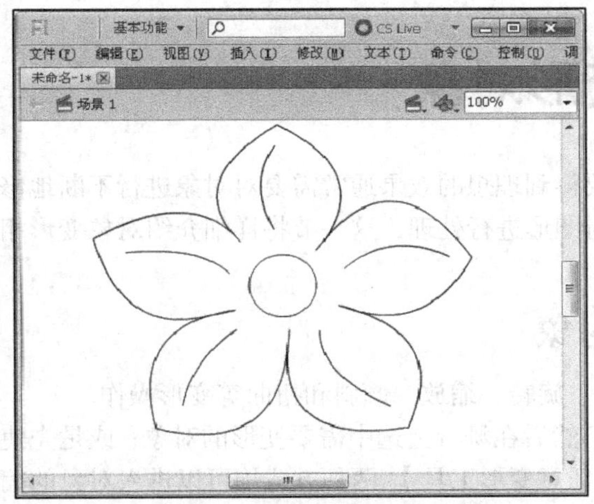

图 2-203 完成花朵轮廓线的绘制

图 2-204 “星星变花朵”的最终效果

2.9.2 套索工具

【套索工具】和【选择工具】的选择对象功能有相似之处，不同的是，【套索工具】可以选择任意不规则的形状。使用【套索工具】选择对象，只需要在对象周围拖曳出任意形状的选取框即可，如图 2-205 所示。

【套索工具】在工具箱中的附加选项如图 2-206 所示。可以通过这些选项来对其进行更详尽的设置。

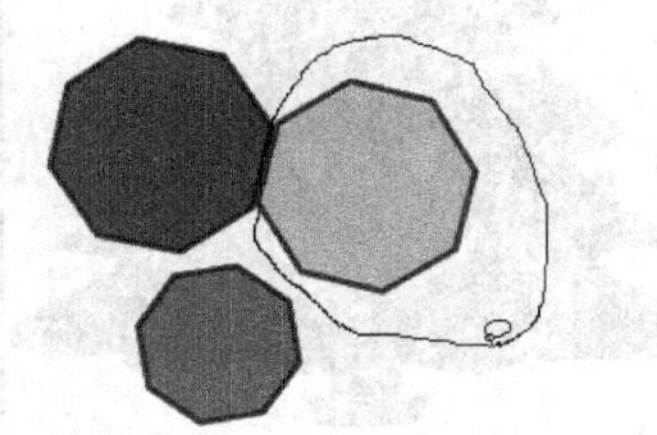

图 2-205 利用【套索工具】选择对象

图 2-206 【套索工具】的附加选项

• 【魔术棒】：对打散的位图适用，只需要在位图上单击要选择的区域即会有颜色近似的连续区域被选中。

• 【魔术棒设置】：单击该工具可以弹出【魔术棒设置】对话框，如图 2-207 所示。

◆【阈值】：用来设置所选颜色的相似程度。数值越大，差别大的邻近颜色越容易被选中，最大数值为 200，最小数值为 0。

◆【平滑】：用于设置所选颜色的近似程度。

• 【多边形模式】：选择此项后，配合鼠标的多次单击，可以选中多边形选择区域，如图 2-208 所示。

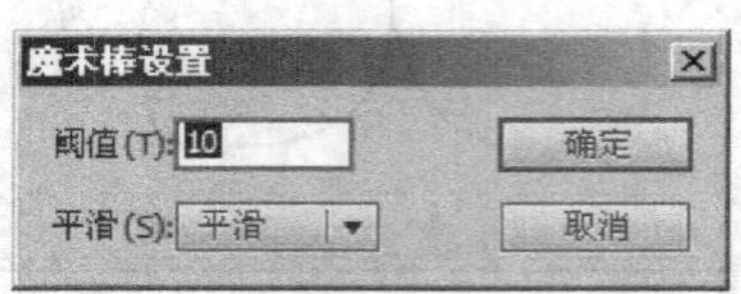

图 2-207 【魔术棒设置】对话框

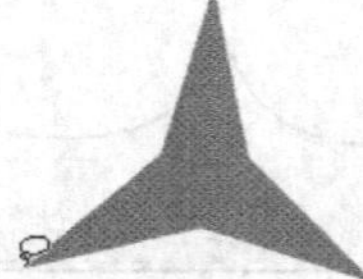

图 2-208 利用【多边形模式】选取直线多边形区域

2.10 变形对象

在使用 Flash 绘制图形创建动画的过程中，要得到理想的效果通常需要对对象进行不断地修改和调整，这时就需要用到各种编辑和变形工具对图形进行处理，这一节将详细介绍对象变形相关的知识。

2.10.1 使用任意变形工具变形对象

【任意变形工具】可以对对象进行任意变形、旋转、缩放、倾斜和扭曲等变形操作。

使用方法：在工具箱中选择【任意变形工具】，然后在舞台上选中需要变形的对象；或是先使用【选择工具】选中对象，然后在工具箱中选择【任意变形工具】。两种方式均可以进入对象的编辑状态，如图 2-209 所示。

使用【任意变形工具】选中的对象四周会出现调整框，调整框四个角上的手柄是角手柄，四条边上的手柄是边手柄，鼠标指针放在不同的位置会呈现不同的形状，不同的形状表明可以进行不同的操作，使用的过程中可以根据鼠标指针的形状进行相应的操作。

• 形状↔：此时可以在水平或垂直方向缩放对象形状。当鼠标放置于四个边手柄上时，指针呈↔形状，按住鼠标并拖动即可实现对象在水平或垂直方向上的缩放操作，如图 2-210 所示。

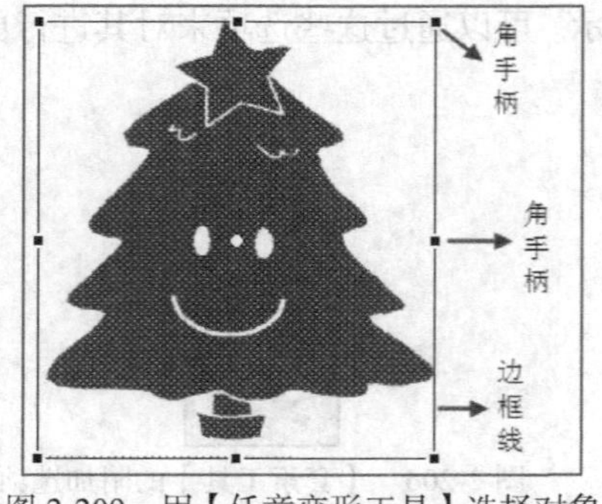

图 2-209 用【任意变形工具】选择对象

图 2-210 水平缩放对象

- 形状↗：可以实现对象的任意缩放。当鼠标指针置于四个角手柄时呈↗形状，按住鼠标并拖动即可实现对象的任意缩放。如果按住 shift 键的同时拖动鼠标则可以实现对象的等比例缩放，如图 2-211 所示。
- 形状⇌：可对图形进行倾斜处理。当鼠标指针放置于四条边框线上的时候，鼠标指针呈⇌形状，此时单击并拖动鼠标即可使对象倾斜，如图 2-212 所示。

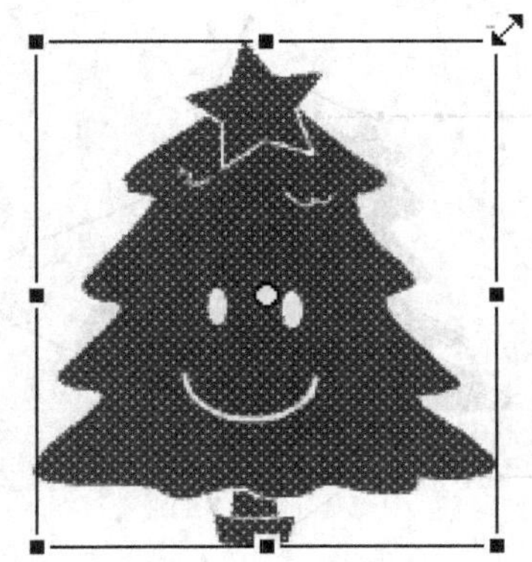

图 2-211　等比例缩放对象

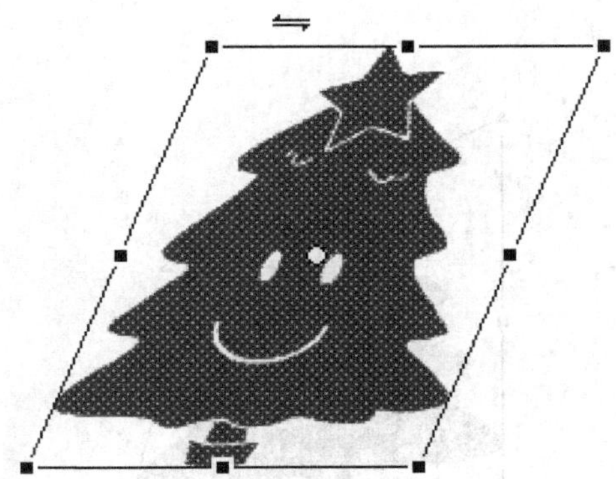

图 2-212　倾斜对象

- 形状↺：可以旋转对象。当鼠标指针放置于四个角手柄周围时，指针呈现↺形状，此时按住鼠标左键并拖动，即可对选取对象进行旋转处理，如图 2-213 所示。移动鼠标到所选图形的中心圆点上，在指针变成↖形状后对中心点进行移动，可以改变图形在旋转时的轴心位置，如图 2-214 所示。

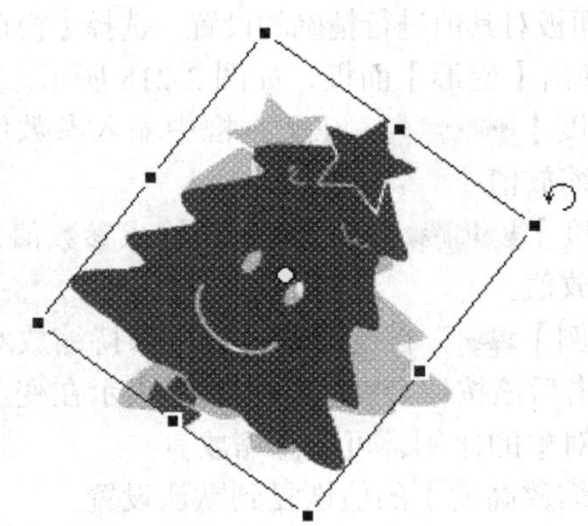

图 2-213　旋转对象

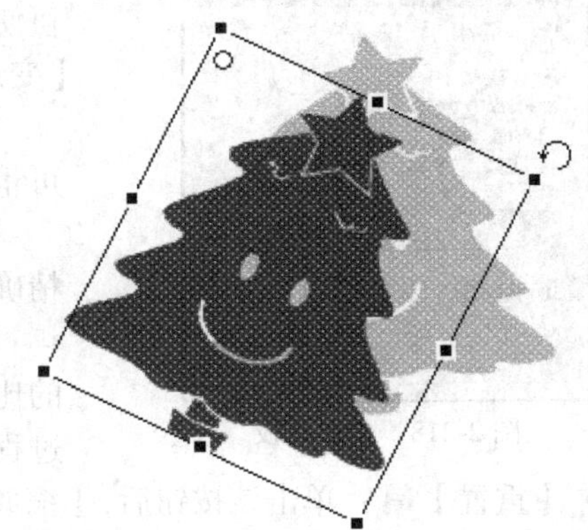

图 2-214　改变中心点位置旋转对象

2.10.2　任意变形工具的选项设置

【任意变形工具】在工具箱中的【选项】区域有相应的附加选项，如图 2-215 所示。可以通过这些附加选项对其进行设置。

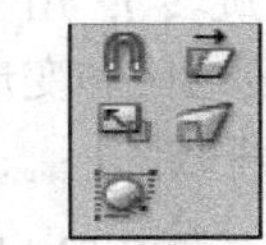

图 2-215　【任意变形工具】在工具箱中的选项

- 【贴紧至对象】：变形时对象的边缘会自动贴紧。
- 【旋转和倾斜】：选中时只可对对象进行旋转或倾斜处理。鼠标指针移动到任意角手柄上，在指针变成↺形状时按住并拖动鼠标即可实现对象的旋转。将鼠标放置在任意边手柄上，当鼠标呈⇌形状时，可以对选取的图形进行倾斜处理。

- 【缩放】：选中此项时只能对对象进行水平、垂直或等比例缩放处理。
- 【扭曲】：可对图形进行扭曲处理。选中此项后，将鼠标移至任意手柄处，指针呈▷形状，单击并拖动鼠标即可实现对对象的扭曲操作，如图 2-216 所示。
- 【封套】：选中此项后，对象的调整框上会出现许多封套锚点，拖动这些封套锚点，可以对图形进行任意变形，如图 2-217 所示。

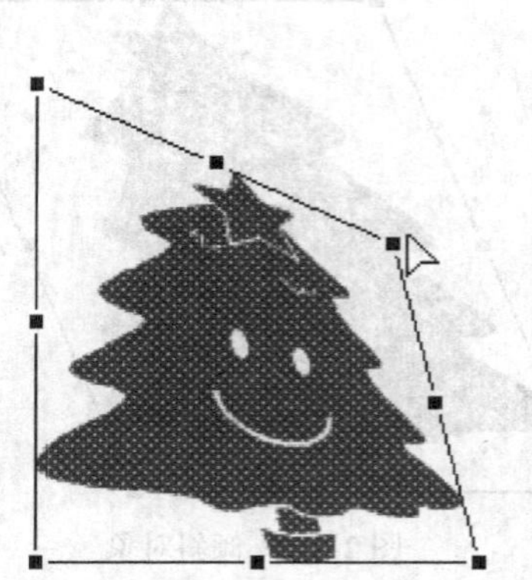
图 2-216　扭曲操作

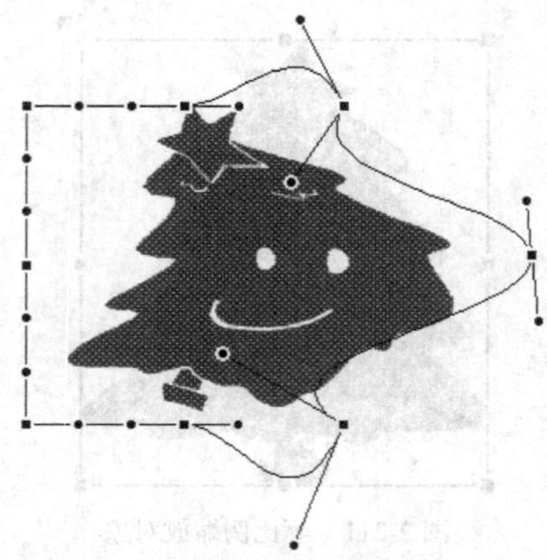
图 2-217　封套变形对象

2.10.3　使用变形面板精确变形对象

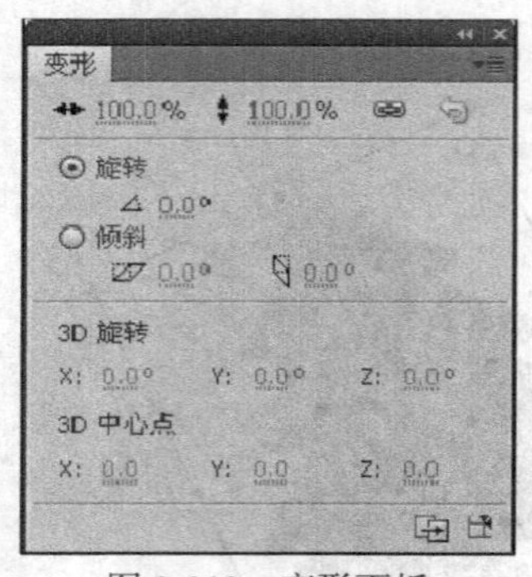

图 2-218　变形面板

在对图形的缩放、旋转或倾斜操作要求精度较高时，可使用【变形】面板对其值进行精确的设置。选择【窗口】|【变形】命令，弹出【变形】面板，如图 2-218 所示。

- 【缩放宽度】100.0%：在文本框中输入参数值，可精确指定水平缩放值。
- 【缩放高度】100.0%：在文本框中输入参数值，可精确指定垂直缩放值。
- 【约束比例】：在变形的过程中保持缩放对象的比例不变。单击后该按钮会变成形状，表示在变形的过程中不再约束对象的比例，可任意缩放。
- 【重置】：单击该按钮后，【缩放宽度】和【缩放高度】的值恢复到默认设置。
- 【旋转】：用于旋转对象，文本框中可设置对象旋转的精确角度。
- 【倾斜】：可使所选对象倾斜指定的角度。在【水平倾斜】0.0°”和【垂直倾斜】0.0°文本框中输入参数值，可指定对象在水平和垂直方向上的倾斜角度。
- 【3D 旋转】：用于设置 3D 图形的精确旋转角度。
- 【重复选区和变形】：用于创建所选对象的变形副本。可多次单击创建多个变形副本。
- 【取消变形】：单击此项后，面板中各个选项恢复默认设置。

2.10.4　课件实战——几时几分

这是一个小学数学课件，课件中绘制了两个不同时间段的钟面，要求学生能够填写出正确的答案。“几时几分”的最终效果如图 2-219 所示。

这个课件利用了 Flash 中的【任意变形工具】和【变形】面板绘制了不同时间段的钟面，并利用【文本工具】将各个时间点做上了标记。制作“几时几分”课件的方法如下。

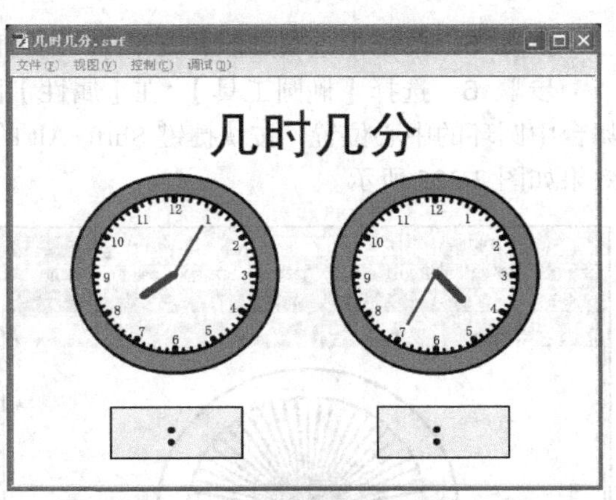

图 2-219　“几时几分”课件最终效果图

步骤 1　新建一个 Flash 文档，在工具箱中选择【椭圆工具】，打开【椭圆工具】的【属性】面板，将【笔触颜色】设置为“黑色”，【填充颜色】设置为“无色”，【笔触大小】设置为“3”，【内径】设置为“80”，如图 2-220 所示。

步骤 2　将鼠标移动至舞台中，按住 Shift 键的同时拖动鼠标绘制一个圆环。效果如图 2-221 所示。

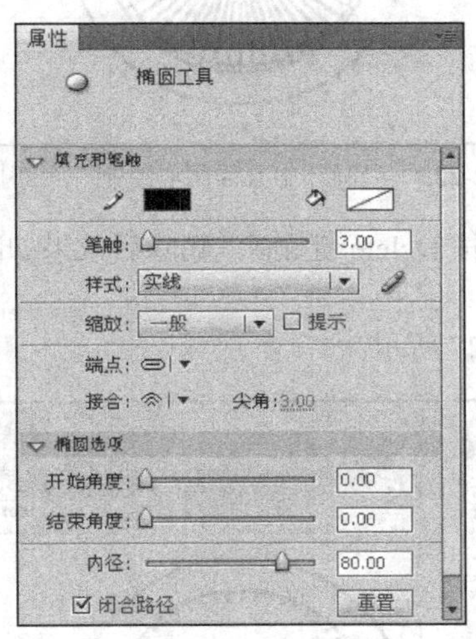

图 2-220　椭圆属性设置

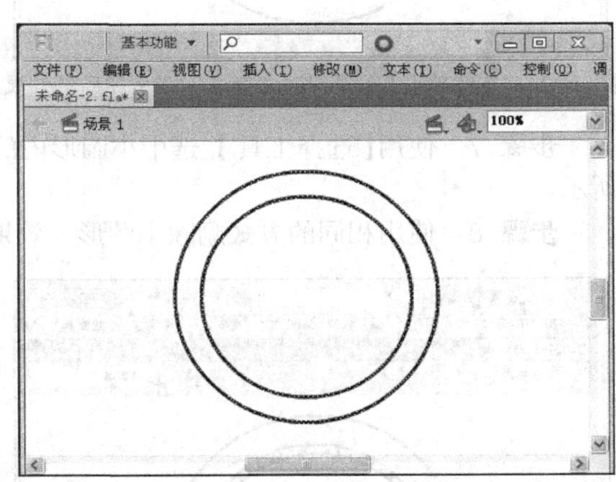

图 2-221　绘制圆环

步骤 3　选择【线条工具】，在刚绘制的圆环的中间位置绘制一条直线，效果如图 2-222 所示。

步骤 4　执行【窗口】|【变形】命令，打开【变形】面板，设置【旋转】参数值为“6”，然后连续单击【重复选区和变形】按钮数次，如图 2-223 所示。

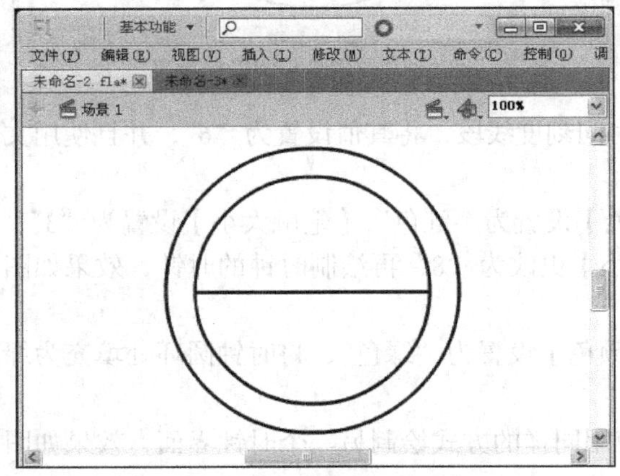

图 2-222　绘制直线

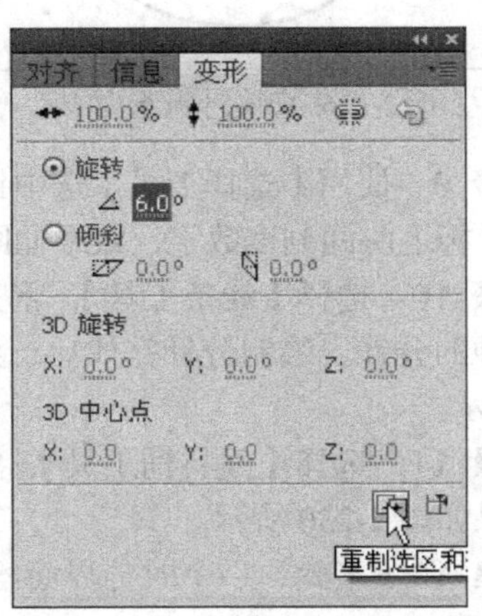

图 2-223　变形面板的参数设置

步骤 5 单击【重复选区和变形】按钮数次后，效果如图 2-224 所示。

步骤 6 选择【椭圆工具】，在【属性】面板中将【内径】的值设置为“0”，将鼠标移动到舞台中圆环的中心位置，按快捷键 Shift+Alt 的同时，单击鼠标左键并拖动鼠标绘制一个正圆形，效果如图 2-225 所示。

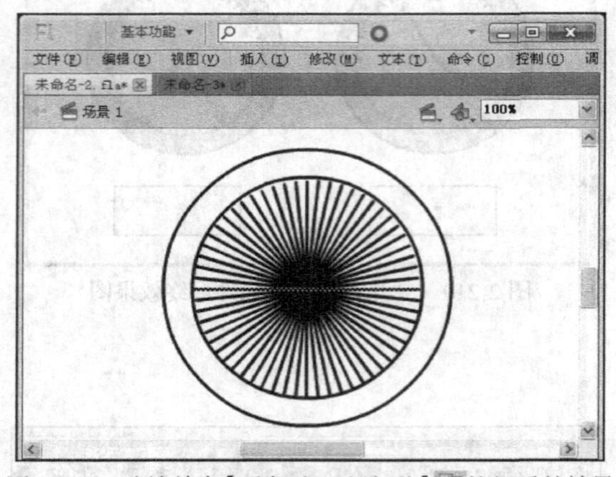

图 2-224 连续单击【重复选区和变形】按钮后的效果

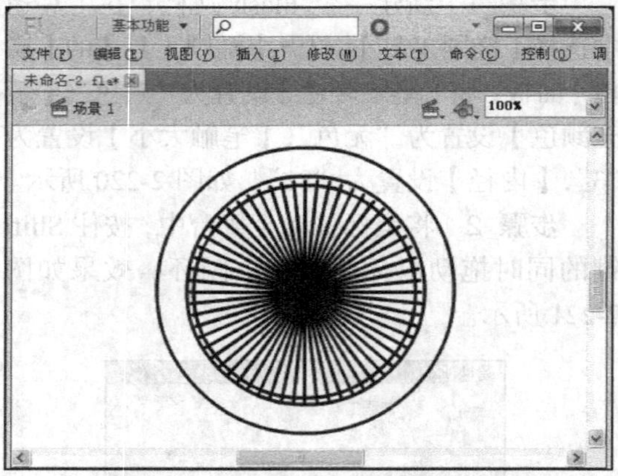

图 2-225 以圆环中心为圆心绘制一个小圆形

步骤 7 使用【选择工具】，选中小圆形内的直线段，按 Delete 键删除，删除后效果如图 2-226 所示。

步骤 8 使用相同的方式删除小圆形，效果如图 2-227 所示。

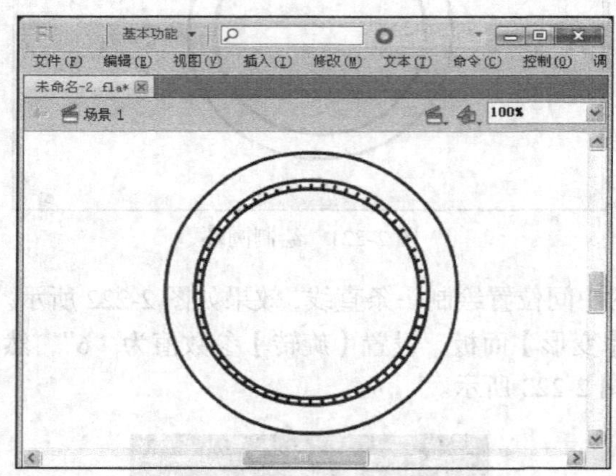

图 2-226 删除小圆形内线段

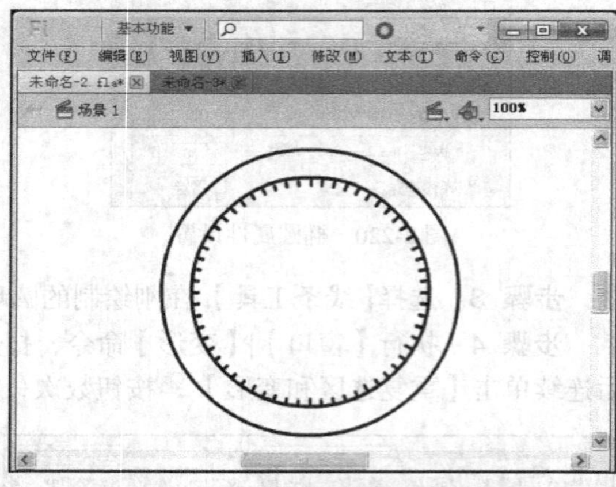

图 2-227 删除小圆形后效果

步骤 9 使用【选择工具】选中钟面上关键时间刻度线段，将其值设置为“6”，并且使用文本工具，标上时间刻度数字，效果如图 2-228 所示。

步骤 10 选择【线条工具】，将其【笔触颜色】设置为“红色”，【笔触大小】设置为“3”，绘制时钟的分针，绘制分针完成后，将【笔触大小】更改为“8”再绘制时钟的时针，效果如图 2-229 所示。

步骤 11 选择【颜料桶工具】，将其【填充颜色】设置为“绿色”，将时钟圆环处填充为绿色，效果如图 2-230 所示。

步骤 12 至此，一个时钟界面绘制完成，使用同样的方式绘制另一个时钟界面，效果如图 2-231 所示。

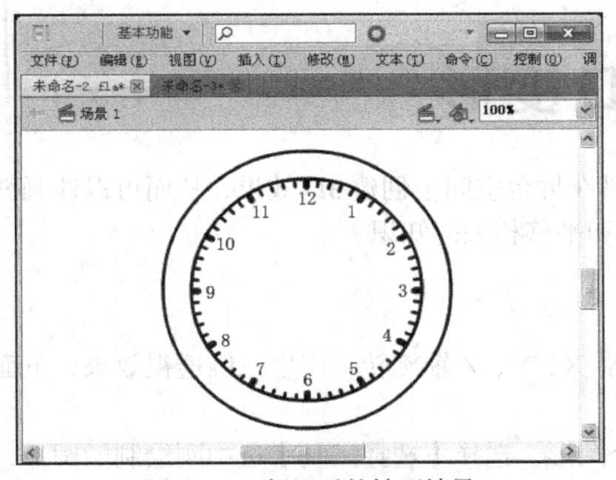

图 2-228　标记后的钟面效果

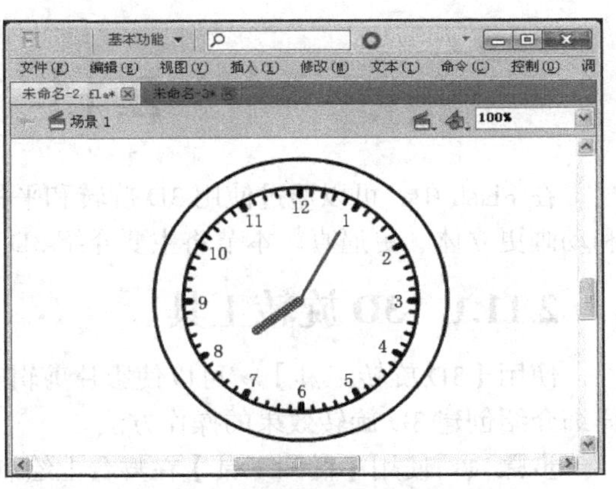

图 2-229　绘制时钟的时针和分针

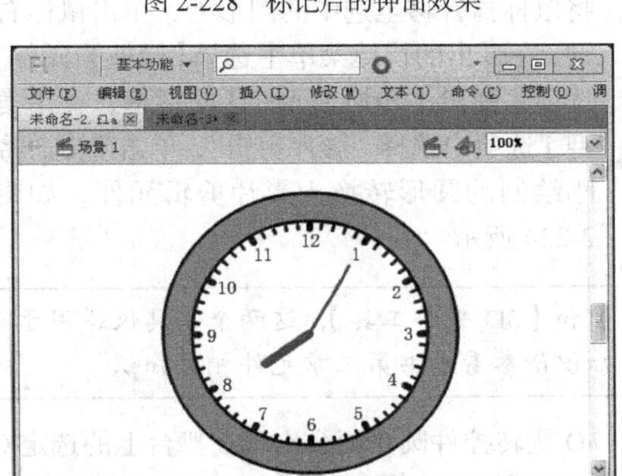

图 2-230　将时钟圆环填充为“绿色”

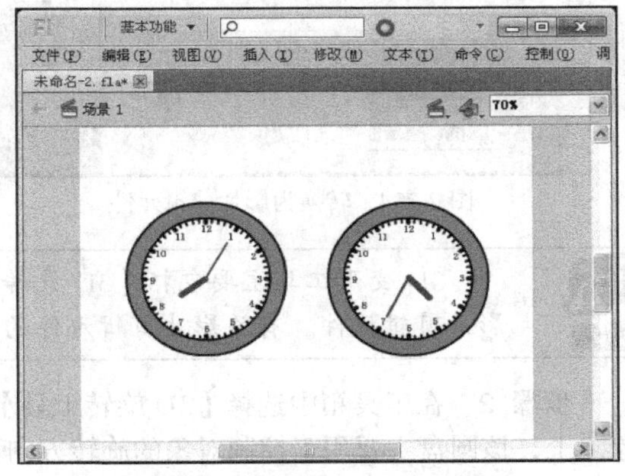

图 2-231　两个钟面绘制完成后效果

步骤 13　选择【文本工具】，在【属性】面板中将其【字体】设置为“黑体”，【大小】设置为“50”，【颜色】设置为“黑色”，为课件添加标题。效果如图 2-232 所示。

步骤 14　选择【矩形工具】，在【属性】面板中将其【笔触颜色】设置为“黑色”，【填充颜色】设置为“#FFFF00”，【Alpha】设置为“50%”，【笔触大小】设置为“2”，在钟面的下方绘制两个用于填写答案的方框，方框里使用【文本工具】输入“:”，效果如图 2-233 所示。

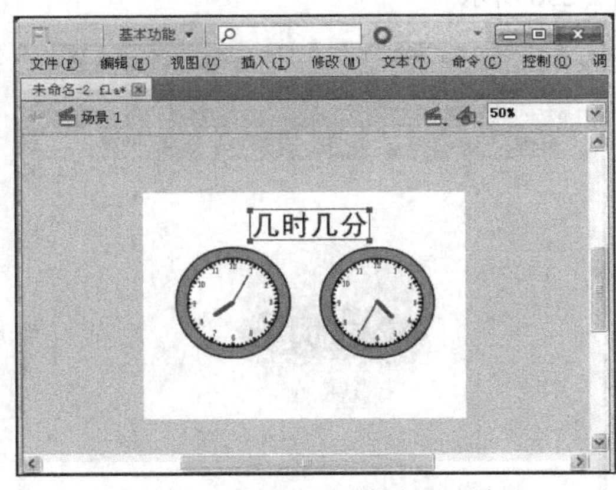

图 2-232　两个钟面绘制完成后效果

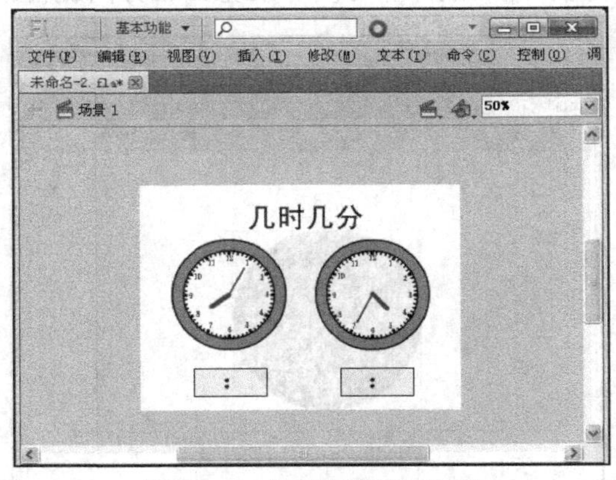

图 2-233　绘制答案填写方框

步骤 15　至此，该课件制作完成，测试并保存课件，效果如图 2-219 所示。

2.11 3D 变形

在 Flash 中，可以通过使用 3D 旋转和平移工具在舞台空间中创建 3D 效果，从而可以使画面和动画更立体、更逼真。本节将主要介绍 3D 旋转和平移相关的知识。

2.11.1 3D 旋转工具

使用【3D 旋转工具】可以使影片剪辑实例沿 X、Y、Z 轴旋转，产生三维透视效果，下面详细介绍创建 3D 旋转效果的操作方法。

步骤 1 使用【椭圆工具】在舞台上绘制一个圆形，选择【选择工具】选中刚绘制的圆形，将鼠标指针移至选中的圆形上，单击鼠标右键，在弹出的快捷菜单中选择【转换为元件】选项，弹出【转换为元件】对话框，在【类型】选项中选择“影片剪辑”，单击确定，将刚绘制的圆形转换为影片剪辑元件，如图 2-234 所示。

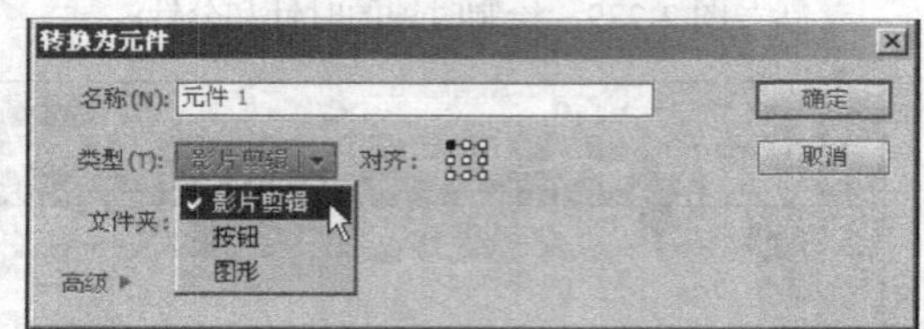

图 2-234 转换为影片剪辑元件

3D 变形工具主要包括【3D 旋转工具】和【3D 平移工具】，这两个工具仅适用于影片剪辑元件。有关影片剪辑元件的相关知识请参看本书第三章元件相关知识。

步骤 2 在工具箱中选择【3D 旋转工具】，3D 旋转控件圆盘便会出现在舞台上的选定对象之上，该圆盘主要用于控制对象的旋转方向和角度，如图 2-235 所示。

- 【红色竖线】：X 轴控件，用于控制对象绕 X 轴旋转。
- 【绿色竖线】：Y 轴控件，用于控制对象绕 Y 轴旋转。
- 【蓝色圆圈】：Z 轴控件，用于控制对象绕 Z 轴旋转。
- 【橙色圆圈】：自由旋转控件，用于控制对象同时绕 X 轴和 Y 轴旋转。
- 【中心圆点】：整个旋转控件圆盘的中心点，所有的旋转操作都是以该中心为支点进行的。

步骤 3 将鼠标指针移至【红色竖线】上，发现鼠标指针会变成形状，此时单击鼠标左键并左右拖动鼠标即可使对象绕 X 轴方向旋转，如图 2-236 所示。

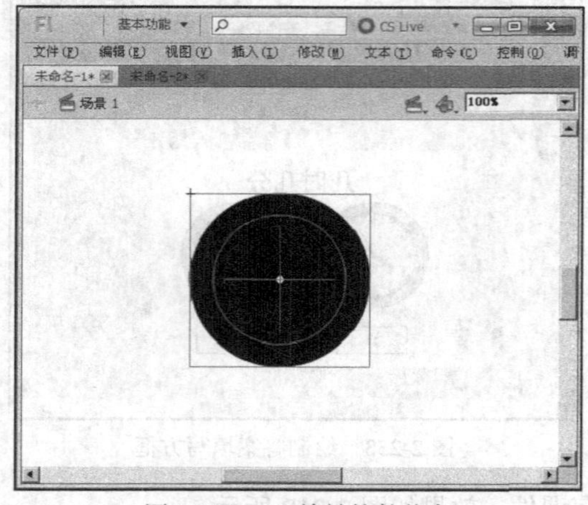

图 2-235 3D 旋转控件状态

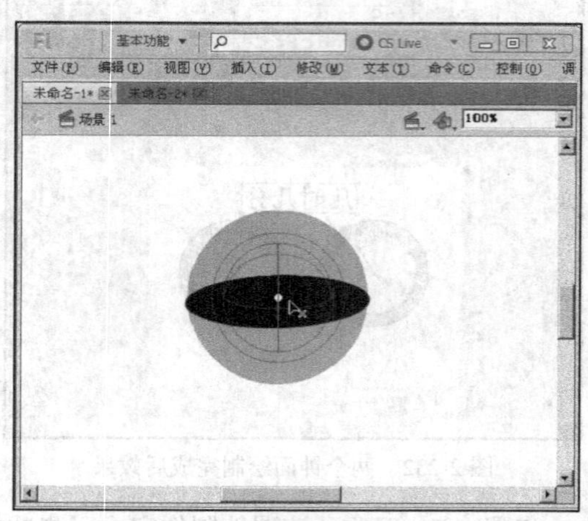

图 2-236 沿 X 轴旋转对象

步骤 4　按【Ctrl+Z】快捷键撤销上一步操作，然后将鼠标指针移至【绿色竖线】上，发现鼠标指针会变成形状，此时单击鼠标左键并上下拖动鼠标即可使对象绕 Y 轴方向旋转，如图 2-237 所示。

步骤 5　按【Ctrl+Z】快捷键撤销上一步操作，然后将鼠标指针移至【蓝色圆圈】上，发现鼠标指针会变成形状，此时单击鼠标左键并按圆周运动拖动鼠标即可使对象绕 Z 轴方向旋转（旋转时的灰色区域指示旋转的角度），如图 2-238 所示。

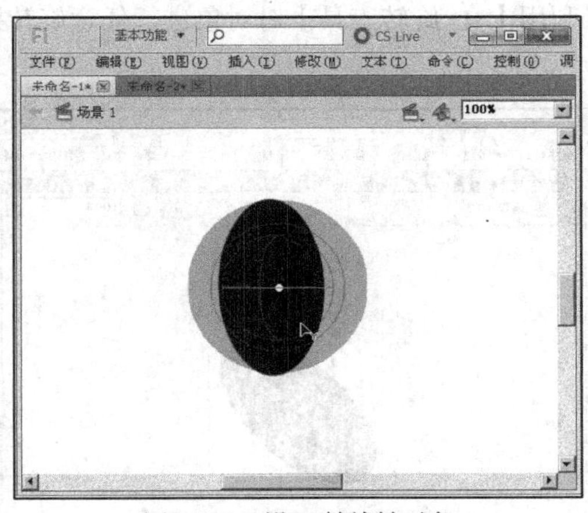

图 2-237　沿 Y 轴旋转对象

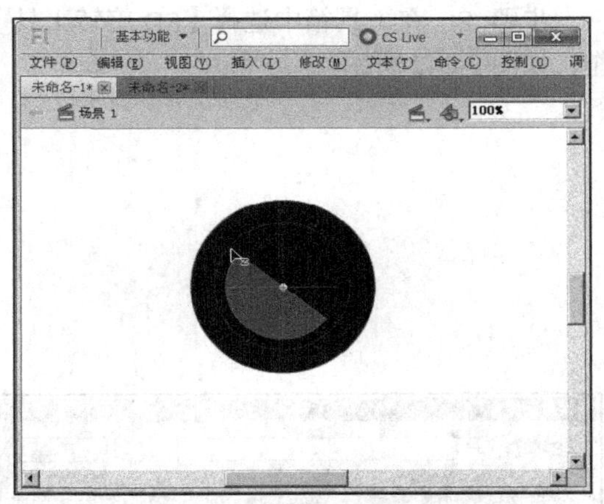

图 2-238　沿 Z 轴旋转对象

步骤 6　按【Ctrl+Z】快捷键撤销上一步操作，然后将鼠标指针移至【橙色圆圈】上，发现鼠标指针会变成形状，此时单击鼠标左键并按圆周运动拖动鼠标即可使对象同时绕 X 轴和 Y 轴方向旋转，如图 2-239 所示。

步骤 7　按【Ctrl+Z】快捷键撤销上一步操作，然后将鼠标指针移至【中心圆点】上，发现鼠标指针会变成形状，此时单击鼠标左键并拖动鼠标即可移动旋转中心点的位置，如图 2-240 所示。

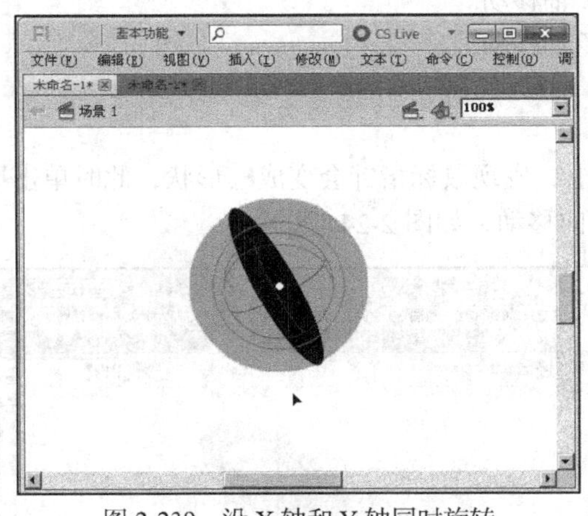

图 2-239　沿 X 轴和 Y 轴同时旋转

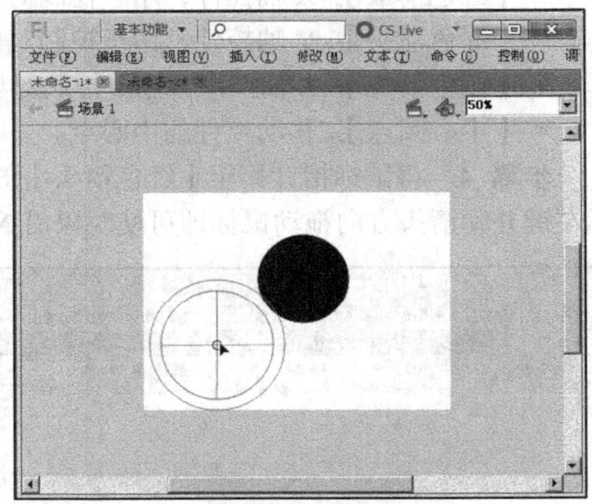

图 2-240　移动旋转中心点位置

移动旋转中心点可以控制旋转对于对象及其外观的影响。双击中心点可将其移回所选影片剪辑的中心。

2.11.2　3D 平移工具

使用【3D 平移工具】可以使影片剪辑实例在 3D 空间中移动，以改变对象在空间中的位置。

下面详细介绍创建 3D 平移效果的操作方法。

步骤 1 使用【椭圆工具】在舞台上绘制一个圆形，选择【选择工具】选中刚绘制的圆形，将鼠标指针移至选中的圆形上，单击鼠标右键，在弹出的快捷菜单中选择【转换为元件】选项，弹出【转换为元件】对话框，在【类型】选项中选择“影片剪辑”，单击确定，将刚绘制的圆形转换为影片剪辑元件，如图 2-241 所示。

步骤 2 在工具箱中选择【3D 旋转工具】，利用【3D 旋转工具】对对象进行任意旋转操作，如图 2-242 所示。

图 2-241 转换为影片剪辑元件

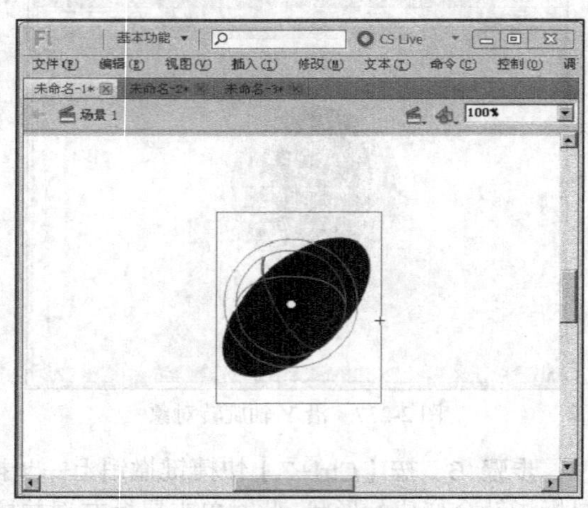

图 2-242 任意旋转对象

步骤 3 在工具箱中【3D 旋转工具】的下拉列表中选择【3D 平移工具】，此时会发现，在所选对象上出现了三个方向的箭头，如图 2-243 所示。

- 【红色箭头】：X 轴控件，用于控制对象沿 X 轴移动。
- 【绿色箭头】：Y 轴控件，用于控制对象沿 Y 轴移动。
- 【蓝色箭头】：Z 轴控件，用于控制对象沿 Z 轴移动。
- 【中心圆点】：移动控件的中心点。

步骤 4 将鼠标指针移至【红色箭头】的头部上，发现鼠标指针会变成▶ₓ形状，此时单击鼠标左键并朝箭头方向拖动鼠标即可使对象沿 X 轴方向移动，如图 2-244 所示。

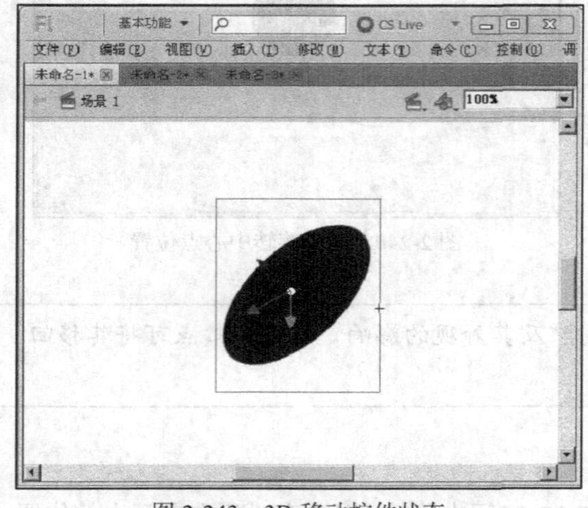

图 2-243 3D 移动控件状态

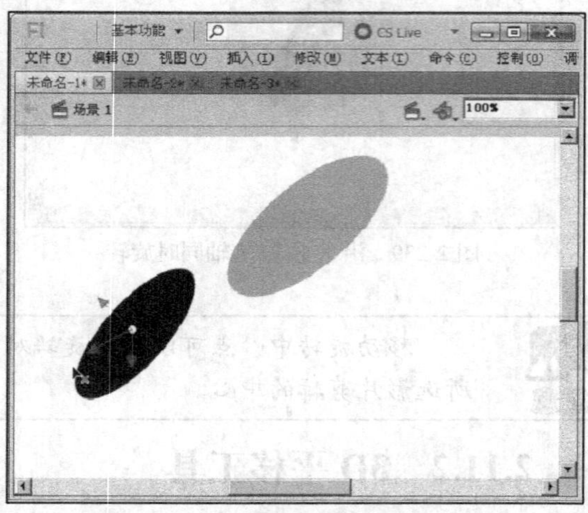

图 2-244 沿 X 轴移动对象

步骤 5 按【Ctrl+Z】快捷键撤销上一步操作，然后将鼠标指针移至【绿色箭头】的头部上，发现鼠标指针会变成▶Y形状，此时单击鼠标左键并朝箭头方向拖动鼠标即可使对象沿 Y 轴方向移动，如图 2-245 所示。

步骤 6 按【Ctrl+Z】快捷键撤销上一步操作，然后将鼠标指针移至【蓝色箭头】的头部上，发现鼠标指针会变成▶Z形状，此时单击鼠标左键并朝箭头方向拖动鼠标即可使对象沿 Z 轴方向移动，如图 2-246 所示。

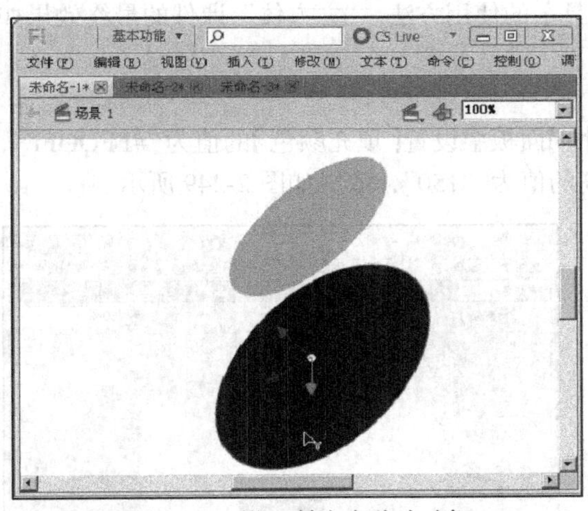

图 2-245 沿 Y 轴方向移动对象

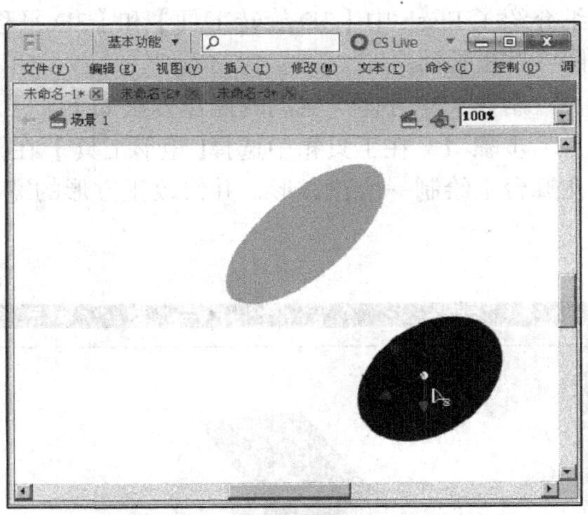

图 2-246 沿 Z 轴方向移动对象

2.11.3 3D 属性设置

除了通过控制圆盘和控制箭头对影片剪辑实例进行调节控制以外，还可以通过【属性】面板对影片剪辑实例的 3D 效果进行更为具体的调节。在工具箱中选择【3D 旋转工具】，打开【属性】面板，如图 2-247 所示。

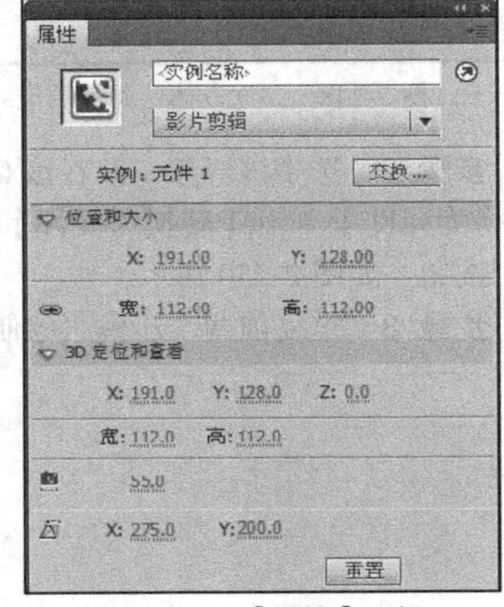

图 2-247 【属性】面板

- 【位置和大小】：主要用于显示和设置影片剪辑实例在舞台中的坐标位置以及实例元件的宽度和高度。
- 【3D 定位和查看】：主要用于显示和设置实例在 3D 空间中所处的位置。当影片剪辑实例在 Z 轴上移动时，实例对象的外观尺寸会发生变化，即此处宽度和高度值会发生变化，此处高度和宽度值是只读的，不能编辑修改。
- 【透视角度】：用来控制应用了 3D 旋转或 3D 平移的影片剪辑实例的透视角度，增大透视角度可使 3D 对象看起来更近，减小透视角度可使 3D 对象看起来更远。此效果与通过镜头更改视角的照相机镜头缩放类似。
- 【消失点】：用于控制舞台上 3D 影片剪辑的 Z 轴方向，消失点的默认位置是舞台中心。
- 【重置】：单击此按钮即可将消失点移回舞台中心。

除此之外，【3D 旋转工具】和【3D 平移工具】在工具箱下面的【选项】面板中增加了一个【全局转换】按钮，该按钮用于在【全局转换】模式和【局部转换】模式之间进行转换，默认模式为【全局转换】模式。

- 【全局转换】：在该模式下，3D 空间即为舞台空间，实例对象的变形和平移与舞台相关。
- 【局部转换】：在该模式下，3D 空间即为影片剪辑空间，实例对象的变形和平移与影片剪辑空间相关。

2.11.4 课件实战——立方体

这是一个数学课件，课件中绘制了一个具有三维空间感的立方体，通过这个课件的制作，详细介绍了 Flash 中【3D 旋转工具】和【3D 平移工具】的使用方法。“立方体”课件的最终效果如图 2-248 所示。

制作“立方体”实例的操作方法如下。

步骤 1 在工具箱中选择【矩形工具】，在【属性】面板中设置【填充颜色】的值为“#FFOOFF”，在舞台上绘制一个正方形，并修改正方形的宽和高的值为“150”，效果如图 2-249 所示。

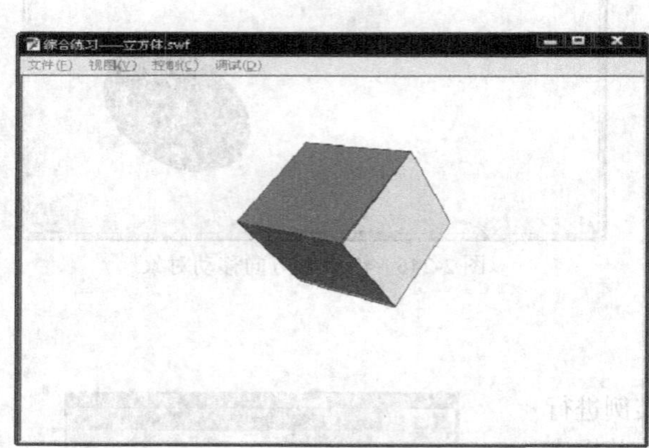

图 2-248 “立方体”课件的最终效果

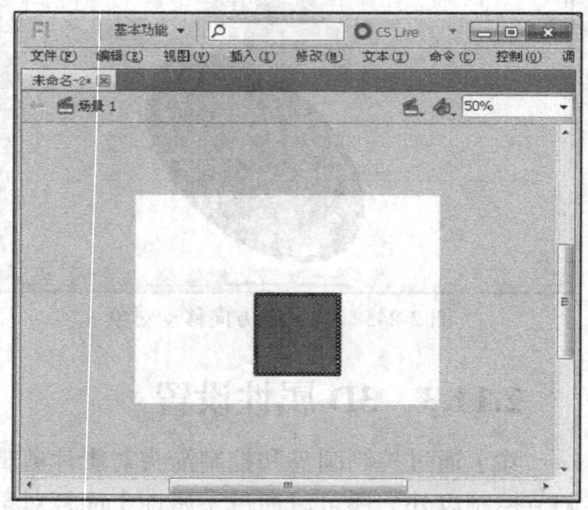

图 2-249 绘制第一个正方形

步骤 2 选中该对象，并在该对象上单击鼠标右键，会弹出一个下拉列表，在该列表中选择【转换为元件】，弹出【转换为元件】对话框，将对话框中的【类型】设置为“影片剪辑”，单击【确定】按钮，如图 2-250 所示。

步骤 3 重复前两个步骤再绘制 5 个不同颜色的正方形影片剪辑元件，效果如图 2-251 所示。

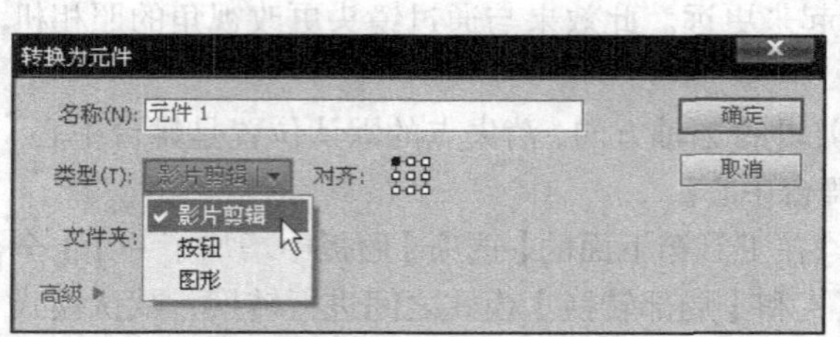

图 2-250 将对象转换为影片剪辑元件

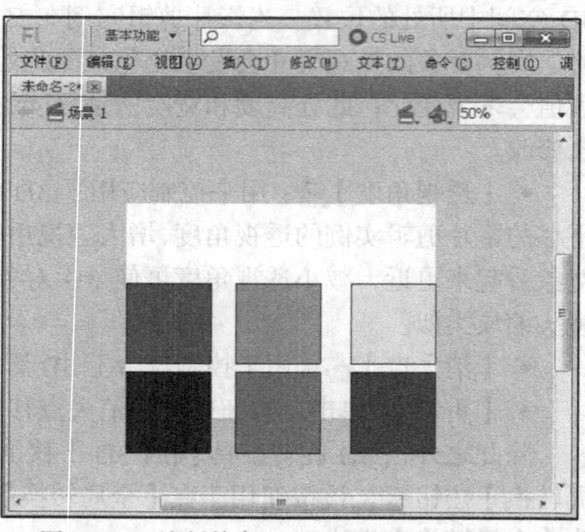

图 2-251 绘制其余 5 个正方形影片剪辑元件

为了叙述的方便，这里我们将图 2-251 上方三个正方形从左至右标识为 1、2、3，下方三个正方形从左至右标识为 4、5、6。

步骤 4　使用【选择工具】选中第一个正方形，打开【属性】面板，将【3D 定位和查看】中的（X,Y,Z）的值分别设置为（0,0,0），【透视角度】设置为“55”，【消失点】中的（X,Y）的值分别设置为（275,200），如图 2-252 所示。

步骤 5　使用【3D 旋转工具】单击第二个正方形，即可在其周围出现 3D 旋转控件圆盘，将鼠标指针移至【红色竖线】上，发现鼠标指针会变成▶ₓ形状，此时单击鼠标左键并拖动鼠标朝顺时针方向旋转 90°，即可将对象绕 X 轴旋转 90°，如图 2-253 所示。

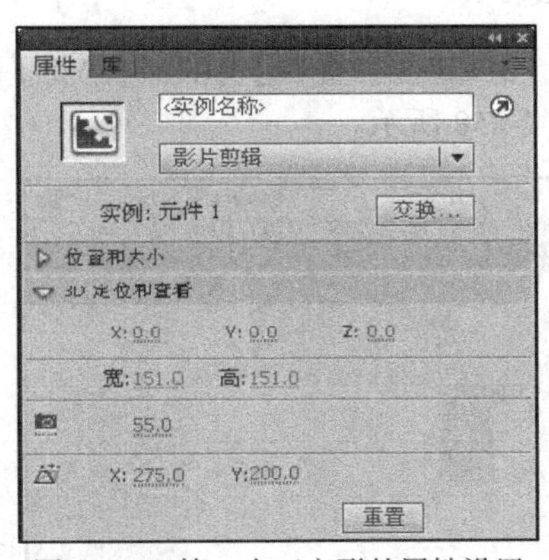

图 2-252　第一个正方形的属性设置

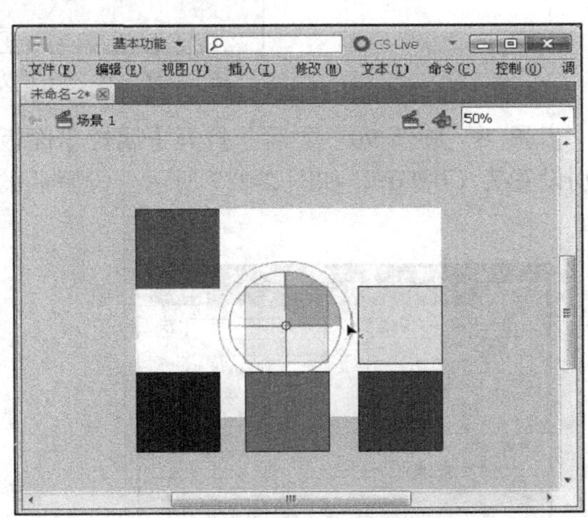

图 2-253　第二个正方形绕 X 轴旋转 90°

步骤 6　旋转 90° 之后，打开【属性】面板，将其在【3D 定位和查看】中的（X,Y,Z）的值分别设置为（0,150,0），如图 2-254 所示。设置后的效果如图 2-255 所示。

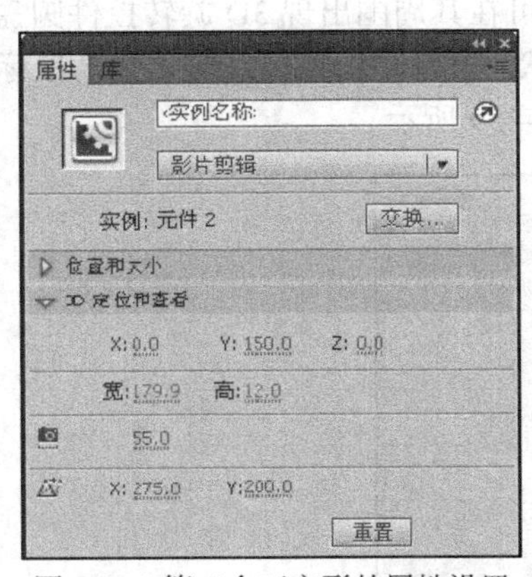

图 2-254 第二个正方形的属性设置

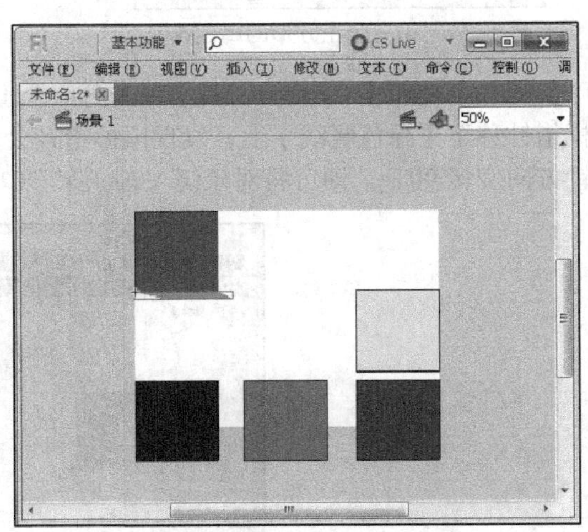

图 2-255　第二个正方形旋转及改变位置后的效果

步骤 7　使用【3D 旋转工具】单击第三个正方形，即可在其周围出现 3D 旋转控件圆盘，将鼠标指针移至【绿色竖线】上，发现鼠标指针会变成▶ᵧ形状，此时单击鼠标左键并拖动鼠标朝逆时针方向旋转 90°，即可将对象绕 Y 轴旋转 90°，如图 2-256 所示。

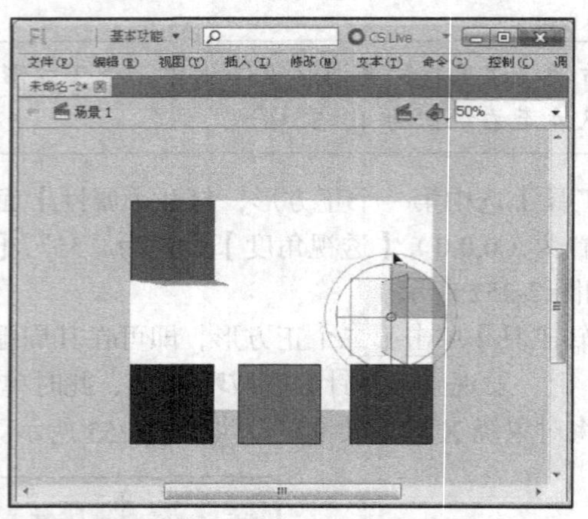

图 2-256　第三个正方形绕 Y 轴旋转 90°

步骤 8　旋转 90° 之后，打开【属性】面板，将其在【3D 定位和查看】中的（X,Y,Z）的值分别设置为（0,0,0），如图 2-257 所示。设置后的效果如图 2-258 所示。

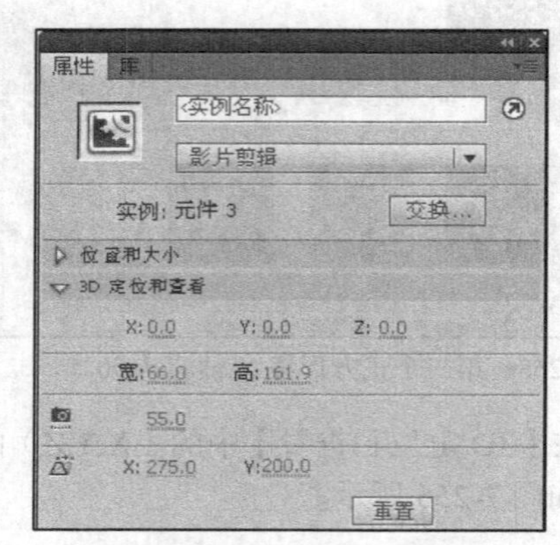

图 2-257　第三个正方形的属性设置

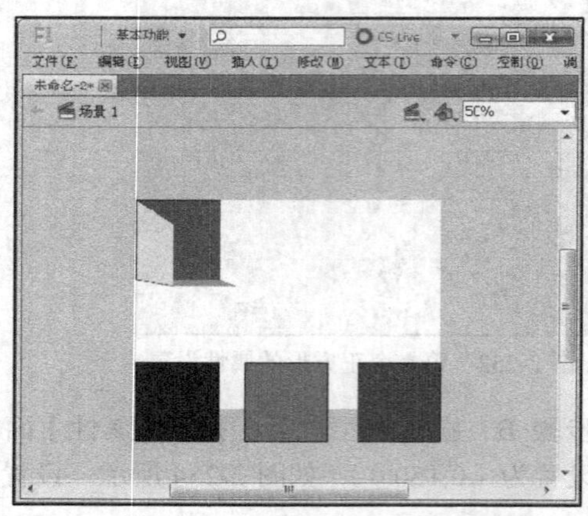

图 2-258　第三个正方形旋转及改变位置后的效果

步骤 9　使用【3D 旋转工具】单击第四个正方形，即可在其周围出现 3D 旋转控件圆盘，将鼠标指针移至【绿色竖线】上，发现鼠标指针会变成▸Y形状，此时单击鼠标左键并拖动鼠标朝逆时针方向旋转 90° ，即可将对象绕 Y 轴旋转 90° ，如图 2-259 所示。

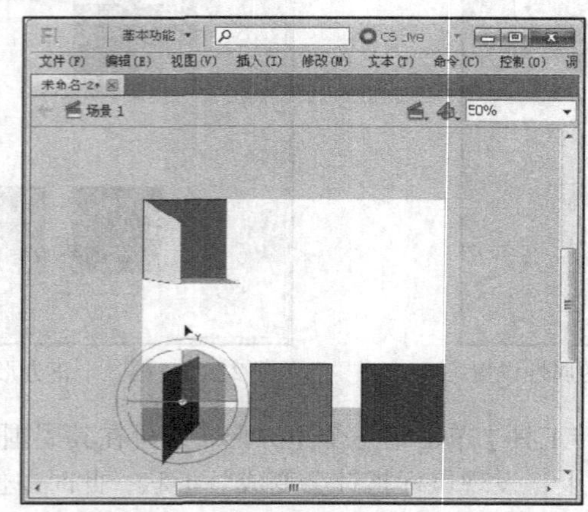

图 2-259　第四个正方形绕 Y 轴旋转 90°

步骤 10 旋转 90° 之后，打开【属性】面板，将其在【3D 定位和查看】中的（X,Y,Z）的值分别设置为（150,0,0），如图 2-260 所示。设置后的效果如图 2-261 所示。

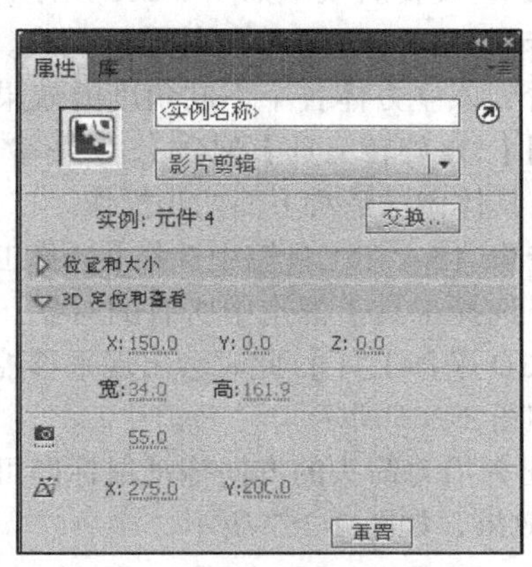

图 2-260 第四个正方形的属性设置

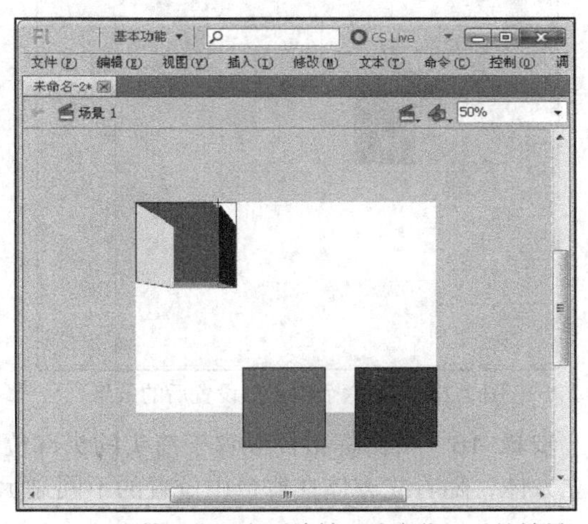

图 2-261 第四个正方形旋转及改变位置后的效果

步骤 11 使用【3D 旋转工具】单击第五个正方形，即可在其周围出现 3D 旋转控件圆盘，将鼠标指针移至【红色竖线】上，发现鼠标指针会变成▸ₓ形状，此时单击鼠标左键并拖动鼠标朝顺时针方向旋转 90°，即可将对象绕 X 轴旋转 90°，如图 2-262 所示。

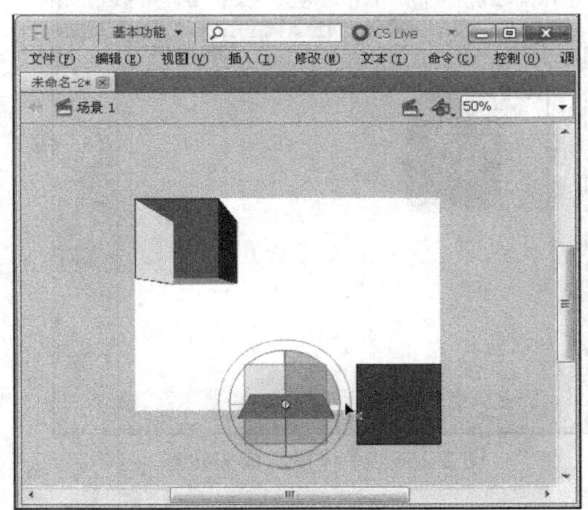

图 2-262 第五个正方形绕 X 轴旋转 90°

步骤 12 旋转 90° 之后，打开【属性】面板，将其在【3D 定位和查看】中的（X,Y,Z）的值分别设置为（0,0,0），如图 2-263 所示。设置后的效果如图 2-264 所示。

图 2-263 第五个正方形的属性设置

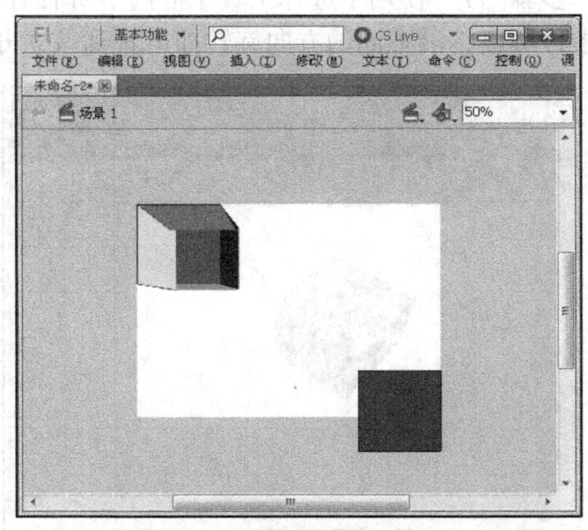

图 2-264 第五个正方形旋转及改变位置后的效果

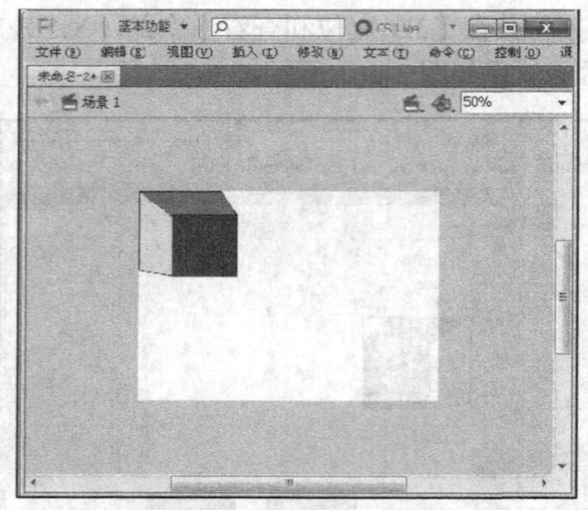

图 2-265　第六个正方形设置后的效果

步骤 13　使用【选择工具】选中第六个正方形，打开【属性】面板，将【3D 定位和查看】中的（X，Y，Z）的值分别设置为（0，0，150），设置后效果如图 2-265 所示。

步骤 14　此时，立方体绘制完成。如果想要看到该立方体各个不同角度的效果，可以使用【3D 旋转工具】配合【3D 平移工具】实现。具体做法请看下面两步操作。

步骤 15　在工具箱中选择【选择工具】，使用【选择工具】框选中所有的对象，然后选择【3D 平移工具】，此时会出现平移控制箭头，如图 2-266 所示。

步骤 16　将鼠标指针放置于箭头的头部位置后，单击并沿着箭头的方向拖动鼠标即可拖动该立方体，随着立方体在舞台中位置的不同显示出不同的效果，如图 2-267 所示。

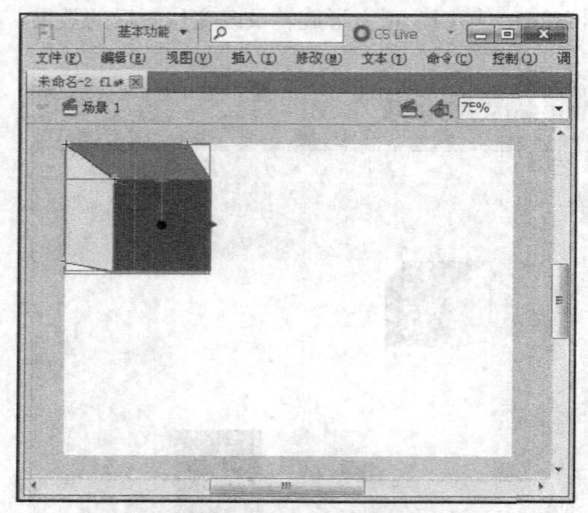

图 2-266　平移指示箭头状态

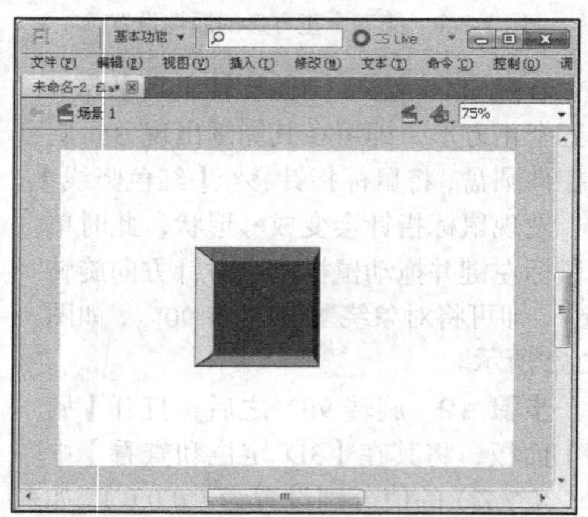

图 2-267　利用【3D 平移工具】将立方体移至舞台中间时的效果

步骤 17　使用【选择工具】框选中所有对象，然后选择【3D 旋转工具】，此时会出现 3D 旋转控件圆盘，沿不同的方向旋转即可看到该立方体在不同角度时的效果，如图 2-268 所示。

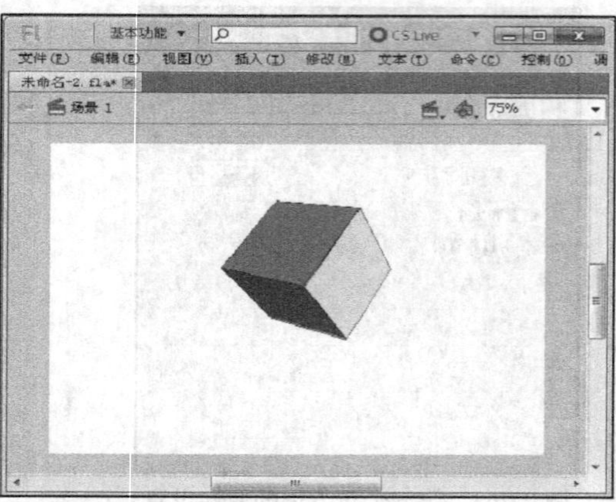

图 2-268　利用【3D 旋转工具】沿不同的方向旋转立方体时的不同效果

2.12　调整图形形状

在利用绘图工具进行图形的绘制过程中，经常需要对线条进行平滑、伸直、优化等操作，来改变它们的形状，以便使得所绘制的图形轮廓更为自然流畅。这一节主要介绍对线条的平滑、伸直、优化以及修改形状等方面的知识。

2.12.1　转换位图为矢量图

在 Flash 中，可以将导入的位图转换为矢量图进行编辑处理，下面详细介绍位图转换为矢量图的操作方法。

步骤 1　新建一个 Flash 文档，在菜单栏中执行【文件】|【导入】|【导入到舞台】命令，弹出【导入】对话框，如图 2-269 所示，选择需要导入的位图，单击打开，即可将位图导入到舞台中，效果如图 2-270 所示。

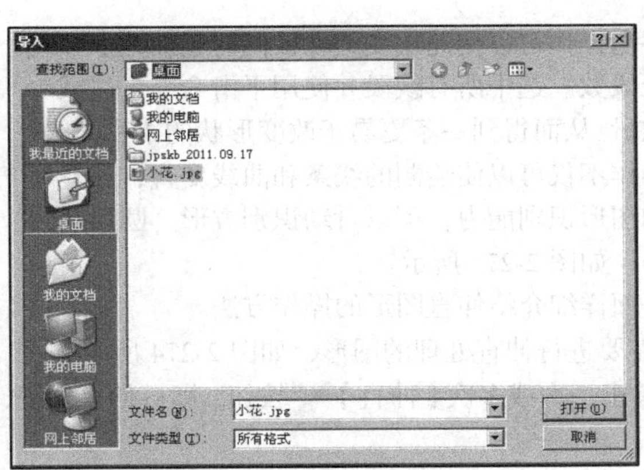

图 2-269　【导入】对话框

图 2-270　已导入舞台中的位图

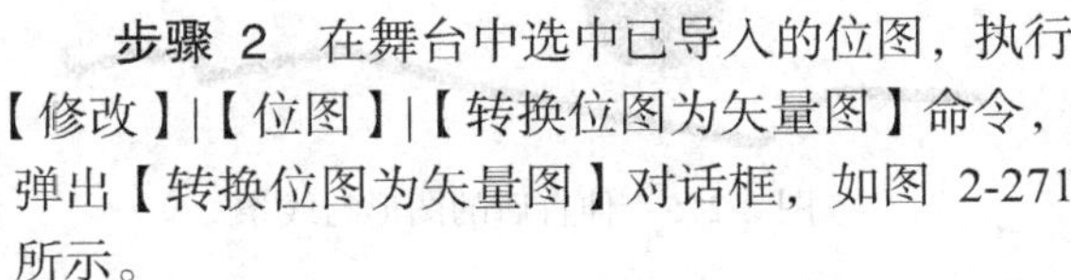

步骤 2　在舞台中选中已导入的位图，执行【修改】|【位图】|【转换位图为矢量图】命令，弹出【转换位图为矢量图】对话框，如图 2-271 所示。

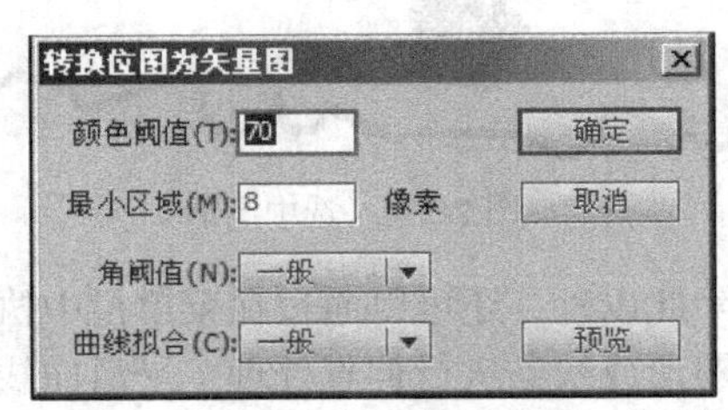

图 2-271　【转换位图为矢量图】对话框

- 【颜色阈值】：用于设置转换颜色的范围，数值越低，颜色转换越丰富。
- 【最小区域】：用于设置转换图形的精确度，数值越低，精确度越高。
- 【角阈值】：用于设置图像上尖角转换的平滑度。
- 【曲线拟合】：用于设置曲线的平滑度。

步骤 3　在【转换位图为矢量图】对话框中设置好参数后，单击确定，即可将所选位图转换为矢量图形，转换后效果如图 2-272 所示。

图 2-272　转换后的矢量图

2.12.2　平滑与伸直图形

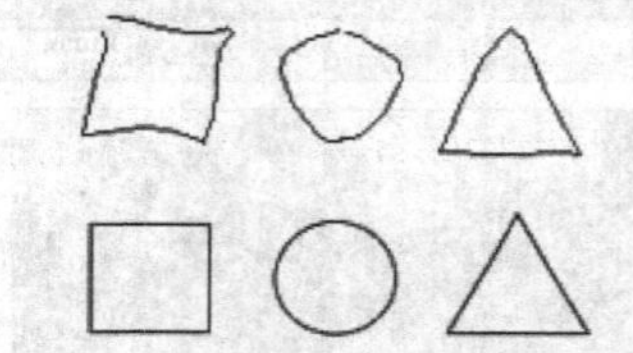

图 2-273　自动将上方的图形识别为下方的图形

平滑操作可以使曲线变柔和，同时还会减少曲线中的线段数。选中所有线段并使用平滑命令可以减少线段数量，从而得到一条更易于改变形状的柔和曲线。伸直操作不仅可以使绘制的线条和曲线变直，还具有很强的图形识别能力，可以自动识别方形、圆形和三角形等，如图 2-273 所示。

下面详细介绍伸直图形的操作方法。

步骤 1　选择【选择工具】，在舞台中选中需要进行伸直处理的图形，如图 2-274 所示。

步骤 2　在【选择工具】的【选项】面板中单击一次或多次【伸直】按钮，即可伸直曲线，改变图形的形状，效果如图 2-275 所示。

图 2-274　选中图形

图 2-275　伸直后的图形与线条

除此以外，还可以通过在菜单栏中执行【修改】|【形状】|【伸直】或【高级伸直】命令来对所选图形或线条进行伸直处理。平滑曲线和图形的操作方法与伸直图形的方法类似。

2.12.3　优化图形

优化功能不仅能够使图形的线条变得更为平滑，而且还能减小 Flash 文档和导出的 Flash 应用程序（SWF 文件）的大小。下面介绍优化图形的具体操作方法。

步骤 1　选择【选择工具】，选中需要进行优化处理的图形，如图 2-276 所示。

步骤 2　在菜单栏中执行【修改】|【形状】|【优化】命令，弹出【优化曲线】对话框，如图 2-277 所示。

- 【优化强度】：用于设置曲线的平滑程度，值越大曲线越平滑，但形状改变也越大。
- 【显示总计消息】：选中该复选框，优化后会显示一条相关的优化结果信息。

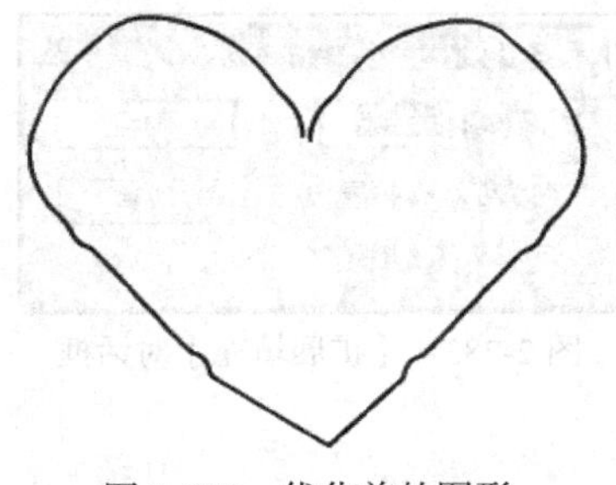

图 2-276　优化前的图形

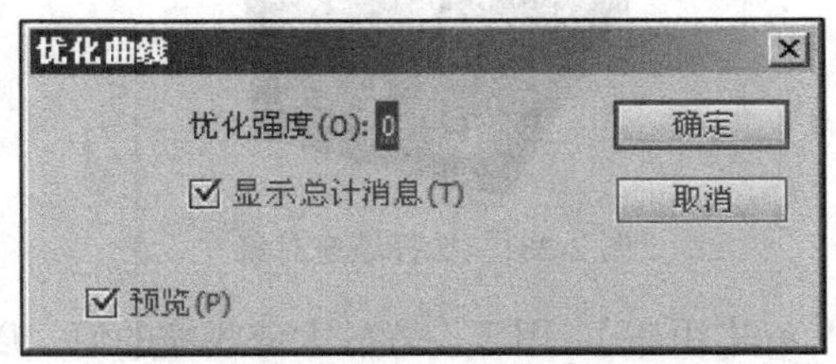

图 2-277　【优化曲线】对话框

步骤 3　在【优化曲线】对话框中，将【优化强度】的值设置为“100”，单击确定后，会显示出一条【优化结果信息】的对话框，如图 2-278 所示。

步骤 4　单击【优化结果信息】对话框中的确定，优化完毕。优化后的图形如图 2-279 所示。

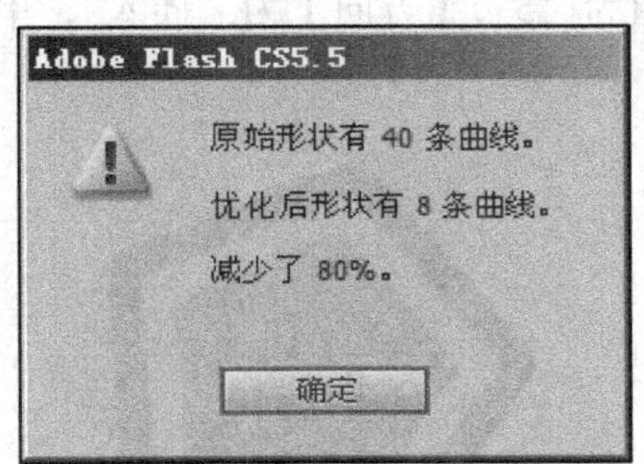

图 2-278　显示优化结果信息

图 2-279　优化后的图形

2.12.4　修改形状

菜单栏中的【修改】|【形状】命令除了能够使图形曲线伸直、平滑和优化之外，还能将线条转换为填充、扩展填充对象的形状以及柔化对象的边缘，这些操作在绘制和修饰图形形状的过程中都起着重要的作用。

（1）将线条转换为填充

在 Flash 中，线条是不能使用渐变色的，要使得渐变色能用于线条就需要将线条转换为填充，具体做法是：使用【选择工具】选中需要转换的线条或曲线，然后选择【修改】|【形状】|【将线条转换为填充】命令即可。转换以后的线条可以使用渐变色进行填充，效果如图 2-280 所示。

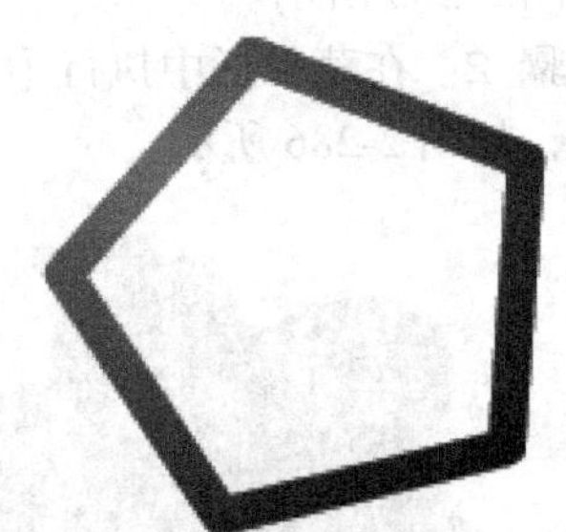

图 2-280　转换后的线条能够使用渐变色填充

（2）扩展填充对象的形状

使用【修改】|【形状】|【扩充填充】命令可以扩大或缩小填充对象的形状，具体操作方法如下。

步骤 1　选择【选择工具】，在舞台中选中需要扩展的填充对象，选中的填充呈现点点状，如图 2-281 所示。

步骤 2　在菜单栏中执行【修改】|【形状】|【扩展填充】命令，弹出【扩展填充】对话框，如图 2-282 所示。

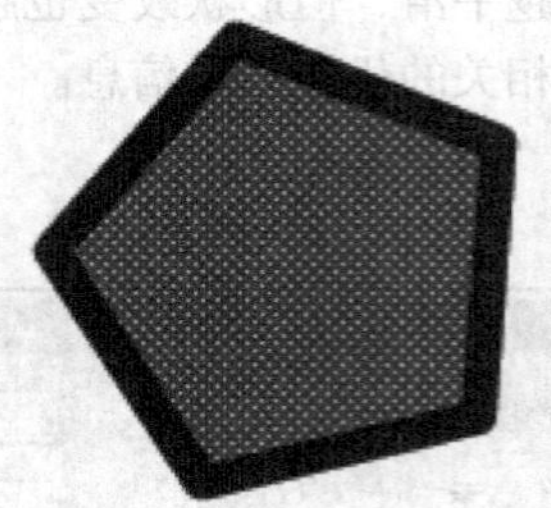

图 2-281　选择填充对象

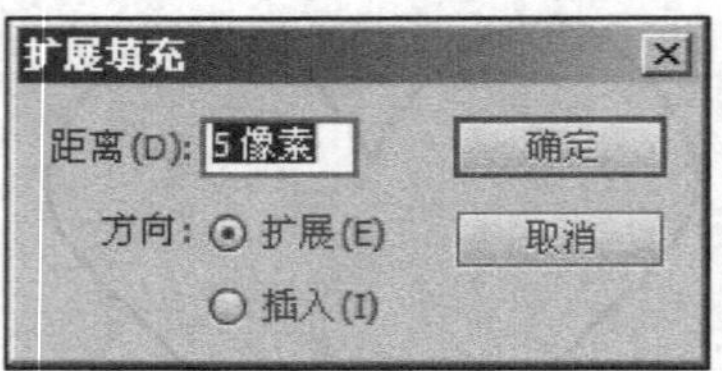

图 2-282　【扩展填充】对话框

- 【距离】：用于设置放大或收缩的值，以像素为单位。
- 【扩展】：指向外放大填充对象。
- 【插入】：指向内收缩填充对象。

步骤 3　在【扩展填充】对话框中设置【距离】的值为“5”，【方向】为“扩展”，单击【确定】按钮，效果如图 2-283 所示。

步骤 4　在【扩展填充】对话框中设置【距离】的值为“5”，【方向】为“插入”，单击【确定】按钮，效果如图 2-284 所示。

图 2-283　向外扩展 5 个像素

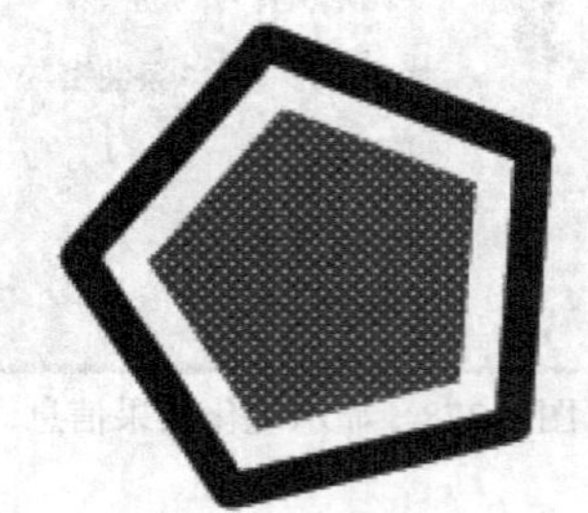

图 2-284　向内插入 5 个像素

（3）柔化填充边缘

使用【修改】|【形状】|【柔化填充边缘】命令可以柔化对象的边缘，具体操作方法如下。

步骤 1　选择【选择工具】，在舞台中选中需要柔化边缘的对象，选中的填充对象呈现点点状，如图 2-285 所示。

步骤 2　在菜单栏中执行【修改】|【形状】|【柔化填充边缘】命令，弹出【柔化填充边缘】对话框，如图 2-286 所示。

图 2-285　选中对象

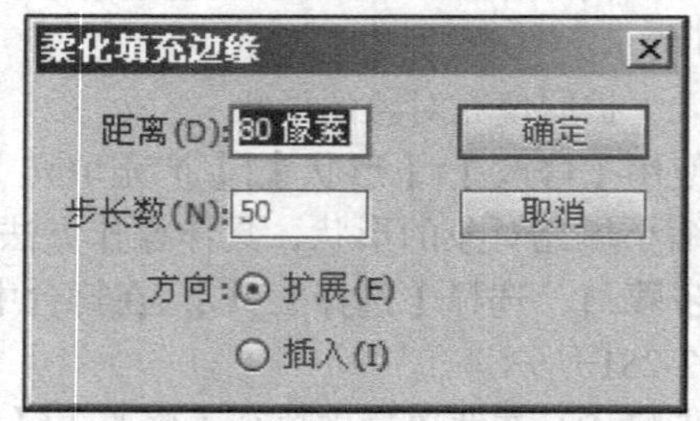

图 2-286　柔化填充边缘对话框

- 【距离】：柔化边缘的宽度。
- 【步长数】：用于控制柔化边缘的平滑程度。
- 【扩展】：向外柔化边缘。
- 【插入】：向内柔化边缘。

步骤 3　在【柔化填充边缘】对话框中设置【距离】的值为“80”，【步长数】设置为“50”，【方向】为“扩展”，单击确定，效果如图 2-287 所示。

步骤 4　在【柔化填充边缘】对话框中设置【距离】的值为“80”，【步长数】设置为“50”，【方向】为“插入”，单击确定，效果如图 2-288 所示。

图 2-287　向外柔化填充边缘

图 2-288　向内柔化填充边缘

2.12.5　课件实战——小帆船

这是一个图文并茂的小学语文课件，课件中绘制了太阳、云彩、蓝天、大海还有小帆船，很好地展示了文字所描绘的景色，使得课文内容呈现具体形象，能够激发学生学习文章的兴趣，“小帆船”课件的最终效果如图 2-289 所示。

通过这个课件的制作，详细介绍了 Flash 中如何使用平滑、伸直、优化和修改形状命令。制作“小帆船”课件的具体方法如下。

步骤 1　新建一个 Flash 文档，在工具箱中选择【矩形工具】，在【属性】面板中将【填充颜色】设置为“无色”，在舞台外围绘制一个矩形，效果如图 2-290 所示。

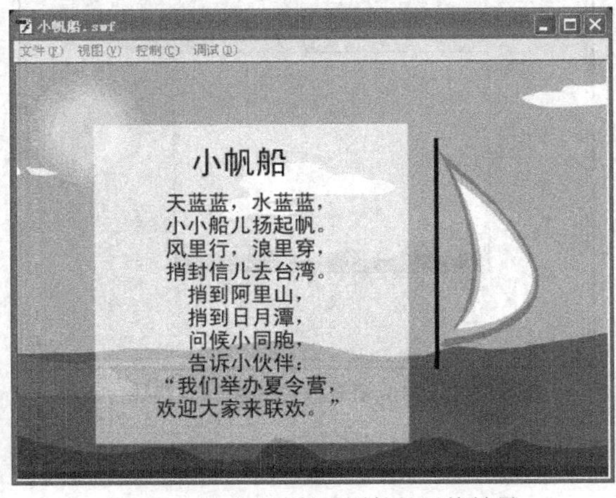

图 2-289　“小帆船”课件的最终效果

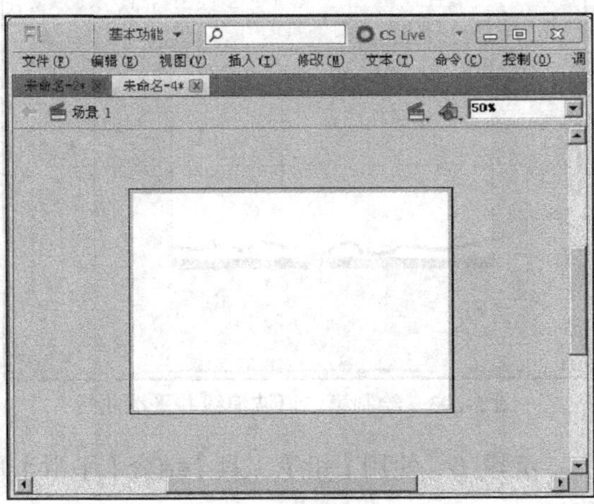

图 2-290　绘制矩形

步骤 2 选择【铅笔工具】，在工具箱【选项】面板中，选择【铅笔模式】为“平滑”，将鼠标移至舞台中的合适位置绘制一个稍微平直的“波浪形”，使用【选择工具】选中该“波浪形”，然后单击【选择工具】【选项】面板中的【平滑】按钮一次到两次，使曲线变得更为平滑，效果如图 2-291 所示。

步骤 3 选择【颜料桶工具】，在【属性】面板中设置【填充颜色】值为“#114C82”，将鼠标移至舞台中，在合适的位置单击鼠标填充颜色，颜色填充完毕后删除刚绘制的曲线，效果如图 2-292 所示。

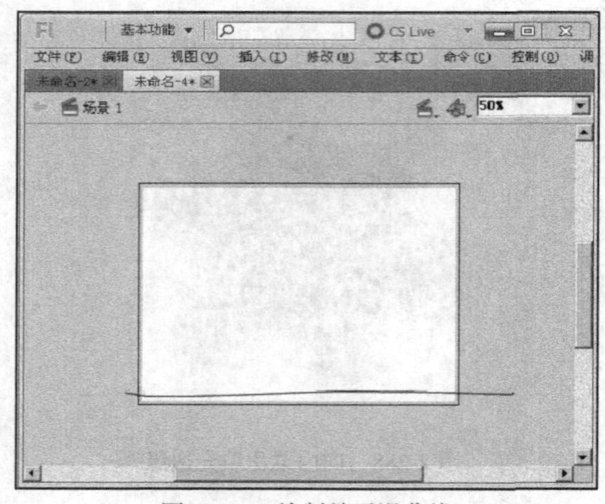

图 2-291　绘制并平滑曲线

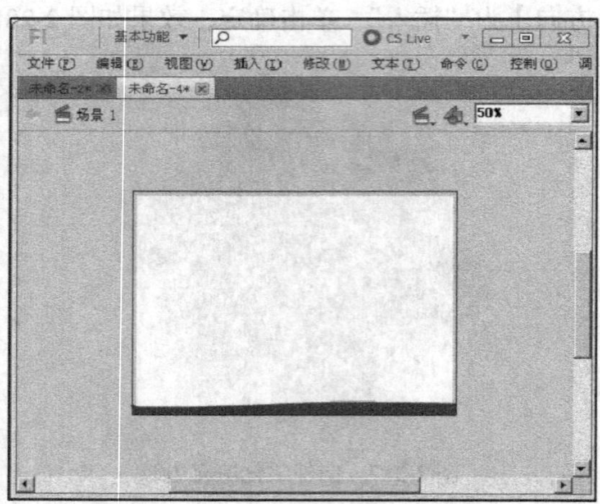

图 2-292　填充颜色并删除波浪线

步骤 4 使用同样的方式绘制第二道波浪线，并使用【平滑】按钮平滑该波浪线，效果如图 2-293 所示。

步骤 5 选择【颜料桶工具】，在【属性】面板中设置【填充颜色】值为“#166991”，将鼠标移至舞台中，在合适的位置单击鼠标填充颜色，颜色填充完毕后删除刚绘制的曲线，效果如图 2-294 所示。

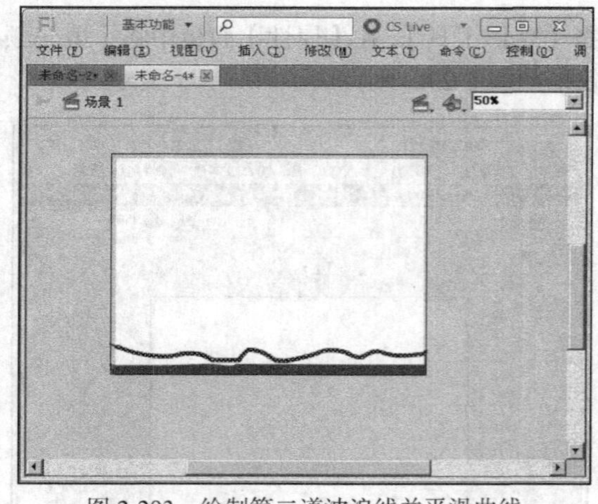

图 2-293　绘制第二道波浪线并平滑曲线

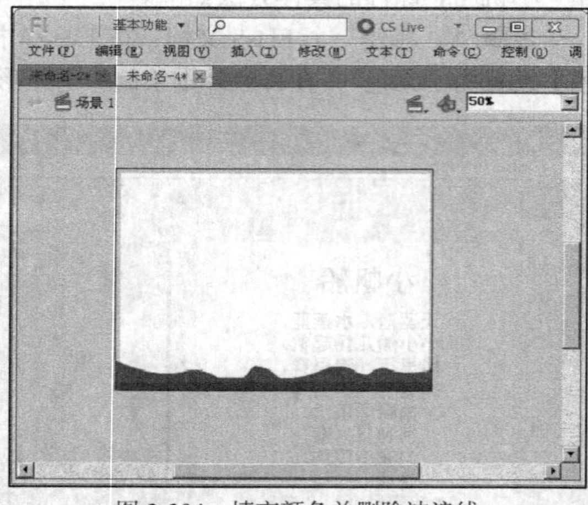

图 2-294　填充颜色并删除波浪线

步骤 6 使用【铅笔工具】结合【平滑】和【伸直】命令，绘制一个不规则曲线，如图 2-295 所示。

步骤 7 选择【颜料桶工具】，在【属性】面板中设置【填充颜色】值为“#21A1AE”，将鼠标标移至舞台中，在合适的位置单击鼠标填充颜色，效果如图 2-296 所示。

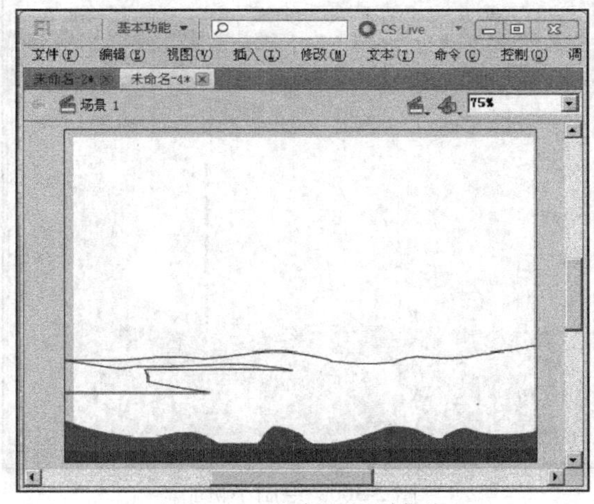

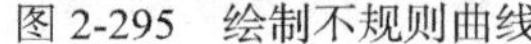
图 2-295　绘制不规则曲线

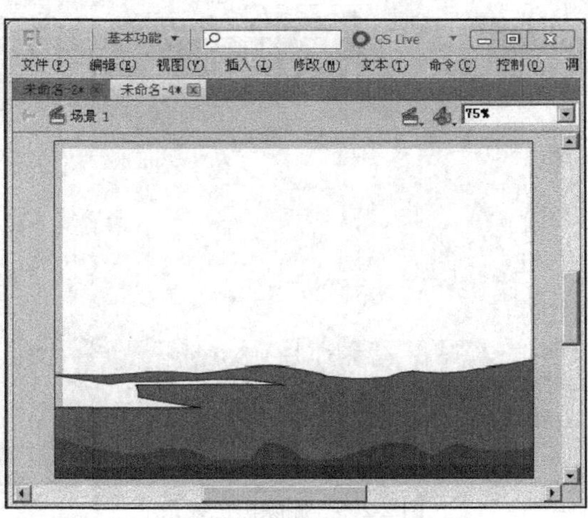

图 2-296　填充颜色“#21A1AE”

步骤 8　更改【颜料桶工具】的【填充颜色】值为“#27C0C2”，将鼠标移至舞台中，在合适的位置单击鼠标填充颜色，效果如图 2-297 所示。

步骤 9　再一次更改【颜料桶工具】的【填充颜色】值为“#91DDF0”，将鼠标移至舞台中天空的位置，单击鼠标填充天空的颜色，效果如图 2-298 所示。

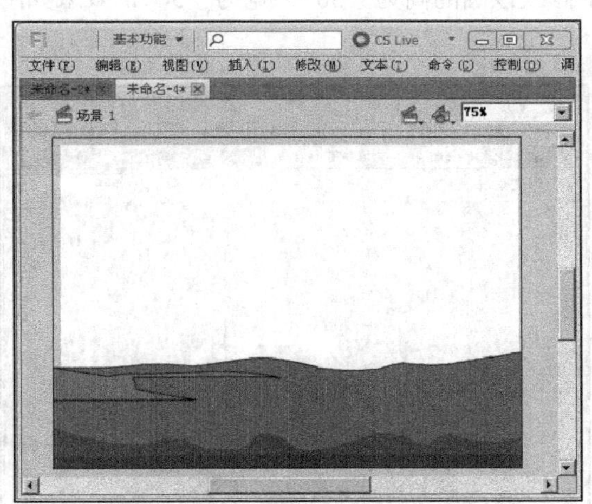

图 2-297　填充颜色“#27C0C2”

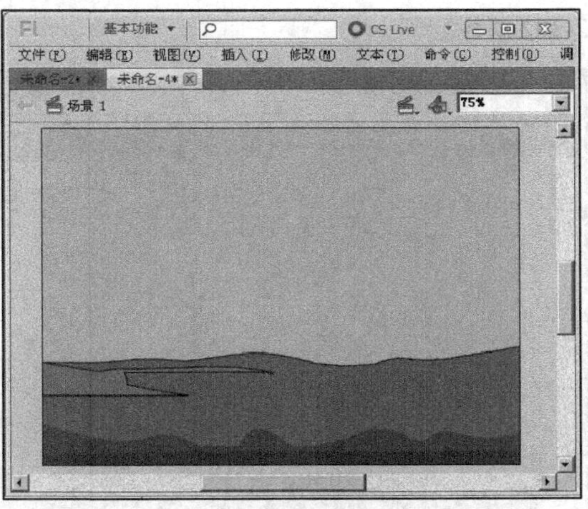

图 2-298　填充颜色“91DDF0”

步骤 10　使用【选择工具】选中所有黑色线条，按 Delete 键将其删除，效果如图 2-299 所示。

步骤 11　使用【线条工具】配合【选择工具】绘制一艘小帆船，并且利用【颜料桶工具】为小船填充颜色，船体颜色值为“#CC6600”，船杆颜色为“黑色”，帆布颜色为“白色”，帆布边框的颜色与船体同色；还可以结合【刷子工具】在小船底部绘制上波纹，波纹颜色为“#27C0C2”，效果如图 2-300 所示。

绘制小帆船的操作最好在舞台区域以外的工作区中进行，绘制完毕后使用【选择工具】框选中整个小船，按 Ctrl+G 组合键将整个小船组合为一个整体，然后再将小船拖入舞台中合适的位置，这样才不至于影响舞台中的背景天空和海洋。组合对象的内容请参看本章的第十三节。

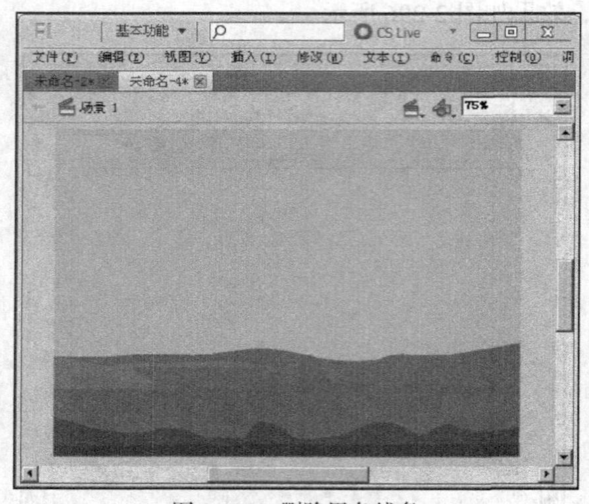

图 2-299　删除黑色线条

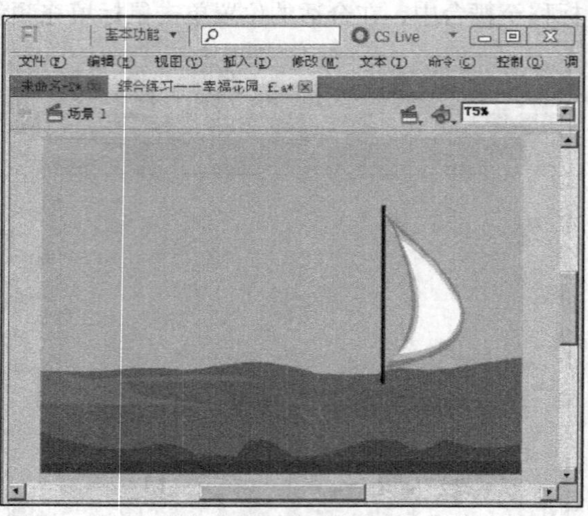

图 2-300　绘制小帆船

步骤 12　选择【刷子工具】，在【属性】面板中将【填充颜色】设置为“白色”，在舞台的天空中绘制几朵白云，效果如图 2-301 所示。

步骤 13　使用【缩放工具】将舞台视图缩小，选择【椭圆工具】，在【属性】面板中将【填充颜色】设置为“FFFF00”，将鼠标指针移至舞台区域以外的工作区中，按住 Shift 键的同时拖动鼠标画一个正圆，选中该正圆，在【属性】面板中修改该圆的高为“50”，宽为“50”，效果如图 2-302 所示。

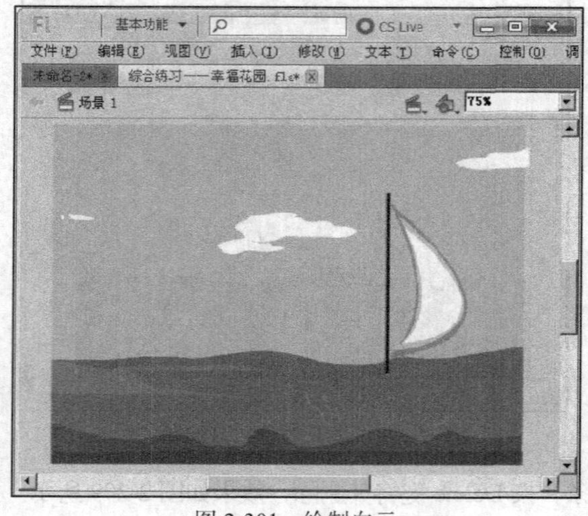

图 2-301　绘制白云

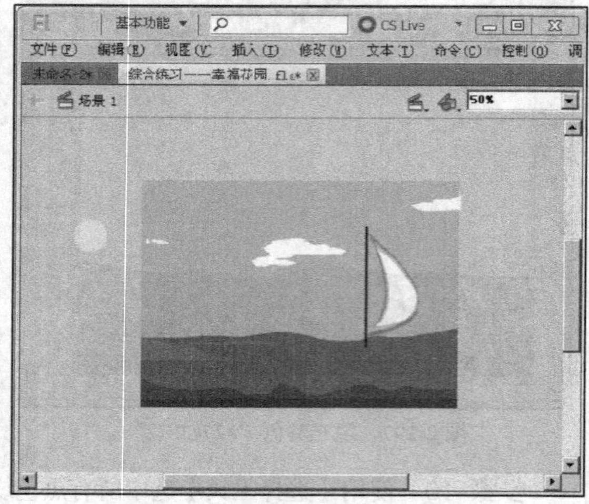

图 2-302　在舞台区域外绘制正圆

步骤 14　在菜单栏中执行【修改】|【形状】|【柔化填充边缘】命令，弹出【柔化填充边缘】对话框，对该对话框的具体设置如图 2-303 所示，单击确定后的效果如图 2-304 所示。

步骤 15　使用【选择工具】框选中正圆，按【Ctrl+G】快捷键将其组合为一个整体，然后将其拖入舞台中合适的位置上，效果如图 2-305 所示。

步骤 16　至此，背景部分绘制完成，按【Ctrl+A】快捷键全选背景，按快捷键 Ctrl+G 将其组合，组合后背景部分将成为一个整体。效果如图 2-306 所示。

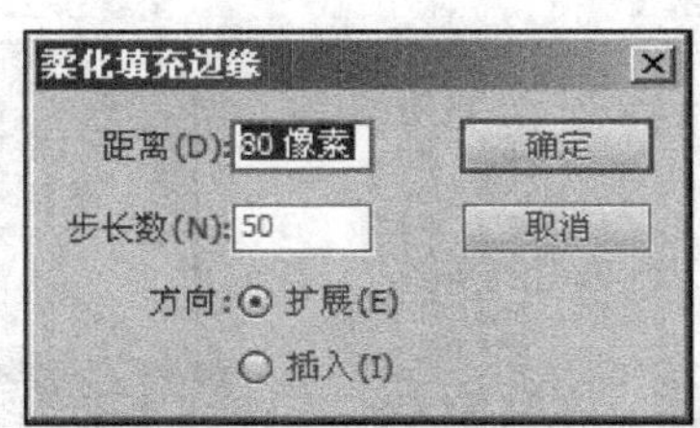

图 2-303　柔化填充边缘后的效果

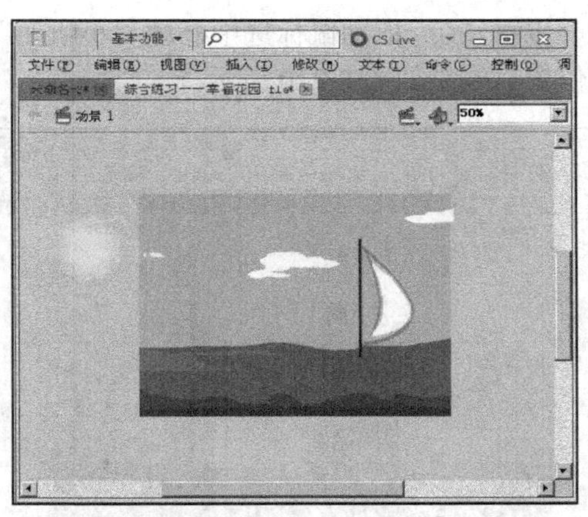

图 2-304　设置【柔化填充边缘】对话框

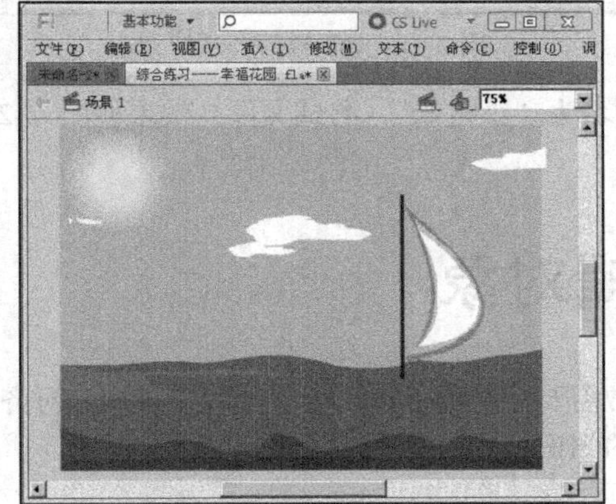

图 2-305　将太阳拖入舞台中

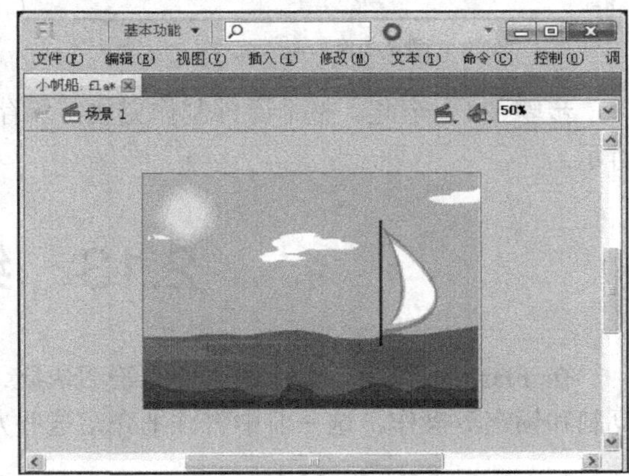

图 2-306　组合背景

步骤 17　选择【矩形工具】，在【颜色】面板中设置“笔触颜色”为“无”，“填充颜色”为“白色”，Alpha 值为“60%”，如图 2-307 所示。

步骤 18　将鼠标移动到场景外绘制一个矩形，绘制完成后按【Ctrl+G】快捷键将其组合，组合后，选择【移动工具】将其移动到场景中合适的位置，如图 2-308 所示。

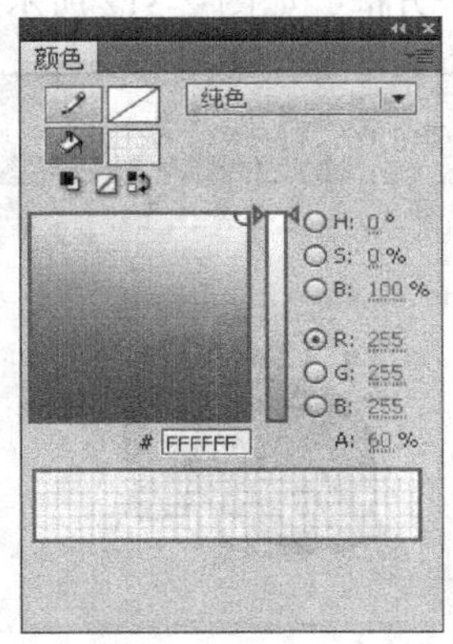

图 2-307　设置颜色

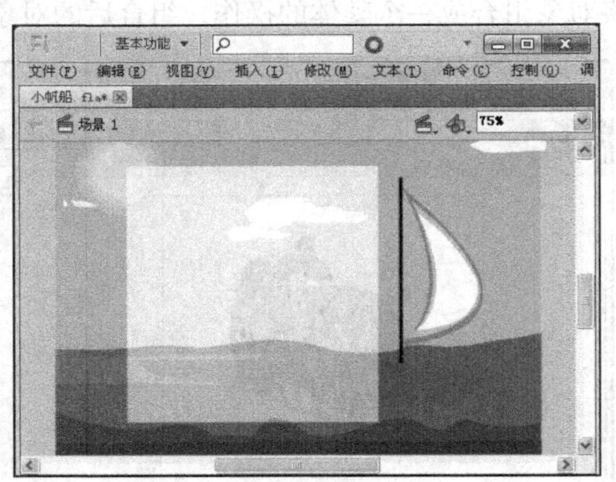

图 2-308　绘制文字背景

步骤 19　选择【文本工具】，在【属性】面板中设置字体为“黑体”，字符大小为“20”，颜色为“黑色”，段落对齐为“居中对齐”，在舞台上输入文字，如图 2-309 所示。

步骤 20 拖动鼠标选中标题“小帆船”，将【字符大小】设置为“30”，并将其调整到合适的位置，效果如图 2-310 所示。

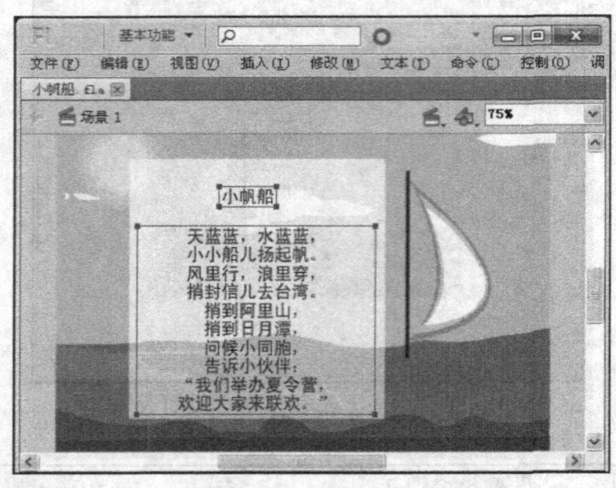

图 2-309 输入文字

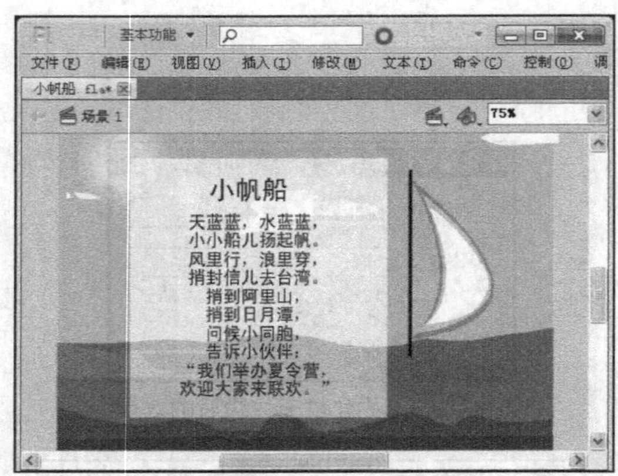

图 2-310 调整标题文字大小

步骤 21 至此，整个课件制作完成，保存文件名为“小帆船”，测试文件，效果如图 2-289 所示。

2.13 编辑对象

在 Flash 中，为了操作的方便和绘图快捷，经常需要对对象进行组合、分离、排列、对齐、复制和锁定等操作，这一节中将详细介绍这些方面的知识。

2.13.1 组合对象

当绘制出多个对象之后，为了防止它们之间的相对位置发生变化，可以将它们组合在一起作为一个整体。下面详细介绍组合对象的操作方法。

步骤 1 使用【选择工具】在舞台上框选中需要组合的对象，如图 2-311 所示。

步骤 2 在菜单栏中，执行【修改】|【组合】命令（或使用【Ctrl+G】快捷键），即可完成将对象组合成一个整体的操作，组合后的对象四周会出现一个方框，如图 2-312 所示。

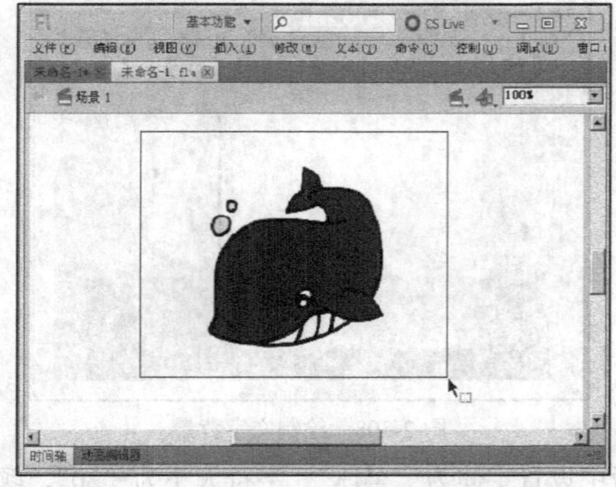

图 2-311 用【选择工具】选中需要组合的对象

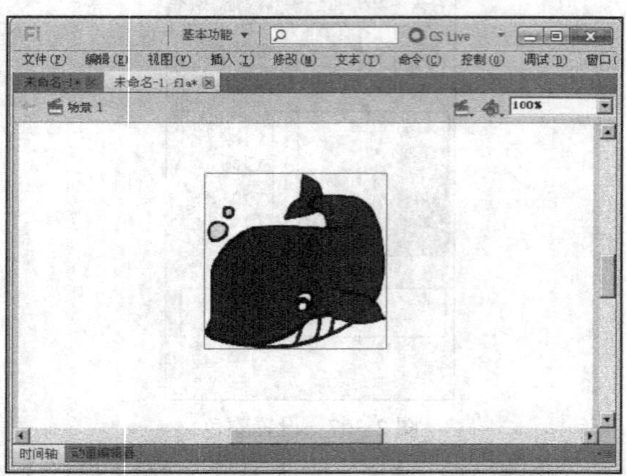

图 2-312 组合对象

步骤 3　在舞台上选中要编辑的组对象，选择菜单栏中的【编辑】|【编辑所选项目】命令（或用鼠标双击组对象），即可进入组编辑状态，在此状态中可以对组合对象进行任意的编辑修改，如图 2-313 所示。

步骤 4　编辑或修改完组对象后，单击舞台左上角的"场景"按钮结束对组对象的修改，如图 2-314 所示。或是直接在舞台的空白区域双击鼠标以退出组对象编辑状态。

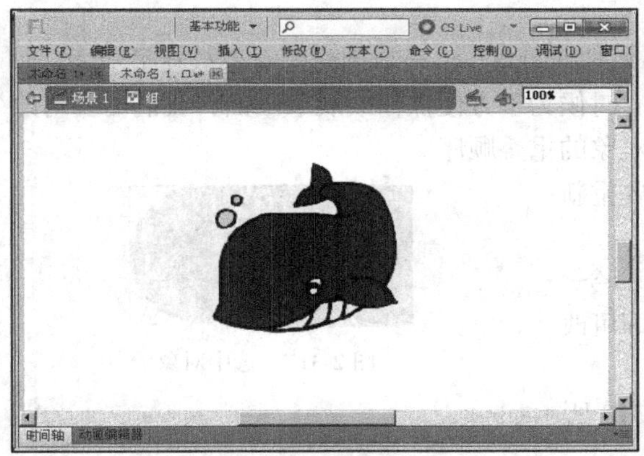

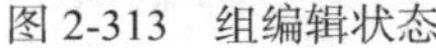
图 2-313　组编辑状态

图 2-314　退出组对象的编辑状态

如果要取消对象的组合，请在菜单栏中选择【修改】|【取消组合】命令。

2.13.2　分离对象

使用分离功能，可以将组合对象、位图和文本分离为单独的可编辑元素。下面详细介绍分离组合对象的详细方法。

步骤 1　使用【选择工具】在舞台上单击选中已组合的对象，如图 2-315 所示。

步骤 2　在菜单栏中，执行【修改】|【分离】命令（或使用【Ctrl+B】快捷键），即可完成将组合对象分离为单独的元素，彻底分离后的对象呈现"点点状"，如图 2-316 所示。

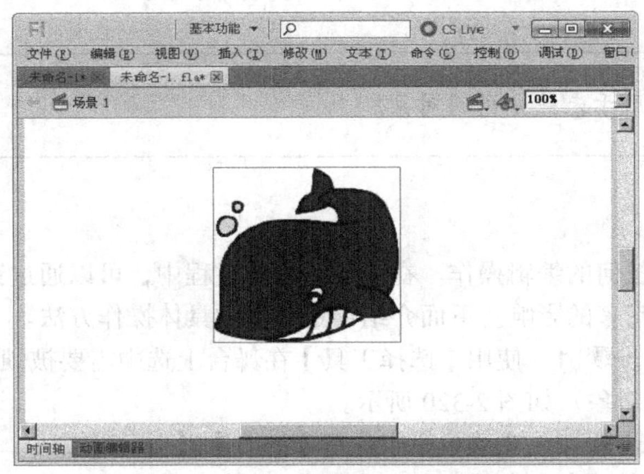

图 2-315　选中已组合的对象

图 2-316　分离对象

位图和文字的分离操作方法和分离组合对象的操作方法是一致的，不同的是分离文本需要执行两次分离命令，执行一次【Ctrl+B】命令会将文字分离为单独的文字，执行两次【Ctrl+B】命令才能将文字彻底打散为图形。

注意不要将【分离】命令和【取消组合】命令相混淆，【取消组合】命令可以将组合的对象分开，并将组合的元素返回到组合之前的状态，但是它不能分离位图和文字。

2.13.3 排列对象

在同一图层内，Flash 会根据对象的创建顺序来排列对象，将最新创建的对象放在最上面，对象的排列顺序决定了它们在重叠时的出现顺序，有时候为了方便操作或展示画面，我们需要对绘制的对象进行重新排列。下面详细介绍如何更改对象的重叠顺序。

图 2-317 选中对象

步骤 1 使用【选择工具】在舞台上选中需要重新排列的对象，如图 2-317 所示。

步骤 2 在菜单栏中执行【修改】|【排列】命令，在【排列】命令的下一级菜单中选择合适的选项即可改变对象的排列顺序，如图 2-318 所示。

步骤 3 重新排列后的对象层叠顺序如图 2-319 所示。

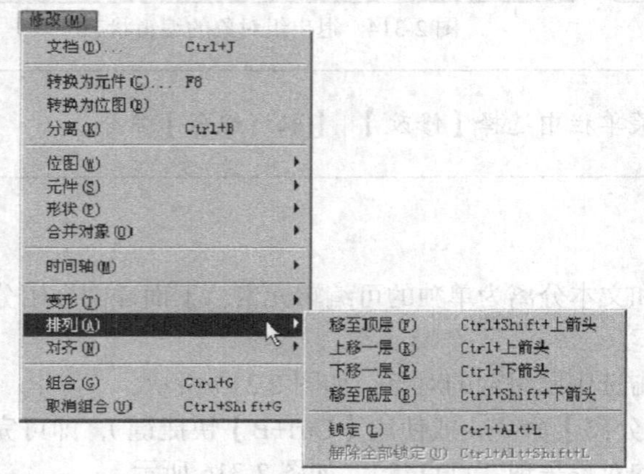

图 2-318 【修改】|【排列】命令

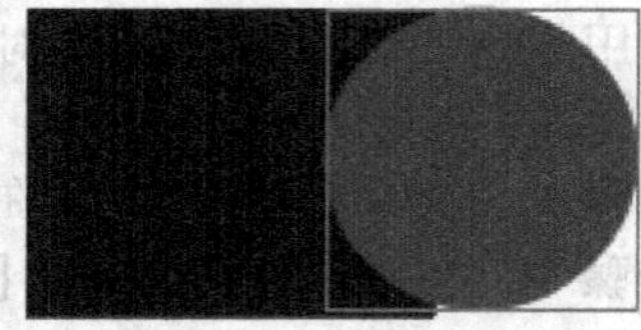

图 2-319 将对象上移一层

【修改】|【排列】命令只能适用于未被分离的对象。

2.13.4 锁定对象

在 Flash 中，不能对被锁定的对象进行任何的编辑操作。在创建对象的过程中，可以通过锁定对象的方式来避免误操作给编辑好的对象带来的影响。下面介绍锁定对象的具体操作方法。

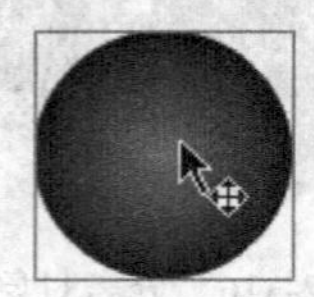

图 2-320 选中需要锁定的对象

步骤 1 使用【选择工具】在舞台上选中需要被锁定的对象，如图 2-320 所示。

步骤 2 在菜单栏中执行【修改】|【排列】命令，在【排列】命令的下一级菜单中选择锁定，即可锁定已选对象，如图 2-321 所示。

步骤 3 在菜单栏中执行【修改】|【排列】|【解除全部锁定】命令，可以解除锁定。

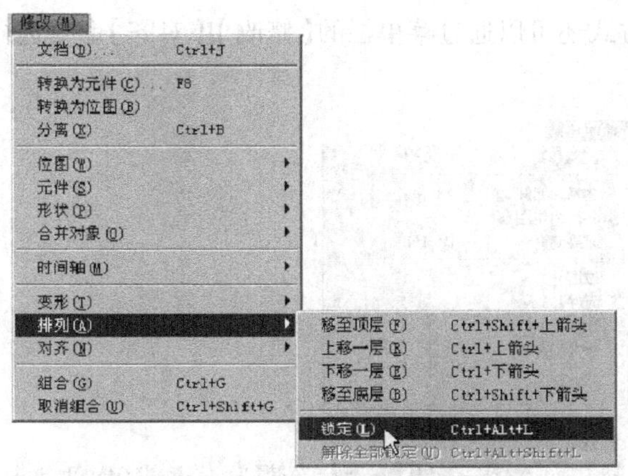

图 2-321 选择【锁定】命令

2.13.5 对齐对象

在绘制图形或创建动画的过程中，经常需要对对象进行对齐处理，利用 Flash 中的【对齐】面板可以实现对象的对齐操作，这一节主要介绍 Flash 中【对齐】面板的使用。

在菜单栏中，选择【窗口】|【对齐】命令（或按【Ctrl+K】快捷键），可以打开【对齐】面板，如图 2-322 所示。

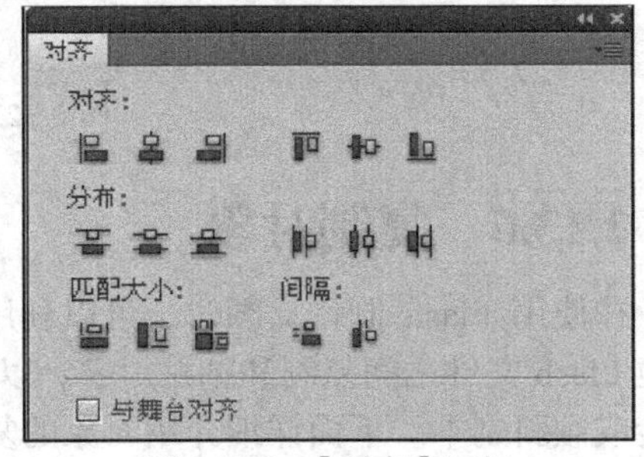

图 2-322 【对齐】面板

- 【对齐】：可以将对象沿水平轴或垂直轴对齐。可以沿选定对象的左边缘、中心或右边缘垂直对齐对象，或者沿选定对象的上边缘、中心或下边缘水平对齐对象。
- 【分布】：使所选对象在水平方向上或垂直方向上的间距相等。
  - 【顶端分布】：使选定对象的上端在垂直方向上间距相等。
  - 【垂直居中分布】：使选定对象的中心在垂直方向上间距相等。
  - 【底部分布】：使选定对象的下边缘在垂直方向上间距相等。
  - 【左侧分布】：使选定对象的左边缘在水平方向上间距相等。
  - 【水平居中分布】：使选定对象的中心在水平方向上间距相等。
  - 【右侧分布】：使选定对象的右边缘在水平方向上间距相等。
- 【匹配大小】：使所选对象的宽度或高度相等。
  - 【匹配宽度】：以所选对象中最长的一个对象为标准，其他对象长度与之相等。
  - 【匹配高度】：以所选对象中最高的一个对象为标准，其他对象高度与之相等。
  - 【匹配宽和高】：以所选对象中最长最高的一个对象为标准，其他对象长度和高度与之相等。
- 【间隔】：使所选对象平均间隔相等。
  - 【垂直平均间隔】：使对象在垂直间距上距离相等。
  - 【水平平均间隔】：使对象在水平间距上距离相等。
- 【与舞台对齐】：选中该复选框，会使选定的对象以所选方式相对于舞台对齐；取消该复选框，会使选定的对象以所选方式互相对齐。

另外，对象的对齐方式还可以通过菜单栏的【修改】|【对齐】命令进行相应的选择，如图 2-323 所示。

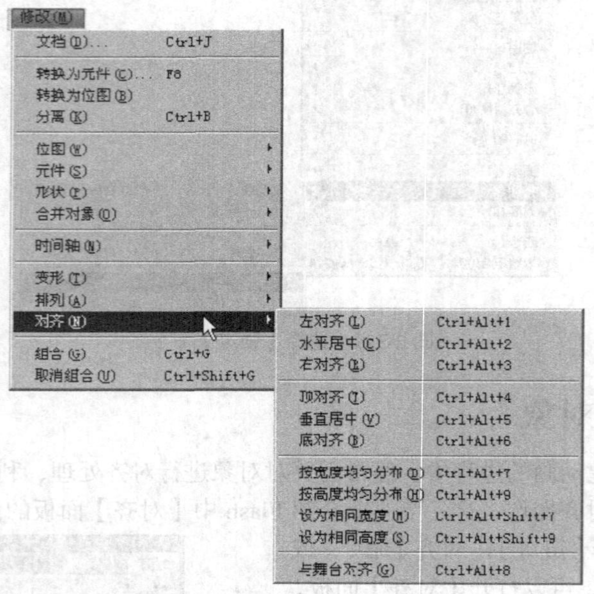

图 2-323 【修改】|【对齐】命令

2.13.6 复制对象

在使用 Flash 制作动画时，可以利用剪贴板和软件所提供的复制、粘贴功能，在层、场景或其他 Flash 文件之间复制和粘贴对象，以便实现创建完全相同的多个对象，或者创建对象的缩放、旋转或倾斜副本。下面详细介绍对象的复制方法。

步骤 1 使用【选择工具】在舞台上选中需要被复制的对象。

步骤 2 在菜单栏中，执行【编辑】|【复制】命令（或【剪切】命令），将所选内容输送到剪贴板中，如图 2-324 所示。

步骤 3 选择要将对象复制到的其他图层、场景或文件，然后根据情况执行如下操作：

- 将所选内容粘贴到舞台中央，则选择【编辑】|【粘贴到中心位置】命令，如图 2-325 所示。

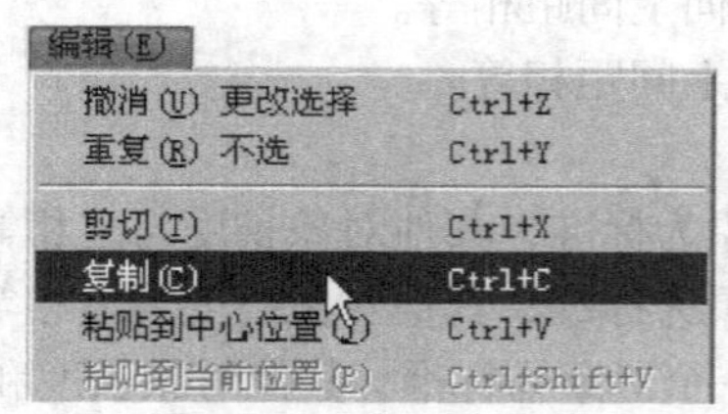

图 2-324 复制对象

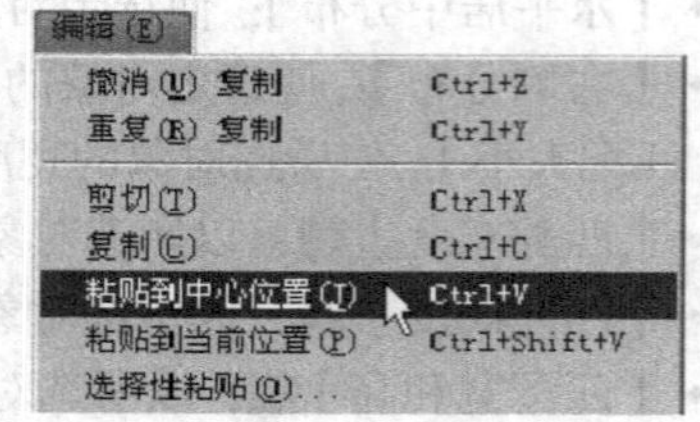

图 2-325 粘贴到中心位置

- 将所选对象粘贴到相对于舞台的同一位置，则选择【编辑】|【粘贴到当前位置】命令，如图 2-326 所示。

另外，在同一舞台上复制对象还有一种快捷方式，选择【选择工具】，在对象上单击鼠标左键的同时按住 Ctrl 键，鼠标指针会变成形状，此时拖动鼠标即可复制一个对象副本，如图 2-327 所示。

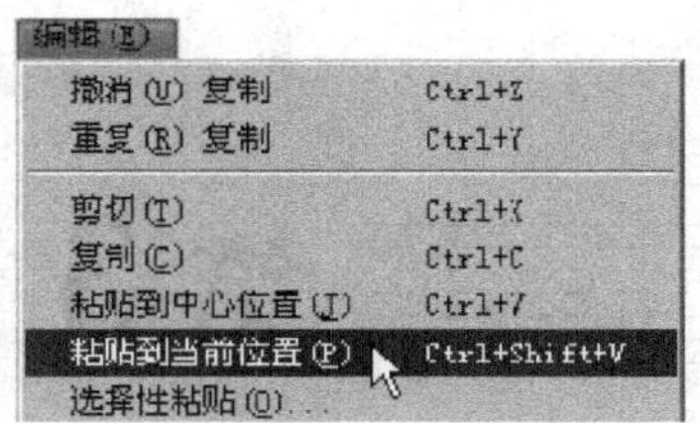

图 2-326　粘贴到同一位置

图 2-327　复制对象

课后练习

1. 请使用本章节所学习的工具绘制一个自己喜欢的卡通人物或动物形象，如图 2-328 所示。

图 2-328　可爱的卡通猴子

2. 请运用本章节所学习的知识，发挥自己丰富的想象力，绘制一幅美丽的风景画或一个故事画面。

第3章 Flash 基础动画制作

本章主要介绍 Flash 基础动画的制作过程和技巧。基础动画是读者独立完成简单动画制作的必经之路，也是通往高级动画的基础，仔细阅读与耐心练习是学好本章的关键。

本章学习目标

- 掌握帧的概念，并熟练制作帧动画
- 掌握图层的概念，并熟练图层操作技巧
- 掌握场景和元件的概念，并熟练元件操作技巧
- 掌握补间动画操作技巧
- 掌握引导层动画、遮罩动画、骨骼动画的操作技巧
- 掌握滤镜与混合的应用

3.1 动画的原理和“时间轴”面板

从本节开始，带读者进入动画制作的基本环节。要制作动画，首先要知道动画的原理。简要地说，动画就是将一系列静态图画连续播放，利用人眼的视觉残留作用，在一幅画面没有消失之前播放下一幅，产生活动图像的感觉。在 Flash CS5 中，这一系列单幅的画面就叫帧，帧是创建动画的基础，也是构建动画最基本的元素之一，它是 Flash CS5 动画中最小时间单位里出现的画面。每秒钟显示的帧数叫帧率，如果帧率太慢会给人造成视觉上不流畅的感觉，所以，依照人的视觉原理，将动画的帧率设为每秒 24 帧。

时间轴是 Flash 中最重要、最核心的部分，所有的动画顺序、动作行为、控制命令以及声音等都是在时间轴中编排的。时间轴是帧和图层操作的地方，用于组织和控制动画在一定时间内播放的层数和帧数，图层和帧中的内容随时间的变化而变化，从而产生动画。时间轴主要由图层、帧和播放头组成，如图 3-1 所示。

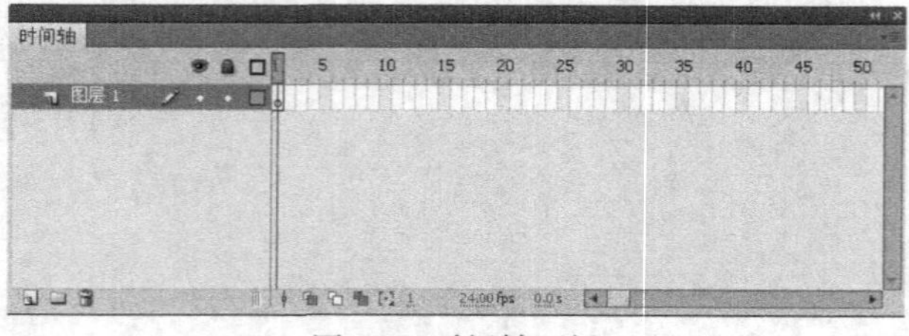

图 3-1 时间轴面板

- 眼睛按钮：单击此按钮，可以隐藏或显示图层中的内容。
- 锁状按钮：单击此按钮，可以锁定或解锁图层。
- 线框按钮：单击此按钮，可以将图层中的内容以线框的方式显示。
- “新建图层”按钮：用于创建图层。
- “新建文件夹”按钮：用于创建图层文件夹。
- “删除图层”按钮：用于删除无用的图层。

3.2　使用帧

动画是由帧来建立的，虽然帧的类型和作用各不相同，但基本的操作是类似的，下面介绍在 Flash CS5 中如何使用帧。

3.2.1　普通帧、关键帧与空白关键帧

帧是组成动画的基本元素，任何复杂的动画都是由帧构成的，通过更改连续帧内容，可以在 Flash 文档中创建动画，可以让一个对象移动经过舞台、增加或减小大小、旋转、改变颜色、淡入淡出或改变形状等，这些效果可以单独实现，也可以同时实现。

在时间轴中，帧分为三种类型，分别是普通帧、关键帧和空白关键帧。

（1）普通帧：通常情况下，普通帧简称为帧，是 Flash 中最小的时间单位。对于前面提到的一幅静止的图画，就称为一帧。普通帧起着过滤和延长关键帧内容显示的作用。在时间轴中，普通帧一般是以空心方格表示，每个方格占用一个帧的动作和时间，如图 3-2 所示，在第 20 帧插入一个普通帧。

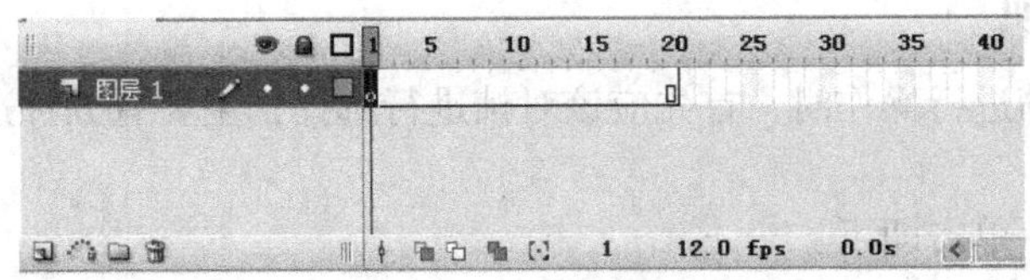

图 3-2　插入普通帧

（2）关键帧：在时间轴中，灰色背景带黑色圆点的帧为关键帧。关键帧是用来定义动画变化的帧。在动画播放的过程中，关键帧会呈现出关键性的动作或内容上的变化，如图 3-3 所示，第一帧为关键帧。

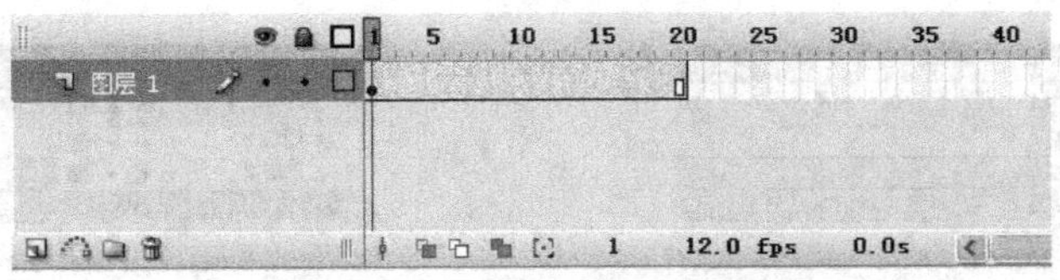

图 3-3　第一帧为关键帧

（3）空白关键帧：在时间轴中，白色背景带有空心圆圈的帧，称为空白关键帧。空白关键帧是特殊的关键帧，表示当前舞台中不显示任何内容。可以在其上绘制图形，如果在空白关键帧中添加对象，它会自动转化为关键帧。一般新建图层的第一帧都是空白关键帧，一旦在其中绘制图形后，则变为关键帧。如果将关键帧中的全部对象删除，则此关键帧会变为空白关键帧，如图 3-4 所示，第一帧为空白关键帧。

不同种类帧的区别：关键帧的表现形式是灰色背景黑色圈，如图 3–2 所示第 1 帧。空白关键帧的表现形式是白色背景黑色圈，如图 3–5 所示第 10 帧。普通帧是在黑边矩形框内除关键帧与空白关键帧的部分，如图 3–5 所示第 2 帧～第 9 帧，第 11 帧～第 15 帧。

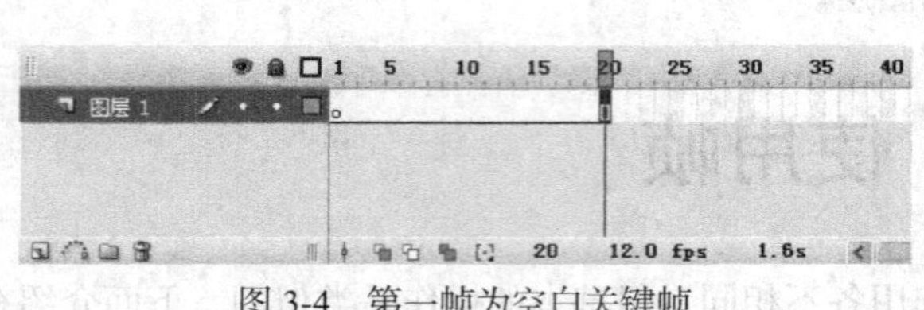

图 3-4　第一帧为空白关键帧

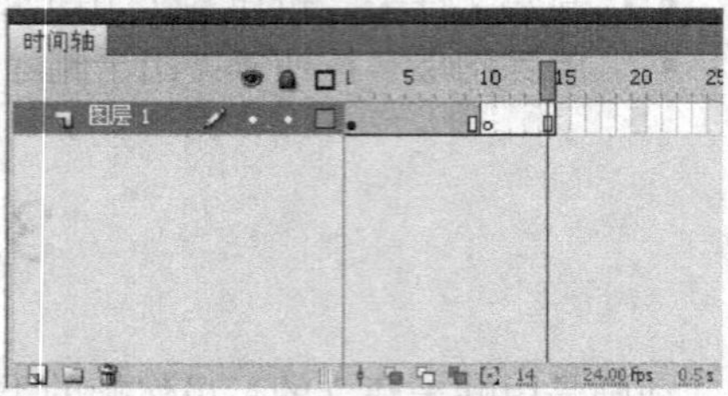

图 3-5　各个不同种类帧的区别

在【时间轴】面板中插入帧，有以下几种方法。

（1）插入帧：单击选中要插入帧的位置，执行【插入】|【时间轴】|【帧】命令，或者按 F5 键插入帧。除此之外，在要插入帧的位置单击鼠标右键，在弹出的菜单中选择【插入帧】选项，也可插入帧。

（2）插入关键帧：单击选中要插入关键帧的位置，执行【插入】|【时间轴】|【关键帧】命令，或者按 F6 键插入关键帧。除此之外，在要插入关键帧的位置单击鼠标右键，在弹出的菜单中选择【插入关键帧】选项，也可插入关键帧。

（3）插入空白关键帧：单击选中要插入空白关键帧的位置，执行【插入】|【时间轴】|【空白关键帧】命令，或者按 F7 键插入空白关键帧。除此之外，在要插入空白关键帧的位置单击鼠标右键，在弹出的菜单中选择【插入空白关键帧】选项，也可插入空白关键帧。

3.2.2　选择帧

当需要对具体的帧进行操作时，首先应该对帧进行选择，主要有五种选择形式。

1. 选择某一帧

步骤：在被选帧上单击即可。

效果：被选帧显示为蓝色，如图 3-6 所示。

2. 选择同一图层连续帧

步骤：在起始帧上单击，然后按住键盘上的 Shift 键，同时再单击所需的最后一帧，这样就可以选择同一图层的连续帧。

效果：被选帧显示水平连续蓝色，如图 3-7 所示。

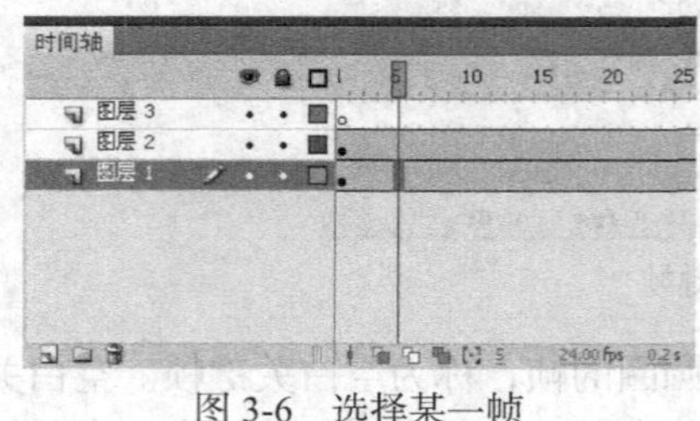

图 3-6　选择某一帧

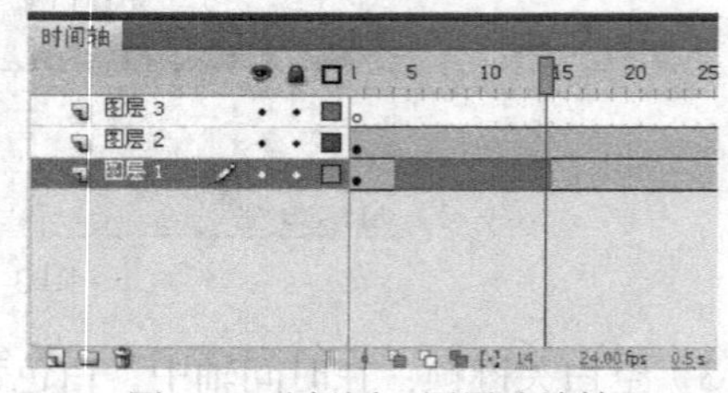

图 3-7　选择同一图层连续帧

3. 选择同一图层或不同图层的不连续帧

步骤：按住键盘上的 Ctrl 键，同时再单击所需的每一帧，这样就可以选择任意位置的不连续帧。

效果：被选帧显示不连续蓝色，如图 3-8 所示。

4. 选择不同图层的同一帧

步骤：选择第一个图层的所需帧，然后拖动鼠标至最后一个图层即可。

效果：被选帧显示竖直连续蓝色，如图 3-9 所示。

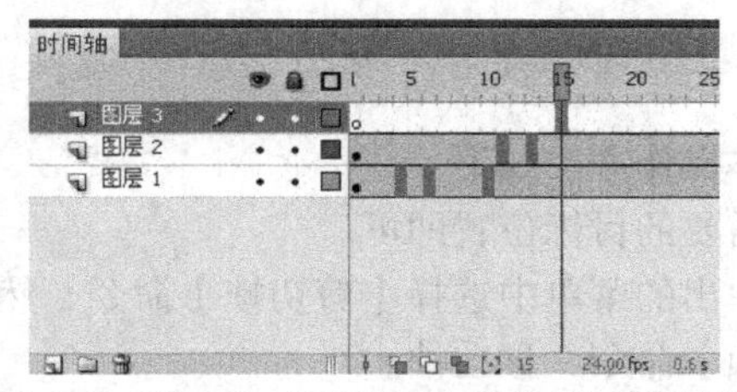

图 3-8　选择同一图层或不同图层的不连续帧

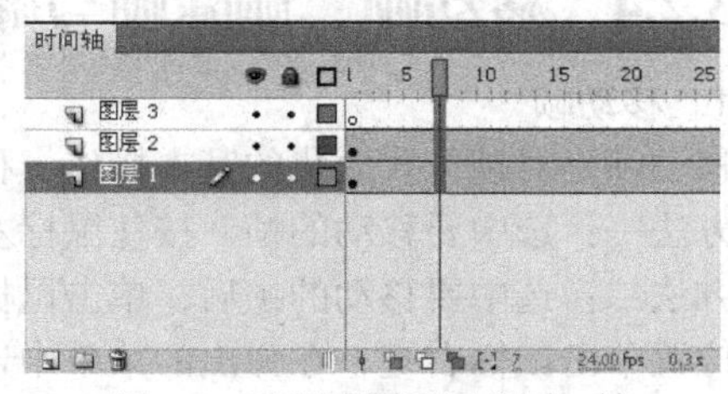

图 3-9　选择不同图层的同一帧

5. 选择当前场景中的全部帧

步骤：执行【编辑】|【时间轴】|【选择所有帧】命令，即可选择当前场景中的全部帧。

3.2.3　剪切帧、复制帧和粘贴帧

在制作动画时，有时需要对所创建的帧进行剪切、复制和粘贴操作。帧的剪切、复制和粘贴操作与文本编辑类似，选中所需帧后，在所选位置单击鼠标右键，即可弹出快捷菜单，在快捷菜单中进行相应选择即可，如图 3-10 所示。

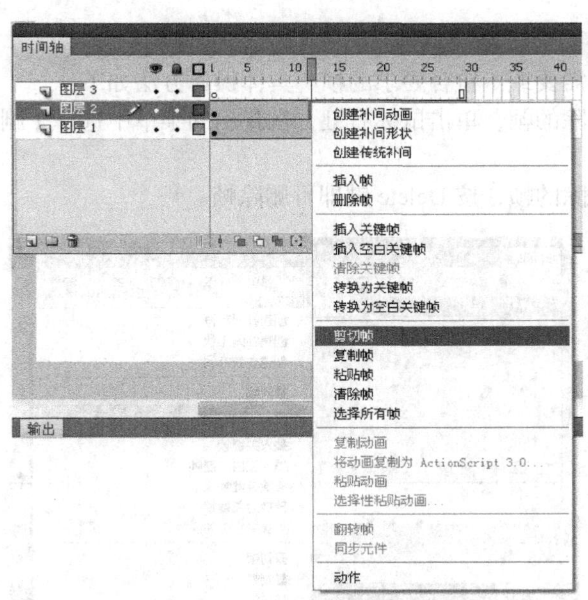

图 3-10　剪切帧、复制帧和粘贴帧菜单

- 【剪切帧】：选择要剪切的帧，单击鼠标右键，在弹出的菜单中选择【剪切帧】选项，即可剪切帧。
- 【复制帧】：选择要复制的帧，单击鼠标右键，在弹出的菜单中选择【复制帧】选项，即可复制帧。
- 【粘贴帧】：该命令只对已经进行复制或者剪切后的帧起作用。选中要粘贴帧的位置，单击鼠标右键，在弹出的菜单中选择【粘贴帧】选项。

剪切、复制和粘贴帧的操作除了使用上述方式外，还可以使用键盘上的快捷键进行操作：选中所需帧对象后，按【Ctrl+C】组合键可复制该帧对象，按【Ctrl+V】组合键可粘贴该帧对象，按【Ctrl+X】组合键可剪切该对象。

3.2.4 移动帧、删除帧与翻转帧

1. 移动帧

移动帧是对帧位置变化的基本操作。移动帧的具体操作方法如下：

方法一：选中要移动的帧，按住鼠标左键拖动到需要的目标位置即可。

方法二：选中要移动的帧后，单击鼠标右键，在弹出的菜单中选择【剪切帧】命令，然后在目标位置单击鼠标右键，在弹出的菜单中选择【粘贴帧】命令，移动帧。

例如，将第一帧移动到第五帧，效果如图 3-11 所示。

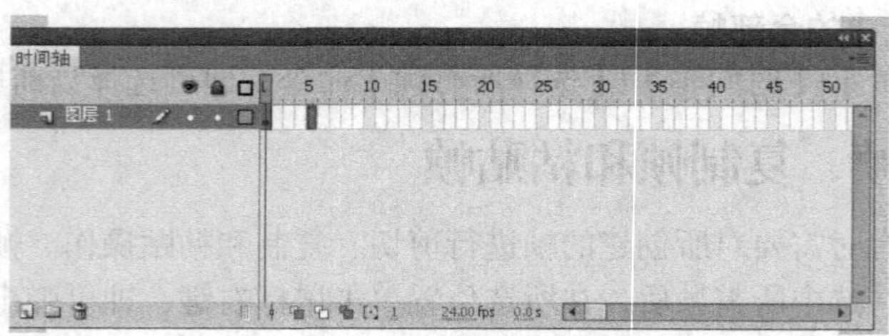

图 3-11 移动帧效果

2. 删除帧

删除帧就是删除不需要或不符合要求的帧，具体操作方法如下：

方法一：选中要删除的帧，单击鼠标右键，在弹出的菜单中选择【删除帧】选项，即可删除帧，如图 3-12 所示。

方法二：选中要删除的帧，按 Delete 键即可删除帧。

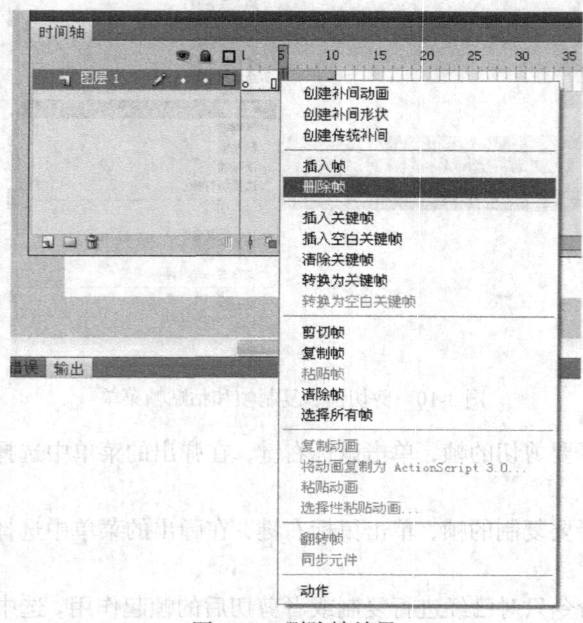

图 3-12 删除帧效果

3. **翻转帧**

翻转帧就是调换连续帧的位置。选中需要调换位置的帧，右键单击快捷菜单操作即可。效果如图 3-13 所示。

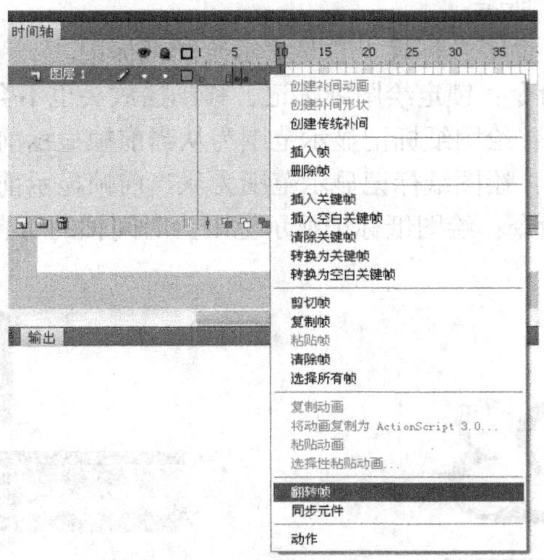

图 3-13　翻转帧的效果

3.2.5　使用绘图纸工具编辑动画帧

一般情况下，Flash CS5 显示的仅为当前帧舞台效果。但有时需要同时出现多帧的内容和位置，以方便定位和编辑，就要用到绘图纸工具。绘图纸工具的位置在时间轴面板的下方，如图 3-14 所示。

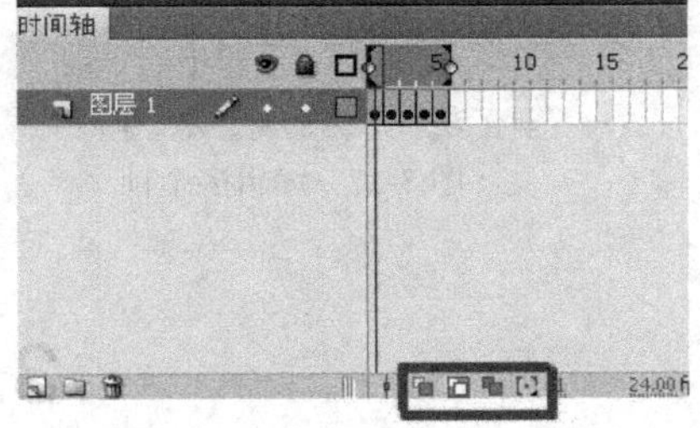

图 3-14　绘图纸工具位置

下面介绍【时间轴面板】下方的按钮功能。

- 【帧居中】：单击时，可以快速显示播放头所在帧，并显示该帧在时间轴中央。
- 【绘图纸外观】：单击时，可以显示绘图纸标志，在标志范围内的帧会全部显示在舞台上。效果如图 3-15 所示。
- 【绘图纸外观轮廓】：单击时，可以显示绘图纸标志，在标志范围内的帧会以轮廓形式显示在舞台上。效果如图 3-16 所示。

图 3-15　绘图纸外观

图 3-16　绘图纸外观轮廓

- 【编辑多个帧】：单击时，绘图纸标志范围内的各帧全部在舞台上，可以同时进行编辑，如图 3-17 所示。
- 【修改绘图纸标记】：决定进行绘图纸外观显示的方式。单击时，会弹出【修改绘图纸标记】下拉菜单，如图 3-18 所示。
  - "始终显示标记"命令：标尺上总是显示绘图纸标记。
  - "锚记绘图纸"命令：锁定绘图纸标记，移动播放头也不会改变显示范围。
  - "绘图纸 2"命令：绘图纸标记显示范围为从当前帧显示前后各 2 帧。
  - "绘图纸 5"命令：绘图纸标记显示范围为从当前帧显示前后各 5 帧。
  - "所有绘图纸"命令：绘图纸标记显示范围为时间轴的所有帧。

图 3-17　编辑多个帧

图 3-18　修改绘图纸标记

3.3　使用图层

图层是 Flash CS5 的重要概念之一，其作用是叠加显示所有图层的效果。Flash CS5 动画的每个场景都是由很多图层和帧组成的。在时间轴上每一行就是一个图层，每一列就是一帧。可以将图层想象成一叠透明的薄片，每张薄片代表一个图层，从上往下透过每张薄片可以看到下面薄片上的内容。在动画制作过程中往往要建立多个图层，便于更好地管理和组织文字、图像和动画等对象。各个图层中的内容互不影响，在播放时得到的是合成播放的效果。

在 Flash CS5 中使用图层有助于组织文档中的内容。例如可以将背景图像放置在一个图层上，而将导航按钮放置在另一个图层上。此外，在一个图层上创建和编辑对象时，不会影响另一个图层中的对象。Flash 对每个动画中的图层数没有限制，输出时 Flash 会将这些图层合并，因此图层的数目不会影响输出动画文件的大小。图层可以帮助组织文档中的各类元素，在图层上绘制和编辑对象不会影响其他图层的对象，特别是在制作复杂的动画时，图层的作用尤其明显。

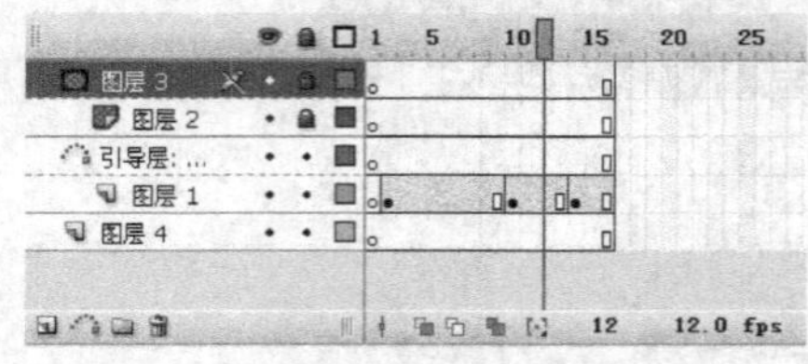

图 3-19　普通图层、引导层和遮罩层

Flash 中的图层按制作动画时的功能被分为普通图层、引导层和遮罩层，如图 3-19 所示。

- 普通图层：普通图层是 Flash CS5 默认的图层，放置的对象一般是最基本的动画元素，如矢量对象、位图对象和元件等。普通图层起着存放帧的作用。使用普通图层可以将多个帧按着一定的顺序叠放，以形成一幅动画。
- 引导层：引导层的图案可以为绘制的图形或对象定位。引导层不从影片中输出，所以不会增大作品文件的大小，而且可以多次使用，其作用主要是设置运动对象的运动轨迹。
- 遮罩层：利用遮罩层可以将与其相链接图层中的图像遮盖起来。将多个图层组合起来放在一个遮罩层下，可以创建出多种效果。在遮罩层中也可使用各种类型的动画使遮罩层中的对象动起来，但是在遮罩层中不能使用按钮元件。

图层文件夹是为了方便管理图层而使用的文件夹。图层及相关操作区域在时间轴面板的左侧，如图 3-20 所示。单击【时间轴】面板底部的【插入图层文件夹】图标，可以将相关的图层拖动到一个图层文件夹中，便于查找和管理。

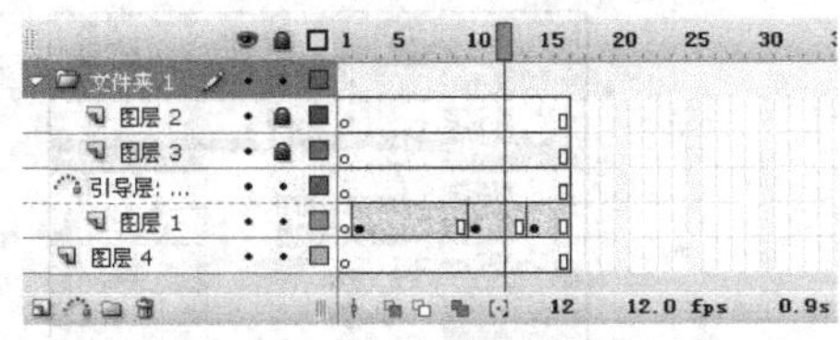

图 3-20　图层操作区域

3.3.1　创建图层与图层文件夹

在默认情况下，新图层是按照创建它们的顺序来命名的。用户可以根据需要，对图层进行移动、重命名、删除和隐藏等操作。新建的影片只有一个图层，根据需要可以增加多个图层，并利用图层组织和布局影片的文字、图像、声音和动画，使其处于不同的层级中。

创建图层按钮在图层操作区域的左下方，主要有两个按钮。要创建新的图层可以选择以下任意一种操作。

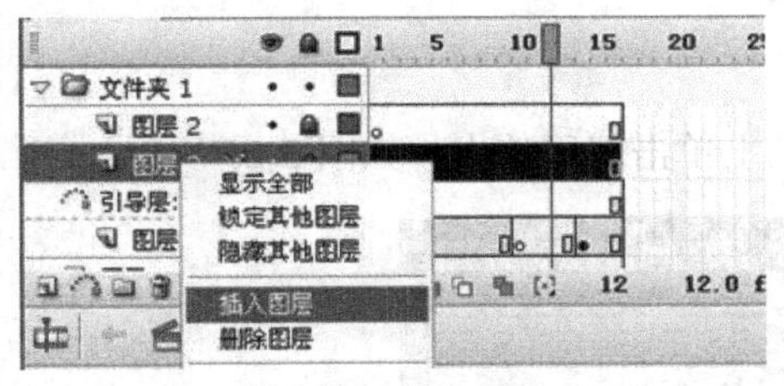

图 3-21　插入图层

- 单击【时间轴】面板底部的【新建图层】按钮，即可创建新图层。
- 执行【插入】|【时间轴】|【图层】命令，插入图层。
- 在【时间轴】面板中已有的图层上，单击鼠标右键，在弹出的菜单中选择【插入图层】命令，如图 3-21 所示，即可插入一个图层。

图层文件夹可以使图层组织更加有序，在图层文件夹中可以嵌套其他图层文件夹。图层文件夹可以包含任意图层，被包含的图层或图层文件夹将缩进显示。新建图层文件夹有以下几种方法。

- 单击【时间轴】面板底部的【新建文件夹】按钮，新文件夹将出现在所选图层上。
- 执行【插入】|【时间轴】|【图层文件夹】命令，插入一个新的图层文件夹。
- 在【时间轴】面板中已有的图层上，单击鼠标右键，在弹出的菜单中选择【插入图层文件夹】命令。

3.3.2　重命名图层或图层文件夹名称

软件默认的图层名称为图层 1、图层 2 等，图层文件夹名称为文件夹 1、文件夹 2 等，可以根据图层上的对象给它们重新命名。可以选择以下操作来重命名图层或图层文件夹。

- 双击图层名称，即在原图层或图层文件夹名称上双击，在字段名称位置输入新的名称，如图 3-22 所示。
- 选中要重命名的图层，单击鼠标右键，在弹出的菜单中选择【属性】命令，如图 3-23 所示，弹出【图层属性】对话框，在对话框的【名称】文本框中输入新名称，如图 3-24 所示，单击【确定】按钮，即可重命名图层。

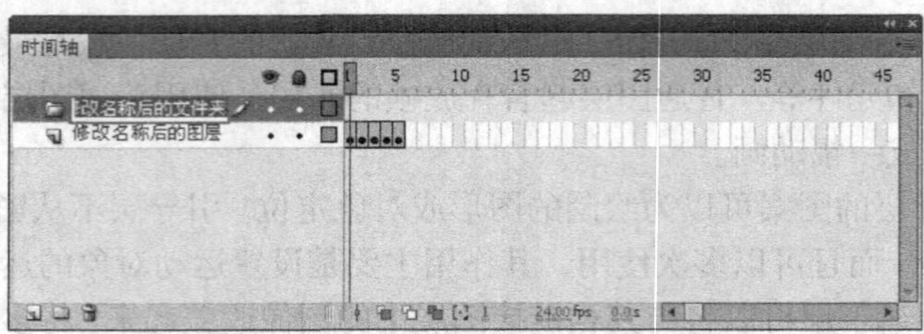

图 3-22　重命名图层或图层文件夹

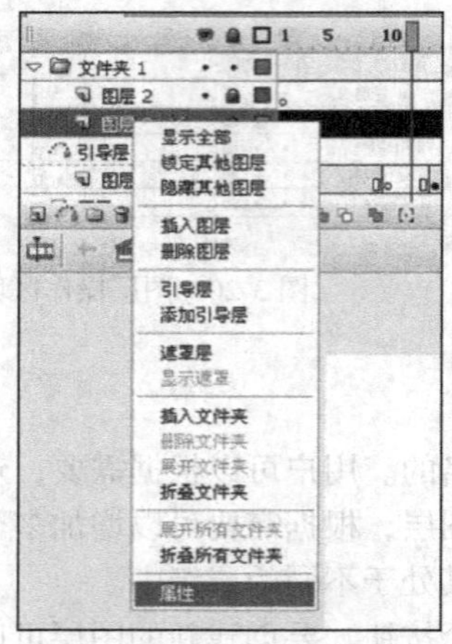

图 3-23　选择【属性】命令

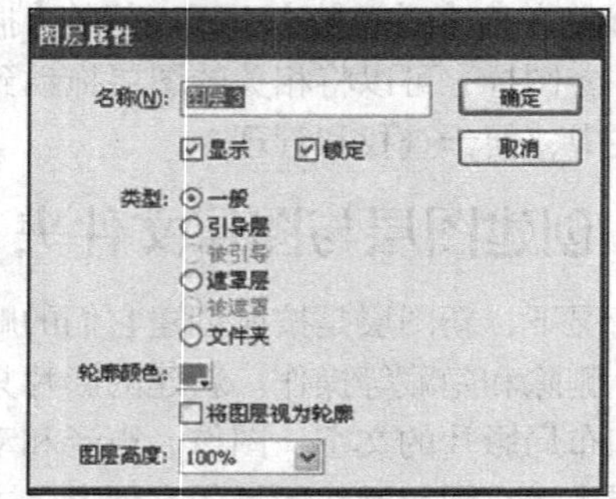

图 3-24　【图层属性】对话框

3.3.3　选择图层与图层文件夹

选择图层或图层文件夹时，只要在图层或图层文件夹上单击即可选中，如图 3-25 所示。

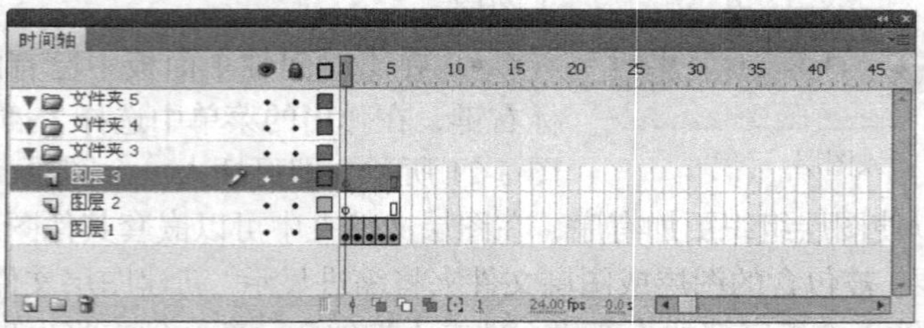

图 3-25　选择图层与图层文件夹

3.3.4　调整图层与图层文件夹的排列顺序

在 Flash 中，可以通过移动图层来调整图层的顺序，移动图层的具体操作步骤如下。

步骤 1　选中要移动的图层，按住鼠标左键拖动，图层以一条粗横线表示，效果如图 3-26 所示。

步骤 2　拖动到相应的位置，释放鼠标，则图层被放到新的位置。

将图层或图层文件夹调整到新的图层文件夹时，有两种情况需要注意：一种是将其调整到新的图层文件夹的下方（见图 3-26），另一种是将其调整到新的图层文件夹的内部（见图 3-26）。

图 3-26　调整图层与图层文件夹的排列顺序

3.3.5　显示与隐藏图层与图层文件夹

动画经常是多个图层叠加在一起的效果。为了便于观察某个图层中对象的效果，可以将其他图层隐藏起来。

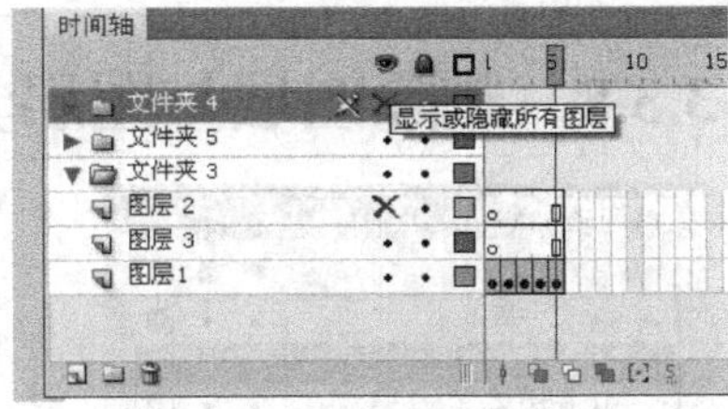

图 3-27　显示或隐藏图层与图层文件夹

当需要显示或隐藏图层与图层文件夹时，可以单击【时间轴】面板中【眼睛按钮】下方对应的黑点。单击•时，•会变为✕，当其显示✕时，表示隐藏图层或图层文件夹内容；单击✕时，✕会变为•，当其显示•时，表示显示图层或图层文件夹内容。效果如图 3-27 所示。

3.3.6　锁定与解除锁定图层与图层文件夹

一个场景中往往包含很多个图层和图层文件夹，在对某个图层中的对象进行编辑时，既需要其他图层中的对象作为参照，又不希望对其造成影响，这时就可以利用锁定和解除锁定功能。锁定和解除锁定有以下几种方法。

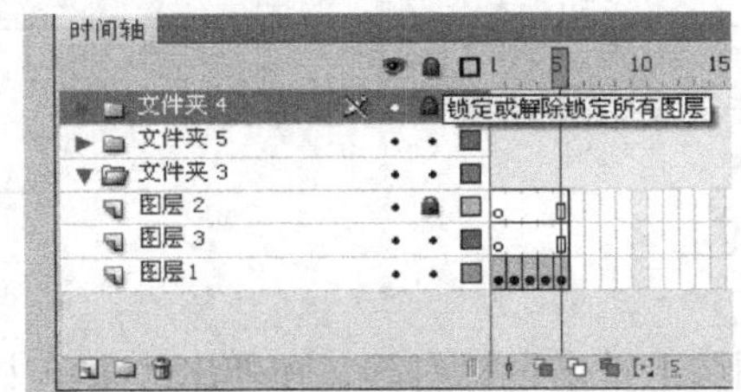

图 3-28　锁定或解除锁定图层与图层文件夹

- 当需要锁定或解除锁定图层与图层文件夹时，可以单击【锁定/解除锁定所有图层】按钮下面对应的黑点，当•变成时，即锁定；再次单击，当变成•时，即解除锁定。效果如图 3-28 所示。
- 单击【显示/隐藏所有图层】按钮旁边的【锁定/解除锁定所有图层】按钮，可以锁定所有的图层和图层文件夹，再次单击它可以解除锁定所有被锁定的图层和文件夹。
- 按住 Alt 键并单击图层或图层文件夹名称右侧的【锁定】列，可以锁定所有其他图层。再次按住 Alt 键单击【锁定】列可以解锁所有的图层。

3.3.7　图层与图层文件夹对象的轮廓显示

当舞台对象较多时，为了方便查看对象，有时需要显示图层与图层文件夹对象的轮廓。在 Flash 中显示轮廓的具体操作方法有如下几种。

单击【时间轴】面板上的小矩形【轮廓显示】图标，可显示所有图层的轮廓，如图 3-29 所示。再次单击可恢复图像，如图 3-30 所示。

- 单击某一层中的轮廓显示图标，可以使该层以轮廓方式显示，再次单击，可恢复图像。
- 在轮廓线列拖曳鼠标可以使多个层显示轮廓或恢复正常显示。
- 按住 Alt 键，并单击某一层的轮廓线列，可使其他层以轮廓方式显示或恢复正常。

图 3-29 显示轮廓

图 3-30 恢复图像

每个对象的轮廓颜色与其所在图层右侧的【显示所有图层的轮廓】按钮的颜色相同，要识别出哪个对象属于哪个图层，只需从颜色上识别即可。

3.3.8 删除图层与图层文件夹

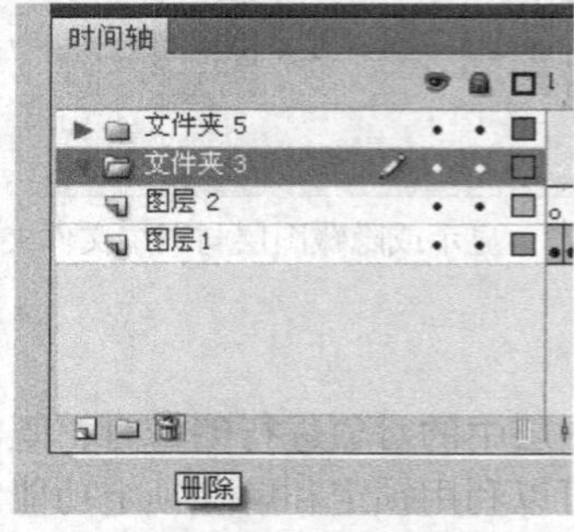

图 3-31 删除图层与图层文件夹

当【时间轴】面板中有不需要的图层时，可以将其删除。删除图层的操作有如下几种。

- 选中要删除的图层或图层文件夹，单击【时间轴】面板中的【删除图层】按钮即可。效果如图 3-31 所示。
- 选中要删除的图层或图层文件夹，单击鼠标右键，在弹出的菜单中选择【删除图层】或【删除文件夹】命令。
- 选中要删除的图层或图层文件夹，将其拖曳到【删除图层】按钮上即可。

删除图层文件夹后，所有包含在该图层文件夹中的图层及其内容都会被删除。

3.3.9 图层属性的设置

设置图层属性时，先选中要修改的图层，然后在该图层上单击鼠标右键，在弹出的菜单中选择【属性】命令即可。效果如图 3-32 所示。

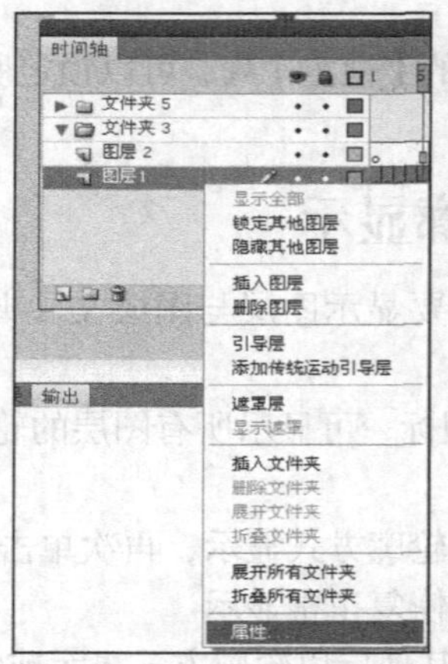

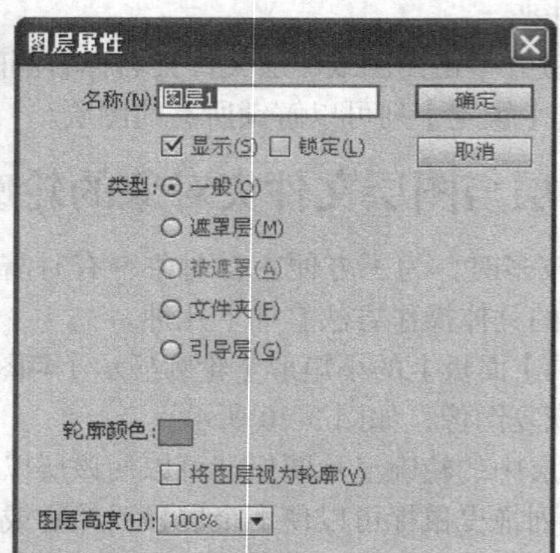

图 3-32 图层属性设置

下面介绍【图层属性】对话框中的参数。

- 【名称】：在文本框中输入图层名称。
- 【显示】：勾选此复选框，将显示该图层，否则将隐藏该图层。
- 【锁定】：勾选此复选框，将锁定该图层，否则将解锁该图层。
- 【类型】：用于设置图层的类型。
- 【轮廓颜色】：单击右边的颜色框，在弹出的颜色框中设置对象呈轮廓显示时的轮廓线颜色。
- 【图层高度】：用于设置图层在【时间轴】面板中显示的高度。

3.4　使用场景

场景，是指在电影或戏剧作品中出现的人物活动和背景。在 Flash CS5 中，场景往往是指对象活动的背景。其作用是烘托气氛，使整个效果更完整。

使用场景类似于使用几个 SWF 文件创建一个较大的演示文稿。每个场景都有一个时间轴，当播放头到达一个场景的最后一帧时，播放头将前进到下一个场景。发布 SWF 文件时，每个场景的时间轴会合并为 SWF 文件中的一个时间轴。将该 SWF 文件编译后，其行为好像是使用一个场景创建了该 FLA 文件。由于这种行为，场景会存在一些缺点。

- 场景会使文档难以编辑，尤其是在多个创作环境中进行编辑时。任何使用该 FLA 文档的人员，可能都必须在一个 FLA 文件内搜索多个场景来查找代码和资源。为此可以考虑改为加载内容或使用影片剪辑。
- 使用场景通常会导致 SWF 文件很大。使用场景会使设计人员倾向于将更多的内容放在一个 FLA 文件中，从而产生更大的 FLA 文件和 SWF 文件。
- 场景将强迫用户连续下载整个 SWF 文件，即使用户不愿或不想观看全部文件。用户必须连续下载整个文件，而不是只加载他们原本想观看的资源。
- 与 ActionScript 结合的场景，可能会产生意外的结果。因为每个场景时间轴都压缩至一个时间轴，所以可能会遇到涉及 ActionScript 和场景的错误，这通常需要进行额外的复杂调试。

在创作长篇幅动画时，这些缺陷几乎不会出现，如果在设计人员的文档中使用场景存在上述弊端，可以考虑使用屏幕生成动画。例如，可以使用单独的场景用于简介、出现的消息以及片头片尾字幕等。

当发布包含多个场景的 Flash 文档时，文档中的场景将按照它们在 Flash 文档的【场景】面板帧中列出的顺序进行回放。文档中的帧都是按场景顺序连续编号的。例如文档包含两个场景，每个场景有 10 帧，则场景 2 中帧的编号为 11—20。可以添加、删除、复制、重命名场景和更改场景的顺序。要在每个场景之后停止或暂停文档，或允许用户以非线性方式浏览文档，可以使用动作。

在新建 Flash 文件后，默认是场景 1。在绘制完场景 1 之后，执行【窗口】|【其他面板】|【场景】命令，即可打开【场景】面板，如图 3-33 所示。

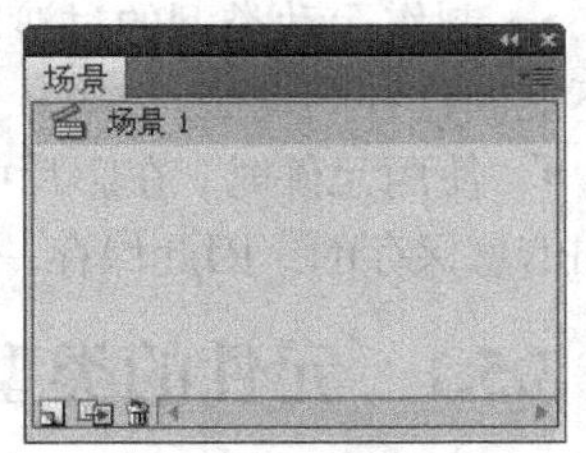

图 3-33　场景面板

添加场景的具体操作有以下两种。

- 单击【场景】面板中的【添加场景】按钮即可新建场景。
- 执行【插入】|【场景】命令可新建场景。

添加场景后，可以在舞台右上角处选择各个场景进行编辑，如图 3-34 所示。

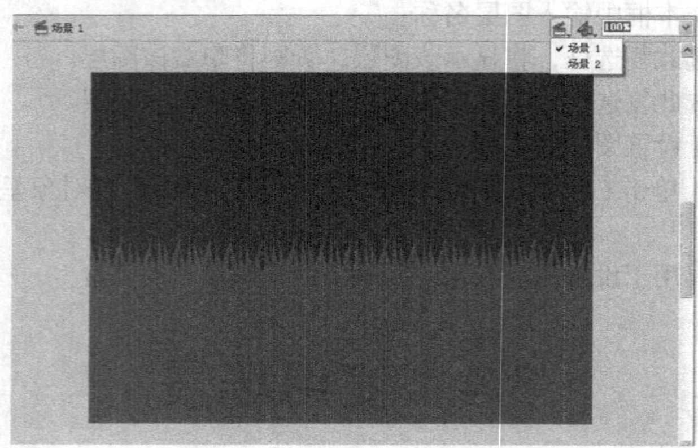

图 3-34　多场景切换方式

要删除场景，可以单击【场景】面板中的【删除场景】按钮。

在【场景】面板中将场景名称拖动到不同的位置，即可调整场景的播放顺序。

3.5　元件的创建与编辑

元件在 Flash 影片中是比较特殊的对象，它只需创建一次，创建后的元件存放在库中，在整部动画中可以反复使用而不会显著增加文件的大小。将元件从库中取出并且拖放到舞台上，就生成了该元件的一个实例，真正在舞台上表演的是它的实例，而元件本身仍在库中。元件可以是静态的图形，也可以是连续动画，甚至还能将动作脚本添加到元件中，以便对元件进行更复杂的控制。使用元件可以使编辑动画变得更简单，使创建交互动画变得更加容易。

元件是指可以重复使用的图形、按钮或动画。因为对元件的编辑和修改可以直接应用于动画中所有应用该元件的实例，所以对于一个具有大量重复元素的动画来说，只要对元件做了修改，系统将自动更新该元件的实例。

元件一旦创建，就会被自动添加到当前影片的库中，然后可以自始至终地在当前影片或其他影片中重复使用。

下面归纳了在 Flash 动画中使用元件最显著的优点。

- 使用元件时，由于一个实例在浏览中仅需要下载一次，这样就可以避免同一对象的重复下载，加快影片的播放速度。
- 使用元件可以简化影片的编辑。在影片编辑过程中，可以把需要多次使用的元素制作成元件，当修改了元件以后，由同一元件生成的所有实例都会随之更新，而不必逐一对所有实例进行更改，这样大大节省了创作时间，提高工作效率。
- 制作运动类型的过渡动画效果时，必须将图形转换成元件，否则将失去透明度等属性，而且不能制作补间动画。
- 使用元件时，在影片中只会保持元件，而不管该影片中有多少个该元件的实例，它都是以附加信息保存的。因此保存一个元件的几个实例比保存该元件内容的多个副本占用的存储空间小。

3.5.1　元件的类型

元件是 Flash 中一个比较重要而且使用非常频繁的概念。在 Flash 中，元件有三种类型：图形元件、按钮元件和影片剪辑元件。一旦元件创建完成，就可以创建它的实例，从而在该文档和其他文档中可以重复使用同一个元件创建多个实例。

- 图形元件：图形元件有自己的编辑区和时间轴，可用于静态图像或与主时间轴有关的动画。注意，声音在图形元件中没有效果。
- 按钮元件：可以创建用于响应鼠标单击、滑过或其他动作的交互式按钮。
- 影片剪辑元件：Flash 影片中的一个动画片段。影片剪辑元件和图形元件的不同之处在于：其时间轴是相对于主时间轴独立的，不会相互影响；而且在影片剪辑元件中可以使用声音效果。

3.5.2　创建元件

用户可以通过舞台上选定的对象来创建元件；或者创建一个空元件，然后在元件编辑模式下制作或导入内容；也可以在 Flash 中创建字体元件。下面分别介绍在 Flash 中如何创建图形元件、影片剪辑和按钮元件。

1. 创建图形元件

图形元件主要用于创建动画中的静态图像或动画片段。图形元件与主时间轴同步进行，交互式控件和声音在图形元件动画序列中不起作用。创建图形元件的具体操作步骤如下。

步骤 1　执行【插入】|【新建元件】命令或者按 Ctrl+F8 组合键，即可弹出【创建新元件】对话框，效果如图 3-35 所示。

步骤 2　在对话框中的【名称】文本框中输入元件的名称，在【类型】下拉菜单中选择【图形】，单击【确定】按钮，进入图形元件的编辑模式，如图 3-36 所示。

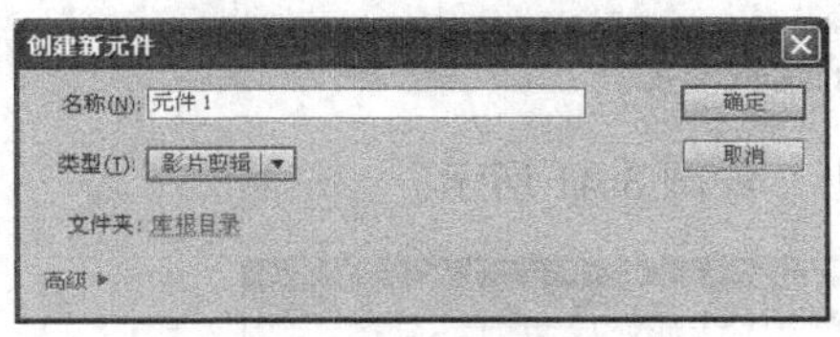

图 3-35　【创建新元件】对话框

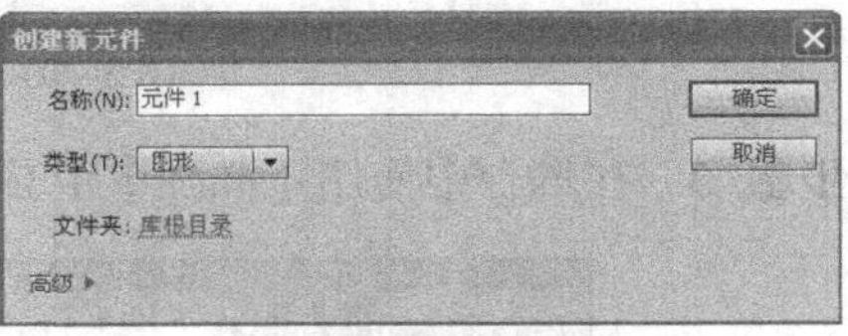

图 3-36　设置元件类型为【图形】

步骤 3　在元件的编辑区域中绘制内容，或者从外部导入对象，如图 3-37 所示。

步骤 4　完成元件内容的制作后，执行【编辑】|【编辑文档】命令，或者在左上角单击【场景 1】图标，退出图形元件编辑模式并返回场景，在【库】面板中显示创建的图像元件，如图 3-38 所示。

图 3-37　导入对象

图 3-38　【库】面板

单击【库】面板底部的【新建元件】按钮，也可以弹出【创建新元件】对话框。

2. 创建影片剪辑元件

影片剪辑元件可以创建可重复使用的动画片段。可以把影片剪辑看作一个小型动画，有它自己的时间轴，可独立于主时间轴播放。影片剪辑可以包含按钮、图形，甚至其他影片剪辑实例。创建影片剪辑的具体操作步骤如下。

图 3-39　设置元件类型为【影片剪辑】

步骤 1　执行【插入】|【新建元件】命令，弹出【创建新元件】对话框，在对话框中的【名称】文本框中输入元件的名称，【类型】选择【影片剪辑】，如图 3-39 所示。

步骤 2　单击【确定】按钮，进入影片剪辑元件的编辑模式，如图 3-40 所示。

图 3-40　影片剪辑元件的编辑模式

步骤 3　在舞台中使用【椭圆】工具绘制一个圆形，如图 3-41 所示。

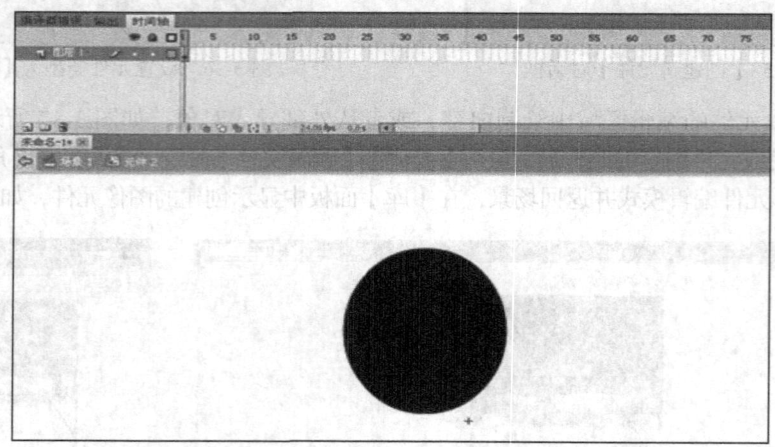

图 3-41　使用【椭圆】工具绘制圆形

步骤 4　选择第 16 帧，按下 F6 键插入关键帧，如图 3-42 所示。

步骤 5　选择工具箱中的【矩形】工具，将圆形删除，并在图像上绘制一个矩形，如图 3-43 所示。

步骤 6　将鼠标放置在第 1—16 帧的任意一帧上，单击鼠标右键，在弹出的菜单中选择【创建补间形状】选项，效果如图 3-44 所示。

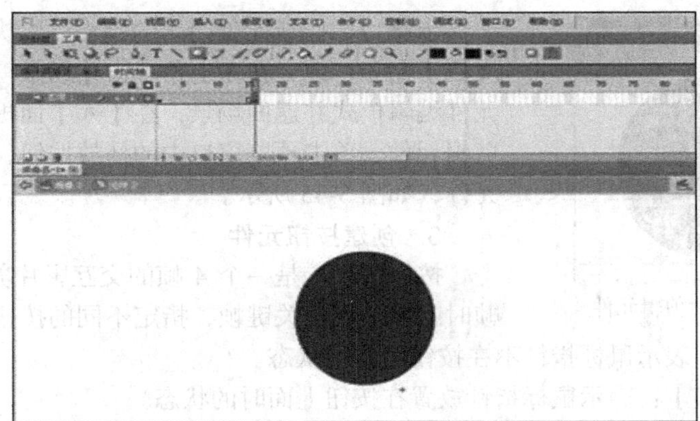

图 3-42　插入关键帧

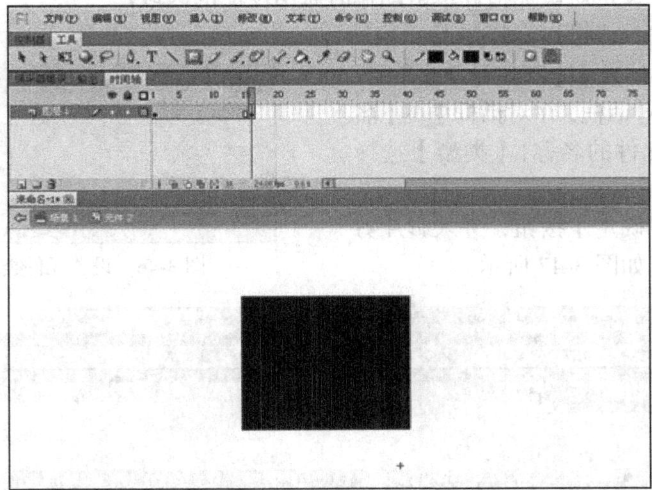

图 3-43　绘制矩形

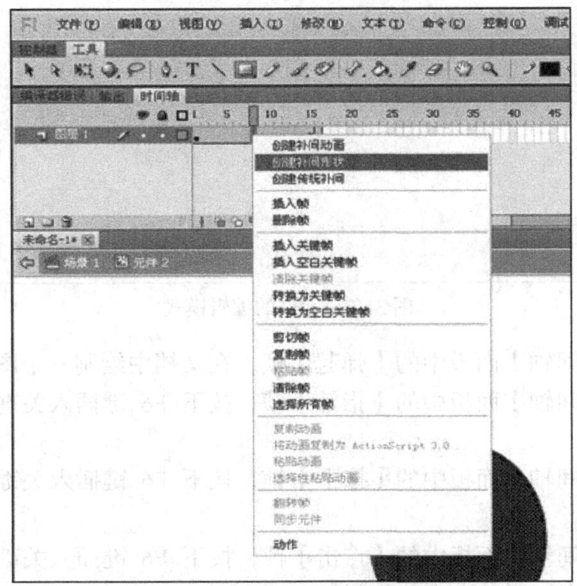

图 3-44　创建补间形状

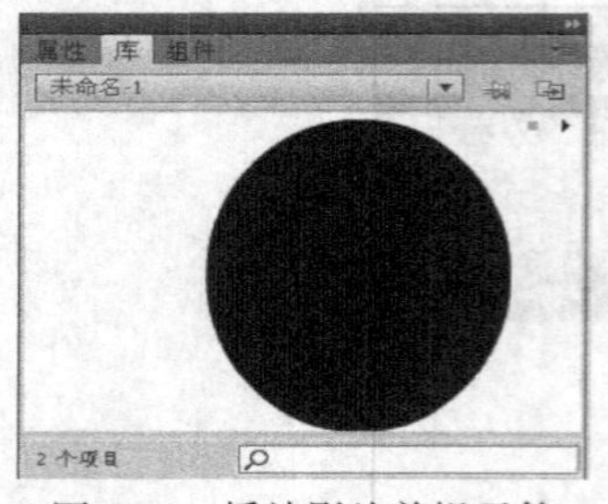
图 3-45　播放影片剪辑元件

步骤 7　完成元件内容的制作后，执行【编辑】|【编辑文档】命令，或者在左上角单击【场景一】图标，退出图形元件编辑模式并返回场景，在【库】面板中显示创建的影片剪辑元件，单击预览窗口中的播放按钮，可以播放影片剪辑元件，如图 3-45 所示。

3. 创建按钮元件

按钮实质上是一个 4 帧的交互影片剪辑。可以通过在 4 帧时间轴上创建关键帧，指定不同的按钮状态。

- 【弹起帧】：表示鼠标指针不在按钮上时的状态。
- 【指针经过帧】：表示鼠标指针放置在按钮上面时的状态。
- 【按下帧】：表示鼠标指针单击按钮时的状态。
- 【点击帧】：设定对鼠标指针单击动作时做出反应的区域。

创建按钮元件的具体操作步骤如下。

步骤 1　选择【插入】|【新建元件】命令，弹出【创建新元件】对话框，在对话框中的【名称】文本框中输入元件的名称，【类型】选择【按钮】，如图 3-46 所示。

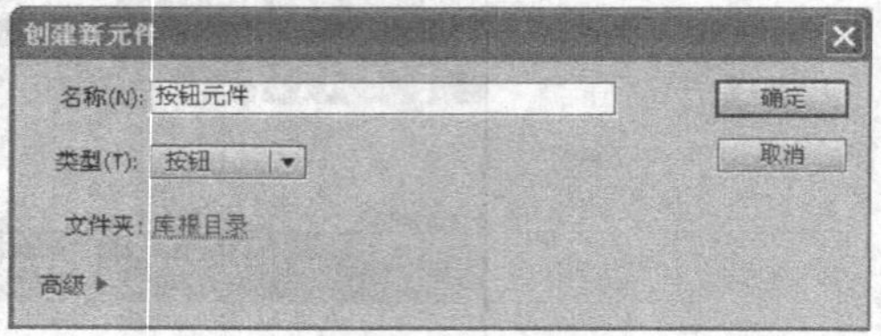

图 3-46　设置元件类型为【按钮】

步骤 2　单击【确定】按钮，进入影片剪辑元件的编辑模式，如图 3-47 所示。

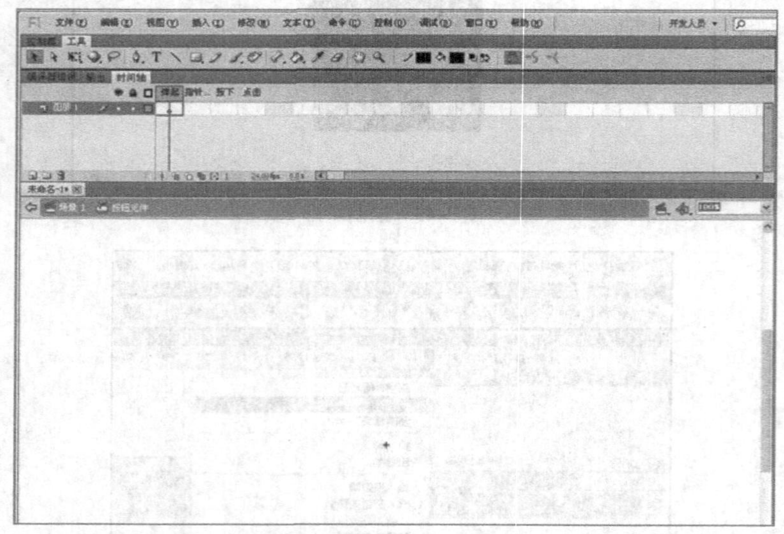
图 3-47　元件的编辑模式

步骤 3　选中【时间轴】面板中的【弹起】帧，在文档中绘制一个图形，如图 3-48 所示。

步骤 4　选择【时间轴】面板中的【指针】帧，按下 F6 键插入关键帧，在文档中改变图形的颜色，如图 3-49 所示。

步骤 5　选择【时间轴】面板中的【按下】帧，按下 F6 键插入关键帧，在文档中改变图形的颜色，如图 3-50 所示。

步骤 6　选择【时间轴】面板中的【点击】帧，按下 F6 键插入关键帧，在文档中改变图形的形状，可以稍大于原来矩形的大小，如图 3-51 所示。

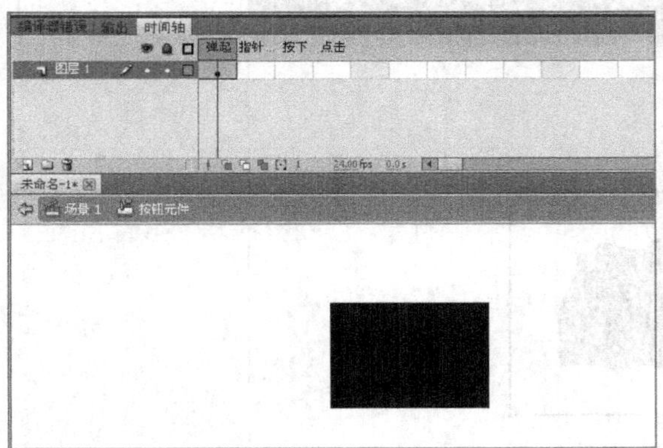

图 3-48　绘制图形

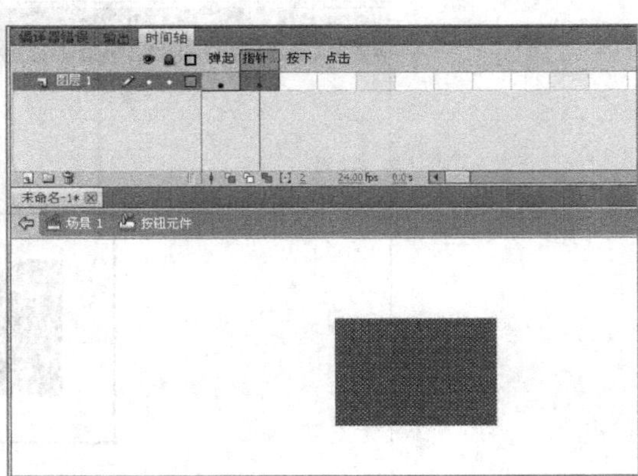

图 3-49　改变图形颜色

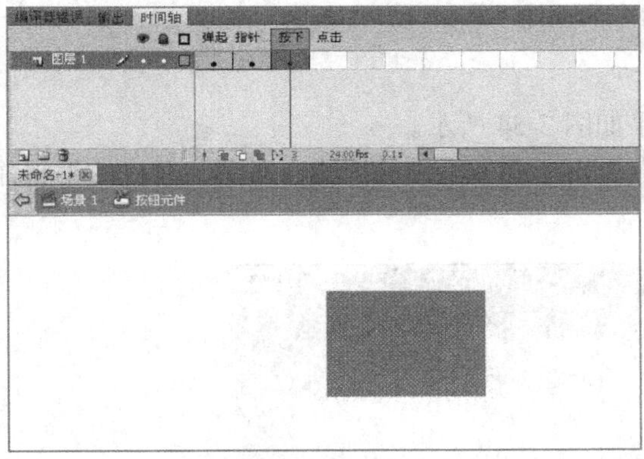

图 3-50　改变图形颜色

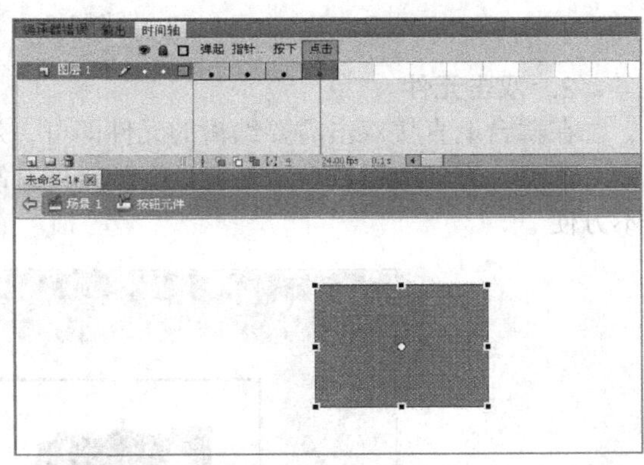

图 3-51　改变图形形状

步骤 7　完成元件内容的制作后，执行【编辑】|【编辑文档】命令，或者在左上角单击【场景一】图标，退出图形元件编辑模式并返回场景，在【库】面板中显示创建的按钮元件。

注意

影片剪辑实例的创建与包含动画的图形实例的创建是不同的，影片剪辑只需要一帧就可以播放动画，但在编辑环境中不能演示动画效果。而包含动画的图形实例则必须在与其元件同样长的帧中播放，才能显示完整的动画。

3.5.3　编辑元件

新建元件后，需要对其进行编辑时，常用的方法有两种。

1. 使用库进入编辑状态

在“窗口”菜单选择“库”命令或按【Ctrl+L】快捷键可以调出库面板，效果如图 3-52 所示，然后双击需要编辑的元件即可进入对元件的编辑状态，效果如图 3-53 所示。

优点：专注于对元件本身的编辑；缺点：寻找元件位置并不方便。

图 3-52　库面板

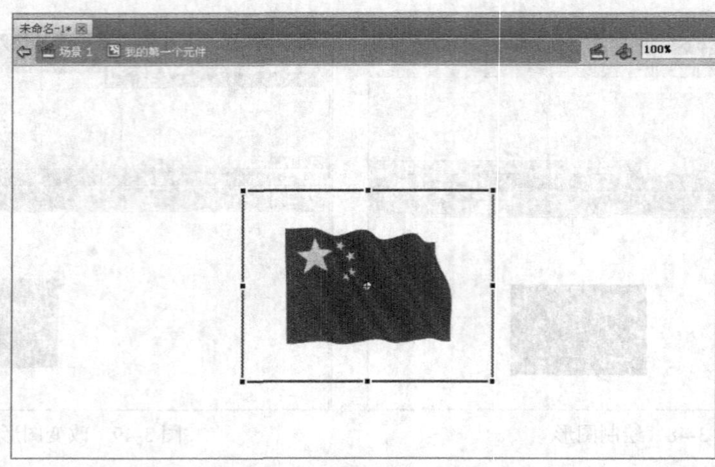

图 3-53　库中编辑元件

2. 双击元件

在舞台上直接双击需要编辑的元件即可，效果如图 3-54 所示。

优点：方便编辑舞台上任意位置的元件；缺点：由于其他元件的影响，对单一元件的编辑并不方便。

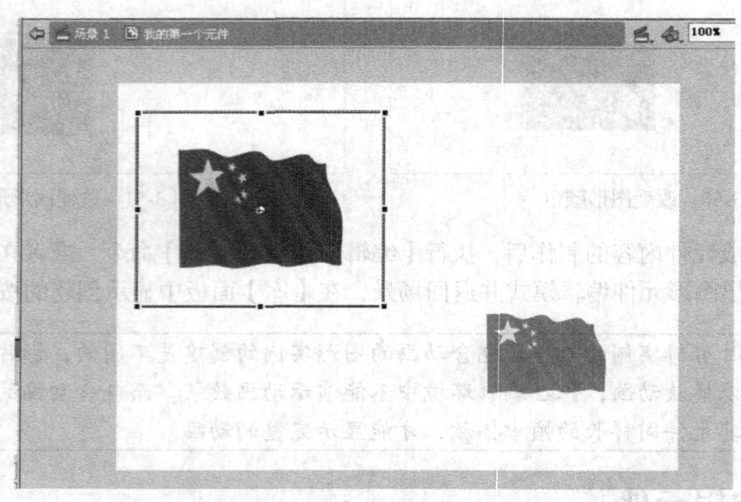

图 3-54　在舞台双击编辑元件

3.5.4 库的使用

【库】面板是存储和组织在 Flash 中创建的各种元件的地方。它还用于存储和组织导入的文件，包括位图图形、声音文件和视频剪辑等。使用【库】面板可以组织文件夹中的库项目，查看项目在文档中使用的频率，并可按照类型对项目排序。

执行【窗口】|【库】命令，或者按【Ctrl+L】组合键，打开【库】面板，如图 3-55 所示。【库】面板的基本工具在左下角，主要由下面几部分组成。

- 库元素的名称：库元素的名称与源文件的文件名称对应。
- 【新建元件】按钮：用于创建一个新的元件。单击该按钮即可打开【创建新元件】对话框，如图 3-56 所示。

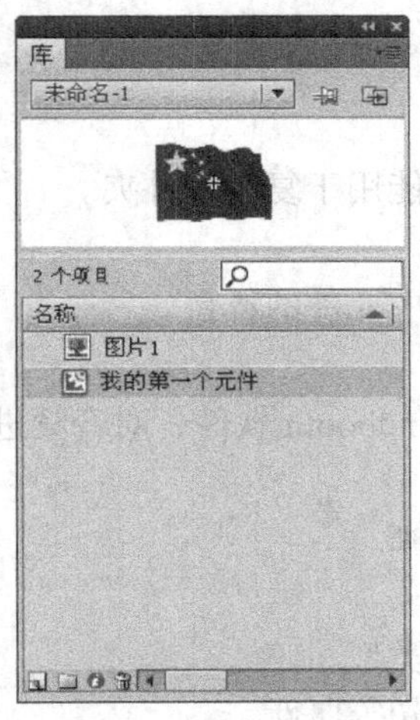

图 3-55 库面板

图 3-56 【创建新元件】对话框

- 【新建文件夹】按钮：用于创建一个管理元件的文件夹，当库中的元件较多时，可以利用文件夹管理库中的元件。在制作动画时，要养成良好的操作习惯，对于素材要分别放在不同的文件夹下，方便进行分类保存和管理。在新建文件夹名称上双击，即可重命名，如图 3-57 所示。
- 【属性】按钮：用于更改元件的名称和压缩的方式。
- 删除按钮：主要用来删除【库】面板中不需要的元件或文件夹。选中需要删除的元件或文件夹，单击此按钮即可删除。
- 单击【库】面板右上角的按钮，弹出快捷菜单，在菜单中提供了实用命令，如图 3-58 所示。

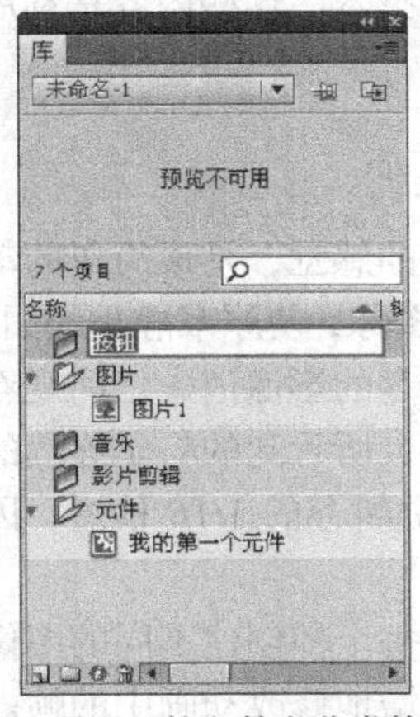

图 3-57 利用元件文件夹分类管理素材

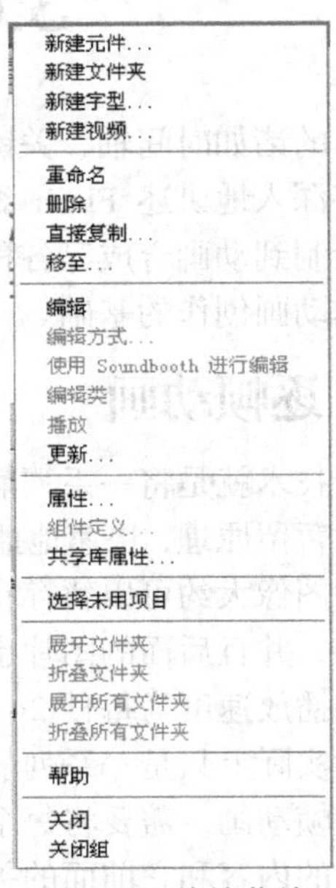

图 3-58 快捷菜单

- ◆【新建元件】：用于创建一个新元件。
- ◆【新建文件夹】：用于创建一个新文件夹。
- ◆【新建字型】：用于创建字体元件。

- 【新建视频】：用于创建视频资源。
- 【重命名】：用于重新设定元件的名称。
- 【删除】：用于删除当前选择的元件。
- 【直接复制】：用于复制当前选中的元件。此命令不能用于复制文件夹。
- 【移至】：用于将选中的元件移动到新建的文件夹中。
- 【编辑】：选择此命令，主场景舞台被切换到当前选中元件的舞台。
- 【编辑方式】：用于编辑所选位图文件。
- 【使用 Soundbooth 进行编辑】：用于打开 Adobe Soundbooth 软件，对音频进行润饰、音乐自定、添加声音效果等操作。
- 【播放】：用于播放按钮元件或影片剪辑元件中的动画。
- 【更新】：用于更新资源文件。
- 【属性】：用于查看元件的属性或更改元件的名称和类型。
- 【组件定义】：用于介绍组件的类型、数值和描述语句等属性。
- 【共享库属性】：用于设置公用库的链接。
- 【选择未用项目】：用于选出在【库】面板中未经使用的元件。
- 【展开所有文件夹】：用于打开【库】面板中的所有文件夹。
- 【折叠所有文件夹】：用于关闭【库】面板中的所有文件夹。
- 【帮助】：用于调出软件的帮助文件。
- 【关闭】：选择此命令可以将库面板关闭。
- 【关闭组】：选择此命令将关闭组合后的面板组。

3.6 简单动画制作

对 Flash 的诸如时间轴、关键帧、元件、层和场景等基本概念有所了解后，在这些基本概念的基础上，将深入地讲述 Flash 编辑工具的工作原理和使用技巧，其中包含从编辑环境到影片制作，从矢量绘制到动画合成等各种概念，以及编辑技巧和使用技术。这些内容是利用 Flash 进行美术及多媒体动画创作的基础。

3.6.1 逐帧动画

逐帧动画技术就是将一系列静态帧连续播放，给人以动画的感觉，是最简单的动画形式。它利用人的视觉暂留原理，快速地播放连续的、具有细微差别的图像，使原来静止的图形运动起来。人眼所看到的图像大约可以暂存在视网膜上 1/16 秒，如果在暂存的影像消失之前观看另一张有细微差异的图像，并且后面的图片也在相同的极短时间间隔出现，所看到的将是连续的动画效果。电影的拍摄和播放速度为每秒 24 帧画面，每帧画面间隔比视觉暂存的 1/16 秒短，因此看到的是活动的画面，实际上只是一系列静止的图像。

要创建逐帧动画，需要将每个帧都定义为关键帧，然后给每个帧创建不同的图像。每个新关键帧最初包含的内容和它前面的关键帧是一样的，因此可以递增地修改动画中的帧。制作逐帧动画的基本思想是把一系列相差甚微的图形或文字放置在一系列的关键帧中，使其播放起来像一系列连续变化的动画。逐帧动画最大的不足就是制作过程比较复杂，尤其是在制作大型的 Flash 动画的时候，制作效率是非常低的，在每一帧中都将旋转图形或文字，所以占用的空间会比制作渐变动画耗费的空间大，但是，逐帧动画的每一帧都是独立的，它可以创建出许多依靠 Flash CS5 的渐变功能无法实现的动画，所以在许多优秀的动画设计中也用到了逐帧动画。

下面以本实例制作过程中的动画为例，使用基本的绘图工具完成逐帧动画效果，通过在场景中绘制不同大小的矩形并调整其形状，完成一种闪动视觉效果的制作。使读者进一步掌握逐帧动画的使用方法，动画效果如图 3-59 所示。

图 3-59　逐帧动画

利用逐帧动画实现“闪动背景视觉效果”的制作步骤如下。

步骤 1　执行【文件】|【新建】命令，新建一个 Flash 文档，单击【属性】面板上的【编辑】按钮，在弹出的【文档设置】对话框中设置文档尺寸为“440 像素×330 像素”，帧频为 8fps，效果如图 3-60 所示。

步骤 2　新建名称为“光”的【影片剪辑】元件，在工具箱中选择【矩形工具】在场景中绘制矩形，在【颜色】面板中设置【笔触颜色】值为无，【填充颜色】类型为【径向渐变】，【径向渐变】的值为 100%的#FD9B0B 到 0%的#FF9900，如图 3-61 所示。

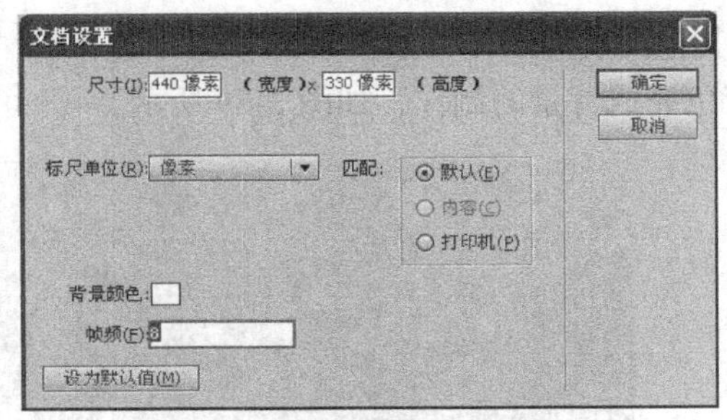

图 3-60 【文档设置】对话框

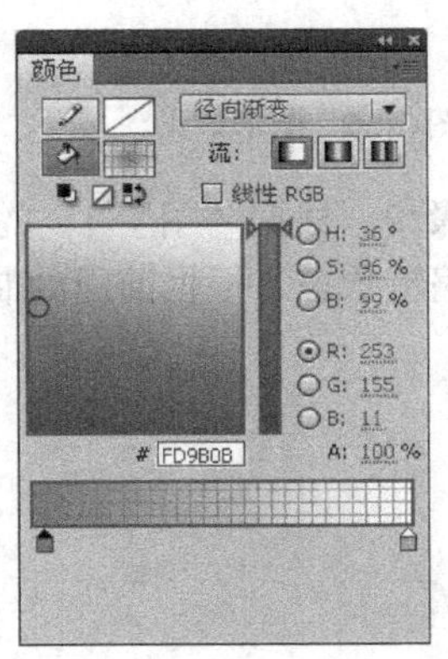

图 3-61　设置【颜色】面板

步骤 3　使用【渐变变形工具】调整渐变角度。在工具箱中选择【部分选取工具】对场景中的矩形进行相应的调整，并使用【任意变形工具】调整元件中心点的位置，如图 3-62 所示。

步骤 4　在菜单栏中选择【窗口】|【变形】命令，打开【变形】面板，在【变形】面板中选择变形类型为“旋转”，设置旋转角度为 20，如图 3-63 所示。

步骤 5　连续单击面板上的【重制选区和变形】按钮，完成对图形的复制，如图 3-64 所示。

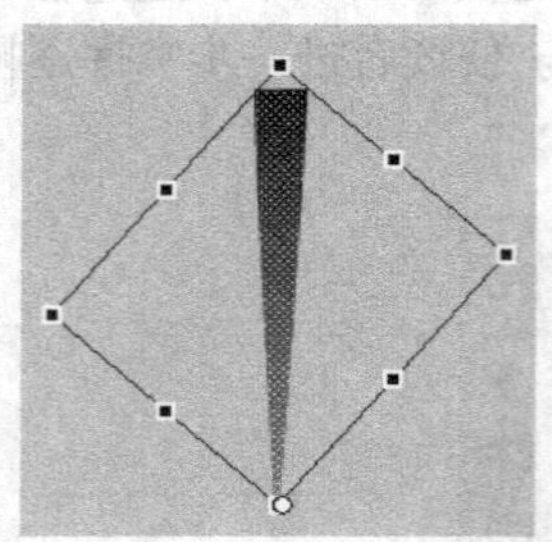

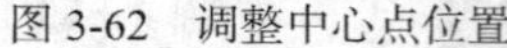

图 3-62　调整中心点位置

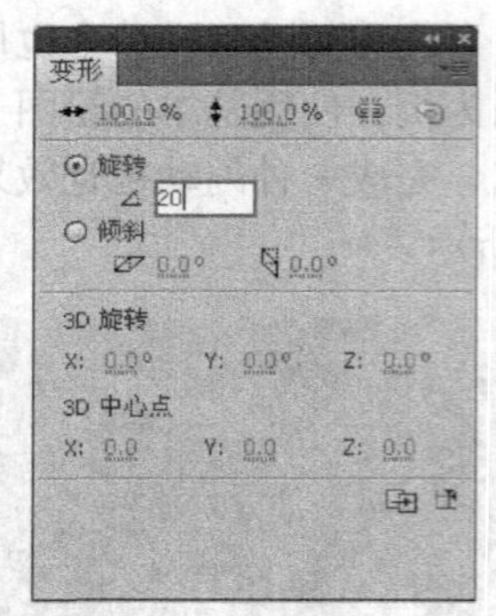

图 3-63　设置旋转角度

图 3-64　多次复制的效果

步骤 6　根据第 1 帧的制作方法，完成第 2 帧的制作，如图 3-65 所示。

步骤 7　新建名称为“星星”的【影片剪辑】元件，使用【多角星形工具】，在【属性】面板上的【工具设置】标签下单击【选项】按钮，在弹出的【工具设置】对话框中设置参数如图 3-66 所示。

步骤 8　设置完成后单击【确定】按钮，在场景中绘制星形，如图 3-67 所示。在第 2 帧处插入关键帧，使用【任意变形工具】将图形放大。

图 3-65　图形效果

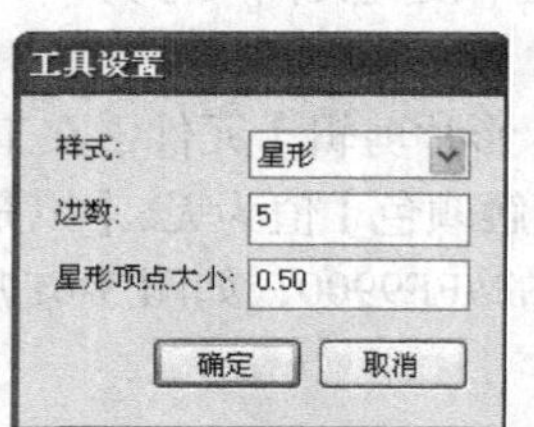

图 3-66　【工具设置】对话框

图 3-67　绘制星形

步骤 9　根据“图层 1”的制作方法，完成其他图层的制作，如图 3-68 所示。返回到“场景一”的编辑状态，根据前面的制作方法，用渐变色完成背景的制作，如图 3-69 所示。

图 3-68　场景效果

图 3-69　背景效果

步骤 10　新建“图层 2”将“光”元件从【库】面板拖入到场景中，场景效果如图 3-70 所示，新建“图层 3”，用同样的方法将“星星”元件拖入到场景中，效果如图 3-71 所示。

图 3-70　拖入元件

图 3-71　拖入另一个元件

步骤 11　完成闪动背景动画的制作，执行【文件】|【保存】命令。测试动画效果如图 3-72 所示。

图 3-72　测试效果

3.6.2　传统补间动画

在 Flash 中，除了利用逐帧动画来制作影片外，还可以利用补间动画来制作各种动画效果。补间动画共有三种类型，分别是传统补间、补间动画和补间形状，在动画的制作过程中使用不同的补间动画类型，可以实现不同的动画效果。

传统补间动画是指定动画的头帧和尾帧，由 Flash 软件自行补足中间的动画过程，多用于位置变化。

下面利用一个“云彩飘动”的小例子，来介绍一下传统补间动画的制作过程。制作“云彩飘动”实例的步骤如下。

步骤 1　执行【文件】|【新建】命令，新建一个 Flash 文档，单击【属性】面板上的【编辑】按钮，在弹出的【文档设置】对话框中设置文档尺寸为“550 像素×93 像素”，帧频为 20fps，效果如图 3-73 所示。

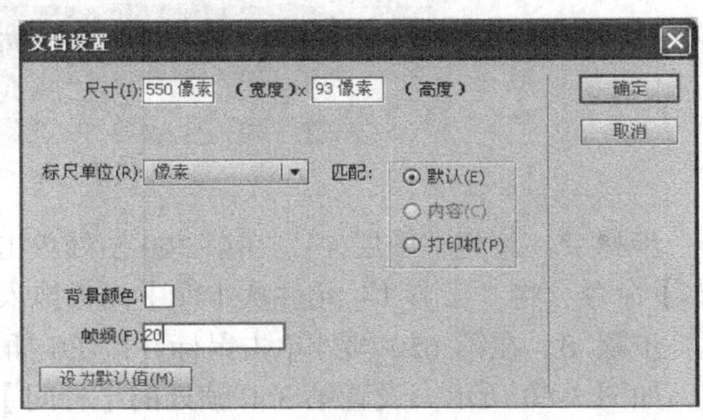

图 3-73【文档设置】对话框

步骤 2 在工具箱中选择【矩形工具】在场景中绘制矩形，在【属性】面板中设置【矩形边角半径】值为 19，在场景中绘制圆角矩形，如图 3-74 所示。

图 3-74 圆角矩形

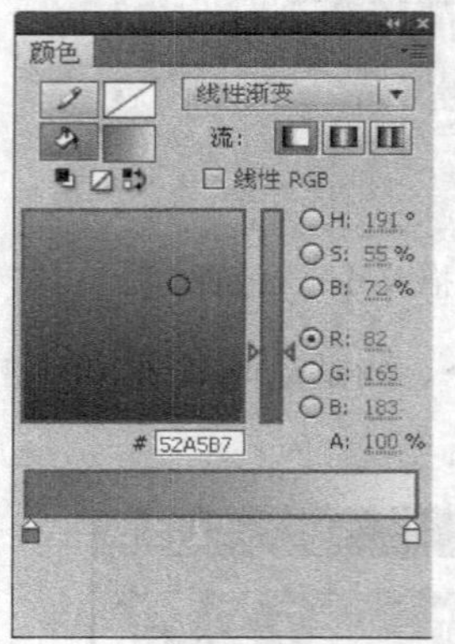

图 3-75 设置【颜色】面板

步骤 3 执行【窗口】|【颜色】命令，在【颜色】面板中设置值为#52A5B7 到#D6F4F6 的【线性渐变】，如图 3-75 所示。并使用【渐变变形工具】调整渐变角度。

步骤 4 在工具箱中选择【颜料桶工具】对场景中的圆角矩形填充渐变颜色，并使用【渐变变形工具】调整渐变的角度。在第 700 帧处单击鼠标，按 F5 键插入帧。新建"图层 2"，执行【文件】|【导入】|【导入到舞台】的命令，将第三章 3.6.3 素材中的图片 1 导入到场景中，如图 3-76 所示。

步骤 5 新建"图层 3"，执行【文件】|【导入】|【导入到舞台】的命令，将第三章 3.6.3 素材中的图片 2 导入到场景中，如图 3-77 所示。按 F8 键将图像转换成【名称】为"云彩 1"的图形元件。如果不将图像转换成需要的元件，系统会将相应的图像自动生成元件，这样就会给后面的制作过程造成混乱。

图 3-76 导入图像

图 3-77 导入图片 2

步骤 6 在第 560 帧处单击鼠标并按 F6 插入关键帧，使用【选择工具】将元件水平向左移动，如图 3-78 所示。设置第 1 帧上的【补间】类型为【传统补间】。

图 3-78 移动元件

步骤 7 新建"图层 4"，在第 360 帧处单击鼠标并按 F7 键插入空白关键帧，执行【窗口】|【库】命令，将"云彩 1"元件从【库】面板拖入到场景中，如图 3-79 所示。

步骤 8 在第 650 帧处单击鼠标并按 F6 插入关键帧，使用【选择工具】将元件水平向左移动，如图 3-80 所示。设置第 360 帧处的【补间】类型为【传统补间】。设置在第 360 帧处的【补间】类型为【传统补间】，【时间轴】面板如图 3-81 所示。

图 3-79　拖入元件到场景中

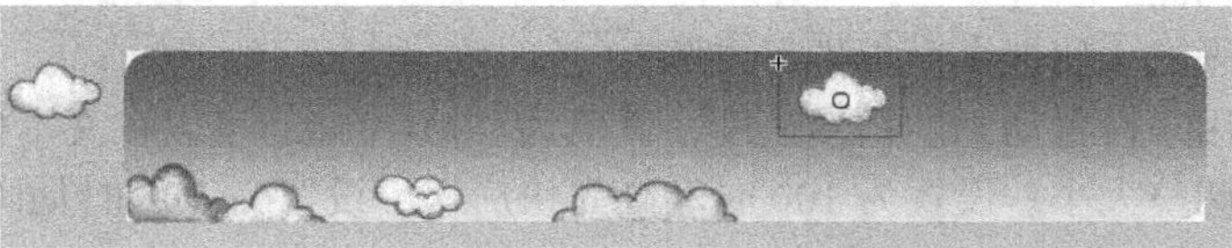

图 3-80　移动元件

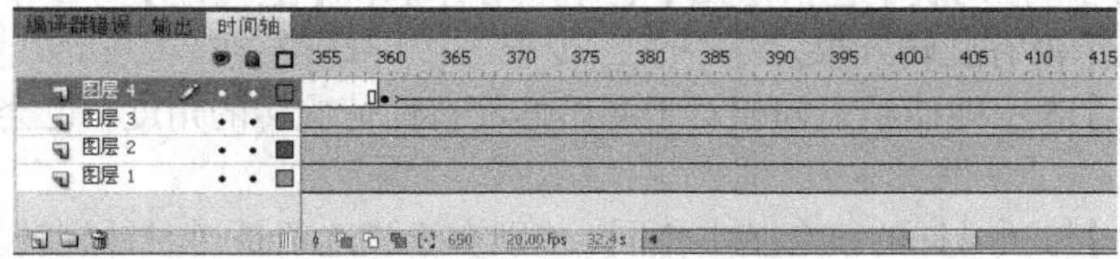

图 3-81　创建传统补间

步骤 9　用同样的方法，完成“图层 5”、“图层 6”和“图层 7”的制作，场景效果如图 3-82 所示。

图 3-82　场景效果

步骤 10　新建“图层 8”，在第 700 帧处单击鼠标并按 F6 键插入关键帧，执行【窗口】|【动作】命令，在【动作】|【帧】面板中输入“stop();”脚本语言。完成“小男孩入”动画的制作，执行【文件】|【保存】命令，测试动画效果如图 3-83 所示。

图 3-83　测试效果

3.6.3　补间动画

补间动画是指定出动画的头帧，然后在需要位置右击添加补间动画，从而制作动画的方法，是 Flash CS4.0 版本以后的补间动画操作，相对于传统方式更加灵活方便。

创建补间动画的方法有以下两种。

- 在时间轴中创建。用鼠标选取要创建动画的关键帧，然后单击鼠标右键，在弹出的快捷菜单中选择【创建补间动画】命令，即可快速地完成补间动画的创建。
- 在命令菜单中创建。选取要创建动画的关键帧后，选择【插入】|【补间动画】命令，同样也可以创建补间动画。

下面对补间动画的【属性】面板进行讲解。

- 【缓动】：用来设置动画的快慢速度，其值为-100～100，可以在文本框中直接输入数字，或通过拖动滑块来调整大小。设置为 100 时动画先快后慢，设置为-100 时动画先慢后快，其间的数字按照-100～100 的变化趋势逐渐变化。
- 【旋转】：此下拉列表中包括【无】、【顺时针】和【逆时针】等 3 个选项。
  - 【无】表示没有旋转效果。
  - 【顺时针】表示即使结束帧相对于起始帧没有任何旋转的角度，也会生成顺时针旋转的效果。
  - 【逆时针】与顺时针的概念基本相同，差别在于该选项是逆时针旋转。只有在选择了【顺时针】或【逆时针】时，才能设置旋转的次数。
- 【路径】：元件在沿引导线移动的过程中，元件的中心点与弧线始终保持一致。

下面利用一个渐隐渐显动画效果实例来介绍一下补间动画的制作过程，具体的操作步骤如下。

步骤 1 执行【文件】|【新建】命令，新建一个 Flash 文档，单击【确定】按钮。选择【文件】|【导入到舞台】命令，导入图像到舞台，并设置相应的属性，如图 3-84 所示。

图 3-84　导入图像

步骤 2 选中导入的图像，选择【修改】|【转换为元件】命令，或者按 F8 键，弹出【转换为元件】对话框，在对话框中的【类型】下拉列表中选择【图形】选项，单击【确定】按钮，将图像转换为图形元件，如图 3-85 所示。

步骤 3 选中第 1 帧，右击【创建补间动画】，按此方法分别在第 15 帧、第 30 帧和第 44 帧处插入关键帧，如图 3-86 所示。

图 3-85　转换图像元件

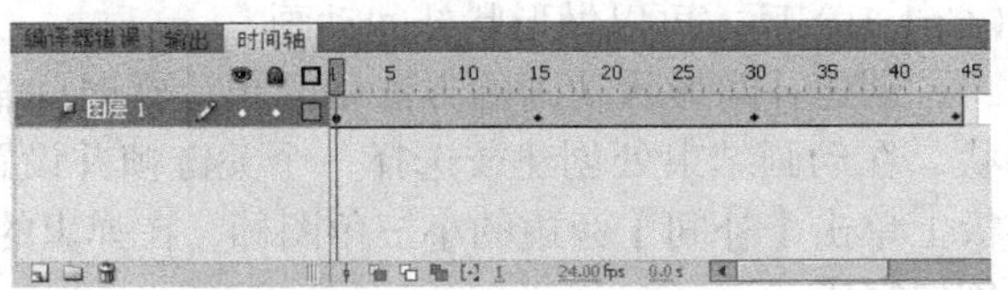

图 3-86　插入关键帧

步骤 4　选中第 1 帧，选中图像元件，在【属性】面板中的【样式】下拉列表中选择【Alpha】选项，将【Alpha】的透明度设置为 0%，如图 3-87 所示。

步骤 5　选中第 44 帧，将【Alpha】的透明度设置为 30%，如图 3-88 所示。

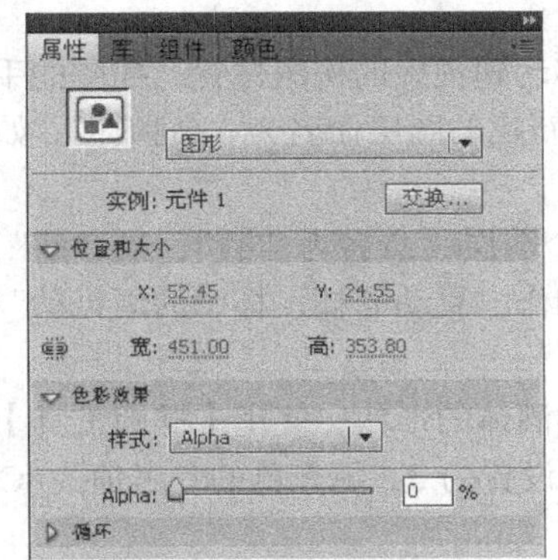

图 3-87　【Alpha】的透明度设置为 0%

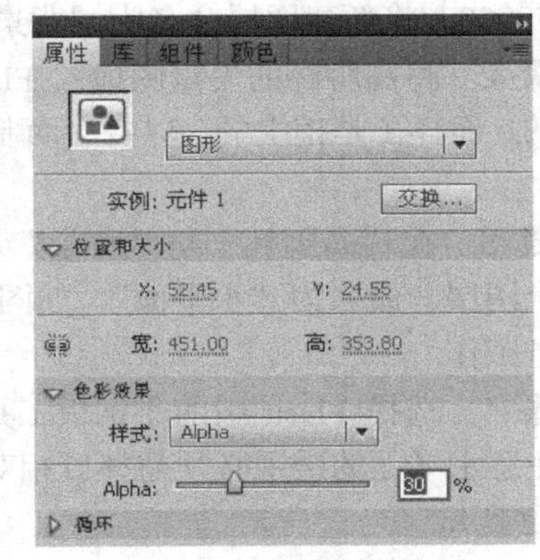

图 3-88　【Alpha】的透明度设置为 30%

步骤 6　选中第 30 帧，将【Alpha】的透明度设置为 0%。

步骤 7　执行【文件】|【保存】命令，测试动画效果如图 3-89 所示。

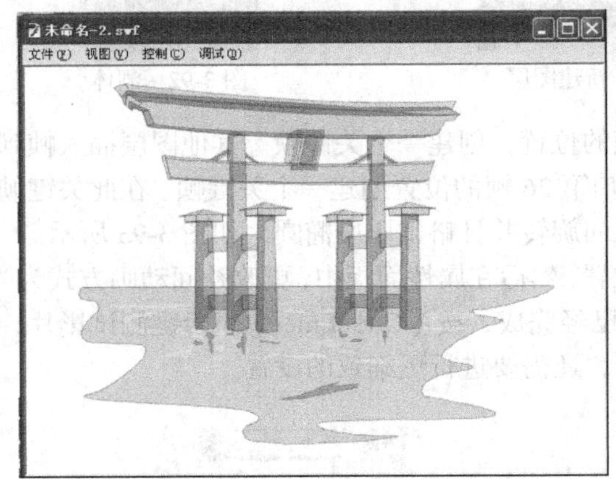

图 3-89　场景效果

3.6.4 补间形状动画

补间形状动画与传统补间动画类似，是指定出动画的头帧和尾帧，在头帧上绘制一个形状，然后在尾帧上更改该形状或绘制另一个形状等，Flash 将自动根据二者之间的形状来创建动画，它可以实现两个图形之间颜色、形状、大小、位置的相互变化。构成形状补间动画的元素多为绘制出的形状，而不能是图形元件、按钮、文字等，如果要使用图形元件、按钮、文字，则必先打散（Ctrl+B）后才可以做形状补间动画。

创建补间形状动画的方法很简单，在时间轴面板上动画开始播放的地方创建开始变形的形状，在动画结束处创建或选择一个关键帧并设置要变成的形状，再单击开始帧，在【属性】面板上单击【补间】旁边的小三角图标，在弹出的菜单中选择【形状】选项，一个形状补间动画就创建完毕。

下面以“晃动的酒杯”动画为例，来介绍一下基本图形的补间形状动画制作过程，具体操作步骤如下。

步骤 1 执行【文件】|【新建】命令，新建一个 Flash 文档，单击【属性】面板上的【编辑】按钮，在弹出的【文档属性】对话框中设置文档尺寸为“360 像素 × 550 像素”，帧频为 24fps,颜色为#FF9900，将新建图层命名为“背景”。

步骤 2 将高脚杯的矢量图拖入 Flash 中，并将其移动到预想的构图位置，插图的手部是填充实色的，而杯子是挖空的，以备后面制作酒的晃动。将新建的图层命名为“高脚杯”，如图 3-90 所示。

步骤 3 在“高脚杯”与“背景”层的中间增加一个图层，命名为“酒”，在“酒”图层上新建一个图层，命名为“水平面”，如图 3-91 所示。为制作“晃动酒杯，杯中的酒晃动”这一动画做准备工作。

步骤 4 选择 Flash 中的【钢板工具】画出杯子中的酒体的形状，使用【椭圆工具】绘制水平面，注意水平面的透视必须与杯口相对应，描边的粗细设置为 3，填充色的参考值为#CB5F00，如图 3-92 所示。

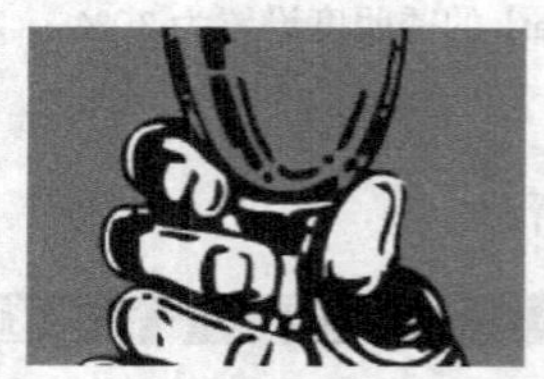

图 3-90 空的酒杯

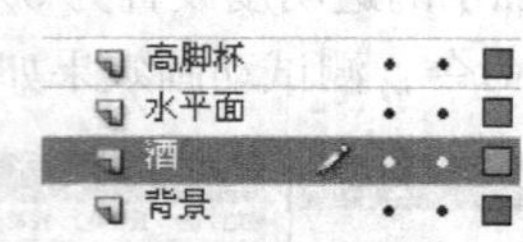

图 3-91 新建图层

图 3-92 酒体

步骤 5 在“水平面”图层时间轴第 52 帧的位置，创建一个关键帧。其他图层插入帧到对应位置，由于做的动画是匀速运动，所以在时间轴第 26 帧的位置创建一个关键帧。在此关键帧位置，使用任意变形工具，旋转椭圆角度，然后反向旋转并且略微压扁椭圆，如图 3-93 所示。

步骤 6 分别点选 3 个关键帧之间的任意位置，然后在属性面板中，更改补间动画方式为“形状”，如图 3-94 所示。至此，一段形状补间动画已经完成，按【Ctrl+Enter】组合键测试影片，可以看到水平面的晃动。当然目前的效果比较生硬，还需要进行更细致的设置。

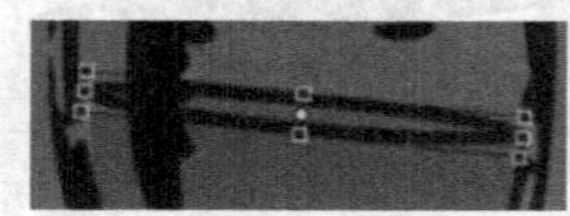

图 3-93 任意变形

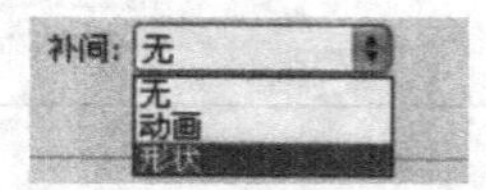

图 3-94 更改补间动画方式

步骤 7 在时间轴原先的关键帧之间的居中距离继续添加关键帧，添加的位置分别在第 13 帧和第 39 帧，这样就有了 5 个关键帧。点选第一个与第二个关键帧之间的任意位置，在【属性】面板中，更改缓动的参数为-100，将第 2 个关键帧与第 3 个关键帧中间的缓动参数设为 100，第 3 个关键帧与第 4 个关键帧中间的缓动参数设为-100，第 4 个关键帧与第 5 个关键帧中间的缓动参数设为 100。

为什么完成步骤 5 会有这样的变化？这是因为缓动参数在起作用，自然界中物体的运动大多数不是始终匀速的，当我们用完全匀速的方式来模拟水平面的晃动时，就会感觉不自然。所以需要借助简易参数来帮助我们实现由慢到快，或由快到慢的运动。当缓动参数为 0 时，运动为绝对匀速；缓动参数为负数时，运动由慢至快，−100 为最高值；缓动参数为正数时，运动由快至慢，100 为最高值。水平面晃动就是一个由快至慢，又由慢而快的过程。做出逼真的自然运动效果，需要常识的积累和对事物的细致观察。

步骤 8 添加一些让画面生动的细节，做一些水波纹，使动画更加耐看。这个步骤制作的水波纹效果如图 3-95 所示。

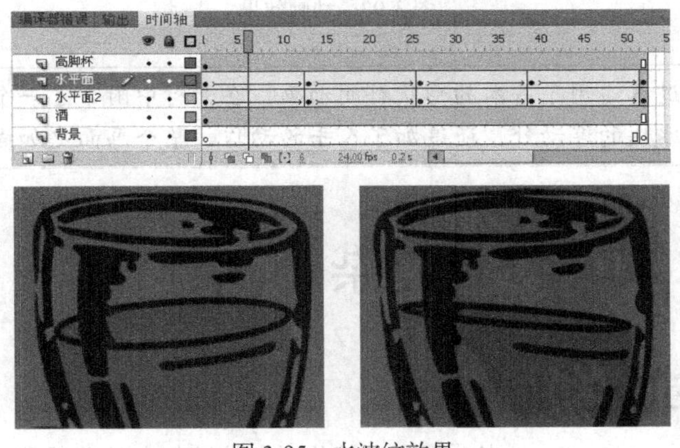

图 3-95 水波纹效果

步骤 9 在“水平面”图层与“高脚杯”图层之间新建一层，命名为“冰块 1”，制作冰块漂浮的动画，拖入冰块插图 1，在【修改】|【分离】中执行两次分离命令，以完全打散物件。

步骤 10 分别在“冰块 1”图层的时间轴第 52 帧与第 26 帧位置上添加关键帧，使冰块向上移动，创建形状补间动画。设置第一帧和第二帧之间的缓动参数为 100，第二关键帧与第三关键帧之间的缓动参数为-100。用同样的方法制作“冰块 2”。

步骤 11 在“高脚杯”图层上新建一个图层，命名为“标志”，拖入到标志矢量图。再建一层，命名为“酒瓶”，拖入酒瓶矢量图，如图 3-96 所示。

图 3-96 标志效果

步骤 12 最后完成动画的制作，执行【文件】|【保存】命令。测试动画效果如图 3-97 所示。

图 3-97 动画效果

案例全过程运用了基本的形状补间动画，在素材中附带了一个提高版本，除了酒体的晃动与冰块的浮动外，还追加了人手的动作，整个画面更加逼真自然。

3.7 复杂动画制作

3.7.1 运动引导层动画

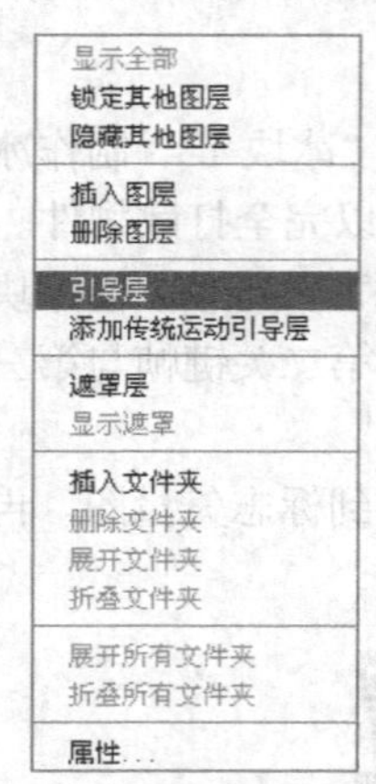

图 3-98 添加引导层

当动画要求某些对象按照复杂的路径移动时，简单动画难以达到目标，这时需要用到引导层动画。在图层上单击鼠标右键，即可出现快捷菜单，如图 3-98 所示。

下面以“游动的鱼”动画为例，介绍引导层动画的制作过程。具体操作方法如下。

步骤 1 新建 fla 文件，将“海底.jpg”、“游动的鱼.gif” 图片导入库，此时 gif 动画会自动生成元件。拖动“海底”图片到舞台中央，调整大小。重命名图层为“海底” ，在第 60 帧处插入帧，锁定图层。

步骤 2 新建图层，命名为“游动的鱼”，右击图层，选择“添加传统运动引导层”命令，如图 3-99 所示。

步骤 3 在引导层选择第 1 帧，用铅笔工具绘制出鱼游动的路线，锁定图层，如图 3-100 所示。

步骤 4 在“游动的鱼”图层，选择第 1 帧，拖动“游动的鱼”元件到舞台左侧，调整元件中心的圆圈在引导层绘制的路径左端。

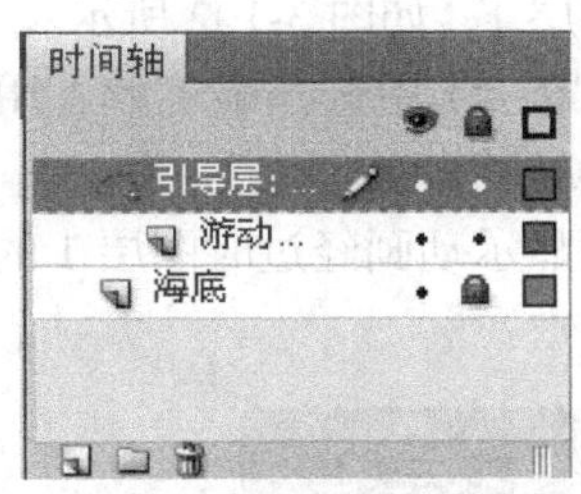

图 3-99　添加传统运动引导　　　　图 3-100　绘制出鱼游动的路线

步骤 5　在“游动的鱼”图层，选择第 50 帧。插入关键帧，拖动“游动的鱼”元件到舞台右侧，调整元件中心的圆圈在引导层绘制的路径右端。

步骤 6　选中第 30 帧，将【Alpha】的透明度设置为 0%。在“游动的鱼”图层，选择第 2 至 49 帧，插入传统补间动画。效果如图 3-101 所示。

图 3-101　游动的鱼动画效果

3.7.2　遮罩动画

将某个图层作为遮罩层，以遮罩图层的区域来显示被遮罩图层的内容，就是遮罩效果。遮罩由遮罩层和被遮罩层组成，遮罩层相当于一个“窗口”，该层下方的对象可以通过这个“窗口”显示出来，而“窗口”之外的对象将不会显示。

遮罩层中的内容可以是填充的形状、输入的文字或创建的元件，但线条不能作为遮罩层，更改遮罩层内容的颜色不会影响遮罩的效果；被遮罩层中可以放置任意内容。

制作遮罩动画的方法如下。

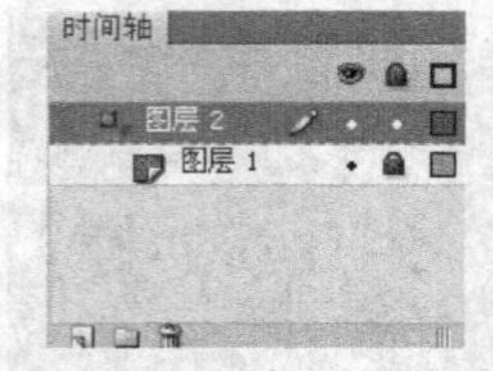

图 3-102　创建“遮罩层”

步骤 1　新建 fla 文件，将“图片.jpg”导入库，并拖动到舞台中央，调整大小，在第 60 帧处插入帧，锁定图层。

步骤 2　新建图层，右击该新建图层，选择“遮罩层”命令，此时图层 2 自动遮挡住图层 1，如图 3-102 所示。

步骤 3　在图层 2（即遮罩层）中选择第 1 帧，用椭圆工具绘制一个椭圆，并在第 60 帧处插入帧。

步骤 4　利用补间动画制作出椭圆移动动画，椭圆范围内即显示动画经过时图层 1 的内容。测试影片即可看到效果，如图 3-103 所示。

图 3-103　遮罩动画

3.7.3　骨骼动画

骨骼动画是利用骨骼工具进行制作的，多用于制作人物动画。目前，只支持 ActionScript 3.0 版本语言。

下面以“伸臂”为例，介绍骨骼动画的制作过程，具体操作方法如下。

步骤 1　新建 fla 文件，利用椭圆工具和矩形工具绘制简单小人，如图 3-104 所示。之后在第 40 帧处插入帧。

图 3-104　骨骼动画小人

步骤 2　制作左肩动画：选择骨骼工具，在左肩处单击，按住鼠标不放，拖动到左肘关节处放开。再在第 10 帧、第 20 帧处分别右击，选择“插入姿势”命令，插入举臂、伸臂姿势，方法与插入补间动画类似。效果如图 3-105 所示。

步骤 3　利用步骤 2 的方法，制作右肩与头部动画。最终效果如图 3-106 所示。

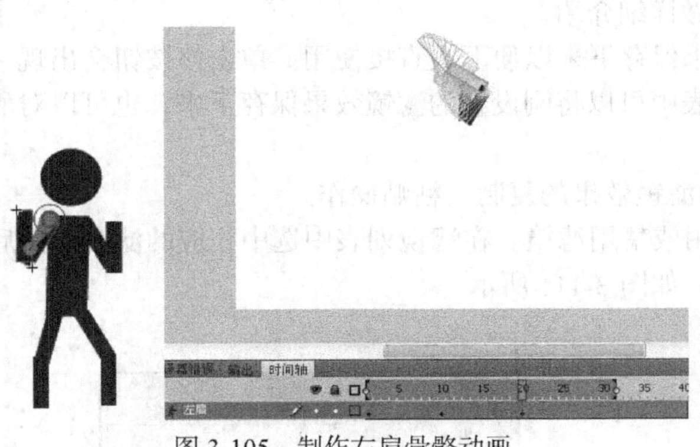

图 3-105　制作左肩骨骼动画

图 3-106　伸臂动画完整效果

3.8　滤镜与混合

在 Flash 中，滤镜和混合可以为文本、按钮和影片剪辑增添有趣的视觉效果，这一节将主要介绍滤镜和混合方面的知识。

3.8.1　添加滤镜

在 Flash CS5 中，【滤镜】面板是管理滤镜的主要工具，可以进行增加、删除或改变滤镜参数等操作。下面以给文本添加滤镜效果来介绍在 Flash 中如何应用滤镜特效，操作方法如下。

步骤 1　在舞台上选中准备要应用滤镜效果的文本对象，打开【属性】面板，单击【滤镜】选项前的小三角，展开【滤镜】面板，如图 3-107 所示。

步骤 2　单击【滤镜】面板左下角的【添加滤镜】按钮，在弹出的下拉列表中选择一个滤镜，即可给所选对象添加滤镜效果，同时可以对所添加的滤镜效果进行相应的参数设置，如图 3-108 和图 3-109 所示。

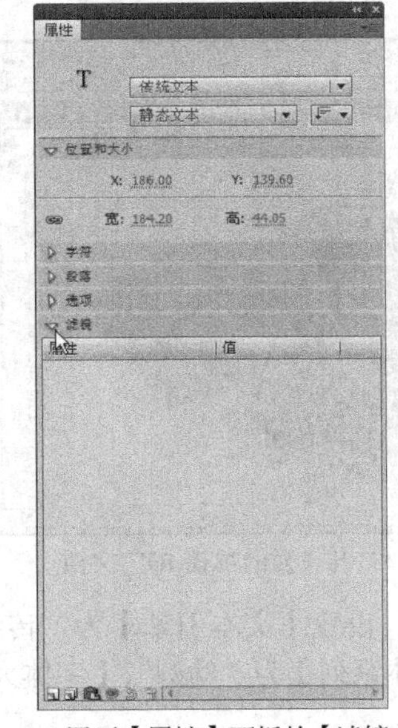

图 3-107　展开【属性】面板的【滤镜】选项

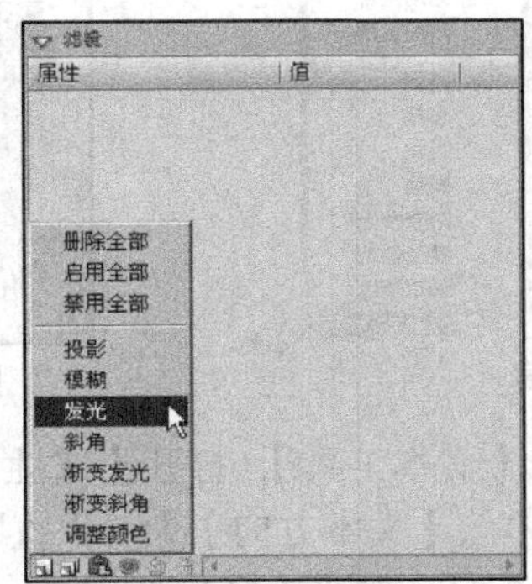

图 3-108　添加【滤镜】效果

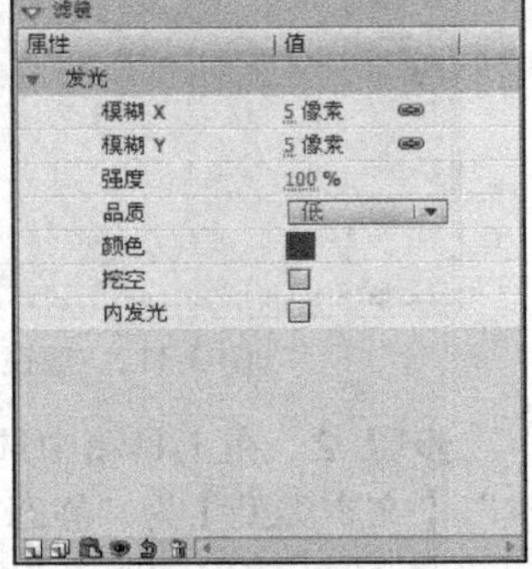

图 3-109　设置【滤镜】效果参数

下面来对【滤镜】面板底部的各个按钮做详细介绍。

- 【预设】：可以将设置好的滤镜效果保存下来以便下次直接使用。单击该按钮会出现一个下拉列表，如图 3-110 所示，在此下拉列表中可以将刚设置的滤镜效果保存下来，也可以对所选对象使用以前保存起来的滤镜效果。
- 【剪贴板】：可以实现不同对象之间的滤镜效果的复制、粘贴操作。
- 【启用或禁用滤镜】：用于切换启用或禁用滤镜。在滤镜列表中选中相应的滤镜，然后单击该按钮即可实现启用和禁用之间的切换，如图 3-111 所示。

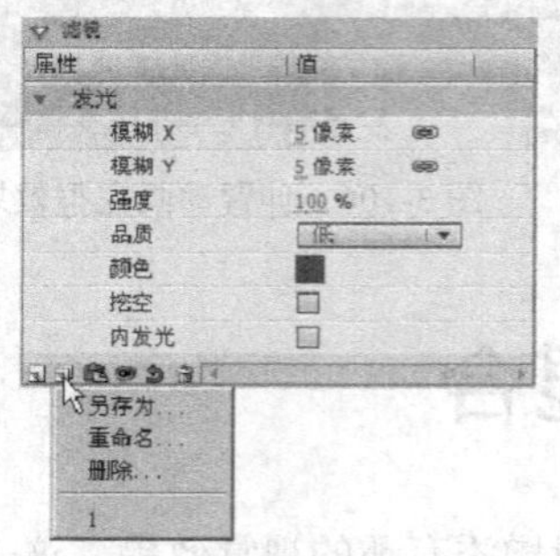

图 3-110 【预设】下拉列表

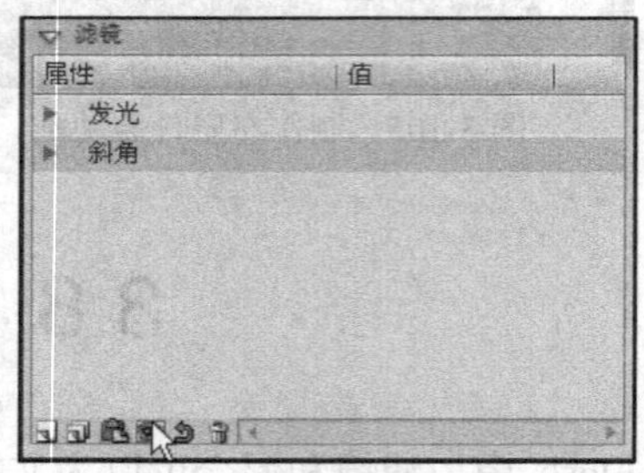

图 3-111 【禁用滤镜】

- 【删除滤镜】：在已应用滤镜的列表中选择要删除的滤镜，然后单击【删除滤镜】按钮，即可删除所应用的滤镜效果。

3.8.2 滤镜的应用

滤镜主要用来实现图像的一些特殊效果。在 Flash CS5.0 中，自带滤镜主要有 7 种，分别是投影、模糊、发光、斜角、渐变发光、渐变斜角和调整颜色，如图 3-112 所示。

下面通过给文字“爱的祝福”应用不同的滤镜，介绍 Flash 中如何使用滤镜，以及各种不同滤镜的参数如何设置。

制作“爱的祝福”实例的方法如下。

步骤 1 打开已有的 Flash 文档“爱的祝福.fla”，如图 3-113 所示。

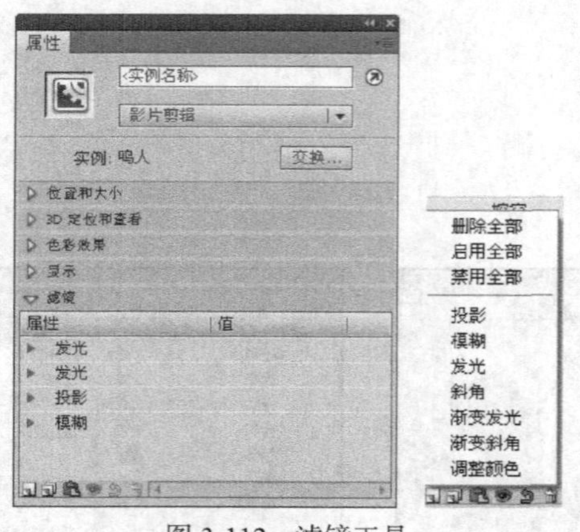

图 3-112 滤镜工具

图 3-113 打开“爱的祝福.fla”文档

步骤 2 在工具箱中选择【文本工具】，打开【属性】面板，设置【文本引擎】为“传统文本”，【文本类型】为“静态文本”，【文本方向】为“垂直”，【字体系列】为“幼圆”，【字体大小】为“64.0”，【字符间距】为“13.0”，如图 3-114 所示。

步骤 3　在舞台左侧单击鼠标创建文本框并且输入文字“爱的祝福”，如图 3-115 所示。

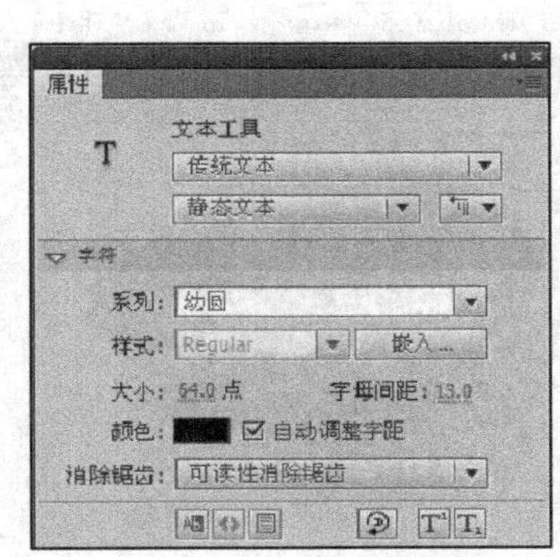

图 3-114 【文本工具】属性设置

图 3-115　输入文字

步骤 4　使用【选择工具】选中文字，单击【属性】面板中【滤镜】选项下的【添加滤镜】按钮，从弹出的列表中选择“投影”，同时设置投影的各项参数，如图 3-116 所示。整体效果如图 3-117 所示。

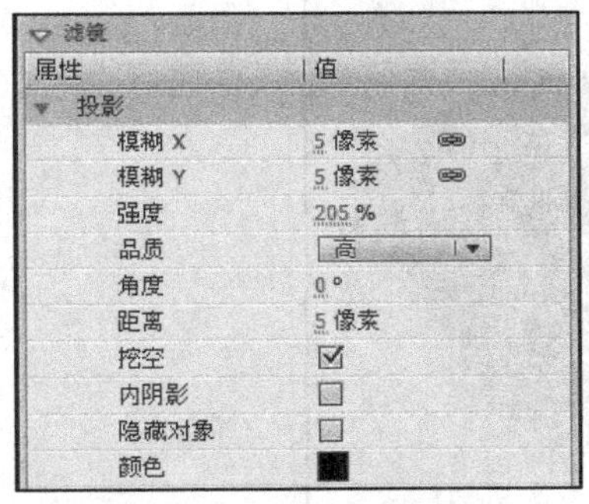

图 3-116　“投影”参数设置

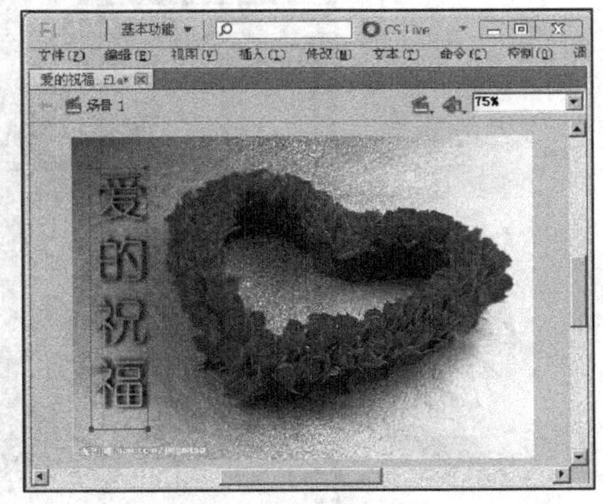

图 3-117　投影效果

步骤 5　使用同样的方式给文字添加“斜角”滤镜效果，参数设置和效果如图 3-118 和图 3-119 所示。

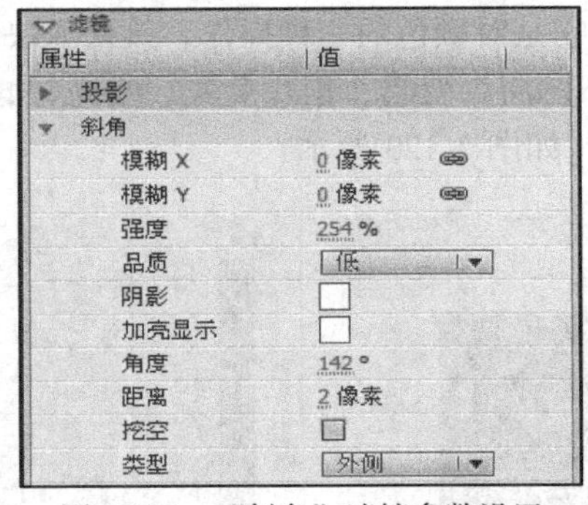

图 3-118　“斜角”滤镜参数设置

图 3-119　斜角效果

步骤 6 给文字添加“发光”滤镜效果，参数设置和效果如图 3-120 和图 3-121 所示。

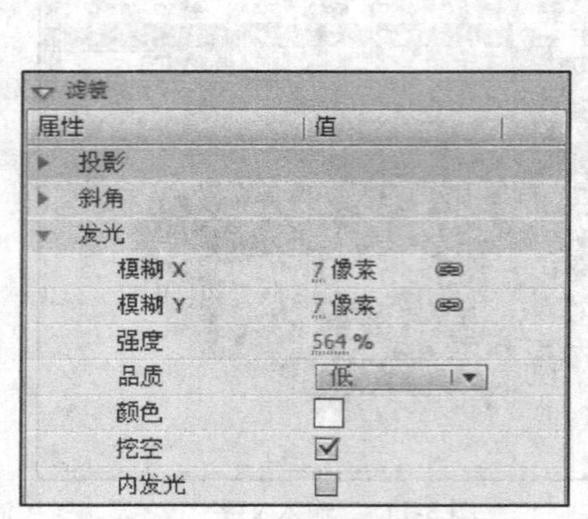

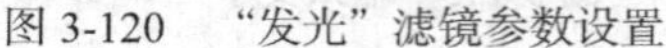

图 3-120 “发光”滤镜参数设置

图 3-121 发光滤镜效果

步骤 7 至此，给文字添加滤镜特效的制作完成，保存并测试文档。最终效果如图 3-122 所示。

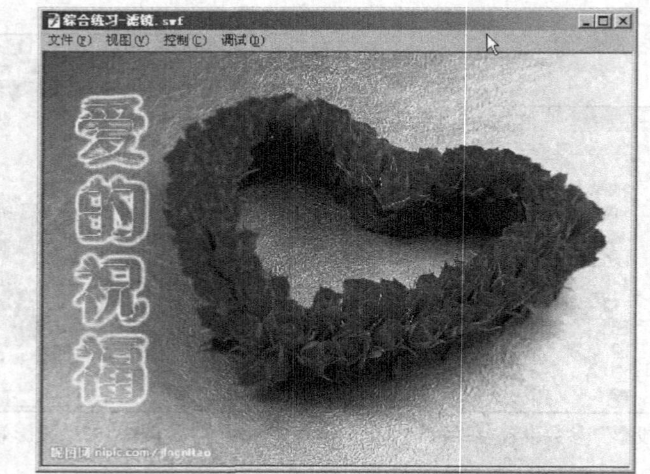

图 3-122 “爱的祝福”实例效果

3.8.3 混合的应用

混合是图像自然地混合在一起，从而产生某种效果。它是对颜色的一种操作，效果取决于对象的基本颜色。在 Flash CS5.0 中，混合操作主要有一般、图层、变暗、正片叠底、变亮、滤色、叠加、强光、增加、减去、差值、反相、Alpha 和擦除等，如图 3-123 所示。

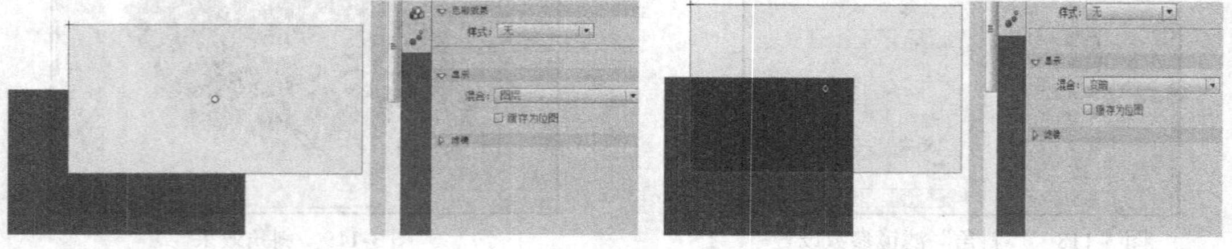

图 3-123 混合操作

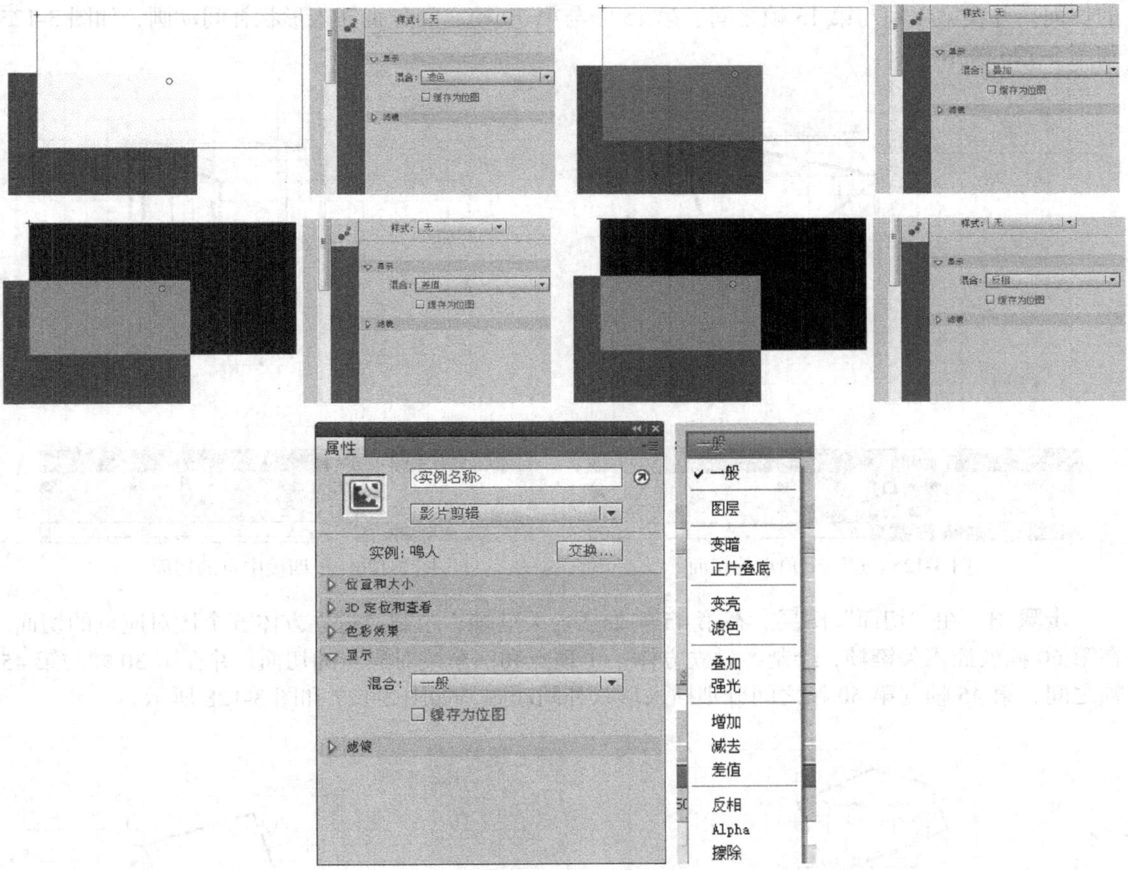

图 3-123　混合操作（续）

3.9　课件实战——数学切面

在立体几何教学中，切面问题一直是一个困扰学生的问题，由于空间想象力的差异，教师在讲解时有一定的难点，但是借助于动画课件的直观教学，学生就比较容易理解了。下面通过“数学切面”课件实例详细介绍制作动画课件的操作方法，制作“数学切面”课件实例的具体方法如下。

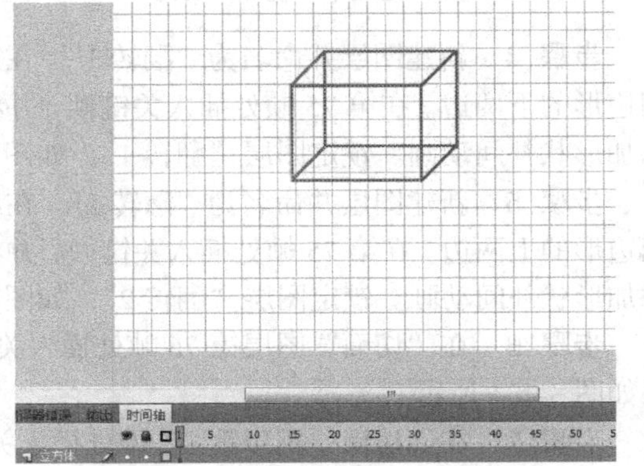

图 3-124　绘制立方体

步骤 1　新建 fla 文件，将图层 1 重命名为“立方体”，在第 1 帧中绘制一个立方体，在 110 帧处插入帧，并锁定图层，如图 3-124 所示。

步骤 2　新建图层，并重命名为“切面”。在第 1 帧和第 30 帧处插入关键帧，绘制经过立方体三个顶点的切面。在第 15 帧处插入关键帧，绘制经过立方体四个棱中点的切面。并在第 1 帧与第 15 帧之间、第 15 帧与第 30 帧之间分别插入形状补间动画，如图 3-125 和图 3-126 所示。

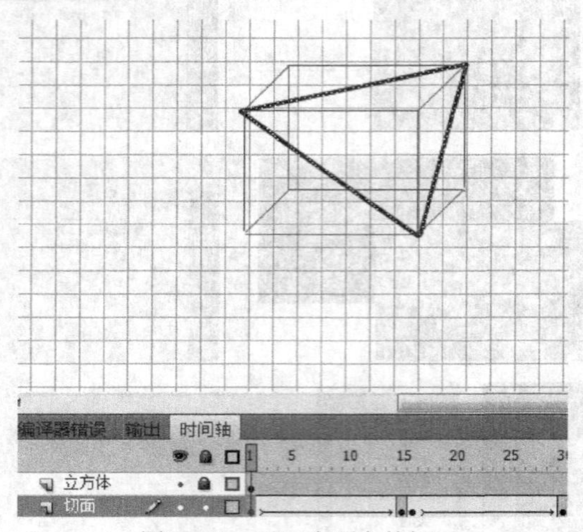

图 3-125　过三个顶点的切面

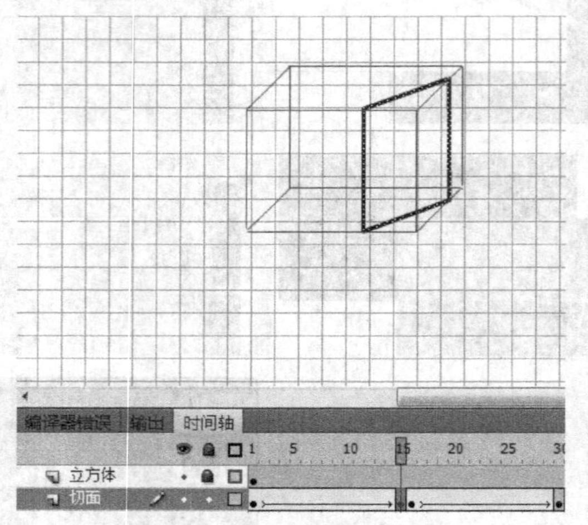

图 3-126　过四棱中点的切面

步骤 3　在“切面”图层。在第 45 帧处插入关键帧，绘制经过立方体五个棱对应点的切面。在第 60 帧处插入关键帧，绘制经过立方体一个顶点和三个棱对应点的切面。并在第 30 帧与第 45 帧之间、第 45 帧与第 60 帧之间分别插入形状补间动画，如图 3-127 和图 3-128 所示。

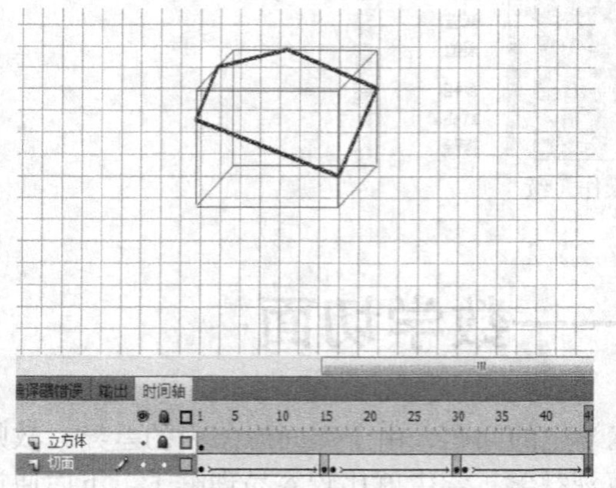

图 3-127　过五个对应点的切面

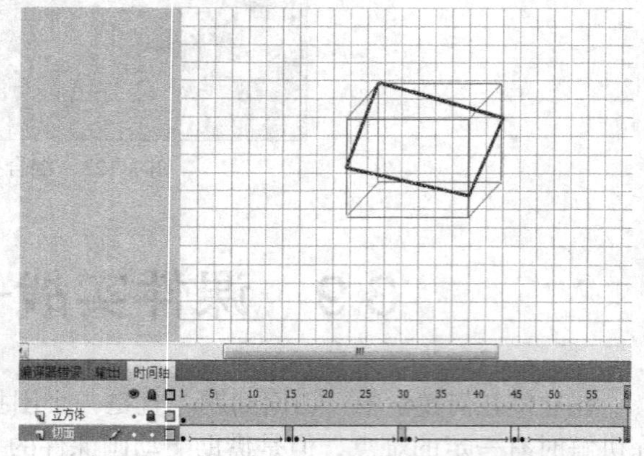

图 3-128　过一个顶点和三个棱对应点的切面

步骤 4　新建图层并命名为“翻转 1”。在第 61 帧处插入关键帧，绘制“切面”图层第 60 帧四边形的下两边。在第 75 帧处插入关键帧，并将一个顶点移至上底面。在第 60 帧和第 75 帧之间添加形状补间动画。锁定图层“翻转 1”，如图 3-129 所示。

步骤 5　新建图层并命名为“翻转 2”。在第 61 帧处插入关键帧，绘制“切面”图层第 60 帧四边形的上两边。在第 75 帧处插入关键帧，并将一个顶点移至下底面。在第 60 帧和第 75 帧之间添加形状补间动画。锁定图层“翻转 2”，如图 3-130 所示。

步骤 6　在“切面”图层第 76 帧处插入关键帧，绘制与第 75 帧舞台效果相同的四边形，效果如图 3-131 所示。

步骤 7　在“切面”图层第 90 帧处插入关键帧，绘制三个顶点的切面。在第 76 帧与第 90 帧之间添加形状补间动画。效果如图 3-132 所示。

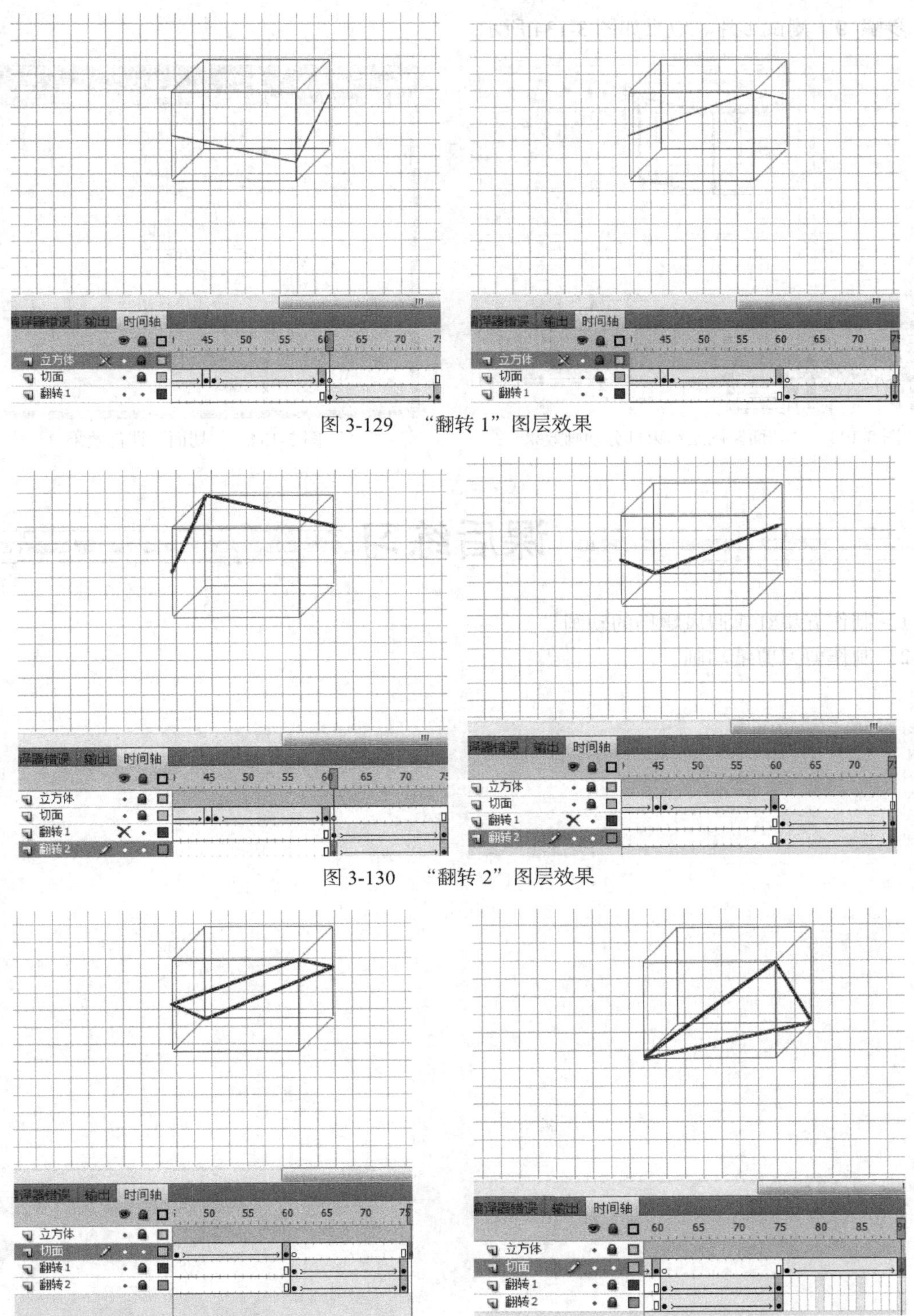

图 3-129 “翻转 1”图层效果

图 3-130 “翻转 2”图层效果

图 3-131 “切面”图层衔接“翻转”图层效果

图 3-132 “切面”图层翻转后动画效果

步骤 8 对在“切面”图层第 105 帧处插入关键帧，绘制四个棱中点的切面。在第 90 帧与第 105 帧之间添加形状补间动画。在第 110 帧处插入帧。效果如图 3-133 所示。

步骤 9 测试影片。效果如图 3-134 所示。

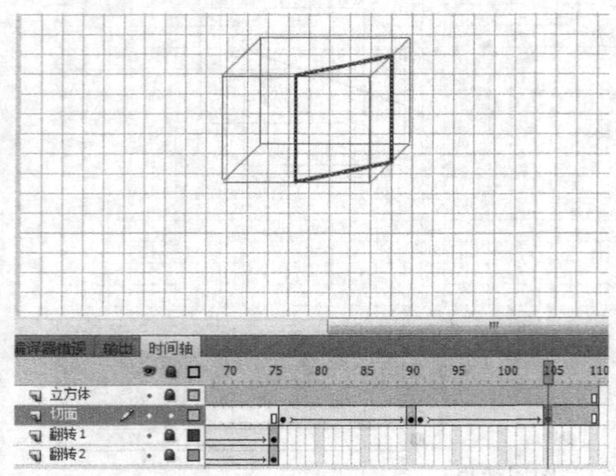

图 3-133 “切面”图层结束部分动画效果

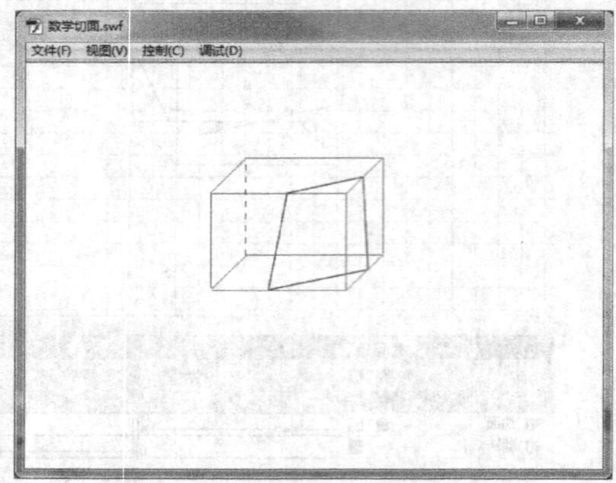

图 3-134 “切面”课件效果

课后练习

1. 制作五星红旗迎风飘扬的动画。
2. 制作剪刀剪纸动画。

第 4 章 多媒体的使用

在 Flash 动画中，可以根据表现的需要给作品添加一些必要的图像对象、音效效果和视频元素，使动画成为一种集视听享受为一体的完整的艺术作品。Flash CS5 提供了完善的多媒体处理功能，可以通过属性设置灵活地对导入的图像、声音和视频进行设置。本章主要介绍的是图像、声音和视频的处理及具体应用功能，要求通过学习重点掌握以下几点内容。

本章学习目标

- 不同类型图像的导入方法
- 声音的处理及其基础知识
- 音频文件的导入与编辑设置
- 视频对象的添加和设置方法等

4.1 图像处理

Flash 中的图像主要可以分为位图图像和矢量图形两种。位图图像相对矢量图形而言，因为层次多、表现力强，适合于表现各种人物风景等图案。而 Flash CS5 支持将这类图片应用于作品中，可以将多种格式的图像文件导入到舞台或库中，而更好地表现出作品的效果。

4.1.1 导入静态图形图像

在 Flash CS5 中，导入位图的方式主要有三种。将位图直接导入到舞台中、将位图导入到库中可以反复使用和将位图直接作为库打开。

1. 将位图导入到舞台

执行【文件】|【导入】|【导入到舞台】命令，出现如图 4-1 所示的【导入】对话框，选择好需要导入的位图文件后单击【打开】按钮，即可将选定的位图导入到舞台中编辑。同时，该位图也会被存储到【库】面板中。

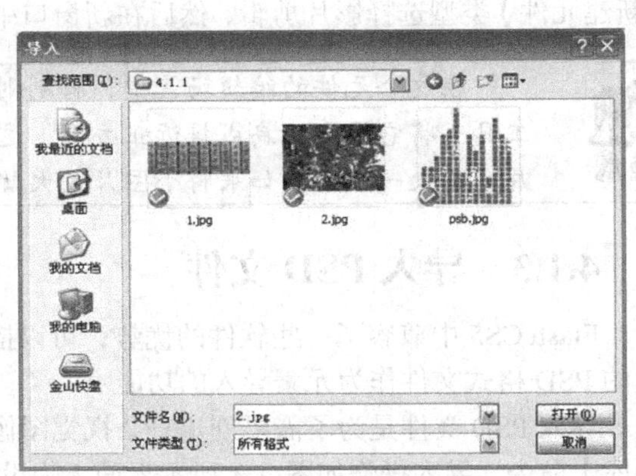

图 4-1 导入到舞台

2. **将位图导入到库**

通常情况下，为了在工作时能够反复利用这些素材，可以将位图首先导入到库中，然后通过库将图片拖动到舞台对象中。

执行【文件】|【导入】|【导入到库】命令，出现如图 4-2 所示的“导入”对话框，选择好需要导入的位图文件后单击【打开】按钮，即可将选定的位图导入到库中进行编辑。

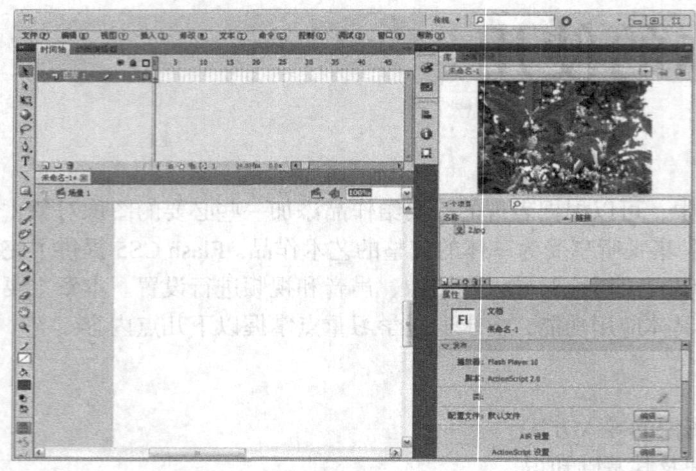

图 4-2 导入到库

3. **打开外部库**

如果其他的 Flash 文档中有我们需要的素材，我们也可以通过执行【文件】|【导入】|【打开外部库】的方法将其他文档中的元素导入到当前文档的库中来。

4. **设置位图属性**

导入到舞台中的位图，我们依然可以通过“属性”面板设置其属性参数。属性面板中显示了当前所选择的位图的元件名、像素尺寸和在编辑区中的位置和大小。在位图大小选项的左侧还有一个图标可以在调整位图大小时约束宽度和高度的比例。

4.1.2 导入动态图像

有时根据作品的需要，要选择将动态图像作为元素导入到作品中，为了表现出动态图像的原始动态效果在 Flash 中不受影响，常常将其放入到新建的影片剪辑元件中。具体可通过【插入】|【新建元件】类型选择影片剪辑，然后在新窗口中选择【文件】|【导入】|【导入到舞台】即可。

在这个元件的编辑场景中，将刚刚导入的图片拖放到舞台上后，可使用【任意变形工具】将它缩小压扁成接近正方形。这里不直接使用较小的图片，因为下面作背景的图片需要大一点的，如果将小图片放大就会出现马赛克等现象。

4.1.3 导入 PSD 文件

Flash CS5 中兼容了一些软件的优势，可以搭配使用编辑元素，也提供了直接将 PS 软件处理后的 PSD 格式文件作为元素导入的功能。

导入 PSD 文件是为了需要创建复杂视觉图像或修饰照片。选择【文件】|【导入】|【导入到库】命令，导入操作如图 4-3 所示界面，为设置保留混合模式的可编辑性以及将智能对象栅格化以保留图片的透明度，在检查要导入的 Photoshop 图层时选择各个图层前面的对钩是否需要点

上或取消，如图 4-4 所示。最后设置将 PSD 图层转为单图层或关键帧即可。

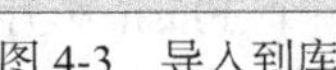
图 4-3　导入到库

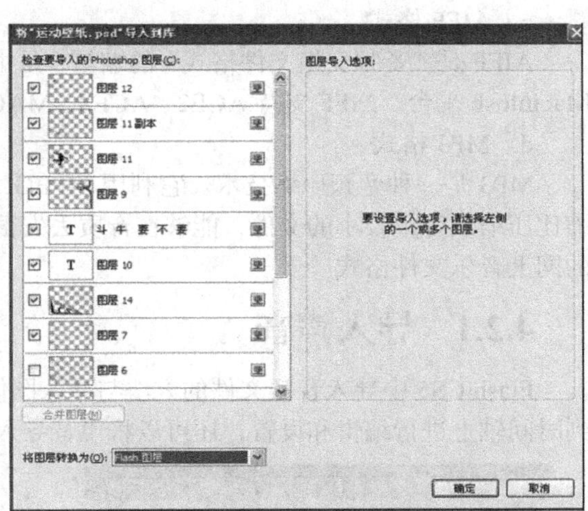

图 4-4　设置栅格化和图层转换

注意

当导入的图像名称是以数字结尾，并且同文件夹内有其他的数字文件编号时，软件将会提示是否导入序列的所有图像。

4.2 声音效果

Flash CS5 还具有强大的声音处理功能，可以使声音独立于时间轴进行连续播放，也可以通过时间轴来设定动画和音轨的同步，还能够为按钮对象等添加音效效果。另外，通过设置淡入淡出效果还可以使声音效果变得更加优美。

Flash 支持的声音文件类型

Flash CS5 的声音可分为事件声音和音频流声音两种类型。可以通过声音对象的【属性】面板进行选择。它们分别适用于不同的场合。

a. 事件声音

事件声音需要等待文件完全下载后才能开始播放，且播放过程将持续进行，直到有明确的停止命令为止。事件声音主要用于非网络传输或较短的音效。

b. 音频流声音

音频流声音只需要下载开始的几帧数据后就能开始播放，然后边播放边继续下载。音频流声音的播放与时间轴完全同步。适合在网络中制作播放长度较长的背景音乐。

Flash 支持的声音文件格式

Flash CS5 支持的声音文件格式很多，主要的音频文件格式如下。

a. ASND 格式

这是 Adobe Soundbooth 的本机声音格式，它是一种非破坏性的音频文件格式，是 Adobe Soundbooth 的原生格式。

b. WAV 格式

WAV 格式是微软公司开发的一种声音文件格式，又称为波形声音文件，主要用于 Windows 平台。WAV 格式支持许多压缩算法，支持多种音频位数、采样频率和声道，采用 44.1kHz 的采样频率和 16 位量化位数。

c. AIFF 格式

AIFF 是“音频交换文件格式”的缩写，是由 Apple 公司开发的一种声音文件格式，主要用于 Macintosh 平台。AIFF 支持 ACE2、ACE8、MAC3 和 MAC6 压缩，支持 16 位的 44.1kHz 立体声。

d. MP3 格式

MP3 是一种音频压缩技术。它利用 MPEG Audio Layer3 技术，将音乐以 1∶10 或 1∶12 的压缩比压缩成容量较小的文件，能够在音质丢失很小的情况下把文件压缩到更小的程度，是最流行的网上音乐文件格式。

4.2.1 导入声音

Flash CS5 中导入音频文件的方法与导入图像等对象方法相似。导入声音对象后可以将其加载到时间轴上进行编辑和设置，还可以将声音导入到按钮的指定帧上。

下面介绍如何将声音导入 Flash 动画中。

步骤 1 新建一个 Flash 影片文档或者打开一个已有的 Flash 影片文档。

步骤 2 执行【文件】|【导入】|【导入到库】命令，弹出【导入到库】对话框，在该对话框中选择要导入的声音文件，单击【打开】按钮，将声音导入。

步骤 3 等声音导入后，就可以在【库】面板中看到刚导入的声音文件，如图 4-5 所示。然后就可以像使用元件一样使用声音对象了。

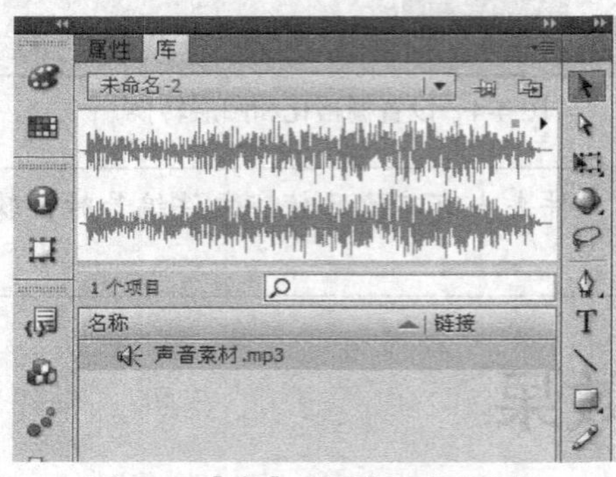

图 4-5 【库】面板中的声音文件

4.2.2 引用声音

将声音从外部导入 Flash 中以后，时间轴不会发生任何变化。必须引用声音文件，声音对象才能出现在时间轴上，才能进一步应用声音。具体方法如下。

a. 将“图层 1”重新命名为“声音”图层，选择第 1 帧，然后将【库】面板中的声音对象拖放到场景中，如图 4-6 所示。

b. 此时“声音”图层的第 1 帧上方会出现一条短线，这说明已经将声音引入到“声音”图层。这是声音对象的波形起始位置。任意选择后面间隔位置的某一帧，如第 30 帧，按下 F5 键插入帧，就可以看到声音对象的波形延长了。按下【Enter】键，可以试听到声音素材。如果想听到完整效果的声音，可以按下【Ctrl+Enter】快捷键完整测试。

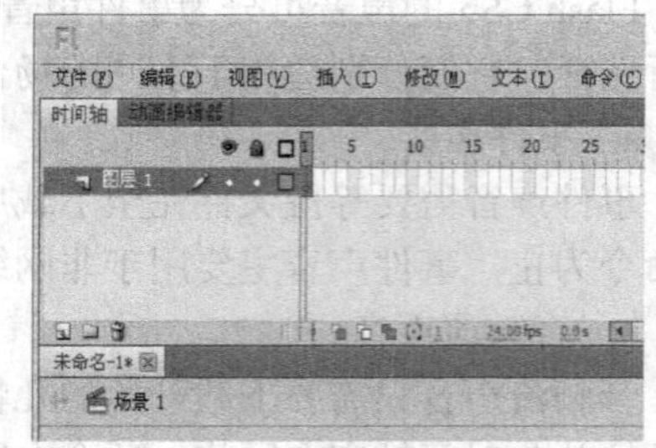

图 4-6 将声音引用到时间轴上

4.2.3 编辑声音

选择“声音”图层的第 1 帧，打开【属性】面板，可以发现【属性】面板中有很多设置和编辑声音对象的参数，如图 4-7 所示。

面板中各参数的意义如下。

- 【声音】选项：从中可以选择要引用的声音对象，这也是另一个引用库中声音的方法。

- 【效果】选项：从中可以选择一些内置的声音效果，比如声音的淡入、淡出等效果。
- 【编辑】按钮：单击这个按钮可以进入到声音的编辑对话框中，对声音进行进一步的编辑。
- 【同步】选项：这里可以选择声音和动画同步的类型，默认的类型是【事件】类型。另外，还可以设置声音重复播放的次数。

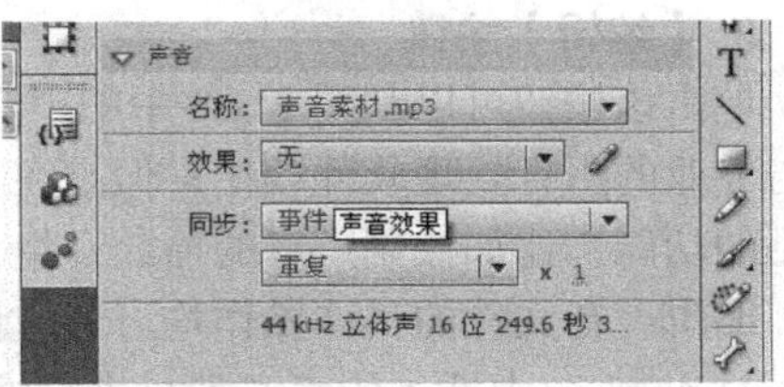

图 4-7　声音的【属性】面板

引用到时间轴上的声音，往往还需要在声音的【属性】面板中对它进行适当的属性设置，才能更好地发挥声音的效果。下面介绍有关声音属性设置以及对声音进一步编辑的方法。

1.【效果】选项

在时间轴上选择包含声音文件的第一个帧，在声音【属性】面板中，打开【效果】菜单，可以用该菜单设置声音的效果，如图 4-8 所示。

以下是对各种声音效果的解释。

- 【无】：不对声音文件应用效果，选择此选项将删除以前应用过的效果。
- 【左声道】/【右声道】：只在左声道或右声道中播放声音。
- 【从左到右淡出】/【从右到左淡出】：会将声音从一个声道切换到另一个声道。
- 【淡入】：会在声音的持续时间内逐渐增加其幅度。
- 【淡出】：会在声音的持续时间内逐渐减小其幅度。
- 【自定义】：可以使用“编辑封套”创建声音的淡入和淡出点。

2.【同步】属性

打开【同步】菜单，可以设置【事件】、【开始】、【停止】和【数据流】四个同步选项，如图 4-9 所示。

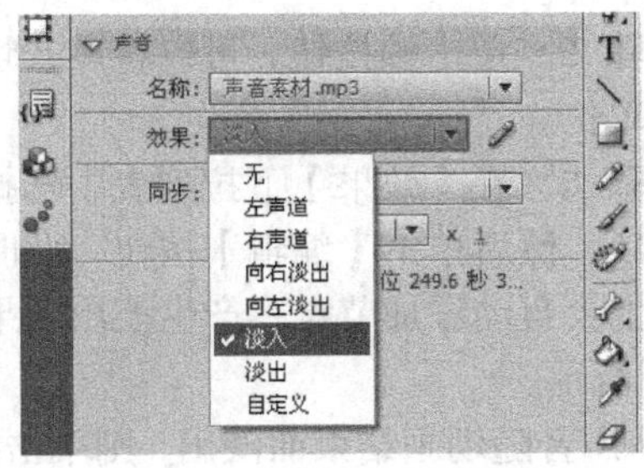

图 4-8　声音效果设置

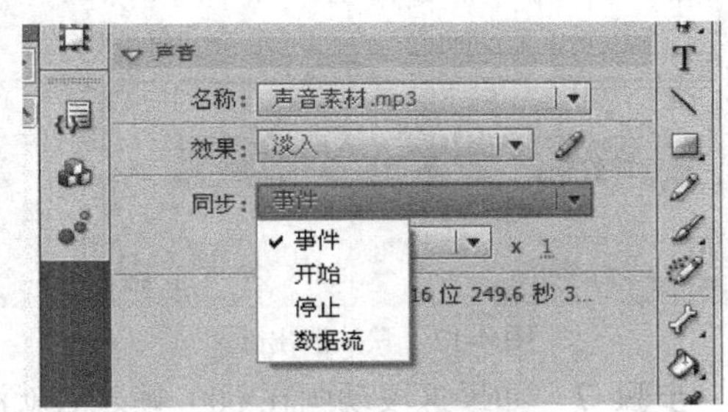

图 4-9　同步属性

- 【事件】：选项会将声音和一个事件的发生过程同步起来。事件与声音在它的起始关键帧开始显示时播放，并独立于时间轴播放完整的声音，即使 SWF 文件停止执行，声音也会继续播放。当播放发布的 SWF 文件时，事件与声音混合在一起。
- 【开始】：与【事件】选项的功能相近，但如果声音正在播放，使用【开始】选项则不会播放新的声音实例。
- 【停止】：选项将使指定的声音静音。
- 【数据流】：选项将强制动画和音频流同步。与事件声音不同，音频流随着 SWF 文件的停止而停止。而且，音频流的播放时间与帧的播放时间一样长。当发布 SWF 文件时，音频流混合在一起。

通过【同步】弹出菜单还可以设置【同步】选项中的【重复】和【循环】属性。为【重复】输入一个值，以指定声音应循环的次数，或者选择【循环】以连续重复播放声音。

3.【编辑】按钮

单击该按钮可以利用 Flash 中的声音编辑控件编辑声音。虽然 Flash 处理声音的能力有限，无法与专业的声音处理软件相比，但是在 Flash 内部还是可以对声音做一些简单的编辑，实现一些常见的功能，比如控制声音的播放音量、改变声音开始播放和停止播放的位置等。

编辑声音文件的具体操作均可通过鼠标设置完成。

对 4.2.1 节中插入的声音素材进行编辑的实例如下。

步骤 1 单击属性面板中的“编辑”按钮，弹出如图 4-10 所示的【编辑封套】对话框。

步骤 2 单击放大按钮，可以放大声音的显示，如图 4-11 所示。

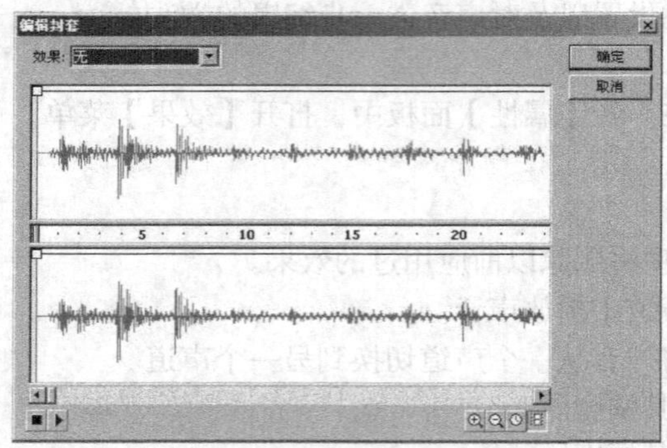

图 4-10 【编辑封套】对话框

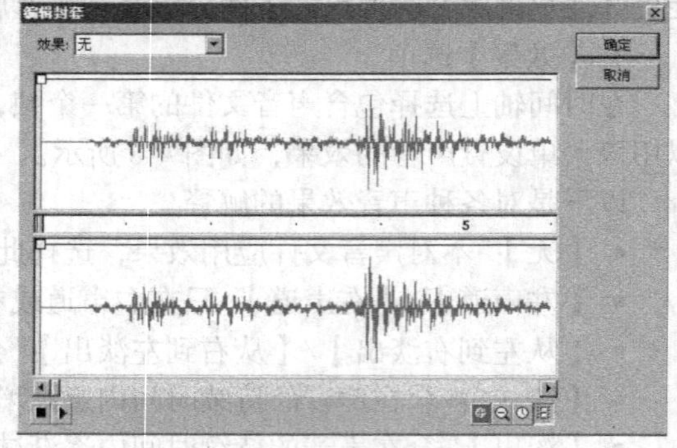

图 4-11 放大后效果

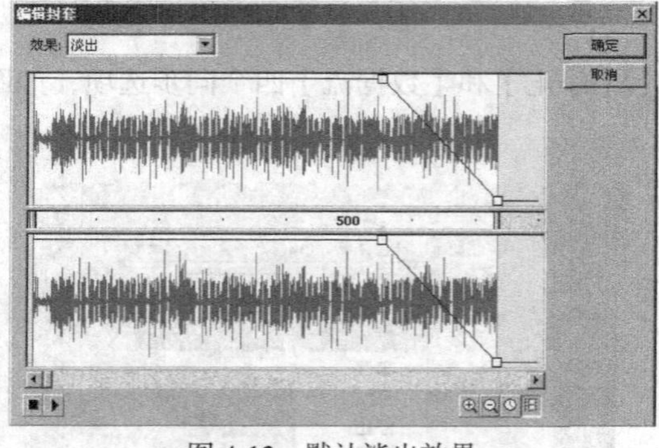

图 4-12 默认淡出效果

步骤 3 单击缩小按钮，可以缩小声音的显示。

步骤 4 单击秒按钮，可以将声音切换到以秒为单位。

步骤 5 单击帧按钮，可以将声音切换到以帧为单位。

步骤 6 在【效果】下拉列表中选择【淡出】选项，然后单击【编辑】按钮，此时音量指示线上会自动添加节点，产生淡出效果，如图 4-12 所示。

步骤 7 如果这段动画在 600 帧之后就消失，为了使声音随动画结束而淡出，则单击按钮放大视图，如图 4-13 所示，然后在第 600 帧音量指示线上单击，添加一个节点，并向下移动，如图 4-14 所示，单击【确定】按钮。

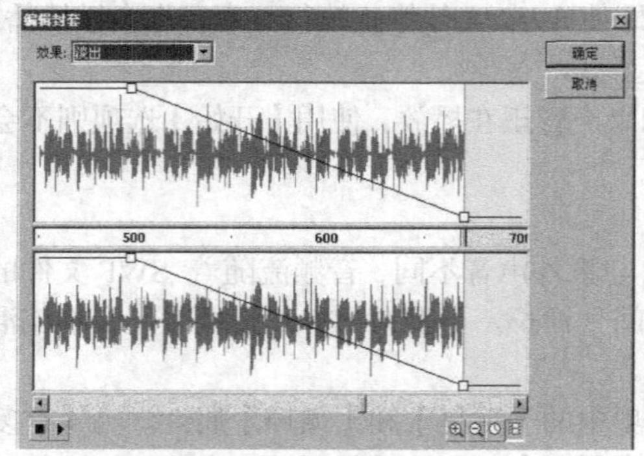

图 4-13 放大视图

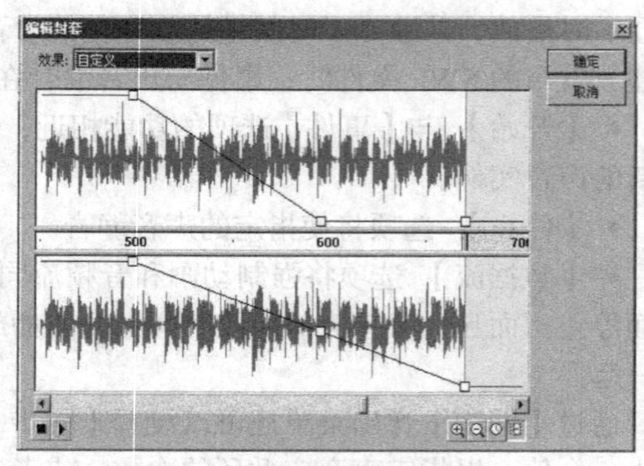

图 4-14 添加并调整节点

步骤 8　按下【Ctrl+Enter】快捷键，测试效果。

4. 给按钮添加声音效果

Flash 动画最大的一个特点就是交互性，交互按钮是 Flash 中重要的元素，如果给按钮添加合适的声效，一定能让作品增色不少。给按钮添加声效的具体步骤如下。

步骤 1　按照前面学习的方法创建一段合适的动画文件。

步骤 2　在动画结束位置的下一帧上，从窗口菜单的公用库里添加一个按钮，如图 4-15 所示。打开【库】面板，用鼠标双击该按钮元件，这样就进入到这个按钮元件的编辑场景中，如图 4-16 所示。下面要将导入的声音添加到这个元件中。

图 4-15　创建按钮

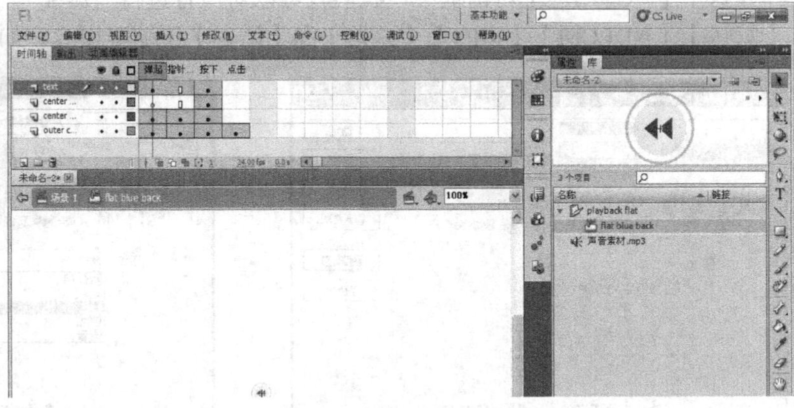

图 4-16　按钮编辑模式

步骤 3　新插入一个图层，重新命名为“声效”。选择这个图层的第 2 帧，按 F7 键插入一个空白关键帧，然后将【库】面板中的“按钮声效”声音拖放到场景中，这样，【声效】图层从第 2 帧开始出现了声音的声波线，如图 4-17 所示。

步骤 4　打开【属性】面板，将【同步】选项设置为【事件】，并且重复 1 次。再测试一下动画，当鼠标移动到按钮上时，声效就出现了，如图 4-18 所示。

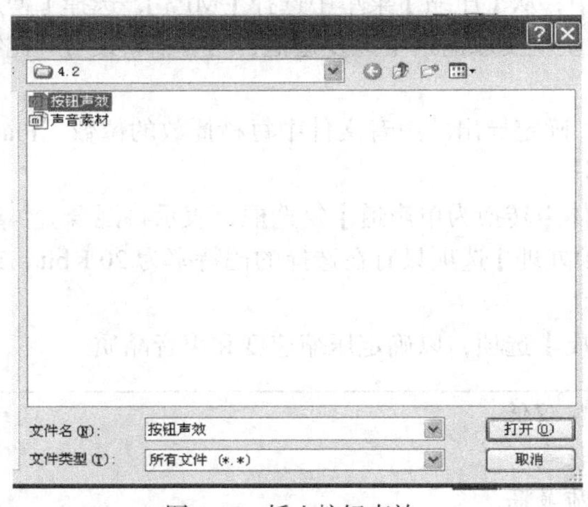

图 4-17　插入按钮声效

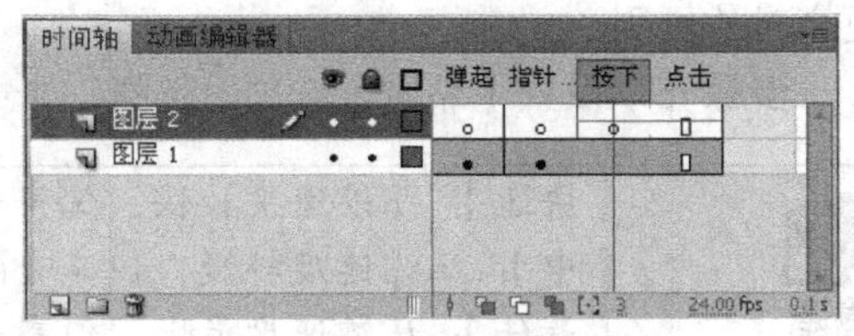

图 4-18　添加声效后

这里必须将【同步】选项设置为【事件】，如果还是【数据流】同步类型，那么声效将听不到。给按钮添加声效时一定要使用【事件】同步类型。

4.2.4 压缩声音

Flash 动画能够在网络上流行的一个重要原因就是因为它的体积小，易于传播。因为当我们输出动画时，Flash 会采用很好的方法对输出文件进行压缩，包括对文件中的声音的压缩。但是，如果对压缩比例要求很高，那么就应该直接在【库】面板中对导入的声音也进行压缩了。操作步骤大致如下。

步骤 1 打开【库】面板，选中声音文件，单击“属性”按钮，打开【声音属性】对话框，如图 4-19 所示。

在这个【声音属性】对话框中，我们就可以对声音进行“压缩”了，在“压缩”下拉菜单中有【默认】、【ADPCM】、【MP3】、【原始】和【语音】压缩等模式，如图 4-20 所示。

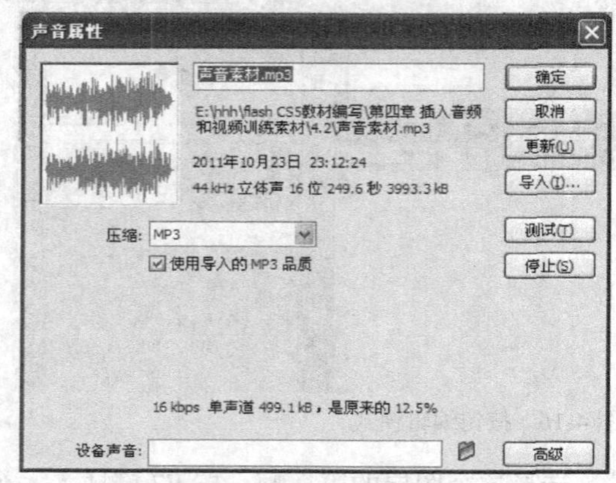

图 4-19 【声音属性】对话框

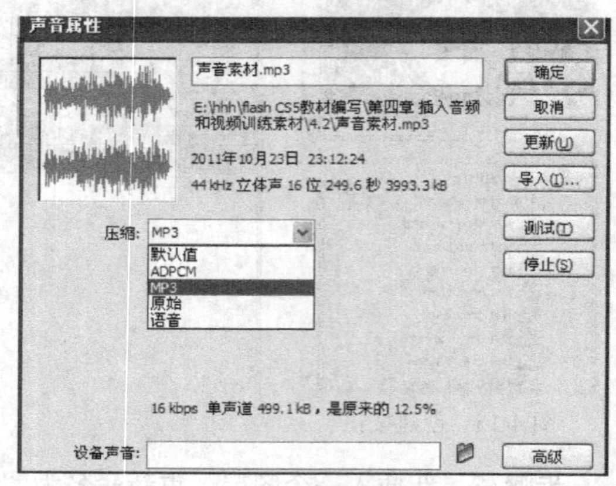

图 4-20 几种声音压缩模式

在这里，我们以【MP3】压缩选项为例，因为这个选项最为常用而且相对于其他的设置也极具代表性，通过对它的学习可以举一反三，掌握其他压缩选项的设置。

步骤 2 进行 MP3 压缩设置。如果要导出一个以 MP3 格式导入的文件，可以使用与导入时相同的设置来导出文件，在【声音属性】对话框中，从【压缩】菜单中选择【MP3】，选择【使用导入的 MP3 品质】复选框。如果需要改变压缩品质就要取消选中该复选框，然后重新设置“比特率”和“品质”。

步骤 3 设置比特率。【比特率】这个选项，确定导出的声音文件中每秒播放的位数。Flash 支持 8 kbit/s 到 160 kbit/s（恒定比特率）的比特率。

步骤 4 设置【预处理】选项。选择【将立体声转换为单声道】复选框，表示将混合立体声转换为单声（非立体声）。这里需要注意的是，【预处理】选项只有在选择的比特率为 20 Kbit/s 或更高时才可用。

步骤 5 设置【品质】选项。选择一个【品质】选项，以确定压缩速度和声音品质。

注意

【快速】：压缩速度较快，但声音品质较低。
【中】：压缩速度较慢，但声音品质较高。
【最佳】：压缩速度最慢，但声音品质最高。

步骤 6 进行压缩测试。在【声音属性】对话框里，单击【测试】按钮，播放声音一次。如果要在结束播放之前停止测试，请单击【停止】按钮。

除了采样比特率和压缩外，还可以使用下面几种方法在文档中有效地使用声音并减小文件的大小：

1. 设置切入和切出点，避免静音区域保存在 Flash 文件中，从而减小声音文件的大小。

2. 通过在不同的关键帧上应用不同的声音效果（例如音量封套、循环播放和切入/切出点），从同一声音中获得更多的变化。

3. 只使用一个声音文件就可以得到许多声音效果。

4. 循环播放声音，作为背景音乐。

在这里，还要对上面提到的其他几种压缩作一个简要说明。

【ADPCM】压缩：可以对声音进行 5kHz、11kHz、22kHz 及 44kHz 等音频压缩，该方式通常用于对按钮声音的压缩。

【原始】压缩：该项在导出声音时不会对声音进行压缩。

【语音】压缩：该项会使用一个适合于语音的压缩方式导出声音。

原始压缩和语音压缩常用于对录制语言等文件的压缩。

4.3　编辑视频

Flash 从 Flash MX 版本开始就全面支持视频文件的导入和处理。Flash 视频具备创造性的技术优势，允许把视频、数据、图形、声音和交互式控制融为一体，从而创造出引人入胜的丰富体验。

4.3.1　支持的视频类型

Flash CS5 支持的视频类型会因电脑所安装的软件不同而不同，如果机器上已经安装了 QuickTime 7 及其以上版本，则在导入嵌入视频时支持包括 MOV（QuickTime 影片）、AVI（音频视频交叉文件）和 MPG/MPEG（运动图像专家组文件）等格式的视频剪辑。

如果系统安装了 DirectX 9 或更高版本，则在导入嵌入视频时支持 AVI、MPG、MPEG、WMV 和 ASF 等格式的视频文件。常见视频文件类型及格式如表 4-1 所示。

表 4-1　Flash 主要支持的常见视频格式

文件类型	扩 展 名
音频视频交叉	.avi
运动图像专家组	.mpg、.mpeg
Windows Media 文件	.wmv、.Asf

如果导入的视频文件是系统不支持的文件格式，那么 Flash 会显示一条警告消息，表示无法完成该操作。而在有些情况下，Flash 可能只能导入文件中的视频，而无法导入音频，此时也会显示警告消息，表示无法导入该文件的音频部分。但是仍然可以导入没有声音的视频文件。提示界面如图 4-21 所示。

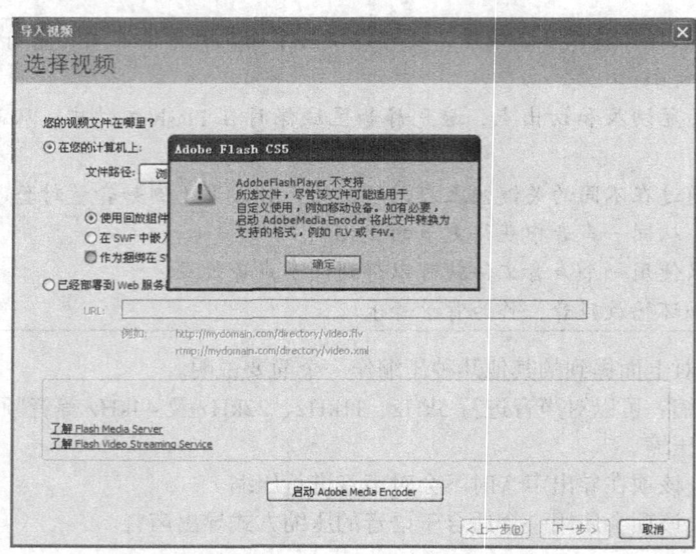

图 4-21　无法导入视频的提示界面

4.3.2　导入视频

下面通过实际操作介绍将视频剪辑导入为 Flash 中的嵌入文件的方法。

步骤 1　新建一个 Flash CS5 影片文档。

步骤 2　选择【文件】|【导入】|【导入视频】命令。弹出“导入视频”向导，如图 4-22 所示。

步骤 3　在【文件路径】后面的文本框中输入要导入的视频文件的本地路径和文件名。或者单击后面的“浏览”按钮，弹出【打开】对话框，在其中选择要导入的视频文件。如果选择的视频文件不受 Flash Player 支持，则会出现如图 4-23 所示的警告框。

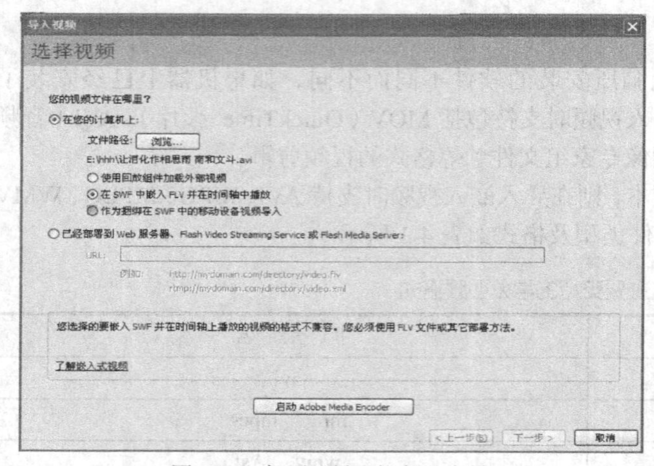

图 4-22　打开“导入视频”向导

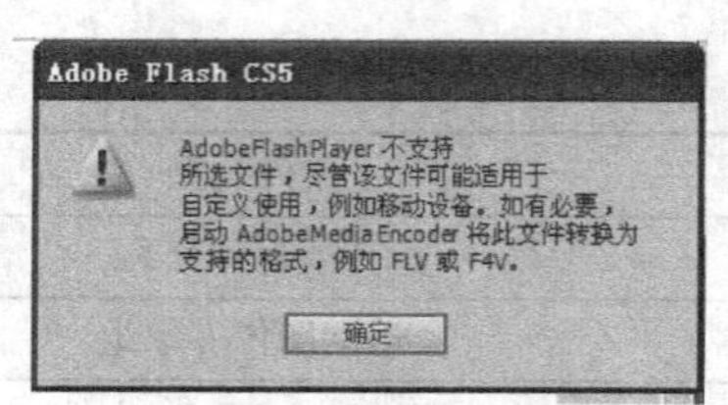

图 4-23　视频导入提示警告

步骤 4　单击【启动 Adobe Media Encoder】按钮，在弹出的对话框中设置转换格式以后输出文件的格式、路径和文件名等，一般选择文件类型为 fla 格式。然后单击【开始队列】按钮，即可开始视频文件格式的转换。具体如图 4-24 和图 4-25 所示。

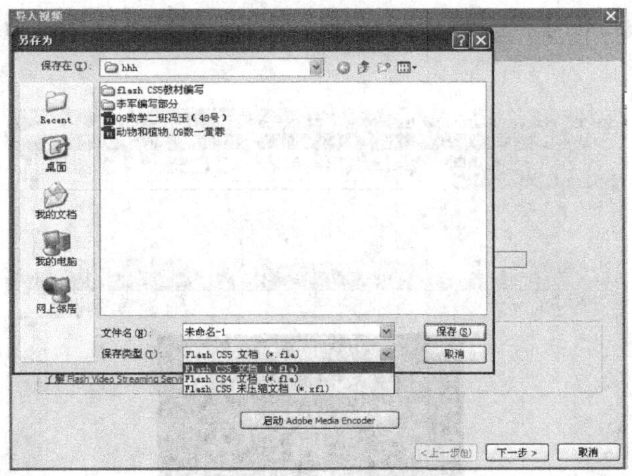

图 4-24　设置格式转换路径和文件名

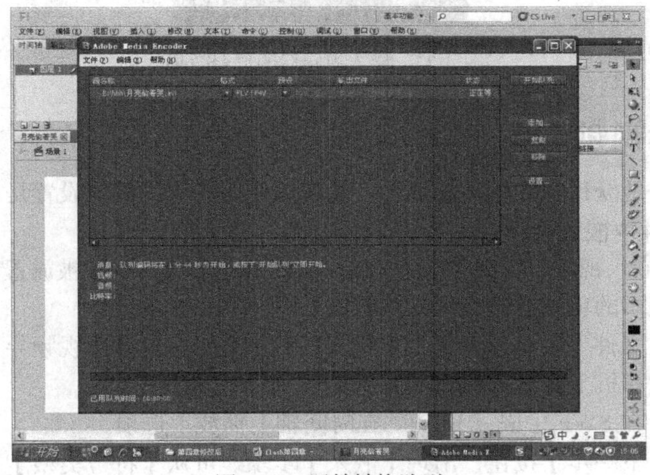

图 4-25　开始转换队列

步骤 5　当状态栏中出现“完成”提示，即可关闭【Adobe Media Encoder】窗口，然后再次在“导入视频”向导中找到转换后的视频文件，将其添加到向导中，如图 4-26 所示。打开导入视频的外观设置，选择外观样式为 steelOverAll.swf。单击【下一步】按钮，完成视频的导入。

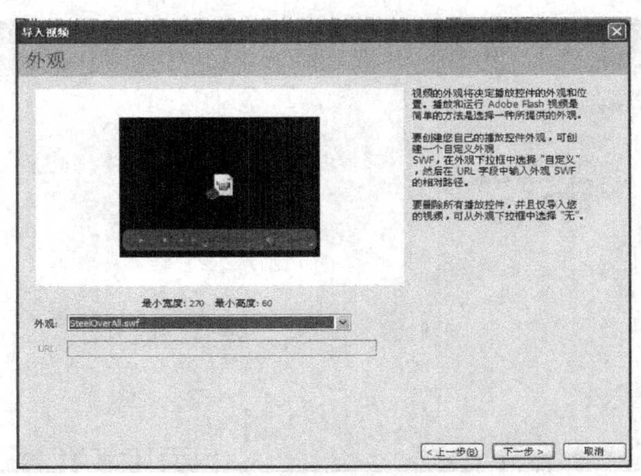

图 4-26　导入转换格式后的视频文件

步骤 6 按【Ctrl+Enter】快捷键可以播放视频效果，如图 4-27 所示为导入视频之后的舞台效果界面。

图 4-27 导入视频后的舞台效果

4.3.3 编辑视频

有时候为了更好地获得视频的播放效果，对视频进行相应的编辑设置是很有必要的。

1. 在 SWF 文件中嵌入视频

在 SWF 文件中嵌入视频，视频将成为 Flash 文档的一部分。视频被放置在时间轴中，可以在此查看在时间轴中表示的单独视频帧。具体方法如下。

步骤 1 选择【文件】|【导入】|【导入视频】命令，打开【视频导入】向导，单击【浏览】按钮选择本地计算机上要导入的视频剪辑。

步骤 2 选中【在 SWF 中嵌入 FLV 并在时间轴上播放】选项。

步骤 3 单击【下一步】按钮，出现【嵌入】步骤。可从【符号类型】下拉列表中选择一种用于将视频嵌入到 SWF 文件的元件类型。【嵌入的视频】选项可以在时间轴上线性播放视频剪辑；【影片剪辑】选项可以将视频置于影片剪辑实例中；【图形】选项可以将视频剪辑嵌入为图形元件。在【将实例放在舞台上】前打勾，同时选中【如果需要，可扩展时间轴】和【包括音频】选项。效果如图 4-28 所示。

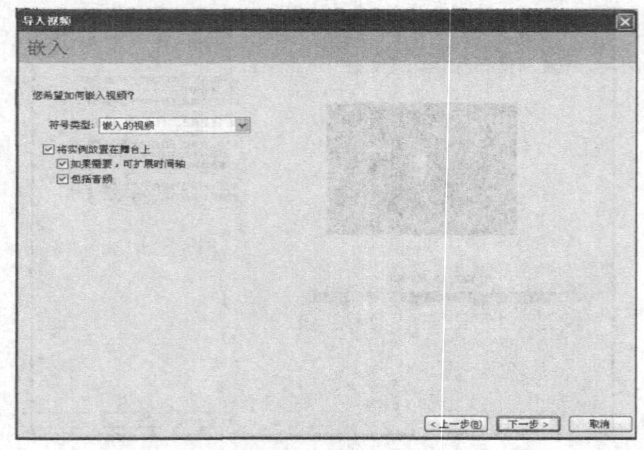

图 4-28 嵌入视频符号类型

步骤 4　单击【下一步】按钮，出现【完成视频导入】向导，单击【完成】按钮完成。效果如图 4-29 所示。

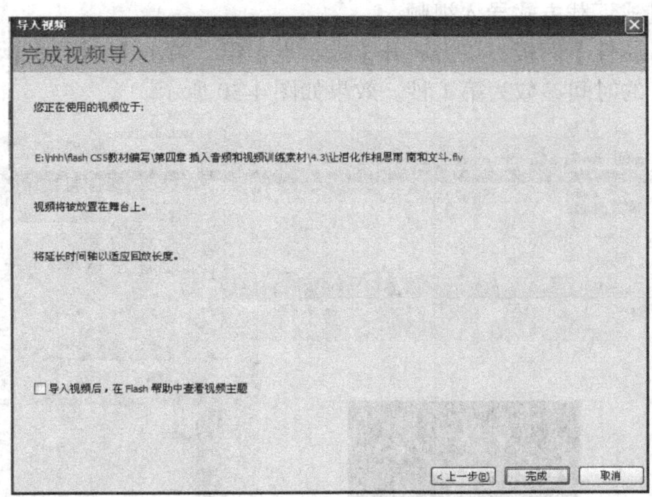

图 4-29　完成视频导入

2. 设置视频文件的属性

导入视频后，可以利用属性面板来修改舞台上嵌入或链接视频剪辑的实例属性。

基本参数：基本视频剪辑的属性参数如下。

- “实例名称”文本框：
- 位置（X 和 Y）数值框：

组件参数：组中提供了 FLVPlayback 组件的详细属性参数。大多数实例中，除非要更改视频外观的显示效果，否则无需更改组件中的设置。

- Align：用于设置 FLVPlayback 组件的对齐方式。
- autoPlay：用于设置 FLV 或 F4V 文件的播放方式。选中该项将在视频加载后立即播放；取消选择则在加载第 1 帧后暂停播放。
- cuePoints：用于指定视频的提示点，默认值为空字符。
- isLive：指定从 FMS 实时传送视频文件流。
- preview：用于设置是否实时预览。
- scaleMode：设置视频加载是否按舞台大小缩放对象。
- skin：选择 FLVPlayback 组件的外观。
- skinAutoHide：当鼠标不在 FLV 文件或外观区域上时隐藏外观。
- skinBackgroundAlpha：用于设置 FLVPlayback 组件的背景 Alpha 透明度。
- skinBackgroundColor：用于设置 FLVPlayback 组件的背景颜色。
- source：用于设置视频文件的名称和位置。
- volume：用于设置音量与最大音量相比所占的百分比。

视频提示点：可以允许事件在视频的特定时间触发，从而将视频中特定的位置与 Flash 动画、图形或文本同步。Flash CS5 提供了以下两种提示点。

- 编码提示点：这是一种在使用 Adobe Media Encoder 编码视频时添加的提示点。这种提示点可由 Flash 之外的其他应用程序访问。
- ActionScript：这是一种在 Flash 中使用属性检查器添加到视频中的提示点。提示点仅可由

Flash 和 FlashPlayer 访问。

创建提示点的方法如下：

步骤 1 以渐进式下载方式导入视频。

步骤 2 打开【属性】面板，单击展开【提示点】组，单击【+】号【添加】按钮添加提示点，并设置提示点 1 的时间参数为第 1 秒。效果如图 4-30 所示。

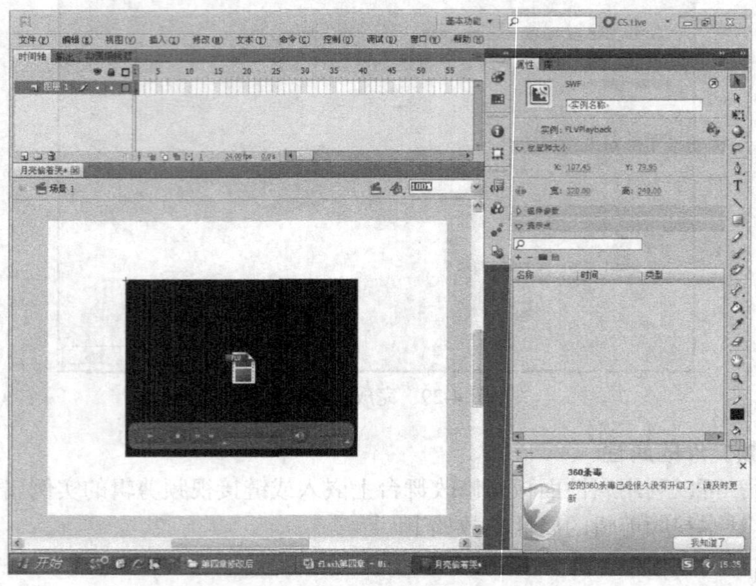

图 4-30 设置提示点 1

步骤 3 用同样的方法添加提示点 2 的时间为第 22 秒，如图 4-31 所示。

图 4-31 设置提示点 2

步骤 4 同理可添加其他提示点。

步骤 5 单击【删除】按钮可以删除选中的提示点。

步骤 6 单击 ActionScript 提示点名称字段，可以对提示点名称进行编辑，如图 4-32 所示。

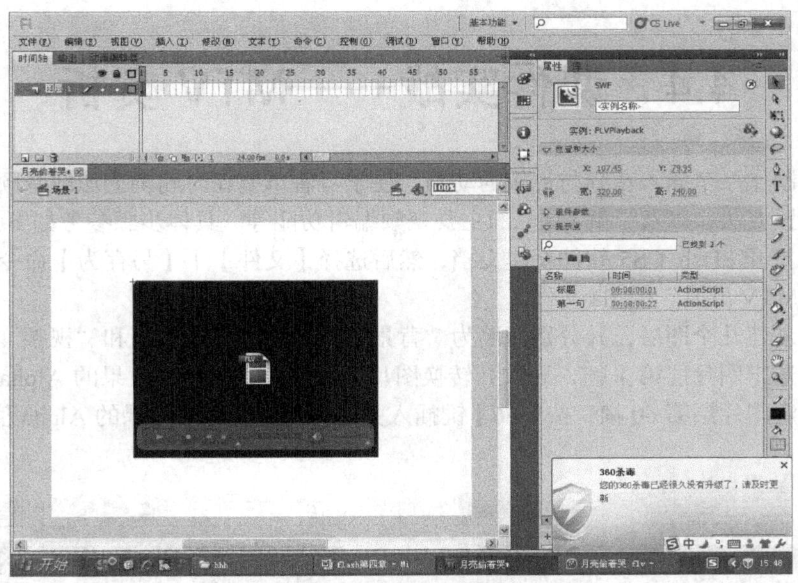

图 4-32　编辑提示点名称

3. 导出 FLV 视频文件

FLV 视频文件是 Flash 的专用视频格式。如果想将其他格式的视频文件转换为 FLV 格式，可以先将视频导入 Flash 中，然后再将视频导出为 FLV 视频文件。

步骤 1　先将视频文件导入到 Flash 库中。

步骤 2　在【库】面板中，右击视频，在弹出的快捷菜单中选择【属性】命令，弹出【元件属性】对话框。在对话框中设置相应链接。可选择为 ActionScript 导出和在第一帧中导出。效果如图 4-33 所示。一般共享操作不需要用到，所以不选。

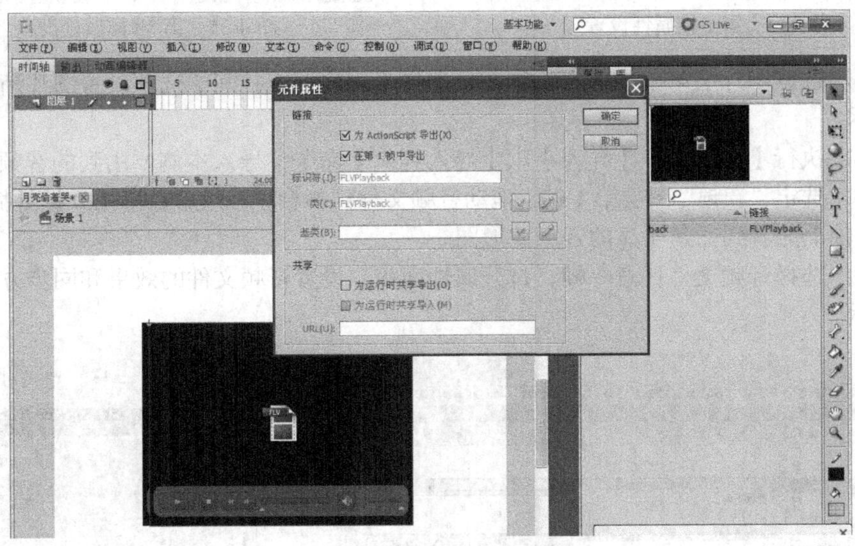

图 4-33　设置链接导出操作

步骤 3　单击【导出】按钮，出现【导出 FLV】对话框。输入要导出的视频文件名，然后单击【保持】按钮即可。

4.4 课件实战——MTV 赏析

本练习将制作一个插入音频与视频的动画，使学习者掌握在时间轴上加载音频的技巧和熟悉声音属性的设置方法，以及了解 Flash 的主要视频编辑功能等。具体步骤参考如下。

步骤 1 打开 Flash CS5 软件新建文档，然后选择【文件】|【另存为】命令，选择保存位置并命名为“MTV 欣赏”的 fla 文件。

步骤 2 新建几个图层，并分别命名为“背景”、“图片”、“音频”和“视频”。

步骤 3 选定图片层第 1 帧，导入并转换图片为元件。设置色彩效果的 Alpha 值为 0，如图 4-34 所示。选定图片层第 60 帧，按【F6】键插入关键帧。设置色彩效果的 Alpha 值为 100，如图 4-35 所示。

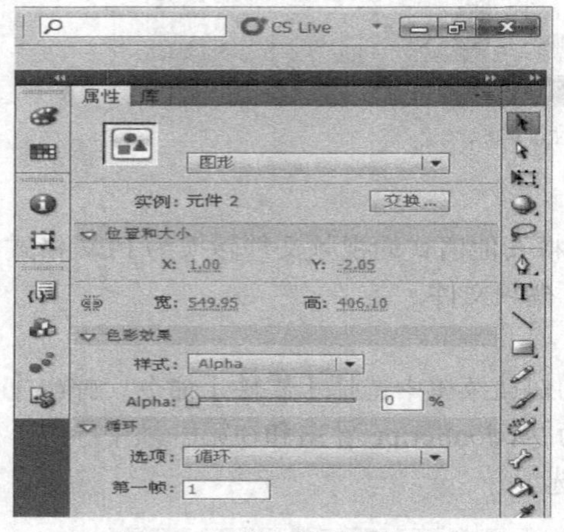

图 4-34　第 1 帧属性设置

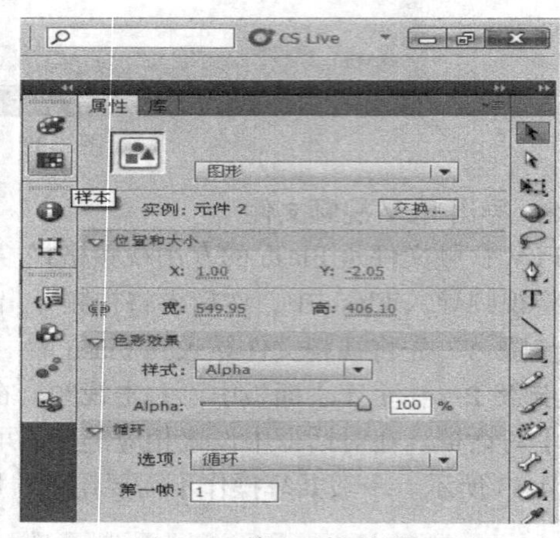

图 4-35　第 50 帧属性设置

步骤 4 选定图片层第 1 帧，右击鼠标，选择【创建传统补间】选项设置图片渐显效果，如图 4-36 所示。

步骤 5 执行【文件】|【导入】|【导入到库】命令，导入本例要用到的音频文件。

步骤 6 选定“音频”图层第 1 帧，拖动音频文件到舞台中。然后在第 120 帧处插入关键帧。此时在时间轴上能看到一条明显的音频波形图。

步骤 7 选择音频文件任意一帧，打开属性面板，设置音频文件的效果和同步方式。效果如图 4-37 所示。

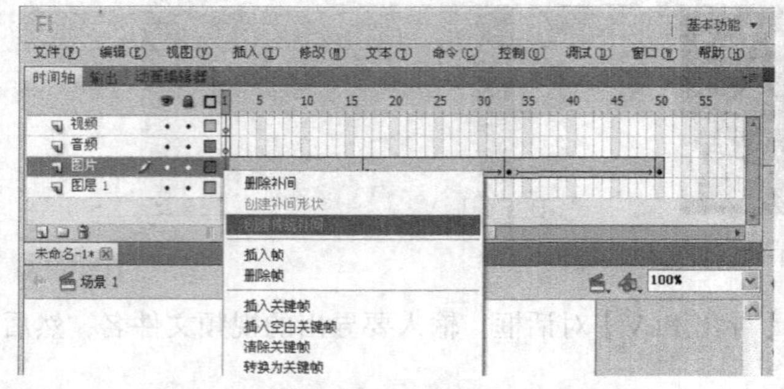

图 4-36　为图片层设置创建传统补间效果

图 4-37　音频属性设置

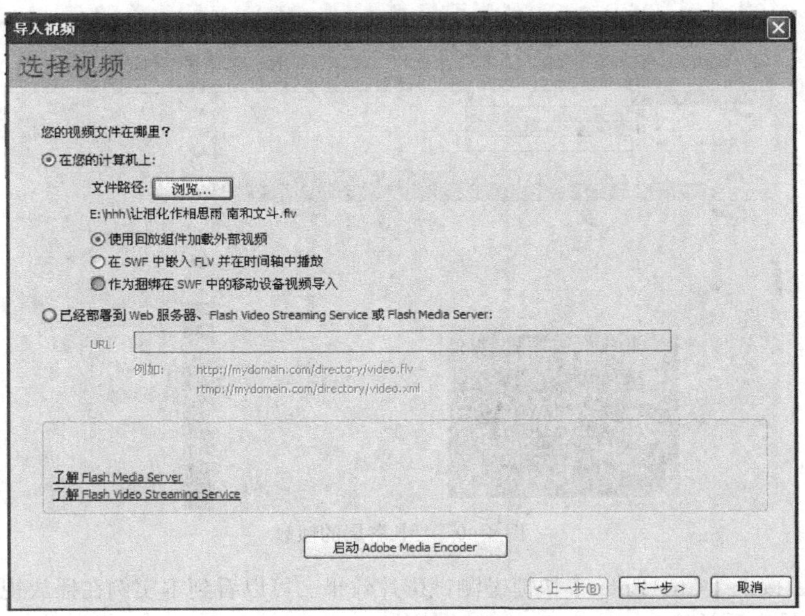

图 4-38　导入视频向导

步骤 8　在视频图层的第 120 帧处插入关键帧，选择【文件】|【导入】|【导入视频】命令，将视频文件导入到文件中。如果导入的视频文件不是支持的格式，则用 Adobe Media Encoder 进行文件转换，如图 4-38 所示。

步骤 9　单击【下一步】按钮，进入“外观”步骤，根据需要设置如图 4-39 所示的参数。

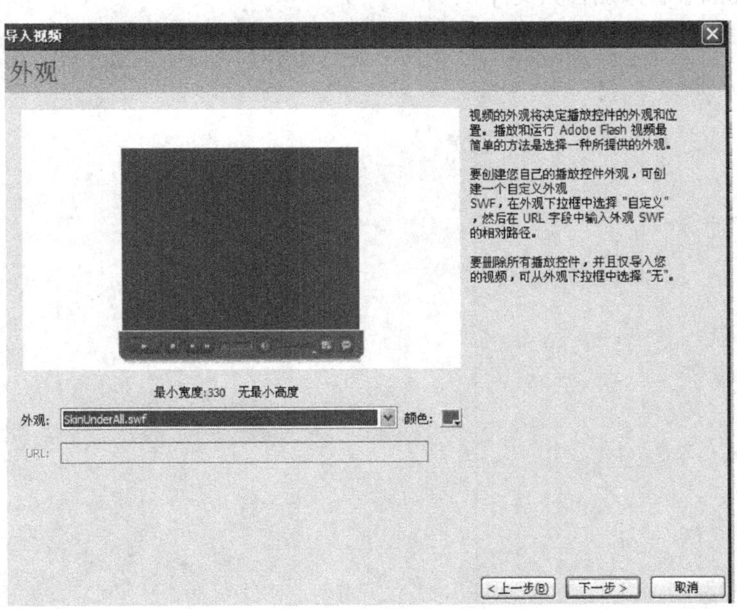

图 4-39　外观参数设置

步骤 10　单击【下一步】按钮完成导入。在舞台中出现视频元件，设置合适的大小和位置。

步骤 11　在视频图层的第 2700 帧处插入关键帧，将其图层沿用到第 2700 帧。延长背景图层和图片图层的帧到第 2700 帧处，效果如图 4-40 所示。

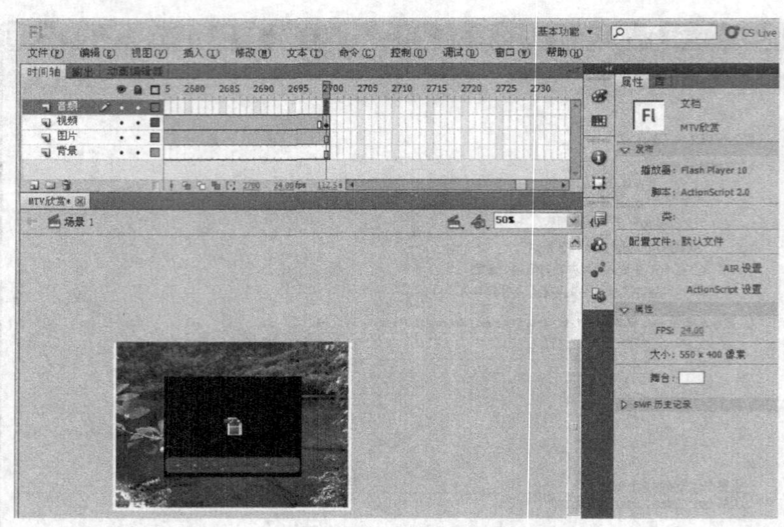

图 4-40　延长各层的帧数

步骤 12　按下【Ctrl+Enter】快捷键测试影片效果。可以看到本实例在播放视频开始前也能听到添加的背景音乐效果。

课后练习

1. 给网页动画素材添加音频文件。
2. 尝试给上一题中添加的音频文件，添加同步效果的文字歌词。

第5章 行为的使用

行为面板是预先编写的“动作脚本”，它为没有编程基础的初中级用户制作交互功能效果的作品提供了可能。它可以将动作脚本编码的强大功能、控制能力和灵活性添加到 Flash 文档中，而不必自己创建动作脚本代码。通过面板做好选择、设置，添加效果后面板会显示该行为的事件与动作。但是行为效果只对 ActionScript2.0 及更早的版本可用。

本章学习目标

- 行为面板中各种行为的功能设置
- 行为面板中对于嵌入视频的设置与控制
- 行为面板中影片剪辑元件的设置

5.1 行为面板详述

在 Flash 文档中添加行为是通过【行为】面板来实现的。默认情况下，【行为】面板组合在 Flash 窗口右边的浮动面板组中。执行【窗口】|【行为】命令可以开启和隐藏【行为】面板。【行为】面板如图 5-1 所示。

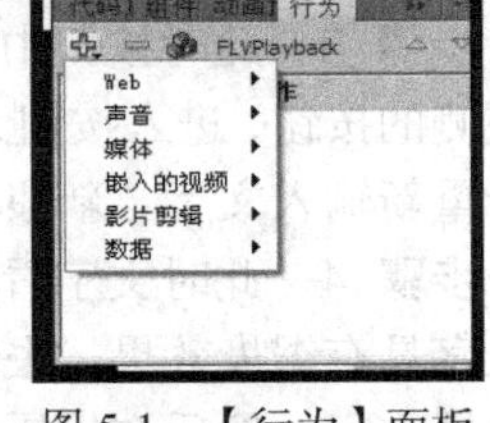

图 5-1 【行为】面板

行为面板上方有一些功能按钮，主要包括：

- 【添加行为】按钮：单击这个按钮可以弹出一个包括很多行为的下拉菜单，在下拉菜单中可以选择需要添加的具体行为。
- 【删除行为】按钮：单击这个按钮可以将选中的行为删除。
- 【上移】按钮：单击这个按钮可以将选中的行为向上移动位置。
- 【下移】按钮：单击这个按钮可以将选中的行为向下移动位置。

【行为】面板下方是显示行为的窗口，它包括两列内容，左边显示的是【事件】，右边显示的是【动作】。

5.2 Web 行为

【行为】面板中提供了可以直接跳转到指定 Web 页中的设置功能。通过使用 GetURL 命令来实现使用 GetURL 语句到其他 Web 页的跳转。

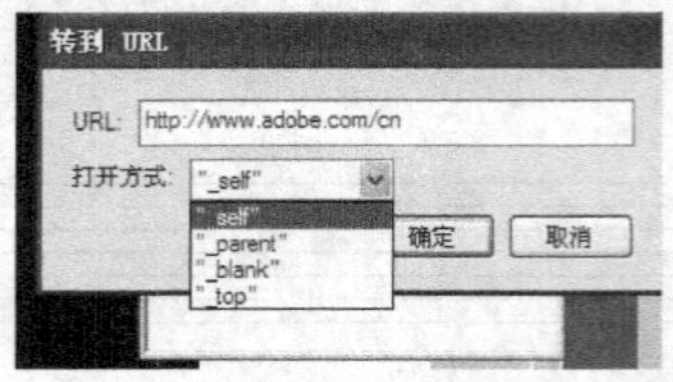

图 5-2　转到 web 页设置对话框

在【行为】面板中单击【添加行为】按钮，选择转到 Web 页，在如图 5-2 所示的对话框中输入链接 URL 地址。

其中，【URL】文本框用于设置跳转的 Web 页的 URL。

另外在【打开方式】下拉列表中可以看到有“_self”、“_parent”、“_blank”和“_top”等选项。

- “_self”方式：将链接的文件载入该链接所在的同一框架或窗口中，该选项为默认值。
- “_parent”方式：将链接的文件载入含有该链接框架的父框架集或父窗口中，此时如果含有该链接的框架不是嵌套的，则在浏览器全屏窗口中载入链接的文件。
- “_blank”方式：将链接的文件载入一个未命名的新浏览器窗口中。
- “_top”方式：在整个浏览器窗口中载入所链接的文件，因而会删除所有框架。

实例参考

本例将制作通过单击不同的网站导航按钮跳转到相应网站的效果，通过本例学习应掌握利用行为制作网站导航按钮的方法。效果如图 5-3 所示。

图 5-3　网站导航按钮

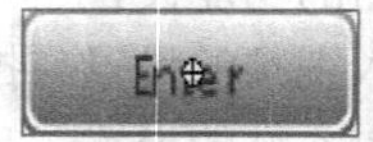

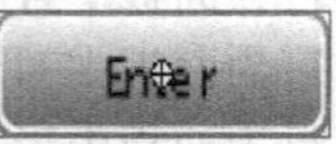

图 5-4　对齐后的效果

步骤 1　启动 Flash CS5 软件，新建一个 Flash 文件（ActionScript 2.0）。然后在属性栏中设置文档大小为 400 像素×100 像素。

步骤 2　执行菜单中的“窗口｜公共库｜按钮”命令，调出按钮库面板。然后展开 buttons rounded 文件夹，选择 rounded blue 和 rounded orange 两个按钮拖入舞台并依次水平放置，并利用对齐面板将它们进行水平居中分布对齐。结果如图 5-4 所示。

步骤 3　此时按钮中的文字为默认文字，下面将按钮中的文字更换为所需文字。方法是双击最左侧的按钮，进入按钮元件的编辑模式，然后解锁 text 层，利用工具箱中的文本工具选中文字，接着重新输入文字“新浪”，如图 5-5 所示。

步骤 4　此时文字看上去不是很清楚，因为文字具有锯齿效果。去除文字中锯齿的方法是选择文字，然后在【属性】面板中将【位图文本（未消除锯齿）】更改为【使用设备字体】。

步骤 5　同理将另一个按钮中的文字替换为“搜狐”。

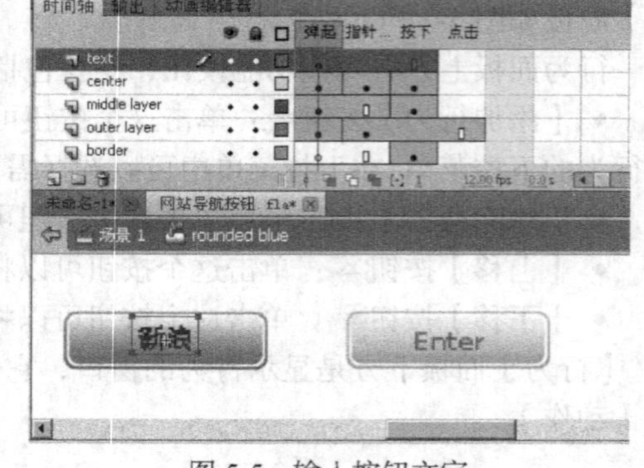

图 5-5　输入按钮文字

步骤 6　接下来利用行为面板创建按钮的链接。执行菜单中的【窗口】｜【行为】命令，调出【行为】面板，如图 5-6 所示。然后选择舞台中的“新浪”按钮，单击行为面板左上方的【添加行为】按钮，从弹出菜单中选择【Web】｜【转到 Web 页】命令。接着在弹出的“转到 URL”对话框中设置如图 5-7 所示效果，单击【确定】按钮。

步骤 7　同理，可设置舞台中的【搜狐】按钮。

图 5-6　【行为】面板

图 5-7　设置参数

步骤 8　至此，整个网站导航按钮制作完毕。下面执行菜单中的【控制】|【测试影片】(快捷键 Ctrl+Enter）命令，打开播放器窗口，即可测试通过单击不同的网站导航。

5.3　声音行为

在【行为】面板中同样提供了可以添加声音行为的功能。我们可以根据这些功能添加出各种不同的声音效果。

在【行为】面板中，单击【添加行为】按钮，在弹出的下拉菜单中指向【声音】选项，则会弹出包括控制声音的行为菜单，如图 5-8 所示。

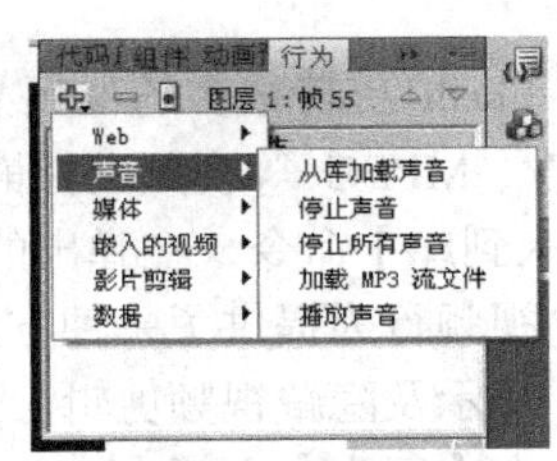

图 5-8　控制声音的行为

控制声音的行为比较容易理解。利用它们可以实现播放、停止声音以及加载 MP3 流文件声音、从库中加载声音等功能。

下面通过一个小实例来讲解一下导入声音的方法，具体操作步骤如下：

步骤 1　执行菜单中的【文件】|【打开】命令，打开本章素材库，找到并打开"红星闪闪.fla"源文件。

步骤 2　执行菜单中的【文件】|【导入】|【导入到库】命令，在弹出的对话框中选择素材中的"闪闪红星.mp3"声音文件，将其导入到库。

步骤 3　在"图层 7"上方新建一个图层，并将其重命名为"音乐"，然后从库中将"闪闪红星.Mp3"拖入该层，此时"音乐"层上出现了音乐的详细波形，如图 5-9 所示。

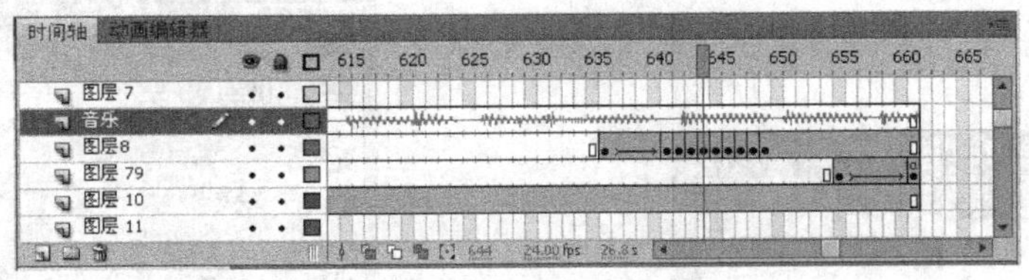

图 5-9　将背景音乐拖入"音乐"层

步骤 4　制作主体动画消失后音乐淡出的效果。选择"音乐"层，打开【属性】面板。

步骤 5　在【属性】面板中有很多设置和编辑声音对象的参数，如图 5-10 所示。打开【声音】下拉列表，在这里可以选择要引用的声音对象，只要将声音导入到库中，声音都将显示在下拉列表中。打开【效果】下拉列表，从中可以选择一些内置的声音效果，比如声音的淡入、淡出等效果，如图 5-11 所示。

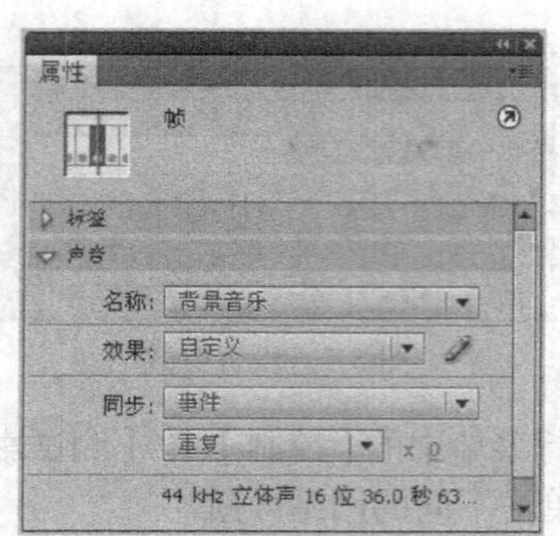

图 5-10 声音的“属性”面板

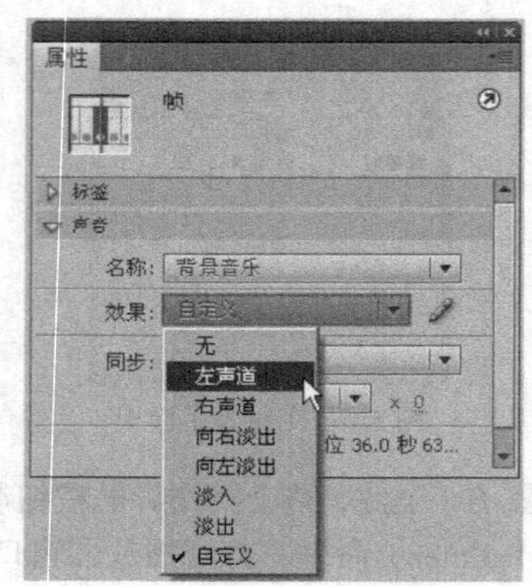

图 5-11 效果下拉列表

步骤 6 按键盘上的 Enter 键，即可听到音乐效果。

5.4 嵌入的视频行为

Flash 支持很多的视频文件格式，同时也提供了多种在 Flash 中加入视频的方法，可以将 AVI、MOV、MPEG 等视频文件嵌入到动画中。执行菜单中【文件】|【导入】|【导入到舞台】或【导入到库】命令，在弹出的【导入】对话框中可以看到 Flash 支持的所有视频格式。

视频行为提供了一种方法控制视频的回放。视频行为使你可以播放、停止、暂停、后退、快进、显示及隐藏视频剪辑。

在【行为】面板中，单击【添加行为】按钮，在弹出的下拉菜单中指向【嵌入的视频】项，则弹出包括控制视频的行为菜单，如图 5-12 所示。

如果要对嵌入的音频文件和视频文件添加行为，则在导入音频和视频文件后，要在属性面板设置好其实例名称和提示点。设置参数值如图 5-13 所示。

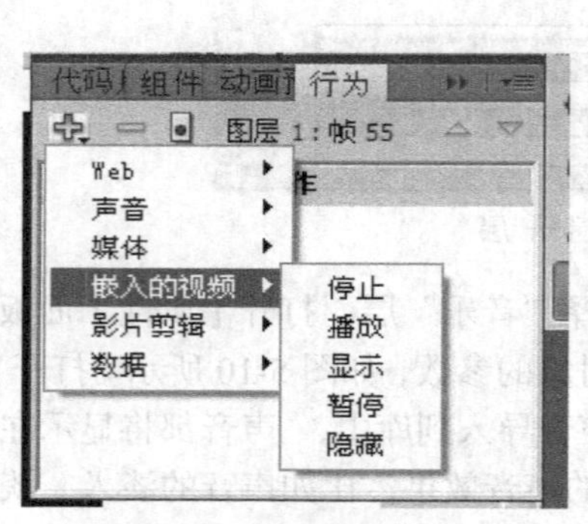

图 5-12 控制视频的行为

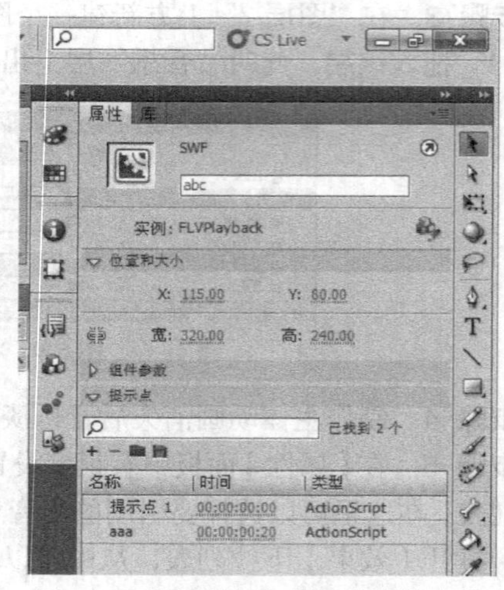

图 5-13 设置视频文件名称及提示点

5.5　影片剪辑行为

当制作交互动画时，经常在播放当前影片时要播放另一个电影，或在多个影片之间进行切换。影片剪辑行为为这种效果的设计提供了方便。影片剪辑行为可独立于时间帧运行。

在【行为】面板中，有一类行为是专门用来控制影片剪辑实例的，这类行为种类比较多，利用它们可以实现改变影片剪辑实例叠放层次以及加载、卸载、播放、停止、复制或拖动影片剪辑等功能。

在【行为】面板中，单击【添加行为】按钮，在弹出的下拉菜单中指向【影片剪辑】项，则弹出包括这些行为的菜单。这些行为中包括的功能如下。

- 【加载图像】：输入要加入的图像地址。
- 【加载外部影片剪辑】：输入要加入的 SWF 文件地址。
- 【转到帧或标签并在该处停止】：选择要停止播放的影片剪辑。
- 【转到帧或标签并在该处播放】：选择要开始播放的影片剪辑。

下面应用一个小综合实例来掌握对于视频和影片剪辑行为的操作。

步骤 1　创建动画界面。在 Flash 中新建一个影片文档，执行【保存】命令将其保存为“行为应用实例.fla”文件。保持影片文档的默认属性设置，如图 5-14 所示。

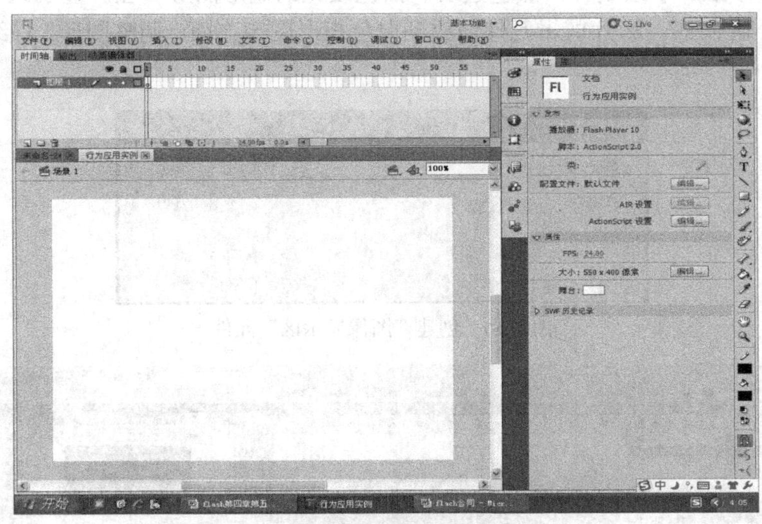

图 5-14　【属性】面板

步骤 2　创建动画背景和标题。新建一个图层，并将两个图层分别重新命名为“背景”和“标题”。然后用【绘图工具栏】中的工具分别在两个图层上创建动画的背景和标题。效果如图 5-15 所示。

步骤 3　创建 “图像显示区”MC 元件。新建一个名字为“图像显示区”的 MC 元件，类型为影片剪辑。在这个元件的编辑场景用【矩形工具】绘制一个红色的矩形图形，如图 5-16 所示。

注意

这个矩形图形的尺寸要和你将要加载的外部图像的尺寸一样，这样才可以保证将加载的图像完美显示出来。

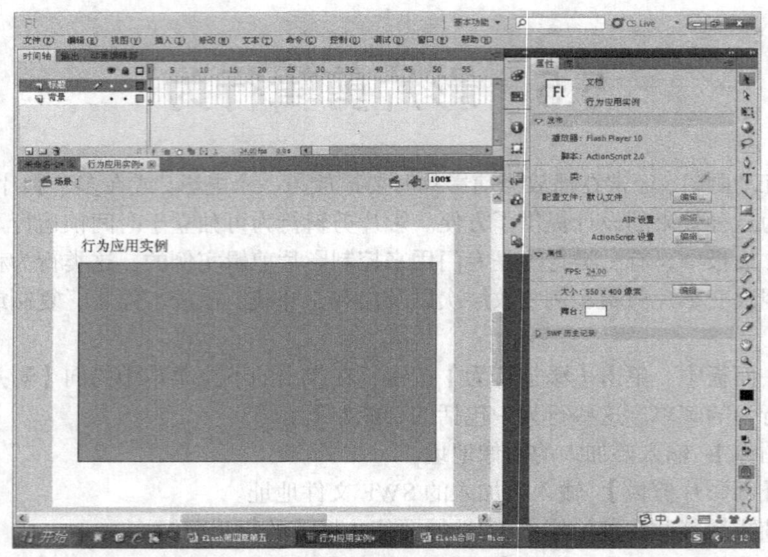

图 5-15　动画背景和标题

步骤 4　再新建一个名字为“图像显示框”的影片剪辑元件，单击【确定】按钮进入这个元件的编辑界面，新建一个图层，并将两个图层重新分别命名为“边框”和“显示区”。在“边框”图层上，用【矩形工具】绘制一个黑色边线、白色填充的矩形图形。在“显示区”上，将【库】面板中的“图像显示区” 影片剪辑元件拖放到白色矩形图像上面，调整图形，最终效果如图 5-17 所示。

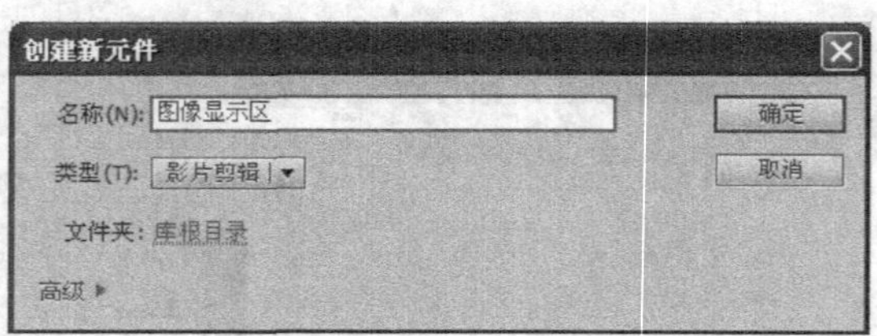

图 5-16　创建“图像显示区”元件

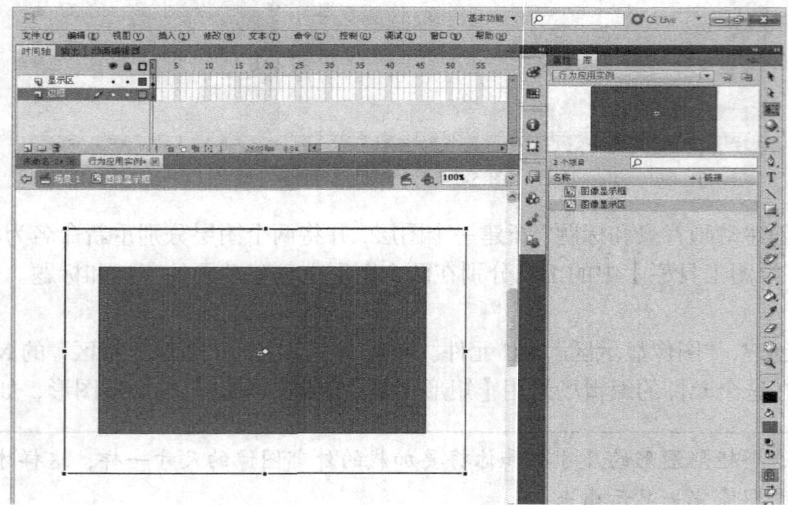

图 5-17　“图像显示框”MC 元件

步骤 5　在“显示区”图层上，选择“图像显示区”MC 元件的实例，在【属性】面板中定义它的实例名为“photo”。

步骤 6　布局元件步骤。返回到场景 1，在“标题”图层上插入一个新图层，并重新命名为“图像”。在这个图层上，从【库】面板中拖放“图像显示框”MC 元件到舞台上，共得到 3 个实例，将它们整齐叠放在一起，如图 5-18 所示。

步骤 7　在【属性】面板中，分别定义舞台上这 3 个 MC 元件实例的名称为：shot1、shot2、shot3。

步骤 8　在【图像】图层上新建一个图层，并重新命名为“action”。选择这个图层的第 1 帧，打开【行为】面板，选择【添加行为】|【影片剪辑】|【加载图像】命令，如图 5-19 所示。

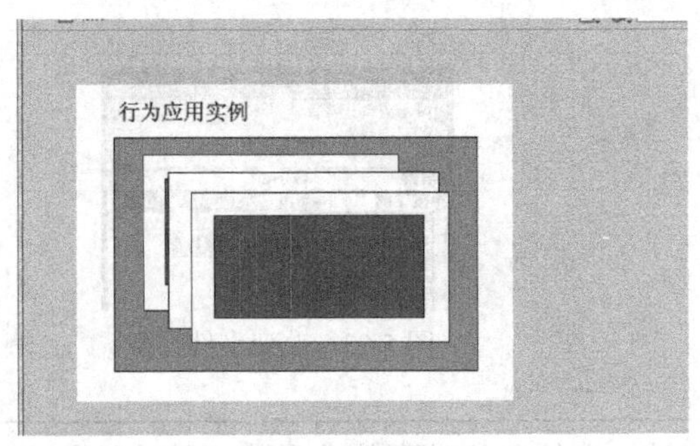

图 5-18　布局元件

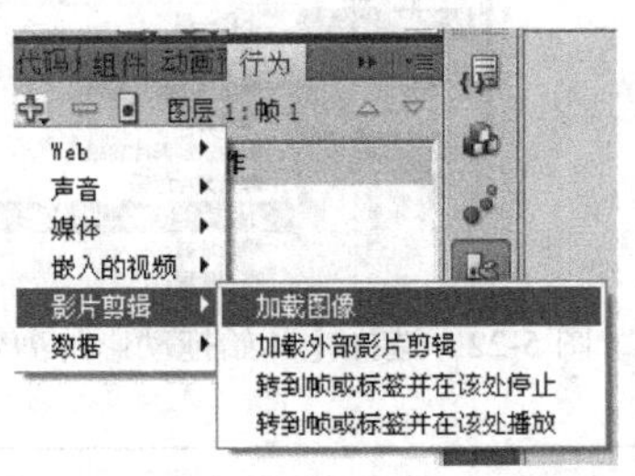

图 5-19　影片剪辑行为选项

步骤 9　单击【加载图像】行为以后，弹出【加载图像】行为设置对话框，在其中的【输入要加载的.JPG 文件的 URL】文本框中，输入 image1.jpg。在【选择要将该图像载入到哪个影片剪辑】窗口中，选择【shot1】|【photo】，如图 5-20 所示。

单击【确定】按钮以后，就完成了一个加载图像的行为的定义。这个行为的定义实现了将一个名字为 image1.jpg 的图像加载到 shot1 影片剪辑元件中的 photo 元件上。

这时按 F9 键打开【动作】面板，你会发现【动作】面板中自动出现了一些动作脚本代码，这些就是通过前面定义加载图像行为系统自动产生的脚本代码，如图 5-21 所示。

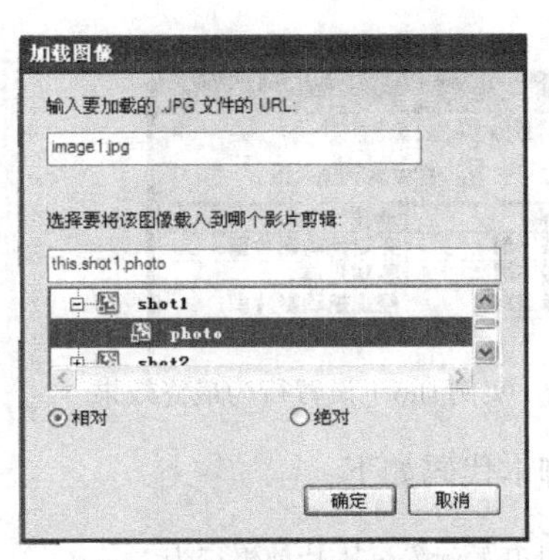

图 5-20　设置加载图像行为

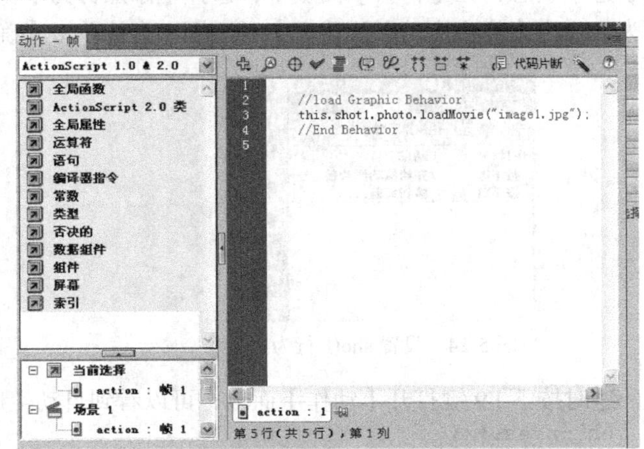

图 5-21　自动生成的脚本代码

通过以上步骤，就实现了将 image1.jpg 图像加载到 shot1 影片剪辑元件中的 photo 元件上的目的，用同样的方法再定义 2 个加载图像的行为，以实现另外 2 个外部图像加载到相应的影片剪辑元件的目的。

步骤 10 设置“图像显示框”MC 实例的行为。先定义施加到影片剪辑实例 shot1 上的第 1 个行为。选择名字为“shot1”的影片剪辑实例，在【行为】面板中，选择【添加行为】|【影片剪辑】|【开始拖动影片剪辑】行为，如图 5-22 所示。

单击【开始拖动影片剪辑】行为以后，弹出【开始拖动影片剪辑】对话框，在其中选择窗口列表中的【shot1】实例名。

步骤 11 返回到【行为】面板，单击【事件】右边的小三角按钮弹出下拉列表菜单，选择其中的【按下时】事件，如图 5-23 所示。

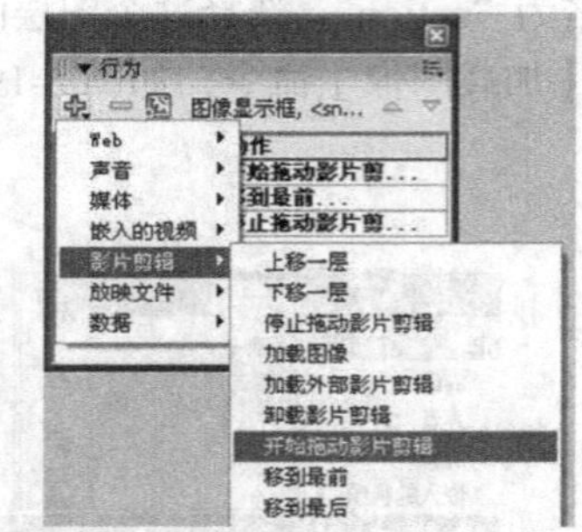

图 5-22 选择【开始拖动影片剪辑】行为

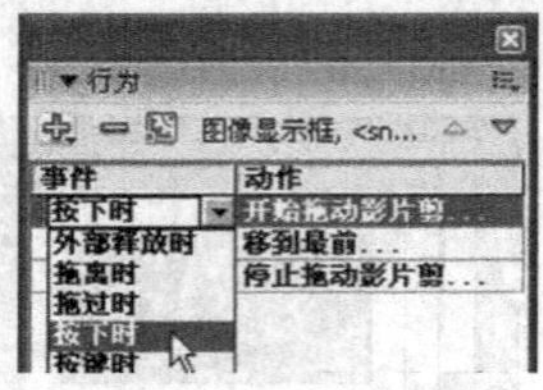

图 5-23 改变事件类型

当我们定义按钮、影片剪辑的行为时，系统默认的事件类型是“释放时”，如果你想更改事件类型，可以按照上面的步骤操作。

步骤 12 继续定义施加到影片剪辑实例“shot1”上的第 2 个行为。保持影片剪辑实例“shot1”处于选中状态，在【行为】面板中，选择【添加行为】|【影片剪辑】|【移到最前】行为，弹出【移到最前】对话框，直接单击【确定】按钮即可。接着按照同样的方法，将【释放时】事件更改为【按下时】事件，如图 5-24 所示。

步骤 13 最后定义施加到影片剪辑实例“shot1”上的第 3 个行为。保持影片剪辑实例“shot1”处于选中状态，在【行为】面板中，选择【添加行为】|【影片剪辑】|【停止拖动影片剪辑】行为，弹出【停止拖动影片剪辑】对话框。直接单击【确定】按钮即可。效果如图 5-25 所示。

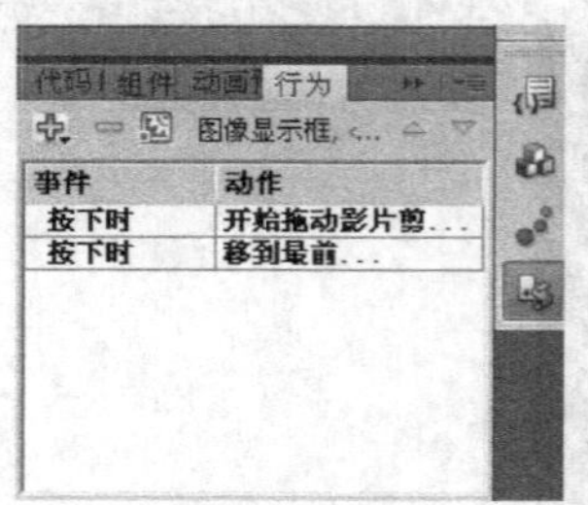

图 5-24 设置 shot1 行为

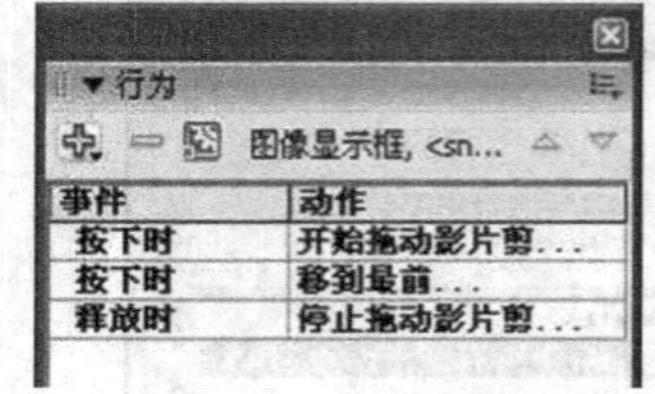

图 5-25 实例 shot1 设置行为最终效果

这时按下 F9 键打开【动作】面板，可以看到自动生成的脚本代码如下：

```
on (press) {
    //Start Dragging Movieclip Behavior    //单击此处开始触发该影片剪辑行为
    startDrag(this);
    //End Behavior      //结束行为
    //Bring to Front Behavior
    mx.behaviors.DepthControl.bringToFront(this);  //将该行为移动到最前面显示
    //End Behavior
```

```
    }
    on (release) {
        //Stop Dragging Movieclip Behavior    //释放鼠标后结束该影片剪辑行为
        stopDrag();
        //End Behavior         //结束行为
    }
```

以上动作脚本的功能是，当鼠标单击名字为“shot1”的影片剪辑实例时，它被移动到最前面显示，并且拖动鼠标可以将它放在任意的位置，到合适位置松开鼠标停止拖动。

步骤 14　按照以上的步骤，再分别定义另外 2 个 MC 实例的行为，施加到每个 MC 实例上的行为也是 3 个，并且和施加到“shot1”上的一样。

步骤 15　至此，实例制作完成。可以按 Ctrl+Enter 键测试效果。

最后需要说明的是，需要加载的图像文件一定要和实例 Flash 文件放在同一个文件夹下，这样才能保证本实例加载的图像成功。

5.6　课件实战——江南水乡

本课件实例通过对行为面板的设置为多媒体课件添加背景音乐效果。

步骤 1　打开实例素材中的“江南水乡.fla”文件。保持影片文档的默认属性设置，如图 5-26 所示。

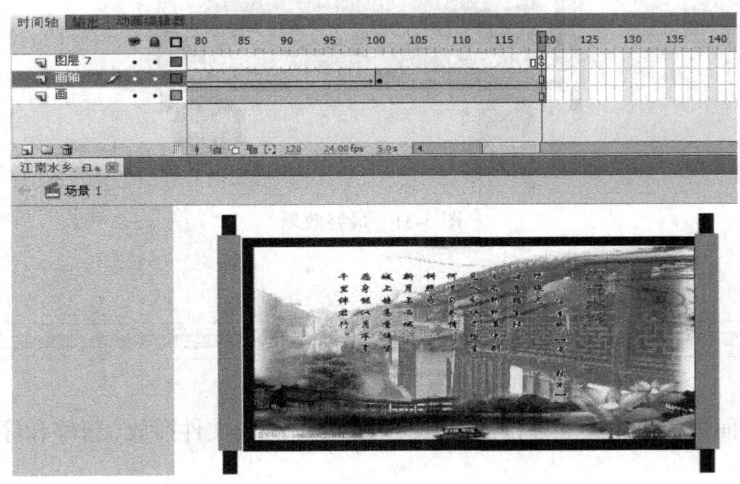

图 5-26　江南水乡.fla 源文件

步骤 2　打开素材库，找到“荷塘月色.mp3”文件，并将其导入到【库】面板中。

步骤 3　在【库】面板中选中该音乐文件单击鼠标右键，选择【属性】命令，在弹出的【声音属性】对话框中为其指定标识符为“sound”，如图 5-27 所示。

步骤 4　选中场景中的【播放】按钮，单击行为面板上的【添加】按钮，选择【从库加载声音】命令。输入要播放声音的标识符，如图 5-28 所示。

步骤 5　单击【确定】按钮，可以看到添加了行为的【行为】面板，如图 5-29 所示。

步骤 6　同理，还可设置一个【停止播放音乐】的按钮，为其添加【停止所有声音】的行为。效果如图 5-30 所示。

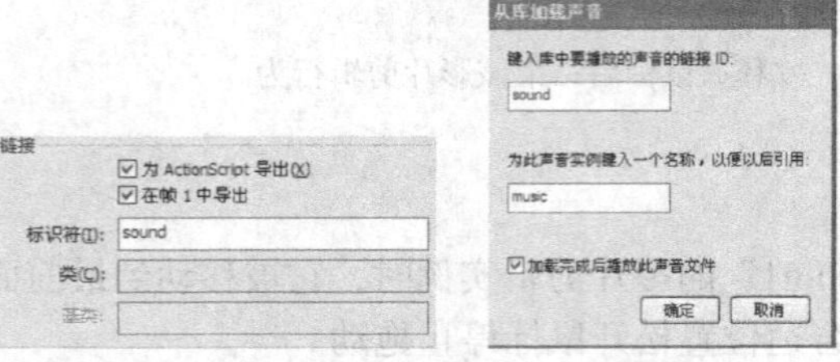

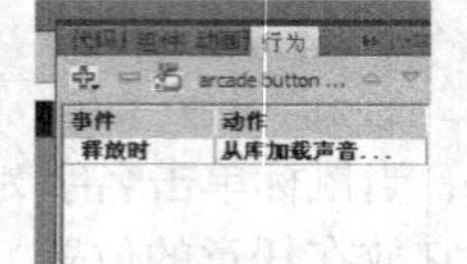

图 5-27　指定音频标示符　　图 5-28　加载音频　　图 5-29　添加播放效果行为　　图 5-30　设置停止播放效果

步骤 7　按【Ctrl+Enter】快捷键测试影片效果。最终效果如图 5-31 所示。

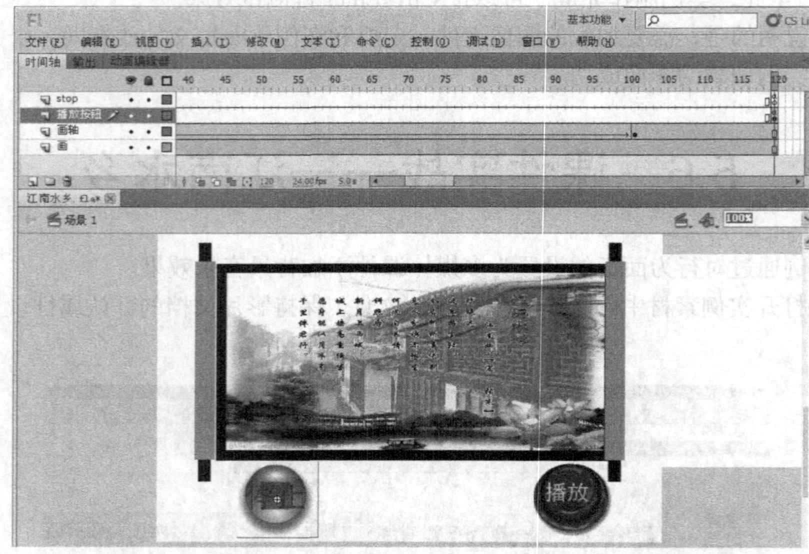

图 5-31　最终效果

课后练习

1. 根据行为面板的应用功能设计一个具有可以控制视频文件播放、暂停和停止等效果的控制播放器。

2. 制作如图 5-32 所示的声音控制按钮效果。

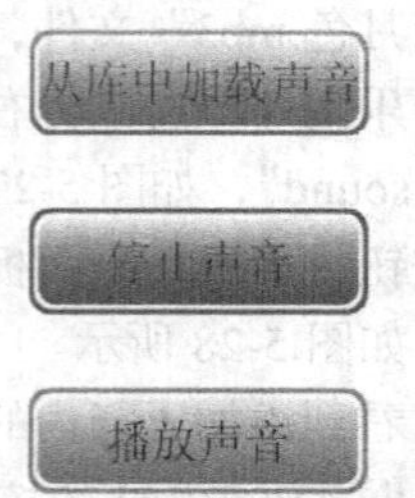

图 5-32　声音控制按钮效果

第 6 章 ActionScript 2.0 编程基础

本章主要介绍 Flash CS5 动画制作中的编程基础知识。现今 ActionScript 已经发展到 3.0 版本了，但作为初学者 ActionScript 2.0 更容易接受，学好 2.0 版再学 3.0 版也就事半功倍了。本章内容主要包括 ActionScript 2.0 语言及其语法、条件语句、循环语句、文本与字符、影片剪辑控制等常用编程知识。

本章学习目标

- 掌握 ActionScript 2.0 语言及其语法
- 掌握条件语句、循环语句的使用
- 掌握文本与字符相关基础编程
- 掌握影片剪辑的控制

6.1 ActionScript 2.0 简介

ActionScript 是 Flash 的脚本语言，也是一种编程语言，是一种面对对象编程形式。通过 ActionScript 可以实现动画的交互性。在简单动画中，可以通过 ActionScript 控制 Flash 播放动画中的场景和帧；而在交互动画中，用户可以使用键盘或鼠标与动画交互。例如，可以实现单击动画中的按钮，然后跳转到动画的不同部分继续播放；可以实现移动动画中的对象；可以实现在表单中输入信息等等。使用 ActionScript 可以控制 Flash 动画中的对象，创建导航元素和交互元素，扩展 Flash 创作交互动画和网络应用的能力，例如我们熟悉的 Flash 网页游戏“QQ 农场”、“QQ 牧场”、“家园保卫战”等，都是使用 Flash ActionScript 开发的。

现在我们先了解一下 ActionScript 中的相关术语，便于后面知识的学习。这些术语现在对于初学者可能有点难，让人摸不着头脑。但通过后面的学习慢慢就可以领会其含义了，所以现在只要了解这些术语的基本含义就可以了。

Actions（动作）：就是程序语句，它是 ActionScript 脚本语言的灵魂和核心。

Events（事件）：简单地说，要执行某一个动作，必须提供一定的条件，如需要某一个事件对该动作进行的一种触发，那么这个触发功能的部分就是 ActionScript 中的事件。

Class（类）：是一系列相互之间有联系的数据的集合，用来定义新的对象类型。

Constructor（构造器）：用于定义类的属性和方法的函数。

Expressions（表达式）：语句中能够产生一个值的任一部分。

Function（函数）：指可以被传送参数并能返回值的以及可重复使用的代码块。

Identifiers（标示符）：用于识别某个变量、属性、对象、函数或方法的名称。

Instances（实例）：实例是属于某个类的对象，一个类的每一个实例都包含类的所有属性和方法。

Variable（变量）：变量是储存任意数据类型的值的标示符。

Instancenames（实例名）：是在脚本中指向影片剪辑实例的唯一名字。

Methods（方法）：是指被指派给某一个对象的函数，一个函数被分配后，它可以作为这个对象的方法被调用。

Objects（对象）：就是属性的集合。每个对象都有自己的名字和值，通过对象可以自由访问某一个类型的信息。

Property（特性）：对象具有的独特属性。

6.2 动作面板

Flash 代码是在【动作】面板（见图 6-1）中进行编写。【动作】面板与舞台上可以添加动作的对象相关联。在 ActionScript 2.0 中可以添加动作的对象有三种：关键帧、影片剪辑、按钮。现在我们首先认识一下【动作】面板。

图 6-1 【动作】面板

从图 6-1 可以看到，【动作】面板左上方是一个【动作】工具箱，单击前面的图标可以展开每一个条目，显示出对应条目下的动作脚本语句元素，双击选中的语句即可将其添加到编辑窗口。

下方是一个脚本导航器。里面列出了 FLA 文件中具有关联动作脚本的帧位置和对象；单击脚本导航器中的某一项目，与该项目相关联的脚本则会出现在【脚本】窗口中，并且场景上的播放头也将移到时间轴上的对应位置。双击脚本导航器中的某一项，则该脚本会被固定。

右侧部分是脚本编辑窗口，这是添加代码的区域。可以直接在脚本编辑窗口中编辑动作、输入动作参数或删除动作。也可以双击【动作】工具箱中的某一项或脚本编辑窗口上方的【添加脚本】工具 ，向脚本编辑窗口添加动作。

在脚本编辑窗口的上面有一排工具图标，在编辑脚本的时候，可以方便适时地使用它们的功能（见图 6-2）。

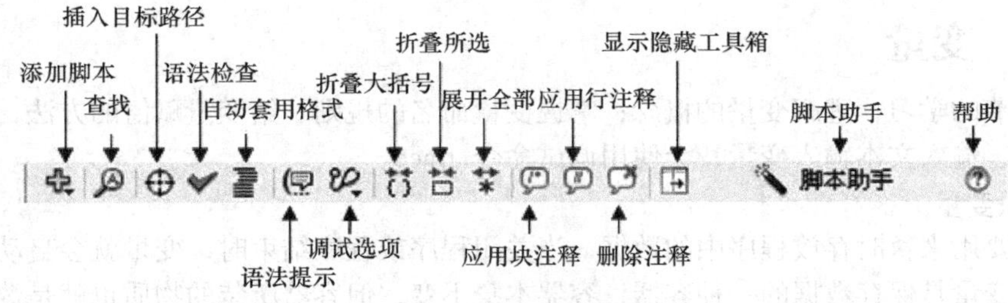

图 6-2　动作面板工具栏

在使用【动作】面板的时候，可以随时点击脚本编辑窗口左侧的箭头按钮，以隐藏或展开左边的窗口。将左面的窗口隐藏可以使【动作】面板更加简洁，方便脚本的编辑（见图 6-3）。

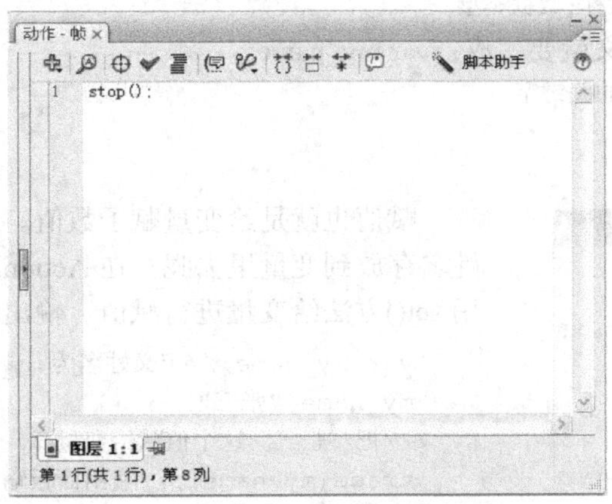

图 6-3　隐藏工具箱

6.3　ActionScript 2.0 语言及其语法

本节主要是通过实例来学习 ActionScript 中的一些基本语法，让读者具备一定的 Flash 编程能力。

6.3.1　数据类型

数据类型：计算机执行程序时处理的数据种类，在 ActionScript 中有很多种不同类型的数据，下面主要介绍一下几种常用的数据类型：

- Number：数字数据类型，数字数据类型是双精度浮点数。即所有实数。
- String：字符或者叫文本，String 数据类型常常用引号括起来，如："ABC"、"123"。这里要强调一下，只要是字符型数据都必须使用"" 括起来，也就是说只要使用" " 括起来就说明该数值类型就为字符型数据，即使引号中为数字。
- Boolean：布尔型。它只有两个值：true、false，即真和假，或者说是"是"和"不是"的意思。也可以将值 true 和 false 转换为 1 和 0。
- Object：对象。
- MovieClip：影片剪辑。Flash 应用程序中可以播放动画的元件。它们是唯一引用图形元素的数据类型，也是后面编程中用到最多的。

6.3.2 变量

通过本节的学习，理解变量的概念；掌握变量命名的规则、给变量赋值的方法；会用动态文本显示变量、输入文本输入变量，会使用调试命令 trace。

1. 认识变量

变量主要用来暂时存放程序中的数据，当关闭程序或程序结束时，变量就会自动消失。可以这样理解：变量是保存数据的一种容器，容器本身不变，但容器所装的物质也就是数据可变。在 Flash 中，通过动作脚本可以建立很多“容器”来存放 Flash 中的数据，比如影片剪辑的透明度、坐标等，也可以存放人或物的名字、年龄等。为了区别不同的 “容器”必须为每个“容器”取一个独立的名字即变量名。怎么样来定义“容器”呢？现定义一个变量为 my_name，用来存放姓名。

语法格式：var 变量名称:数据类型

要完成上面的变量定义就要写成：var my_name;

```
//var 是用来定义变量的关键字。
//my_name 便是变量名。
```

2. 变量赋值

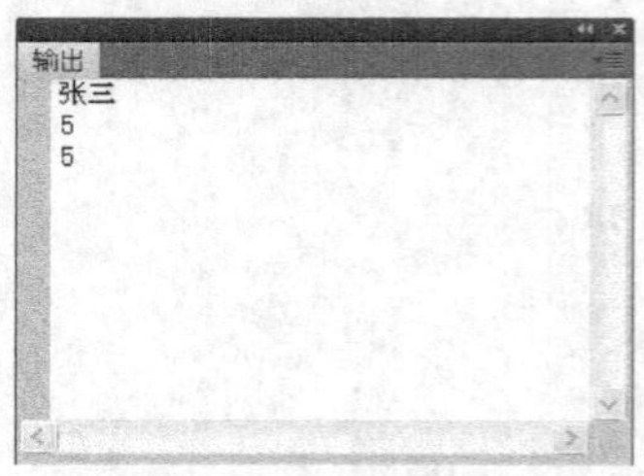

图 6-4 【输出】面板

赋值也就是给变量赋予数值。对于上述实例就是怎么让姓名存放到变量里去呢？在 ActionScript 中是使用“=”或使用 set()方法给变量进行赋值。输出结果如图 6-4 所示。

```
var my_name;//定义姓名为 my_name 变量
my_name="张三";
//把“张三”这个值赋给变量 my_name
trace(my_name);//输出面板输出“张三”
var a=5;//把“5”赋值给变量 a
trace(a);//输出面板输出“5”
set("a", 5);//用 set()方法为变量赋值为“5”
trace(a);// 【输出】面板输出“5”
```

trace()实际算是一个调试命令，它的输出都会在【输出】面板显示出来。而真正发布作品时 trace()却不再输出。它是最方便的调试命令，后面我们会经常用到。应用格式：

```
trace(expression:Object)
```

参数：expression 要显示的变量或者表达式。

3. 变量命名规则：

（1）不能是 as 关键字，所谓关键字也称保留字，指 as 预先定义好的标识符。

（2）不能以数字开头，第一个字符必须是字母或下划线“_”和美元符“$”。

（3）中间不能有空格。

（4）变量名中不能使用标点符号。

（5）不应将动作脚本语言中的任何元素用作变量名称。

正确示例：

A、m、ba、sw、a_ab，my_mc，$abc，$_ss，$_mc 等

错误示例：

```
2_m  //不能用数字开头
my-a  //不能用减号分隔
a.ss //不能使用标点符号
a b //不能有空格
```

注意

规范的命名变量使其他人更容易阅读。在命名变量时规范的方法是不同类型的变量加不同的前缀或者后缀。在实际编程中我们往往不太注意这些，给阅读者造成困难。例如：my_name、文字_MC 等。

4．确定变量的范围和声明变量

变量的范围是指变量引用区域。在动作脚本中有以下 3 种类型的变量范围：

- 本地变量：本地变量在声明它们的函数体（由大括号界定）内可用。本地变量的使用范围只限于它的代码块，它会在该代码块结束时到期。没有在代码块中声明的本地变量会在它的动作脚本结束时到期。本地变量也可防止出现名称冲突，在定义本地变量时可以为其指定数据类型，这有助于防止将类型错误的数据赋给现有变量。例如：

```
var a=5
var b="欢迎大家学习 AS"
var c=(3+5)
trace(a);
trace(b);
trace(c);
```

输出结果如图 6-5 所示。

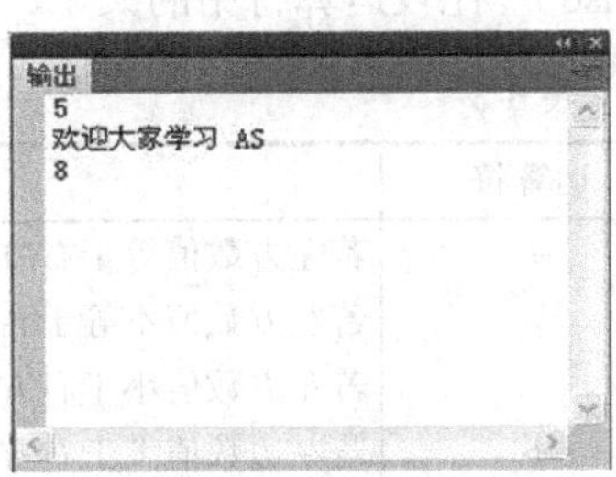

图 6-5 【输出】面板

- 时间轴变量：时间轴变量可用于该时间轴上的任何动作脚本。要声明时间轴变量，可以使用 set variable 动作或赋值“=”运算符。
- 全局变量和函数：全局变量和函数对于文档中的每一时间轴和范围而言都是可见的。若要创建具有全局范围的变量，请在变量名称前使用_global 标识符，并且不使用 var 语法。

6.3.3　运算符与表达式

表达式必须通过变量、常数和运算符的组合形成。例如，1+1 的表达式为：

Num=1+1

常用 Num 为变量，1 为常数，而“+”和“=”就是运算符。Flash 的运算符可为算术运算符、比较运算符和逻辑运算符，本节主要介绍常用的运算符命令的使用方法和功能。

1．算术运算符

算术运算符主要用于数值运算，若遇到字符串类型的数据要运行算术运算时，则 Flash 会将字符串转变成数值后再执行运算工作，常用的算术运算符如表 6-1 所示。

表 6-1　常用算术运算符

运算符	功能	算术运算符范例	运算结果
+	加法	例：15+30	45
–	减法	例：72–50	22
*	乘法	例：8 × 8	64
/	除法	例：100/4	20
%	求余数	例：100/3 和 1/3	1 和 1

一个表达式运算符，如 Num=（32+18）*5/2，而字符串和数值运行算术运算时，Flash 5 会先将字符串转换成数值，如“30”会转换成数值 30，而不能转换成数值的字符串如“abc”，则会转

换成数值 0。除了上表常用的运算符以外，Flash MX 尚有其他较为特殊的运算符（见表 6-2）。

表 6-2　　特殊算术运算符

运算符	功能	算术运算符范例
++	递增	例：x=0，执行 x++ 一次 x=1，其作用与 x=x+1 相同
--	递减	例：x=3，执行 x-- 一次 x=2，其作用与 x=x-1 相同
+=	加法	例：x+=y，其作用与 x=x+y 相同
-=	减法	例：x-=y，其作用与 x=x-y 相同

上述这些较为特殊的运算符具有简化表达式的作用，当然如果在一段程序中大量使用这些运算符，在程序外观上或许会得到高度好评，但程序的作用只是要达到动画的要求，不见得非要使用特殊运算符才能做出好程序，对于初学者可以根据自己的习惯编写使用。

2. 比较运算符

比较运算符的作用是比较两个操作数的大小，比较后的结果将产生布尔值真（true）或假（false）。比较运算符中的大于、小于、等于或不等于所使用的符号与数学式相同（见表 6-3）。

表 6-3　　数值比较运算符

运算符	功能说明
==	若左方数值等于右方数值，则返回真（true）值，否则返回假（false）值
!=	若左方数值不等于右方数值，则返回真（true）值，否则返回假（false）值
<	若左方数值小于右方数值，则返回真（true）值，否则返回假（false）值
>	若左边数值大于右方数值，则返回真（true）值，否则返回假（false）值
<=	若左边数值小于或等于右方数值，则返回真（true）值，否则返回假（false）值
>=	若左方数值大于或等于右方数值，则返回真（true）值，否则返回假（false）值

上表的这些运算符几乎都是平常生活中的数学运算符号，而且在使用上也相当普遍。

3. 常用逻辑运算符

逻辑运算符可以辅助比较运算符来生成更复杂的条件式。早期有 Flash 版本仅提供 AND、OR、NOT 3 种基本逻辑运算符，而 Flash 5 以后的版本则添加了多项逻辑运算命令，如表 6-4 所示。

表 6-4　　逻辑运算符

字符串运算符	功能说明
&&	与 AND 命令作用相似，将两个数字、字符串、变量或函数比较之后，返回一个逻辑值。当两个运算符中有一个结果为假，则整个表达式的结果就为假，除非两个表达式的结果都为真，整个表达式的结果才会为真
||	与 OR 命令功能相似，当两个运算符中有一个结果为真，则整个表达式的结果就为真，除非两个表达式的结果都为假，整个表达式的结果才会为假
!	与 NOT 命令功能相似，可以颠倒比较表达式的结果，其使用的方式只要放到比较表达式前方

6.3.4　ActionScript 脚本的语法

语法是编程中特别要注意的环节，如果没有按照规定语法来书写脚本，计算机就无法识别，程序也就无法正常运行。因此我们需要注意以下几个方面。

1. 区分大小写

在书写关建字、变量（Variable）、实例名（Instance Name）和帧标签（Frame Label）时，我们

都要养成在书写代码时保持大小写一致的好习惯，避免给编写代码造成不必要的麻烦。例如“if”不要写成“IF”，要清楚在 ActionScript 编程中“if”并不等于“IF”。在书写关键字时我们还要注意，如果这个关键字是由多个英文单词组合而成，那么第一个单词的第一个字母为小写，从第二个单词以后的各个组合单词的第一个字母就必须为大写。例如“gotoAndPlay”这个关键字就是由“goto”、“and”和“play”三个关键字组成，所以按照书写规定就必须写成“gotoAndPlay”。

2．界定符

界定符有三种。第一种是分号“;”，表示每行语句结束。编写 ActionScript 代码要求每一语句结束都必须使用分号进行分隔。例如：

```
gotoAndPlay(1);
stopAllSounds();
```

当然也可写成：

```
gotoAndPlay(1);stopAllSounds();
```

但不能写成：

```
gotoAndPlay(1) stopAllSounds()
```

第二种界定符是大括号“{ }”。动作脚本的一组语句可被一对大括号{……}包括起来组成一个语块。“{ ”和“ }”必须配对使用。例如：

```
on (release) {
    gotoAndPlay(1);
    stopAllSounds();
}
```

第三种界定符是小括号“( )”。在定义函数的时候，所有的参数或事件名都必须放在小括号内，即使没有参数或事件名也必须书写。例如：

```
on (release) {
  gotoAndPlay(1);
  stopAllSounds();
}
```

3．用“//”或“/* */”注释

注释也就是给脚本添加说明，方便阅读者能很快领会编程者的意图。注释内容不参与脚本的运行。“//”为单行注释，也就是写注释时只能写一行，不能分行；“/* */”为块注释，必须“/*”和“*/”配对使用。块注释可以分多行对脚本进行注释，可以分行。一般用于需要进行较多注释时使用。但并不鼓励使用块注释，因为注释时/*和*/必须配对使用，往往容易忘记书写*/，而导致脚本运行出错。注释方法例如：

```
gotoAndPlay(1);//跳转到本场景第一帧并播放
stopAllSounds();//关闭所有声音
```

也可写成：

```
gotoAndPlay(1);
stopAllSounds();
/*跳转到本场景第一帧并播放
关闭所有声音*/
```

4．点“.”操作符

“.”用于定位影片剪辑层次结构，以便访问嵌套的（子级）影片剪辑、变量或属性。也用于测试或设置对象或顶级类的属性、执行对象或顶级类的方法或创建数据结构。而路径有两种表示方法：绝对路径（_root）和相对路径（_parent）。绝对路径（_root）表示跟场景中时间轴比较所得到的路径；相对路径（_parent）表示当前对象的父对象，得到的路径。例如：

```
_root.Snow_MC._x=60;
```

_root 可以理解为场景时间轴，Snow_MC 为用户定义的实例名称，第一个点指的是路径，而第二个点指的是属性。_x 指的是 Snow_MC 这个对象的 X 坐标属性。完整的可以理解为“场景中的 Snow_MC 这个影片剪辑的 X 坐标赋值为 60”。

```
this. Snow_MC.play();
```

this 可以理解为当前时间轴（可以为场景也可以为影片剪辑），Snow_MC 为用户定义的实例名称，第一个点指的是路径，而第二个点指的是方法。Play()指的是 Snow_MC 这个对象的方法。完整的可以理解为“播放当前时间轴中的 Snow_MC 这个影片剪辑”。

5．语法着色和代码提示

Flash 根据脚本的性质不同会给脚本设置不同的颜色便于阅读与区分。语法着色(Syntax Hightlighting)是许多编程语言的 IDE（集成开发环境）所具备的功能， Flash 也具有这项功能。语法着色的颜色可以在【编辑】|【首选参数】|【ActionScript】对应的对话框中设置。默认颜色为：前景为黑色，背景为白色，关键字为紫色，注释为灰色，标识符为蓝色，字符串为绿色。

6.4 常用帧控制命令

6.4.1 常用控制函数

1．on（ ）处理函数

在前面我们已经提到过，Flash 中可以添加脚本的对象有：按钮、关键帧、影片剪辑。在按钮上添加脚本就必须在 on()处理函数中。

● 语法格式

```
on(事件触发器){
执行语句;
}
```

on 后面的小括号中为参数，当事件发生时，执行该事件后面大括号中的语句（见图 6-6）。

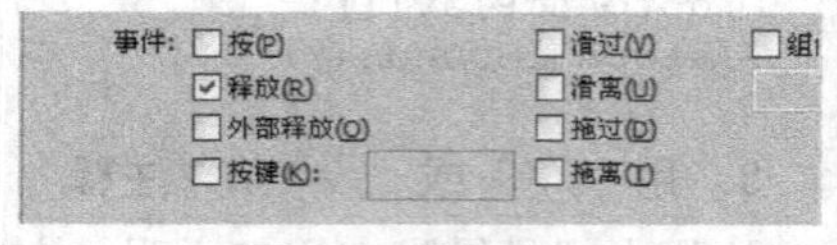

图 6-6　按钮事件

● 参数

按（press）：当鼠标指针滑到按钮上时按下鼠标左键。

释放（release）：当鼠标指针滑到按钮上时释放鼠标左键。

外部释放（releaseOutside）：当鼠标指针在按钮之内时按下按钮后，将鼠标指针移到按钮之外，此时释放鼠标按钮。

滑过（rollOver）：鼠标指针进入按钮对象上方的事件，只要鼠标经过该按钮，即引发按钮事件。

滑离（rollOut）：鼠标指针位于按钮对象上方并按下按钮，然后鼠标移开按钮上方时所引发的按钮事件。

拖过（dragOver）：鼠标指针滑过按钮时按下鼠标按钮，然后滑出此按钮，再滑回此按钮。

拖离（dragOut）：鼠标指针滑过按钮时按下鼠标按钮，然后滑出此按钮区域。

按键（keypress）：使用键盘来控制的事件；当选择按键时，按钮对象的控制由键盘决定，可以指定键盘上的任一按键作为事件的控制键，同样在工作区上的按钮说明文本也必须表明按键名称。

2．stop()函数（见图 6–7）

在时间轴中停止播放头的移动，使动画停止在某一帧画面上。

语法格式：`stop()`

参数：无

位置：【全局函数】|【时间轴控制】|【stop】

3. play()函数（见图 6–8）

在时间轴中让播放头向前移动。这个函数的作用是继续播放下一帧动画。

语法格式：`play()`

参数：无

位置：【全局函数】|【时间轴控制】|【play】

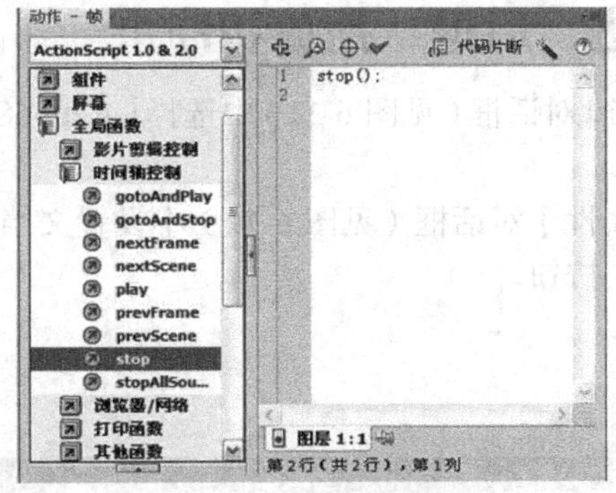

图 6-7 stop()函数

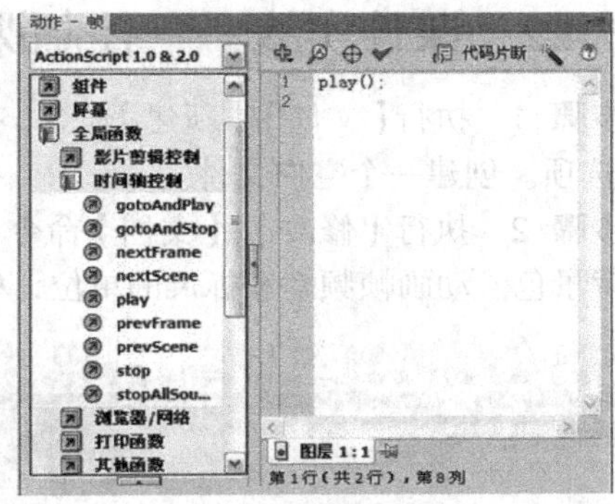

图 6-8 play()函数

4. gotoAndPLay()函数（见图 6–9）

将播放头转到场景中的指定帧并从该帧开始播放。语法格式：gotoAndPLay([scene，frame])

参数：scene[可选]：一个字符串，指定播放头要转到其中的场景名称，如果为当前场景可以为空。

Frame：表示播放头转到帧的编号，或者播放头转到的帧标签的字符串。

位置：【全局函数】|【时间轴控制】|【gotoAndPlay】

5. stopAllSounds()函数（见图 6–10）

停止场景中播放的所有声音。

语法格式：`stopAllSounds()`

参数：无

位置：【全局函数】|【时间轴控制】|【stopAllSounds】

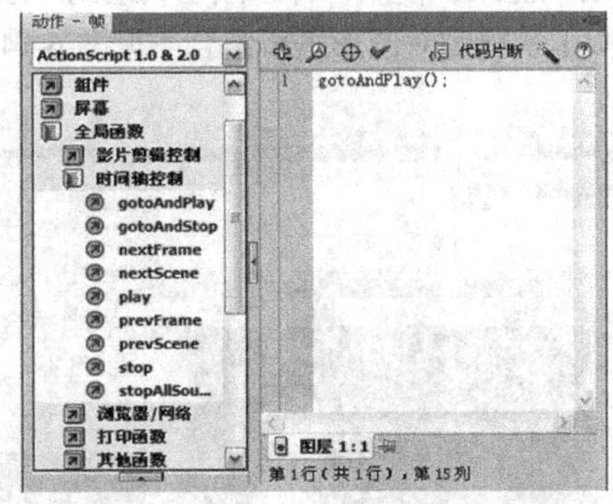

图 6-9 gotoAndPlay()函数

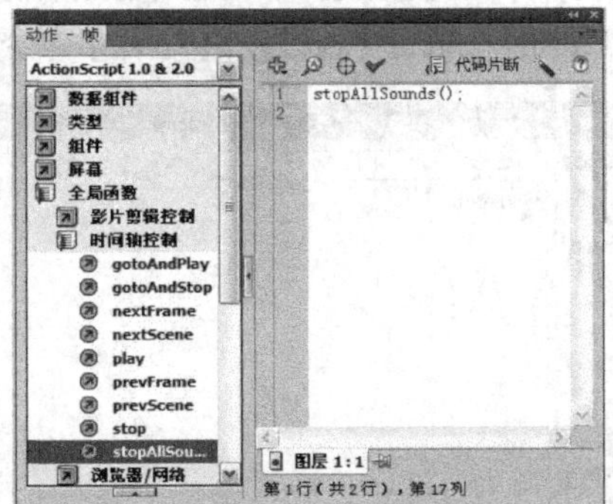

图 6-10 stopAllSounds()函数

6. nextFrame()函数

播放下一帧。

语法格式：nextFrame()

参数：无

位置：【全局函数】|【时间轴控制】|【nextFrame】

7. prevFrame()函数

播放上一帧。

语法格式：prevFrame()

参数：无

位置：【全局函数】|【时间轴控制】|【prevFrame】

6.4.2 课件实战——控制课件的前进、后退、播放和停止

步骤 1 执行【文件】|【新建】命令，在【新建文档】对话框（见图 6-11）中选择【ActionScript 2.0】选项。创建一个空白文件。

步骤 2 执行【修改】|【文档】命令，在【文档属性】对话框（见图 6-12）中设置文档的大小、背景色、动画帧频率和标尺的单位，单击【确定】按钮。

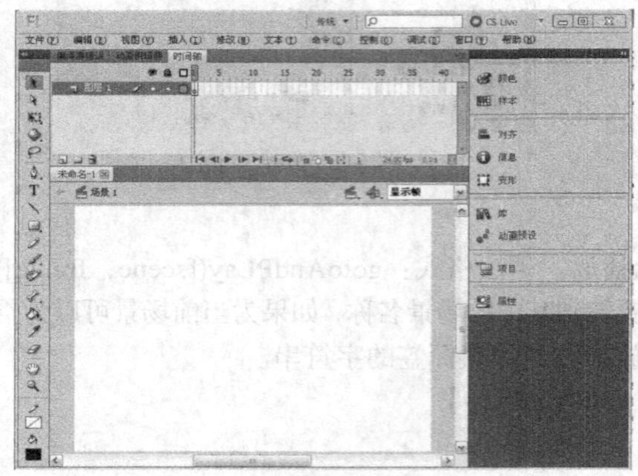

图 6-11 创建空白文档

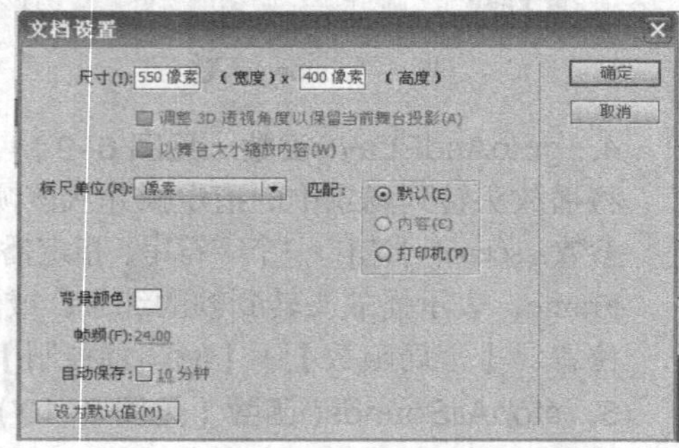

图 6-12 设置文档属性

步骤 3 执行【文件】|【导入】|【导入到舞台】命令，选中"卡通图片.jpg"图片（见图 6-13），单击【打开】按钮，图片显示在 Flash 舞台上。

步骤 4 锁定图层 1，单击【添加图层】按钮新增一个图层 2，使用各种绘图工具绘制"纸船"；选中"纸船"，执行【修改】|【组合】命令或使用【Ctrl+G】快捷键对图形进行组合（见图 6-14）。

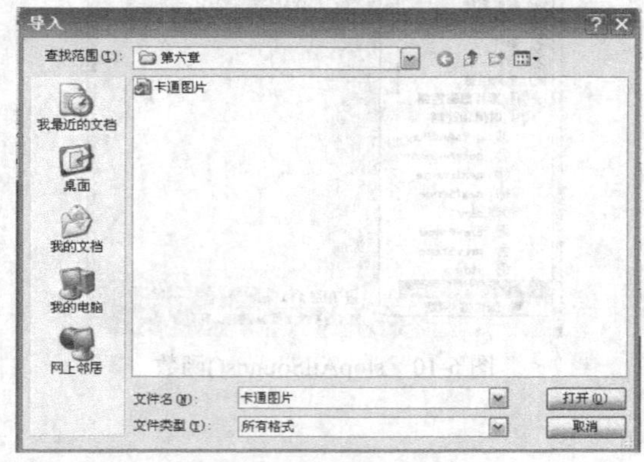

图 6-13 导入图片

图 6-14 绘制"纸船"

步骤 5　选中图层 1 的第 100 帧，单击右键执行【插入帧】命令；然后选中图层 2 的第 100 帧，单击右键选择【插入关键帧】命令（见图 6-15）。

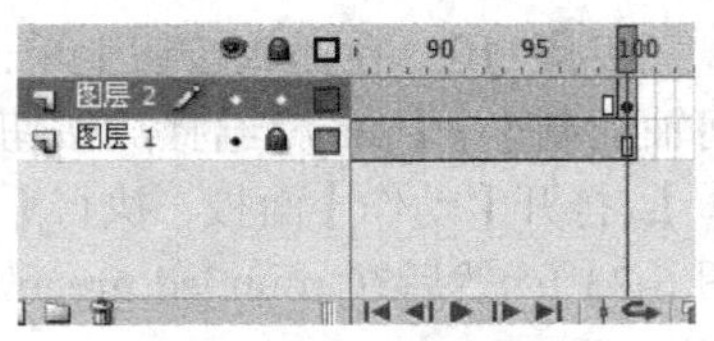
图 6-15　插入帧和关键帧

步骤 6　在图层 2 第 1 帧与第 100 帧之间，单击右键执行【创建传统补间】命令（见图 6-16）。

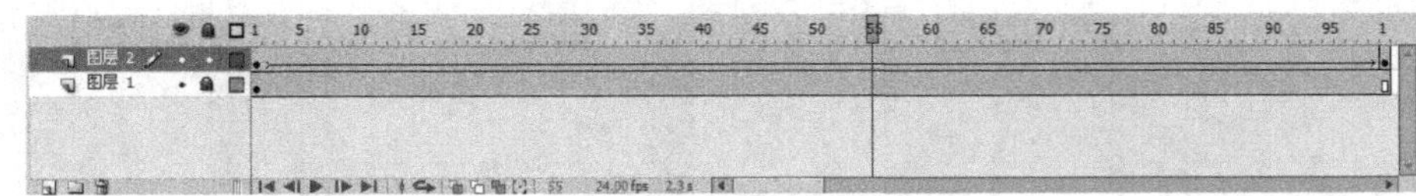
图 6-16　创建传统补间

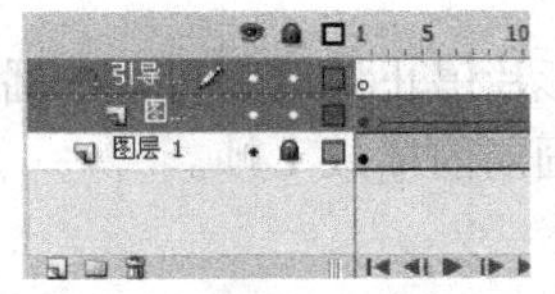
图 6-17　添加传统运动引导层

步骤 7　鼠标移至图层 2 上单击鼠标右键选择【添加传统运动引导层】创建一引导层（见图 6-17）。

步骤 8　单击【铅笔工具】在引导层上绘制引导线，单击图层 2 的第 1 帧，拖动“纸船”，使圆心套住引导线左端（见图 6-18）；单击图层 2 的第 100 帧，拖动“纸船”，使圆心套住引导线右端（见图 6-19）。

图 6-18　套住引导线左端图

图 6-19　套住引导线右端

步骤 9　单击引导层，再单击【添加图层】按钮在引导层上新增一个图层 3。执行【窗口】|【公用库】|【按钮】菜单，打开 Flash 自带的按钮库，找到【playback rounded】按钮组，拖出【rounded green play】、【rounded green pause】、【rounded green back】和【rounded green forward】4 个按钮至图层 3（见图 6-20 和图 6-21）。

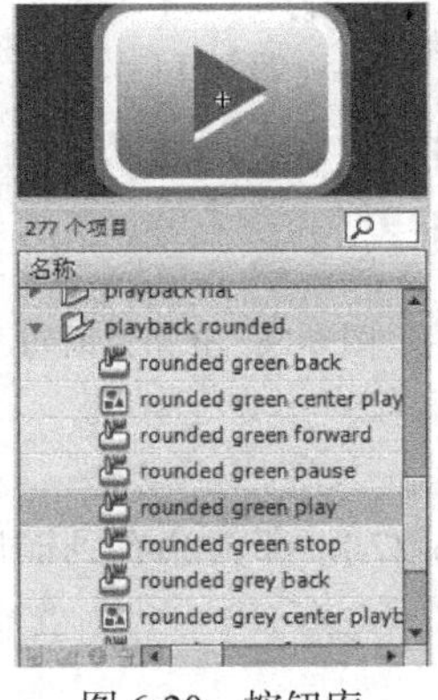

图 6-20　按钮库

图 6-21　放置按钮至图片下方

步骤 10 在播放按钮上单击右键选择【动作】，打开【动作】面板，执行【全局函数】|【时间轴控制】|【play】给播放按钮添加代码（见图 6-22）；然后在暂停按钮上单击鼠标右键选择【动作】，打开【动作】面板，执行【全局函数】|【时间轴控制】|【stop】给暂停按钮添加代码（见图 6-23）；然后在 rounded green back 和 rounded green forward 两个按钮上添加代码（见图 6-24、图 6-25）。

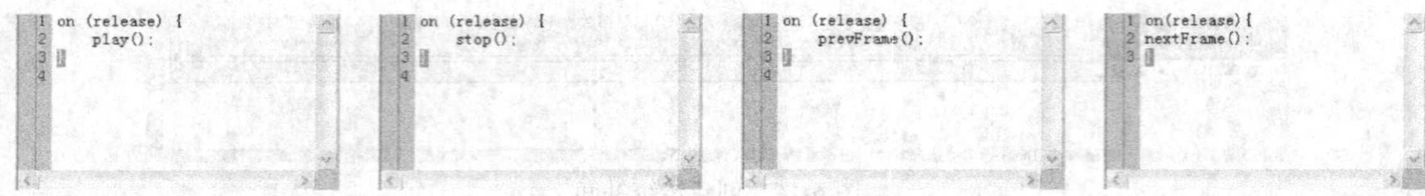

图 6-22 播放按钮代码　　图 6-23 暂停按钮代码　　图 6-24 后退按钮代码　　图 6-25 前进按钮代码

步骤 11 按【Ctrl+Enter】快捷键测试影片。单击暂停按钮，影片停止播放，再单击播放按钮，影片继续播放，单击后退按钮动画回放 1 帧，单击前进按钮动画向前播放 1 帧。

6.5 条件语句

6.5.1 if 语句

语法格式：

```
if(条件表达式){
语句
}
```

如果条件表达式成立（值为 true），则运行大括号内的语句。如果条件表达式不成立（值为 false），则不执行大括号内的语句，将执行大括号以后的语句。

下面用 if 语句制作一简单实例。

步骤 1 执行【文件】|【新建】命令，在【新建文档】对话框中选择“ActionScript 2.0”选项。创建一个空白文件。

步骤 2 在图层 1 的第 1 帧上单击右键选择【动作】，打开【动作】面板，输入以下代码（见图 6-26）：

```
a = 1;
b = 2;
c = 7;
d = 2;
if (a == b)
{
    trace("a 等于 b");
}
if (c > d)
{
    trace("c 大于 d");
}
```

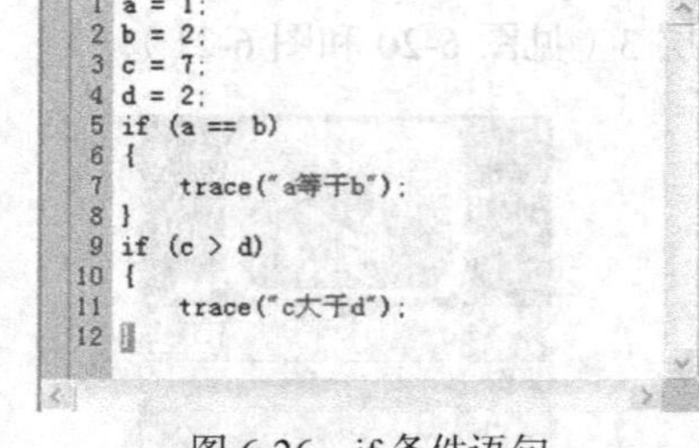

图 6-26 if 条件语句

输出
c大于d

图 6-27 判断输出

步骤 3 测试影片（见图 6-27），那就会看到输出窗口中仅输出"c 大于 d"。

这个条件语句的意思是。

把 1 赋给变量 a，把 2 赋给变量 b，把 7 赋给变量 c，把 2 赋给变量 d。如果 a 等于 b，那么就输出“ a 等于 b ”；如果 c 大于 d，那么就输出“c 大于 d”。我们可以看到输出窗口中仅输出"c 大于 d"，是因为第一个 if 语句中，a 是不等于 b 的，所以条件不成立，因此执行大括号以后的语句。而第二个条件语句中 c 是大于 d 的，所以条件成立，因此执行大括号以内的程序即输出“c 大于 d”。

6.5.2　if…else 语句

语法格式：

```
if(条件表达式){
    语句 1
} else {
    语句 2
}
```

如果条件表达式成立（值为 true），则运行语句 1。如果条件表达式不成立（值为 false），则执行语句 2。

下面举一个简单的实例进行说明。

步骤 1　执行【文件】|【新建】命令，在“新建文档”对话框中选择“ActionScript 2.0”选项。创建一个空白文件。

步骤 2　在图层 1 第 1 帧上单击右键选择【动作】，打开【动作】面板，输入以下代码（见图 6-28）：

```
a=7;
b=2;
if(a<=b){
trace("a 比 b 小或一样大");
} else {
trace("a 比 b 大");
}
```

步骤 3　测试影片（见图 6-28），输出窗口中仅输出："a 比 b 大"。

代码含义是如果 a 小于等于 b 那么就输出："a 比 b 小或一样大"。否则，就输出："a 比 b 大"。由于 a 是大于 b 的所以输出"a 比 b 大"。

```
a=7;
b=2;
if(a<=b){
trace("a比b小或一样大");
} else {
trace("a比b大");
}
```

图 6-28　两个条件的判断

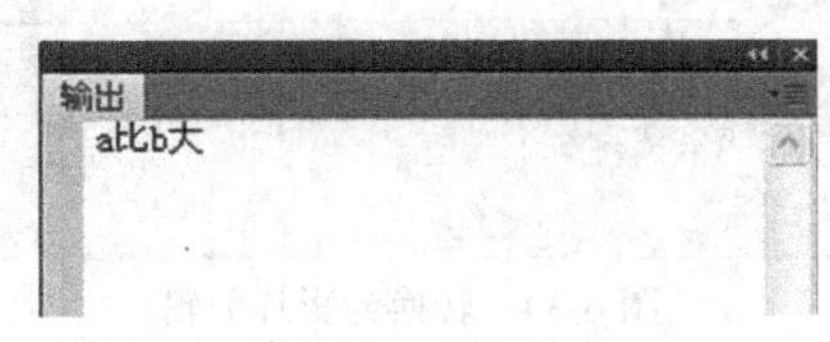

图 6-29　判断输出

我们在上一节课学习了用多个按钮控制动画的播放状态，那能不能用一个按钮实现动画的播放和暂停呢？下面我们一起用本节课所学内容来实现这项功能。

步骤 4　执行【文件】|【新建】命令，在【新建文档】对话框（见图 6-29）中选择“ActionScript 2.0”选项。创建一个空白文件。

步骤 5　执行【修改】|【文档】命令，在【文档设置】对话框（见图 6-30）中设置文档的大小、背景色、动画帧频率和标尺的单位，单击【确定】按钮。

步骤 6　执行【文件】|【导入】|【导入到舞台】命令，选中“卡通图片.jpg”图片（见图 6-31），

单击【打开】按钮，图片显示在 Flash 舞台上（见图 6-32）。

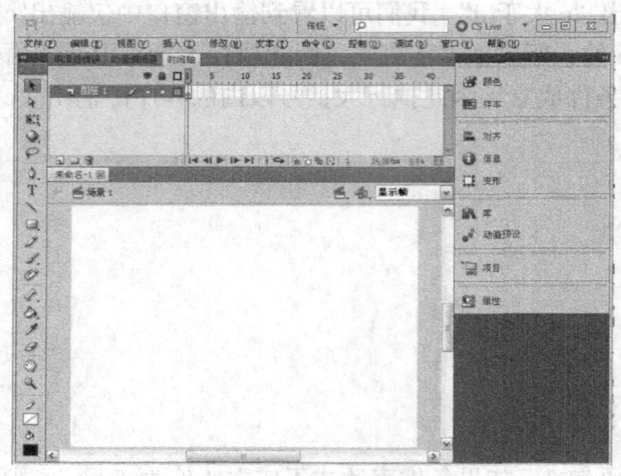
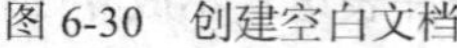
图 6-30　创建空白文档

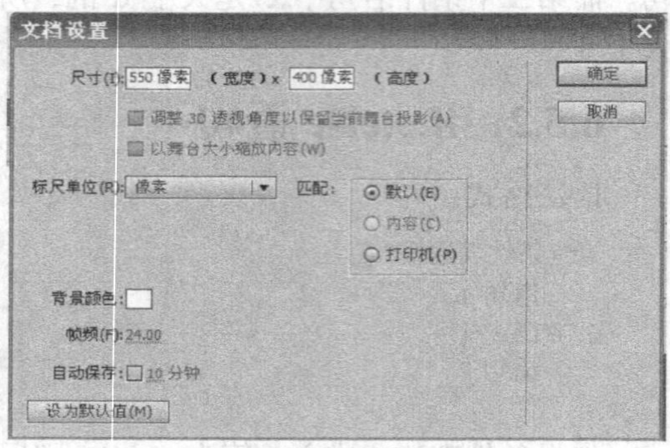

图 6-31　设置文档属性

步骤 7　锁定图层 1，单击【添加图层】按钮新增一个图层 2，导入“卡通鱼.psd”文件；使用“任意变形工具”选中“卡通鱼”，调整至合适大小和位置（见图 6-33）。

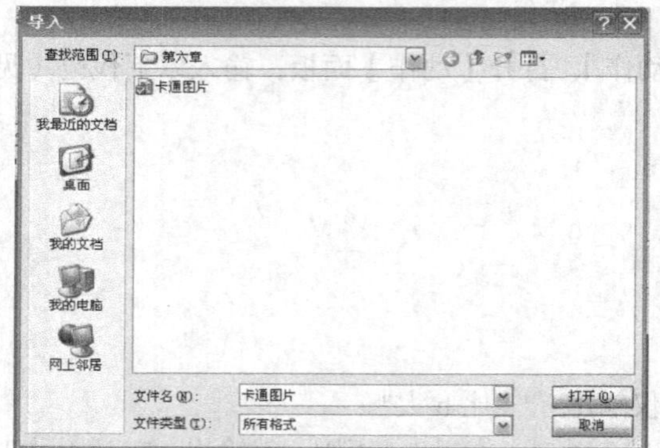

图 6-32　导入图片

图 6-33　导入“卡通鱼”

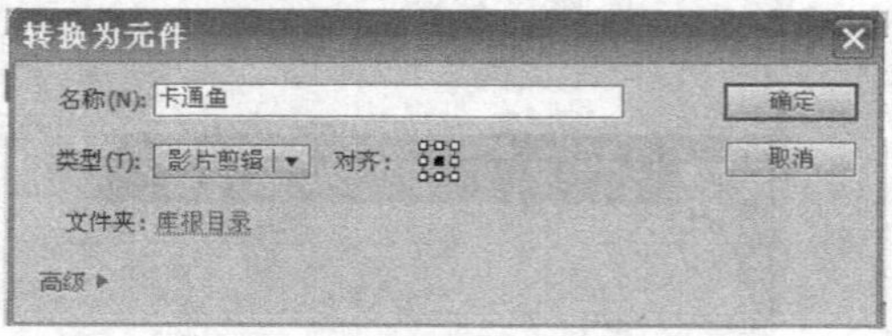

图 6-34　转换为影片剪辑

步骤 8　移动鼠标至“卡通鱼”上，单击右键选择【转换成元件】命令，类型选择【影片剪辑】并改名称为“卡通鱼”，单击【确定】按钮（见图 6-34）。

步骤 9　双击舞台上的“卡通鱼”，进入“卡通鱼”元件编辑状态。在图层 1 第 40 帧上单击鼠标右键【插入关键帧】，拖动“卡通鱼”至舞台右侧，在第 1 帧至第 40 帧之间单击右键选择【创建传统补间】（见图 6-35、图 6-36）。

步骤 10　在第 41 帧上单击鼠标右键选择【插入关键帧】，选择“卡通鱼”执行【修改】|【变形】|【水平翻转】命令；在第 80 帧上单击鼠标右键选择【插入关键帧】，并将“卡通鱼”拖动至舞台左侧（见图 6-37），在 41 帧和第 80 帧之间单击鼠标右键选择【创建传统补间】（见图 6-38）。

步骤 11　单击【场景 1】，选择“卡通鱼”，打开【属性】面板，修改实例名称为“mc”（见图 6-39）。

图 6-35　拖动“卡通鱼”至舞台右侧

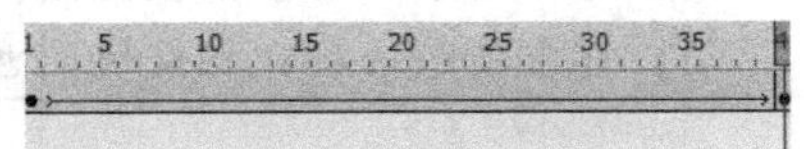

图 6-36　创建传统补间动画

图 6-37　拖动“卡通鱼”至舞台左侧

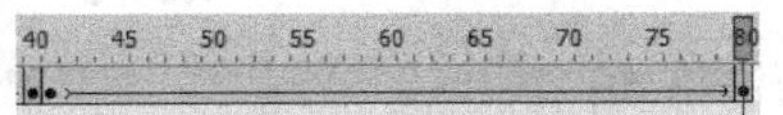

图 6-38　创建传统补间动画

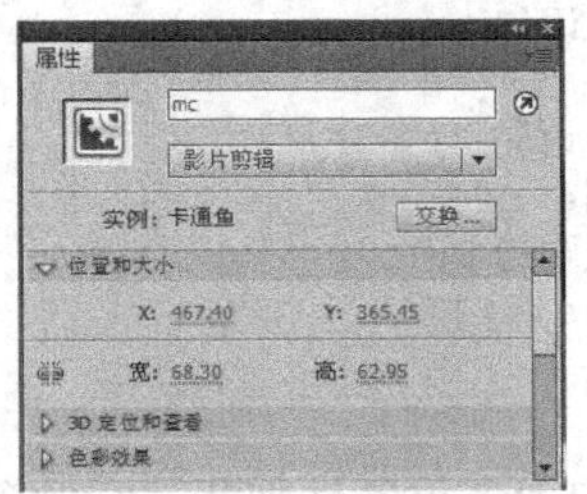

图 6-39　将“卡通鱼”实例名称命名为“mc”

步骤 12　单击添加图层按钮新建图层 3。执行【窗口】|【公用库】|【按钮】菜单，打开 Flash 自带的按钮库，找到【playback rounded】按钮组，拖出【rounded green pause】按钮至图层 3，选中按钮，打开【属性面板】，命名实例名称为“btn”（见图 6-40、图 6-41）。

步骤 13　在图层 3 第 1 帧上单击右键选择【动作】，打开【动作】面板，输入以下代码（见图 6-42）。

图 6-40　添加按钮

图 6-41　将按钮实例名称改为“btn”

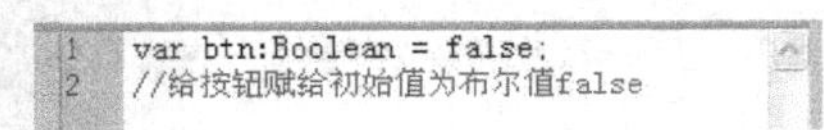

```
var btn:Boolean = false;
//给按钮赋给初始值为布尔值false
```

图 6-42　第 1 帧代码

步骤 14　选中按钮，单击鼠标右键选择【动作】，打开【动作】面板，输入以下代码。

```
on (release) {
    if (btn)
```

```
    {
        mc.play();  //如果按钮布尔值为真（true）则“卡通鱼”影片剪辑开始播放
    }else{
        mc.stop();  //否则也就是按钮布尔值为假（false）时影片剪辑停止播放
    }
    btn = !btn;  //赋予新按钮值为原来按钮值的相反值
}
```

因为在第 1 帧上赋予按钮初始值为假，所以“卡通鱼”开始时是运动的；当单击按钮时，由于此时按钮值为假，所以执行 else 后面的语句，也就是“卡通鱼”停止运动，并重新赋给按钮相反值，也就是真。再单击按钮同理。

步骤 15 测试影片：单击按钮，影片停止播放，再单击按钮，影片开始播放。

6.5.3 if…else if 语句

语法格式：

```
If(条件表达式1){
    语句1;
}else if{
    语句2;
} else if{
    语句3;
} else if{
  …;
}
```

此语句为多重条件判断，它的含义是：如果条件表达式 1 成立（值为 true），则运行语句 1；如果条件表达式 2 成立（值为 true），则运行语句 2；如果条件表达式 3 成立（值为 true），则运行语句 3，以此类推。同样我们通过一个简单实例学习一下它的基本用法。

步骤 1 执行【文件】|【新建】命令，在【新建文档】对话框（见图 6-43）中选择“ActionScript 2.0”选项。创建一个空白文件。

步骤 2 执行【修改】|【文档】命令，在“文档属性”对话框（见图 6-44）中设置文档的大小、背景色、动画帧频率和标尺的单位，单击【确定】按钮。

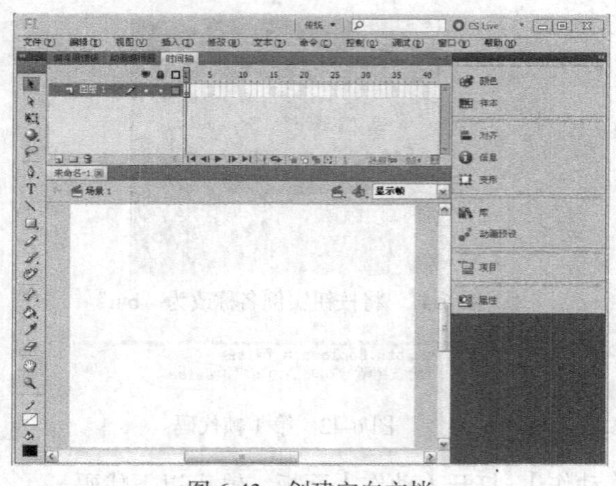

图 6-43 创建空白文档

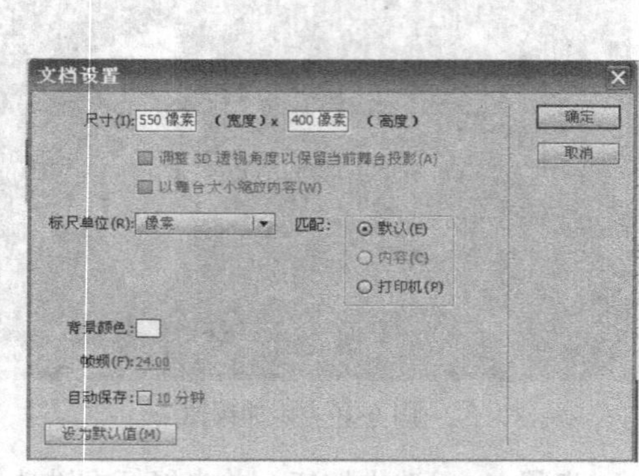

图 6-44 设置文档属性

步骤 3 单击【文本工具】，在舞台上添加文本框。执行【属性】面板 |【字体】（宋体）|【字

号】(60 号)|【文本类型】(输入文本)| 设置【线条类型】(单行)，选中【在文本周围显示边框】，取消【自动调整间距】，设置变量为 a(见图 6-45)。相同方法添加两个输入文本框，分别设置变量为 b 和 c，并调整好位置(见图 6-46)。

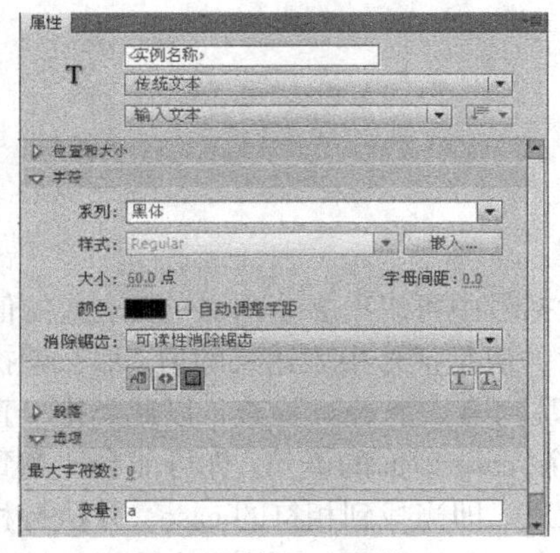

图 6-45　输入文本设置

图 6-46　文本框布局

步骤 4　执行【窗口】菜单|【公用库】|【按钮】，打开 Flash 自带的按钮库，找到 playback rounded 按钮组，拖出 rounded grey pause 按钮至舞台，选中按钮(见图 6-47)。用鼠标右键单击【动作】，打开【动作】面板，添加代码如下。

```
if(a<b){
c="<";
//如果变量 a<b，则变量 c 为“<”符号
}
else if("a==b"){
c="=";
//如果变量 a=b，则变量 c 为“=”符号
}
else if(a>b){
c=">";
//如果变量 a>b，则变量 c 为“>”符号
}
```

步骤 5　测试影片：在左右两个文本框输入数字，然后点击按钮，程序会自动判断大小并在中间文本框中显示对应的符号(见图 6-48)。

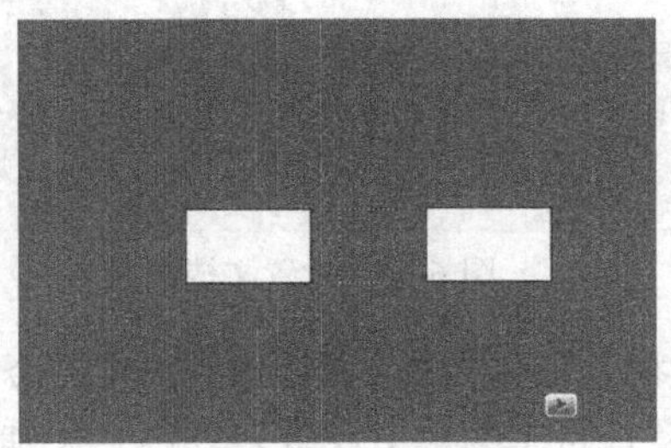

图 6-47　添加按钮

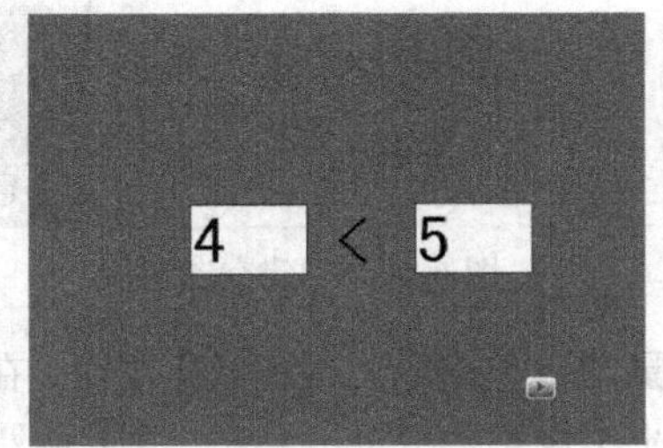

图 6-48　测试影片

6.5.4　switch 语句

前面提到有要检测多个条件的情况可以用多个 else if，用 switch 语句也可以实现这个目的。语法格式：

```
switch(表达式){
case 表达式的值:
要执行的语句 1
break;
case 表达式的值:
要执行的语句 2
break;
…
default:
要执行的语句
}
```

上面括号中的表达式也可以是一个变量，下面的大括号中可以有多个 case 表达式的值，程序执行时会从第一个 case 开始检查，如果第一个 case 后的值是括号中表达式的值，那么就执行它后面的语句；如果不是括号中表达式的值，那么程序就跳到第二个 case 检查，以此类推，直到找到与括号中表达式的值相等的 case 语句为止，然后执行该 case 后面的语句。你可能会注意到每一句 case 后面都有一句 breake，这是跳出 switch 语句的意思，即当找到相符的 case，并执行相应的语句后，程序跳出 switch 语句，不再往下检测。以免发生落空的错误。可能会有这样的情况，所有的 case 语句后的值都与表达式的值不相符，那么就会执行 default: 语句，并且程序执行 default: 后面的语句。但如果你确定不会出现这种情况，那么可以不要 default: 语句。同样我们用一实例来学习该语句的用法。

步骤 1 执行【文件】|【新建】命令，在【新建文档】对话框中选择“ActionScript 2.0”选项。创建一个空白文件（见图 6-49）。

步骤 2 执行【修改】|【文档】命令，在【文档设置】对话框（见图 6-50）中设置文档的大小（550 像素 × 400 像素）、背景色（黄色）、动画帧频率（24 帧）和标尺的单位（像素），单击【确定】按钮。

图 6-49 创建空白文档

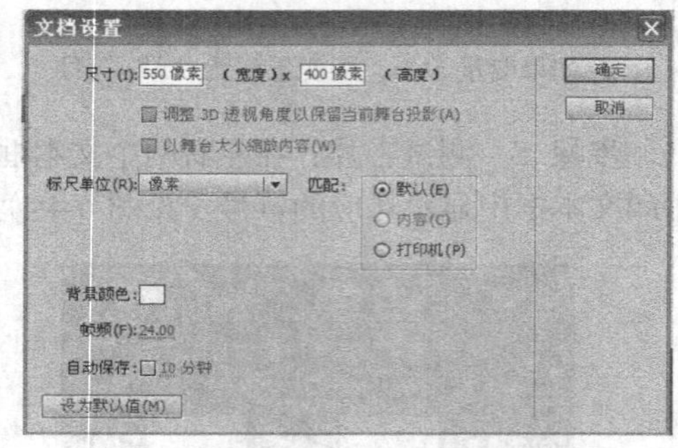

图 6-50 设置文档属性

步骤 3 单击【文本工具】按钮，在【属性】面板中将【文本类型】属性设置为【静态文本】；将【大小】设置为“38.0 点”；将【系列】设置为“宋体”；将【颜色】设置为红色。在舞台上部单击鼠标，在文本框中输入“Switch 语句的用法”；在选中文本框的情况下，单击【滤镜】面板，单击【+】按钮，选中【投影】滤镜。得到所需效果（见图 6-51、图 6-52）。

步骤 4 选中【属性】面板，将【大小】设置为“60.0 点”；将【系列】设置为“宋体”；将【颜色】设置为蓝色，在文本框中输入“1+2”。得到所需效果（见图 6-53）。

步骤 5 在上一文本框右边再添加一文本框，在文本框中输入“=”，属性设置不变。

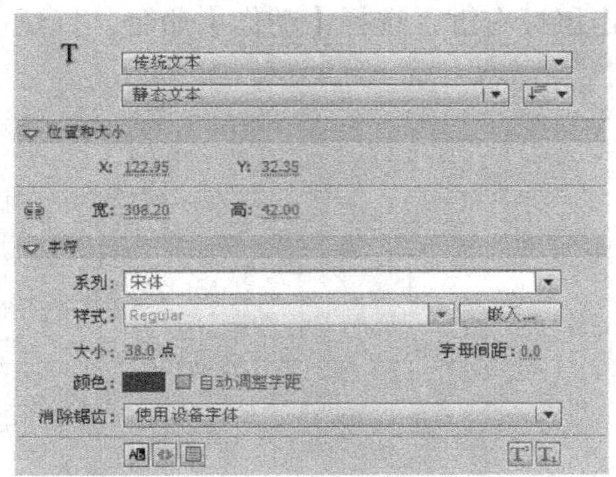

图 6-51　设置文本属性

图 6-52　文本效果

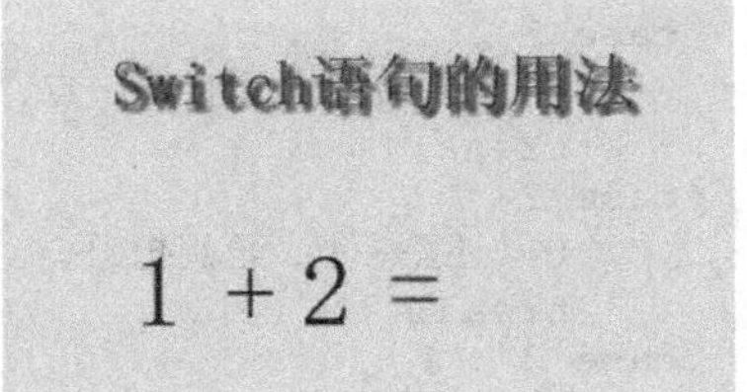

图 6-53　设置文本效果

步骤 6　单击【选择工具】，在“=”文本框上单击鼠标右键，选择【转换为元件】，在弹出的对话框中选择【按钮】，双击“+”，进入按钮编辑状态。

步骤 7　单击【添加图层】按钮添加图层 2，在指针经过帧上，单击右键选择插入空白关键帧，使用铅笔工具绘制曲线，并在曲线内部空白处使用文本工具添加文字，内容为“点这里确定!”。指针经过帧编辑效果如图 6-54 所示。

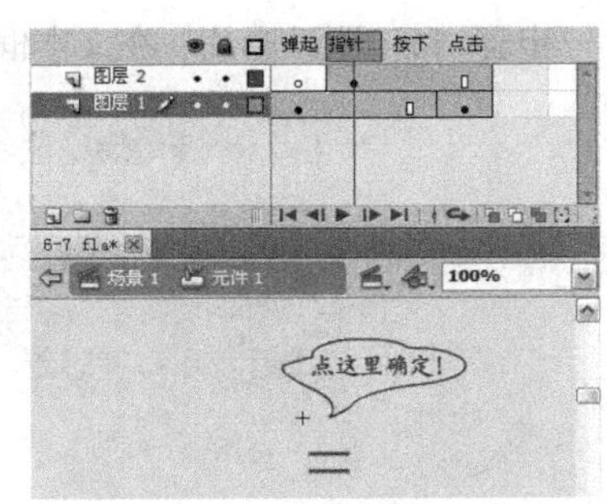

图 6-54　指针经过帧

步骤 8　单击【场景 1】按钮回到场景 1 中。单击【文本工具】按钮，在属性面板中将【文本类型】设置为“输入文本”；将【大小】设置为 60.0 点；将【系列】设置为“宋体”；将【颜色】设置为蓝色，选中“在文本周围显示边框”属性，【线条类型】设置为“单行”，设置【变量】为 a，设置【最大字符数】为 2。在“=”后单击，我们会看到一个黑色的框，这是供用户填入信息的（见图 6-55）。

步骤 9　单击【文本工具】按钮，在属性面板中将【文本类型】设置为“动态文本”；将【大小】属性设置为 38.0 点；将【系列】设置为“宋体”；将【颜色】设置为红色，去除“在文本周围显示边框”属性，【线条类型】设置为“单行”，设置【变量】为“b”，拖动鼠标绘制文本框至合适大小（见图 6-56）。

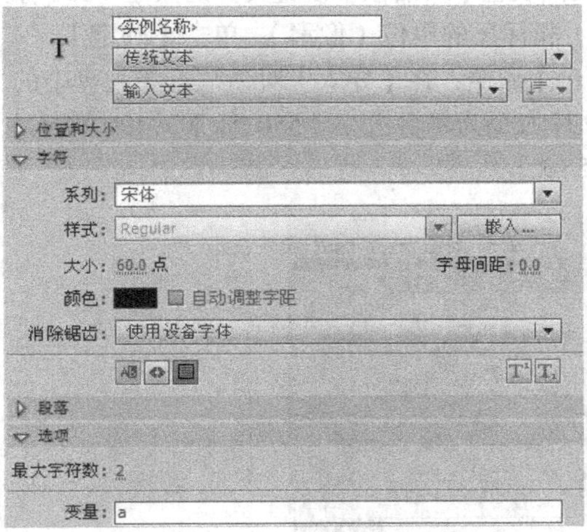

图 6-55　设置输入文本框属性

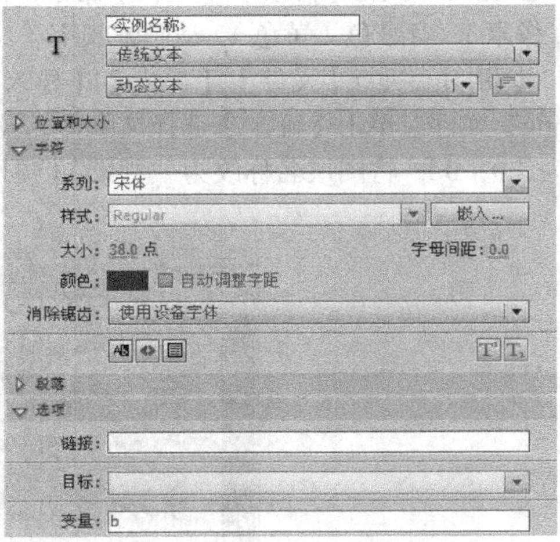

图 6-56　设置动态文本框属性

步骤 10 单击【选择工具】，在“=”按钮上单击鼠标右键，选择【动作】命令，打开【动作】面板，在代码框中输入以下代码：

```
on(release){
a=Number(a);
    switch (a) {
    case 1 :
        b="这个数字比我的小一点.";
        break;
    case 2 :
        b="还差一点，再想想.";
        break;
    case 3 :
        b="对了，完全正确！";
        break;
    default :
        b="这不是我要的数字.";
        }}
```

步骤 11 测试影片，在文本框中输入对应数字，会在等式下面出现对应提示（见图 6-57）。

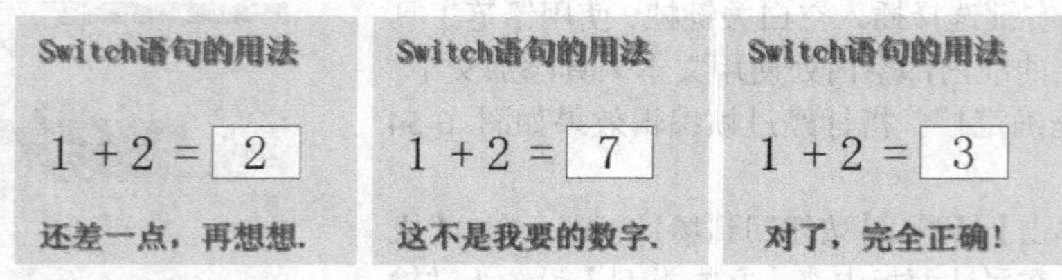

图 6-57　运行效果

6.5.5　课件实战——猜数游戏

下面我们用一个有趣的实例——猜数游戏来将运算符及条件语句进行综合应用。我们要实现的是由程序产生一个 0～100 的随机数，然后由用户来猜。程序根据用户猜的数与所产生的随机数进行比较，根据比较结果，给出文字和动画提示，直到用户猜中为止，并记录和显示用户所猜次数。

步骤 1 执行【文件】|【新建】命令，在【新建文档】对话框中选择“ActionScript 2.0”选项。创建一个空白文件。

步骤 2 执行【修改】|【文档】命令，在【文档设置】对话框中设置文档的大小（550 像素×400 像素）、背景色（黄色）、动画帧频率（24 帧）和标尺的单位（像素），单击【确定】。

步骤 3 执行【文件】|【导入】|【导入到舞台】命令，在【导入】对话框选择光盘中的“背景.jpg”文件，单击【确定】选择该图片，设置图片大小为舞台大小（550 像素×400 像素），坐标为（0，0）；将图层名称改为“背景”（见图 6-58）。

图 6-58　设置背景图片

步骤 4 新建图层，并改名为“文本”。用文本工具在舞台的上半部居中画一个文本框，打开属性面板，设置文本框为静态文本，设置好文本字体的大小和颜色，在【滤镜】面板中添加【阴影】效果。在文本框中输入“请猜一个 0 ~ 100 之间的数字”。效果如图 6-59 所示。

步骤 5 在文本框的下面再画一个文本框，打开属性面板，设置文本框为动态文本，并在【变量】文本框中设置变量为“c”。在动态文本框的下面，再画一个文本框，打开【属性】面板，设置文本框为输入文本，单击【文本周围显示边框】按钮将其选中，并在【变量】文本框中设置变量为“s”（见图 6-60）。

步骤 6 新建图层，并改名为“按钮”。执行【窗口】|【公用库】命令，选择【playback rounded】，从中拖出任意两个按钮至舞台合适位置。修改按钮标签分别为“确定”和“重猜”。具体做法前面已经介绍较多，这里不再赘述。选中【确定】按钮，打开【属性】面板，将按钮实例名称命名为“qd_btn”； 选中“重猜”按钮，在属性面板将“重猜”按钮实例名称命名为“cc_btn”（见图 6-60）。

请猜一个0-100之间的数字

图 6-59 静态文本设置

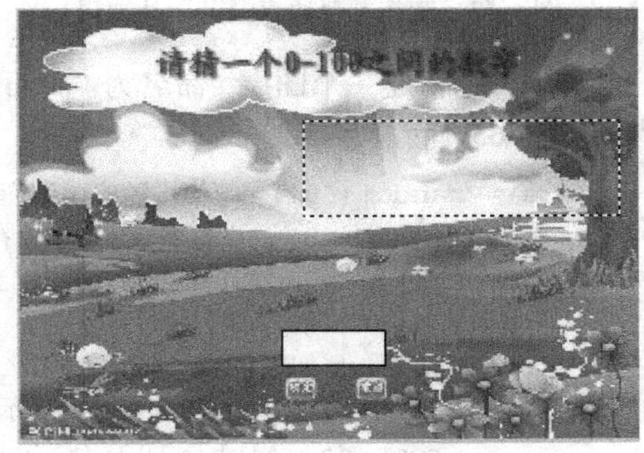

图 6-60 文本及按钮位置

步骤 7 执行【插入】|【新建元件】，设置类型为【影片剪辑】，命名为“小了”，【确定】|【文件】|【导入】|【导入到舞台】，在“导入”对话框选择光盘中的“懒羊羊.png”文件，单击【确定】按钮，设置图片至合适大小，在第 5 帧单击鼠标右键执行【插入关键帧】，选择第 1 帧，使用【任意变形工具】等比例缩小该图片至合适大小，在第 1 帧至第 5 帧之间单击鼠标右键执行【创建传统补间】，在第 1 帧、第 5 帧上添加代码 stop()。从而建立了一个快速由小变大并停止变化的影片剪辑，作为用户如果猜小了的动画提示（见图 6-61）。

步骤 8 执行【场景 1】|【新建图层】，修改图层名称为“影片”，按 F11 键打开【库】面板，拖动“小了”影片剪辑至舞台合适位置，选中该影片剪辑，打开【属性】面板，修改实例名称为“xiao”。

图 6-61 制作“小了”影片剪辑

图 6-62 制作“大了”影片剪辑

步骤 9 用步骤 7、步骤 8 方法完成"大了"、"普通表扬"、"特别表扬"等影片剪辑（见图 6-62、图 6-63、图 6-64），在【属性】面板中修改实例名称为"da"、"biaoyang"、"verygood"。

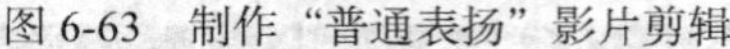

图 6-63　制作"普通表扬"影片剪辑

图 6-64　制作"特别表扬"影片剪辑

步骤 10 新建一个图层，命名为"action"。在第 1 帧上单击右键，打开动作面板，输入代码，效果如图 6-65 所示。

```
var a = random(101);//使用随机函数产生一个随机数并赋给变量 a
var cs:Number = 0;//设置变量 cs 作为存放用户所猜的次数，并设置初始值为 0
qd_btn.onRelease = function() {//当点击确定按钮时，执行下面的语句
    cs++;//猜的次数增加 1
    if (s>a) {//如果猜的数大于随机数
        c = "大了点";//动态文本框提示"大了点"
        _root.da._Alpha=100;//"da" 影片剪辑透明属性值为 100，显示动画效果
        _root.verygood._Alpha=0;// "verygood"影片剪辑的透明度为 0，隐藏效果
        _root.biaoyang._Alpha=0;// "biaoyang"影片剪辑的透明度为 0，隐藏效果
        _root.xiao._Alpha=0;// "xiao"影片剪辑的透明度为 0，隐藏效果
        _root.da.play();//播放"da" 影片剪辑
    } else if (s == a) {//如果猜对了，根据猜的次数给出相应结果
        if (cs<=10) {//如果猜的次数在 5 次以内
            c = "哇，你只猜了"+cs+"次就猜对了，真厉害!";//给出表扬
        _root.da._Alpha=0;
        _root.verygood._Alpha=100;
        _root.biaoyang._Alpha=0;
        _root.xiao._Alpha=0;
        _root.verygood.play();//理解参照前面注释
        } else {// 如果不只猜 5 次.
            c = "猜对了!你猜了"+cs+"次";//提示猜对了，并给出猜的次数
        _root.da._Alpha=0;
        _root.verygood._Alpha=0;
        _root.biaoyang._Alpha=100;
        _root.xiao._Alpha=0;
        _root.biaoyang.play();//理解参照前面注释
        }
    } else if (s<a) {//如果猜的数字小于随机数
        c = "小了点";//提示"小了点"
        _root.da._Alpha=0;
        _root.verygood._Alpha=0;
        _root.biaoyang._Alpha=0;
        _root.xiao._Alpha=100;
```

```
        _root.xiao.play();//理解参照前面注释
    }
};
cc_btn.onRelease = function() {//当单击"重猜"按钮时执行以下语句
    a = random(101);//重新产生随机数
    cs = 0;//将猜的次数设为 0
    s = "";//清空输入文本框
    c = "";//清空提示文本
    _root.da._Alpha=0;
    _root.verygood._Alpha=0;
    _root.biaoyang._Alpha=0;
    _root.xiao._Alpha=0; //理解参照前面注释
};
```

random(num)函数，随机数产生函数。random 函数返回一个 0~num-1 之间的随机数，num 和函数返回值都是整型数。

图 6-65 "猜数游戏"效果

6.6 循环语句

6.6.1 for 循环

For 循环语法格式：

```
for(初值;条件表达式;增值){
要执行的语句
}
```

这个语句，首先给一个变量设定一个初始值，然后将这个初始值代入条件表达式，如果条件表达式为真，则执行大括号中的语句，并且按括号中增值表达式对变量的值进行增减；然后再次带入条件表达式，如果为真则再次执行大括号中的语句。这样直到条件表达式为假为止。

下面举一个简单的实例进行说明。

步骤 1 执行【文件】|【新建】命令，在【新建文档】对话框中选择"ActionScript 2.0"选项。创建一个空白文件。

步骤 2 执行【修改】|【文档】命令，在【文档设置】对话框中设置文档的大小、背景色、

动画帧频率和标尺的单位，单击【确定】按钮。

图 6-66　10 ~ 100 的累加

步骤 3　单击【文本工具】，在舞台上添加文本框。执行【属性】面板|【系列】（宋体）|【大小】（60.0 点）|【文本类型】（输入文本）|设置【线条类型】（单行）|取消【自动调整间距】|设置变量为 a。

步骤 4　执行【窗口】|【公用库】|【按钮】|选择【playback rounded】按钮组从中拖出任意一个按钮至舞台合适位置。修改按钮标签为“累加 10 至 100”。具体做法前面已经介绍较多，这里不再赘述。效果如图 6-66 所示。

步骤 5　在按钮上添加代码如下：

```
on(press){//当按下鼠标左键时，执行代码
var a=0;//定义变量 a，存放累加值
for(var i=10;i<101;i++){//定义初始值为 10，条件为 10≤i<100，下一数值为 i+1
    a+=i;//同等于 a=a+i，累加求和
    }
sum=a;//把最终值赋给变量 sum，在动态文本框中显示累加和
}
```

程序开始运行时，a 等于 10，然后进入 for 循环，循环开始 i 等于 10，条件表达式 i<100 成立，那么执行 a+=i，此时 a、 i 均为 10，那么 a 为 10，然后执行增值 i++，则 i 为 11，再检测条件表达式 i<100 仍成立，执行 a+=i，则 a 为 21；再执行 i++，i 为 12……，这样反复循环，直到 i 为 100 时，条件表达式 i<100 不成立，停止循环。明显可以看出循环进行了 100 次，测试影片时输出为 5005。

6.6.2　while 循环

条件循环，如果条件计算结果为 true，则在循环返回，再次计算条件之前执行语句。在条件计算结果为 false 后，跳过该语句并结束循环，继续执行循环体后面的语句。

while 语句执行下面一系列步骤。

while 循环语法格式：

```
while(条件表达式){
   要执行的语句
   计数语句
}
```

下面举一个简单的实例进行说明，本实例主要完成在文本框显示“100 以内所有偶数”的效果。

步骤 1　执行【文件】|【新建】命令，在【新建文档】对话框中选择“ActionScript 2.0”选项。创建一个空白文件。

步骤 2　执行【修改】|【文档】命令，在【文档设置】对话框中设置文档的大小、背景色、动画帧频率和标尺的单位，单击【确定】。

步骤 3　单击【文本工具】，在舞台上添加文本框，选择【属性】面板，【系列】（黑体）|【大小】（54.0 点）| 【文本类型】（静态文本），输入“while 语句的用法”，按【Enter】键换行，输入“列出 100 以内的偶数”，选中“列出 100 以内的偶数”文字，设置【大小】（32.0 点），单击文本

框，打开【属性面板】,【添加滤镜】|【投影】(见图 6-67、图 6-68)。

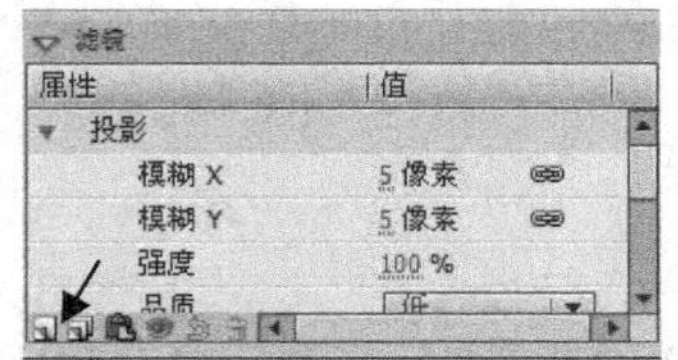

图 6-67　添加滤镜

while语句的用法
列出100以内的偶数

图 6-68　设置文本效果

步骤 4　单击【文本工具】，在舞台上添加文本框，选择【属性】面板|【系列】(宋体)|【大小】(18.0 点)|【文本类型】(动态文本)|【段落】(多行)，选中【在文本周围显示边框】，拖动鼠标绘制一文本框至合适大小|定义变量为“a”(见图 6-69)。

步骤 5　在第 1 帧上输入代码(见图 6-70)。

```
var i= 2;//定义变量 i 用来计数并赋予初始值为 2
var a= 0;//定义变量 a 用来存放偶数并赋予初始值为 0
while (i < 100)//设定 100 以内数值
{
    a = a + i + "  "; //显示数值，数值中间空格
i += 2;//累加计数重新开始判断循环条件
    }
```

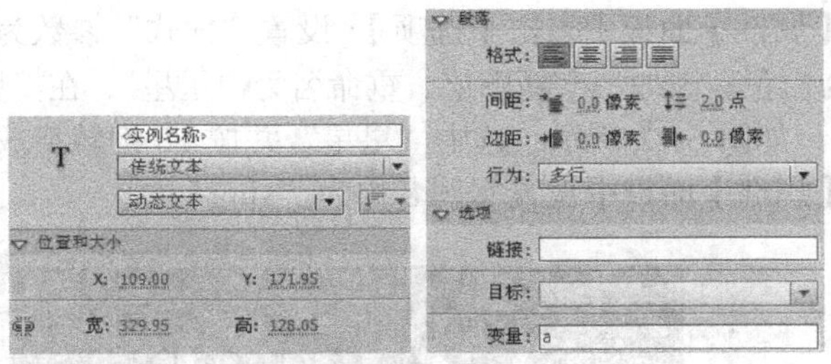

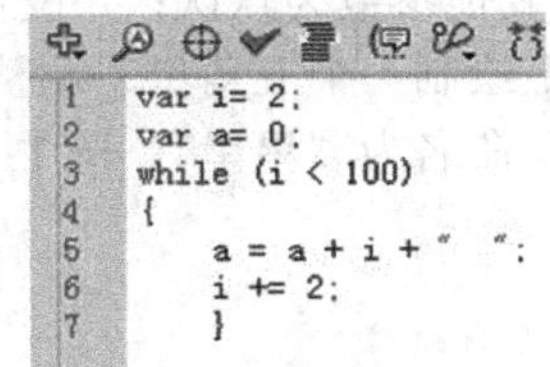

图 6-69　设置文本属性　　　　图 6-70　录入代码

当条件表达式为真时，执行大括号中的语句，执行计数语句，然后用计数语句的结果再次检测条件表达式，如此反复循环，直到条件表达式为假为止。这里需要注意的是，如果没有计数语句，或者计数语句的结果永远不能使条件表达式为假，那么循环将无休止地反复，形成死循环，我们在编程的过程中一定要避免这种情况。

6.6.3　do...while 循环

这个循环实际和 while 循环相似，不同的是先执行语句，然后再检测条件语句，而 while 循环是先检测条件语句再执行大括号内的语句。

do...while 循环语法格式:

```
do{
要执行的语句
计数语句
}while(条件表达式)
```

在这里我们就用上面“100 以内所有偶数”实例来进行说明，以便形成对比。

在制作中步骤 1～4 与“100 以内所有偶数”实例制作步骤相同，仅需修改步骤 5 中的代码，具体代码为:

```
var i = 2;//定义变量 i 用来计数并赋予初始值为 2
var a = 0;//定义变量 a 用来存放偶数并赋予初始值为 0
do
{
    a = a + i + "  ";//显示数值，数值中间空格
    i += 2;//累加计数重新开始判断循环条件
} while (i < 100);//设定 100 以内数值
```

通过对比我们可以看到，与上面实例代码不同的是本实例循环是先运算、显示和计数累加，后进行条件判断。

6.6.4 课件实战——闪烁的星星

循环语句在 AS 中非常常见，下面用一个具体实例来综合说明一下循环语句的使用方法。

步骤 1 执行【文件】|【新建】命令，在【新建文档】对话框中选择“ActionScript 2.0”选项。创建一个空白文件。

步骤 2 执行【修改】|【文档】命令，在【文档设置】对话框中设置文档的大小、背景色、动画帧频率和标尺的单位为默认设置，单击【确定】按钮。

步骤 3 执行【文件】|【导入】|【导入到舞台】命令，选中光盘中第六章的“山峰背景.jpg”素材，然后单击【打开】按钮，调整图片位置使图片刚好覆盖舞台，将图层 1 改名为“背景”，如图 6-71 所示。

步骤 4 单击【多角星形工具】，在【属性】面板中点击【选项】，设置“样式”参数为“星形”，其他参数为默认；并设置填充颜色为白色；添加一个新图层，重命名为“星星”；在“星星”图层上绘制一个五角星，调整至适当大小，如图 6-72 所示；选中“星星”并按 F8 键转换成影片剪辑，命名为“星星”，选中“星星”在【属性】面板中设置实例名称为“xing”。

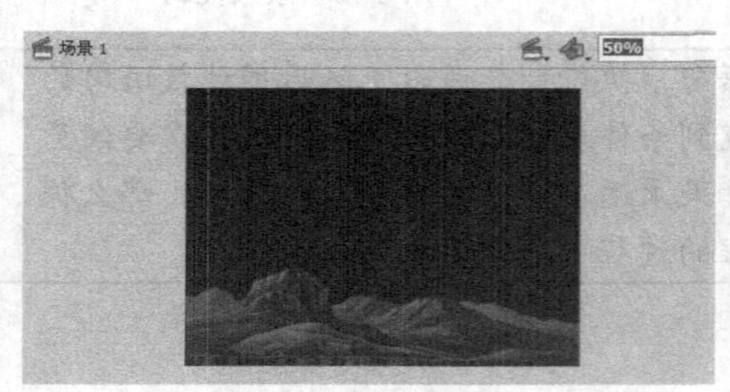

图 6-71 设置图片位置

图 6-72 绘制星星并设置大小

步骤 5 添加一个新图层，重命名为 action，在第一帧上单击鼠标右键打开动作面板，输入如下脚本：

```
for (i = 1; i < 100; i++)
//设定变量 i 的初始值为 1，循环条件为 i<100，i 增值为 1
{
    duplicateMovieClip("xing", "xing" + i, i);
//复制影片剪辑"xing",对产生新的影片剪辑重新命名为"xing"+ i,并设置其深度为 i
    _root["xing" + i]._x = random(550);
//设置新影片剪辑"xing"+ i 的 X 坐标为 0 到 550 的随机值
    _root["xing" + i]._y = random(260);
```

```
    //设置新影片剪辑"xing" + i 的 Y 坐标为 0 到 260 的随机值
    _root["xing" + i]._alpha = random(100);
    //设置新影片剪辑"xing" + i 的透明度为 0 到 100 的随机值
    _root["xing" + i]._rotation = random(360);
    //设置新影片剪辑"xing"+ i 的旋转度为 0 到 360 的随机值
}
```

步骤 6 选中时间轴的第 6 0 帧，按 F6 键插入一关键帧，打开动作面板输入以下脚本：

```
gotoAndPlay(1); //播放到第 60 帧的时候返回第 1 帧再执行 for 循环语句 。
```

步骤 7 按 Ctrl+Enter 键测试效果，你可以看到天空上的星星位置每隔一段时间就发生变化。

注意

duplicateMovieClip()函数起复制影片剪辑的作用。其语法格式为：

duplicateMovieClip(target, newname, depth)

参数

Target 是要复制的影片剪辑的目标路径。

newname 是复制的影片剪辑的唯一标识符。

depth 是复制的影片剪辑的唯一深度级别。深度级别是复制的影片剪辑的堆叠顺序。这种堆叠顺序很像时间轴中图层的堆叠顺序；较低深度级别的影片剪辑隐藏在较高堆叠顺序的剪辑之下。必须为每个复制的影片剪辑分配一个唯一的深度级别，以防止它替换现有深度上的影片。

6.7 文本与字符

文本与字符是 Flash 动画设计中非常重要的元素。在前面章节中也作了简要说明，本章节将对文本与字符的相关知识进行详细的介绍。

6.7.1 文本类型

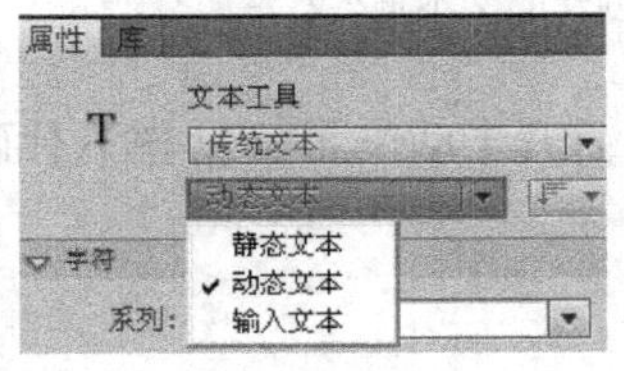

图 6-73　文本类型

在 Flash 中，文本主要包括 TLF 文本及传统文本两大类。传统文本又包括静态文本、动态文本和输入文本三种类型。在工具栏中选择【文本工具】，然后可以通过【属性】面板来修改文本或字符属性（见图 6-73）。

- 【静态文本】：静态文本对象，文本内容在影片播放时无法改变，适用于制作补间动画、补间形状、传统补间或作为舞台文本标签所用的文本类型。
- 【动态文本】：动态文本对象，在影片播放时可以通过程序改变文本内容，适用于舞台中的元件对话等。
- 【输入文本】：输入文本对象，在影片播放时既可以通过程序改变文本内容，也可以通过用户直接修改文本内容，可以满足“人机互动”的需要。

6.7.2 创建文本

创建文本主要两种方法。

1. 在【工具面板】中选择【文本工具】，然后在【属性】面板中对文本属性进行必要的设置。

这种方法简单直观，使用较多。前面介绍也较多，在这里就不再赘述了。

2. 使用 TextField 类的 createTextField()方法在运行时创建文本框。首先我们来看看它的格式为:

```
createTextField(名称,深度,X 坐标,Y 坐标,宽度,高度)
```

可以看到此方法一共有六个参数，具体含义如下。

- 名称：指的是给文本框取的名字，在有多个文本框时便于区分。可以把它看作是文本框的实例名称。
- 深度：相当于层的概念，深度数字越大就越处于上面的层。注意同一深度只能包含一个对象，如果在同一深度添加新的对象,那么新的对象会覆盖同一深度上原来的对象。
- X 坐标、Y 坐标：创建的文本框的注册点（位置），注册点位于文本框的左上角。
- 宽度、高度：通过定义文本框的宽和高来确定其大小。

3. 删除用 createTextField()创建的文本框

用 createTextField()创建的文本框,可以用 removeTextField()方法来删除。

下面用一实例来说明一下上述两个方法的用法。

步骤 1 执行【文件】|【新建】命令，在【新建文档】对话框中选择“ActionScript 2.0”选项。创建一个空白文件。

步骤 2 执行【修改】|【文档】命令，在【文档属性】对话框中设置文档的大小、背景色、动画帧频率和标尺的单位，在这里我们使用默认设置，单击【确定】按钮。

步骤 3 执行【窗口】|【公用库】命令，选择【buttons rounded】按钮组|分别拖出“rounded green”、“ rounded blue”，放在舞台下部|修改“rounded green”按钮文本为“创建文本”、 修改“rounded blue”按钮文本为“删除文本”（见图 6-74）。

步骤 4 在“创建文本”按钮上单击鼠标右键，选择【动作】命令，打开【动作】面板，输入代码：

```
on (release) {
    _root.createTextField("my_txt",1,130,100,300,50);
        //在场景创建"my_txt"文本框，深度为 1，坐标为（130，100），
        //宽度为 300 像素，高度为 50 像素
    my_txt.border = true;       //设置文本框周围显示边框
    my_txt.text = "代码创建的文本框";  //文本框中显示"代码创建的文本框"文字
}
```

步骤 5 在“删除文本”按钮上单击右键，选择【动作】命令，打开【动作面板】，输入代码：

```
on(release){
    my_txt.removeTextField();       //删除"my_txt"文本框
    }
```

步骤 6 测试影片，效果如图 6-75 所示。单击【创建文本】按钮时，将看到一个文本框,文本内容是:“代码创建的文本框”。单击【删除文本】按钮时，文本框被删除。

图 6-74 添加按钮

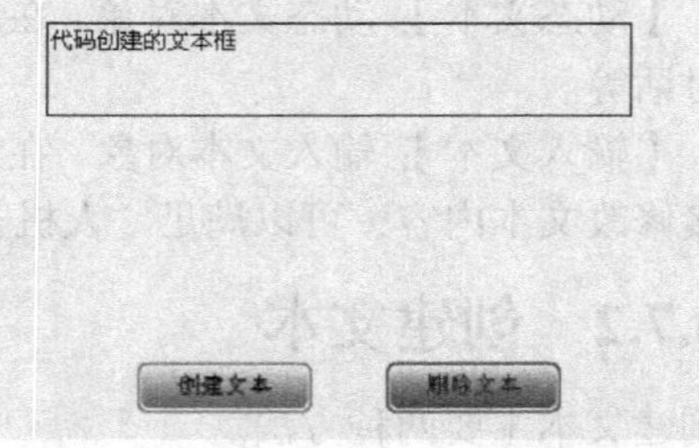

图 6-75 代码创建及删除文本效果

6.7.3　读取和设置文本内容

为了在 AS 中识别文本框并对其进行操作，必须在属性面板或程序中，为其添加实例名称。有两种方法可以读取和设置文本框的内容。

方法一：是通过设置或读取文本框的 text 属性来获得文本框的内容。下面用一个简单实例来说明。单击绿色【设置】按钮，“my_text1” 显示 “设置文本框内容”； 点击蓝色【读取】按钮，“my_text2” 显示 “设置文本框内容”。

步骤 1　执行【文件】|【新建】命令，在【新建文档】对话框中选择 “ActionScript 2.0” 选项。创建一个空白文件。

步骤 2　执行【修改】|【文档】命令，在【文档设置】对话框中设置文档的大小、背景色、动画帧频率和标尺的单位，单击【确定】按钮。在这里都选择默认设置。

步骤 3　单击【工具】面板上的【文本工具】，在【属性】面板上设置文本为【静态文本】，设置【大小】为 “26.0 点”，【系列】为 “宋体”，【颜色】为红色，在舞台上添加文本框并输入 “通过.text 属性读取和设置文本框内容”（见图 6-76）。

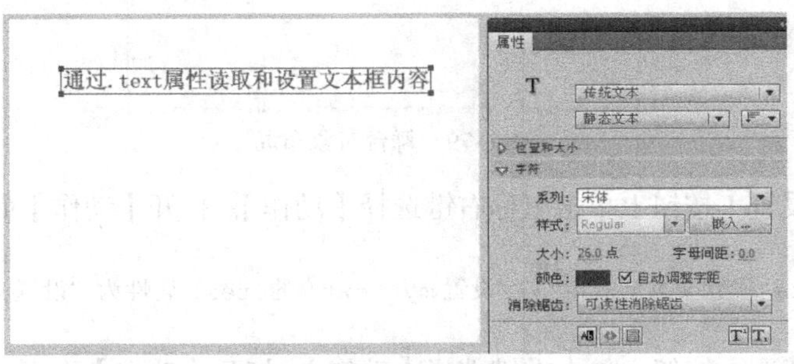

图 6-76　静态文本框位置及属性设置

步骤 4　在舞台上添加一个新文本框|设置文本为【动态文本】,【大小】为 “24.0 点”,【系列】为 “宋体”,【颜色】为绿色，选中【在文本周围显示边框】命令，修改实例名称为 “my_text1”（见图 6-77）。

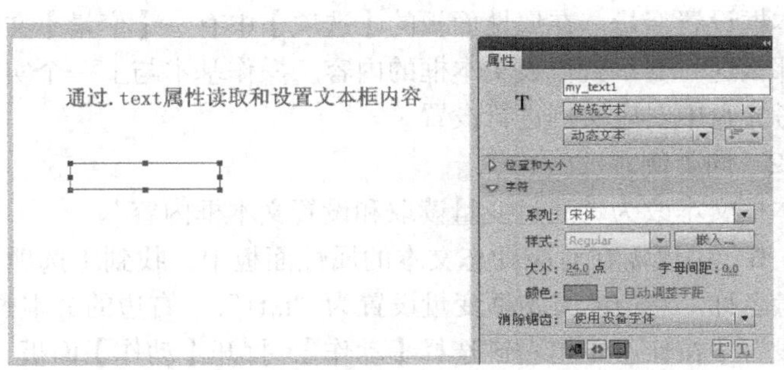

图 6-77　动态文本框 my_text1 位置及属性设置

步骤 5　用步骤 4 中的方法在舞台上绘制一个新动态文本框 “my_text2”，实例名称为 “my_text2”，文本颜色为蓝色（见图 6-78）。

步骤 6　执行【窗口】|【公用库】命令，选择【buttons rounded】按钮组，分别拖出 “rounded green”、“ rounded blue”，放在对应文本框下面，修改 “rounded green” 按钮文本为 “设置”、 修改 “rounded blue” 按钮文本为 “读取”（见图 6-79）。

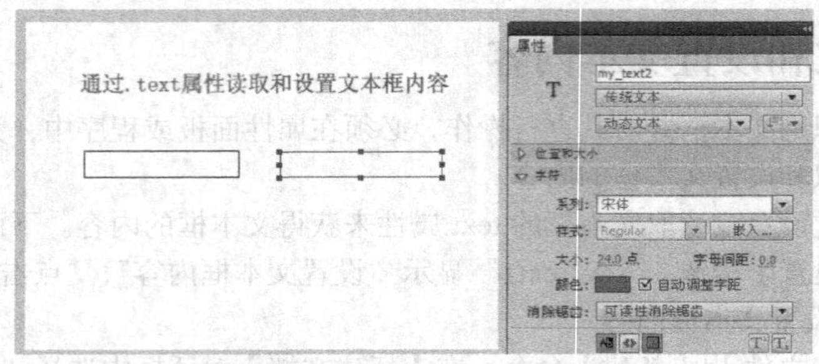

图 6-78　动态文本框 my_text2 位置及属性设置

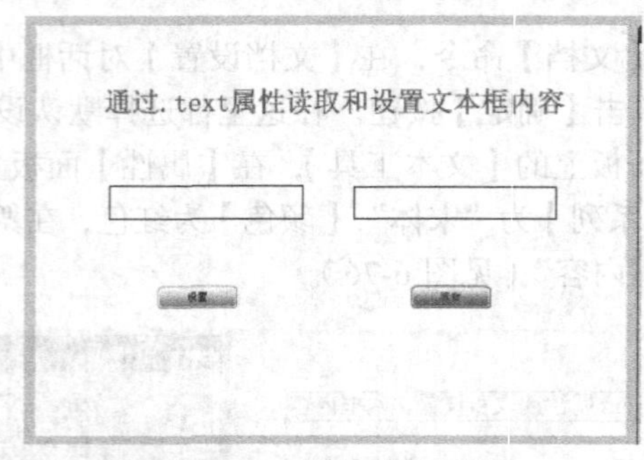

图 6-79　舞台对象布局

步骤 7　在【设置】按钮上单击鼠标右键选择【动作】，打开【动作】面板，输入代码如下：

```
on (release) {
my_text1.text="设置文本框内容";//设置 my_text1 的.text 属性为“设置文本框内容”。
}
```

步骤 8　在【读取】按钮上单击右键选择【动作】，打开【动作】面板，输入代码如下：

```
on(release){
    my_text2.text=my_text1.text;//读取 my_text1 的.text 属性的值，并赋给 my_text2
    的.text}
```

步骤 9　测试影片。

方法二：给文本框设置变量。在属性面板的【选项】中有一【变量】文本框，在这里可以为文本框设置变量，那么这一变量就代表文本框的内容。操作基本与上一个实例相似，现将不同之处予以说明，可参考光盘中对应实例进行设置。

步骤 1、**步骤 2**　同上例。

步骤 3　将文本框文本改为“通过变量读取和设置文本框内容”。

步骤 4、**步骤 5**　中仅需在对应动态文本的属性面板中，找到【选项】标签并在变量文本框中输入对应的变量名称。左边的文本框变量设置为“txt1”，右边的文本框变量设置为“txt2”。

步骤 6　在【设置】按钮上单击右键选择【动作】，打开【动作】面板，输入代码如下：

```
on (release) {
txt1="设置文本框内容";//把 “设置文本框内容”赋给变量 txt1，并显示。
}
```

步骤 7　在【读取】按钮上单击右键选择【动作】，打开【动作】面板，输入代码如下：

```
on(release){
    txt2=txt1;//读取 txt1 变量值，并赋给变量 txt2，并显示。}
```

步骤 8　测试影片，效果同上。

6.7.4　课件实战——填空题

通过上面的学习我们对文本与字符已经有了初步的认识，下面我们将通过一个实例来进一步学习文本的应用。

本实例需要完成的是填空题的功能。当用户有空没填时，单击【判断】按钮，就出现提示文字“你还有空没填!”；当用户填完但没有全对时，单击【判断】按钮，程序自动判断，在题目后面对应就出现“√”、“×”，并出现“加油”的鼓励画面和声音；当用户填完且全对时，点击“判断”按钮，程序自动判断，在题目后面对应就出现“√”，并出现“你真棒!”的表扬画面和声音；点击“重做”按钮时，除题目以外的文字及影片剪辑都消失，回到原始状态。本实例中主要注意条件语句和文本的使用。

步骤 1　执行【文件】|【新建】命令，在【新建文档】对话框中选择“ActionScript 2.0”选项。创建一个空白文件。

步骤 2　执行【修改】|【文档】命令，在【文档属性】对话框中设置文档的大小、背景色、动画帧频率和标尺的单位，单击【确定】按钮。

步骤 3　执行【文件】|【导入】|【导入到库】，选中本实例所有图片及声音素材，单击【打开】按钮（见图 6-80）。

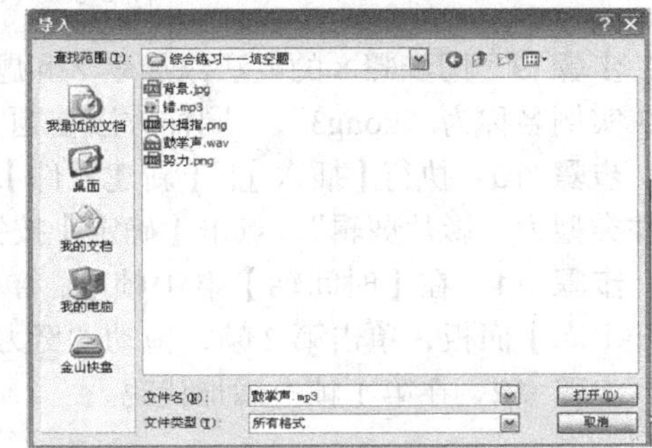

图 6-80　导入素材

步骤 4　双击将图层改名为“背景”，按【F11】键打开【库】面板，拖动“背景.jpg”至舞台中，在【属性】面板设置“背景.jpg”图片大小为 550 像素 × 400 像素，坐标为（0，0），如图 6-81 所示。

步骤 5　新建图层 2 改名为“标题”，选择文本工具，在舞台上方输入“填空题”，在【属性】面板中设置【大小】为“32.0 点”,【系列】为“宋体”,【颜色】为黄色，如图 6-82 所示。

图 6-81　设置背景

图 6-82　设置标题

步骤 6　执行【属性】面板的【滤镜】命令，添加【投影】效果，如图 6-83 所示。

步骤 7　新建图层 3 改名为“题目”，选择文本工具，在舞台上方输入题目，在【属性】面板中设置文本【大小】为“28.0 点”,【系列】为“宋体”（见图 6-84）。

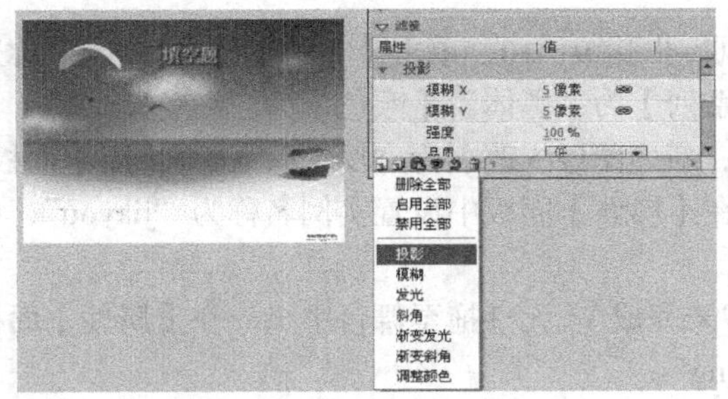

图 6-83　添加【投影】效果

图 6-84　添加题目内容

步骤 8 新建图层 4 改名为“输入文本”，选择【文本工具】，在题 1 横线上画出一文本框，选中文本框，在【属性】面板中设置文本为【输入文本】|【字符】中设置【系列】为“宋体”，【大小】为“28.0 点”，【消除锯齿】为“使用设备字体”，段落中【行为】为“单行”，实例名称为“kong1”。同样方法在横线后添加动态文本框，设置变量为 a，如图 6-85 所示。

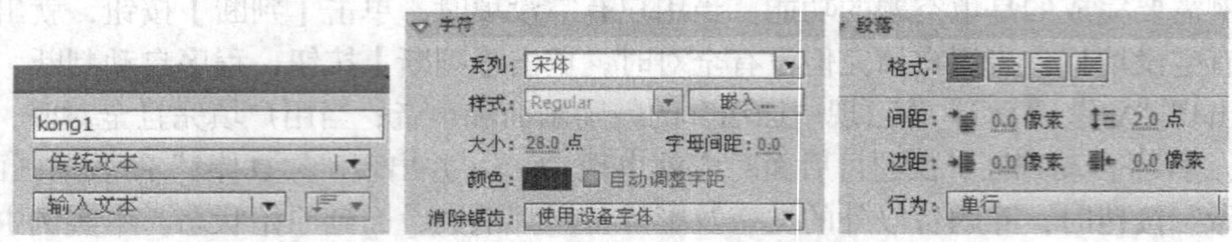

图 6-85 设置题 1 的输入文本属性

步骤 9 用步骤 8 的方法添加题 2 和题 3 的输入文本，设置题 2 实例名称为“kong2”，设置题 3 实例名称为“kong3”， 同样方法在题 1、2 横线后添加动态文本框，设置变量分别为 b、c。

步骤 10 执行【插入】|【新建元件】，在【创建新元件】对话框中，输入元件名为“加油”，元件类型为“影片剪辑”，点击【确定】按钮。

步骤 11 在【时间轴】第 1 帧上，单击鼠标右键执行【插入空白关键帧】命令，按 F11 键打开【库】面板，单击第 2 帧，拖动“努力.png”至舞台中央，如图 6-86 所示。

步骤 12 在第 1 帧上添加代码。

```
Stop();
```

步骤 13 在【时间轴】第 20 帧处插入帧，单击第 2 帧使用任意变形工具，调整图片为 195 像素×281 像素，如图 6-87 所示。

图 6-86 新建“加油”元件

图 6-87 设置图片大小

步骤 14 右键单击第 2 帧在【属性】面板中添加“错.mp3”声音，如图 6-88 所示。

步骤 15 添加“正确”影片剪辑元件，步骤与步骤 8、9、10 相同，添加“鼓掌声.wav”声音，步骤同步骤 14。

步骤 16 添加“未完成”影片剪辑元件，执行步骤 9、10，单击【文本工具】，输入“你还有空没填!”，设置文本【大小】为“55.0 点”，【系列】为“黑体”，【颜色】为“红色”。

步骤 17 单击【场景 1】回到“场景 1”中，新建图层 5 改名为“反馈”，打开【库】面板，将“加油”元件拖至“反馈”图层的舞台中央，在【属性】面板中设置实例名称为“jiayou”，如图 6-89 所示。

步骤 18 打开【库】面板，将“正确”和“未完成” 元件拖至舞台中央，在【属性】面板中设置实例名称分别为“zhengque”、“weiwancheng”。

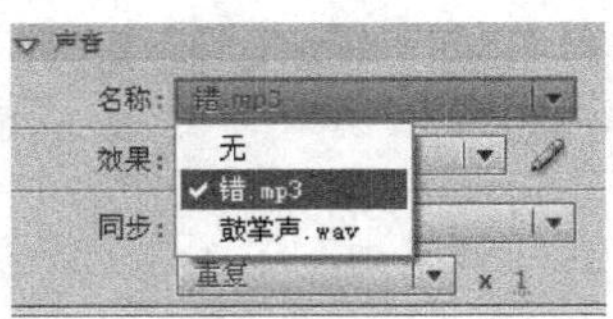

图 6-88　添加声音

图 6-89　添加实例名称

步骤 19　执行【插入】|【新建元件】，名称为“判断”，类型为“按钮”，单击【确定】，在舞台中央使用【文本工具】添加“判断”，【系列】为“黑体”，【大小】为“20.0 点”；在“点击”帧上单击鼠标右键执行【插入关键帧】命令，使用【矩形工具】在文本下方绘制适当大小的矩形，如图 6-90 所示。

颜色随意，在程序运行过程中点击帧上的对象不显示，这样做只为了增加点击面。

步骤 20　添加“重做”按钮，同步骤 19。

步骤 21　回到场景 1，新建图层 6 改名为“按钮”，打开【库】面板，拖动“判断”和“重做”元件至舞台右下方，如图 6-91 所示。

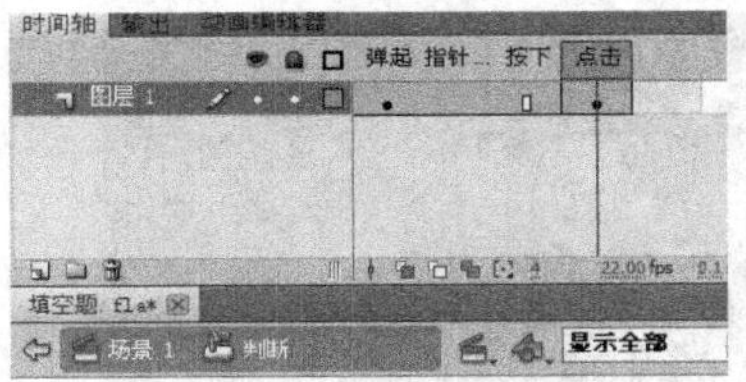

图 6-90　制作“判断”按钮

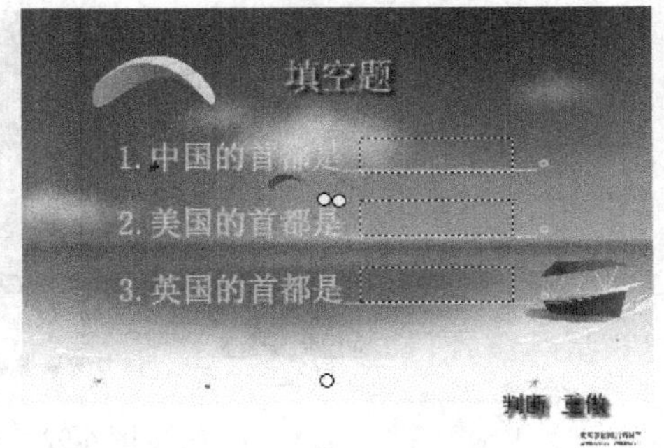

图 6-91　在场景 1 中添加按钮

步骤 22　在“判断”按钮上单击右键执行【动作】命令，打开【动作】面板，添加代码如下：

```
on (release) {
    if (_root.kong1.text == "" || _root.kong2.text == "" || _root.kong3.text == "")
    {_root.weiwancheng.play();}
//判读用户是否填入答案，只要有任意一个空没填就让“未完成”影片剪辑开始播放
    if (_root.kong1.text == "北京" && _root.kong2.text == "华盛顿" && _root.
    kong3.text == "伦敦")
    {_root.zhengque.play();
        a = "√";
        b = "√";
        c = "√";}
//判断空 1、空 2、空 3 中，用户填入的答案为“北京”、“华盛顿”、“伦敦”就播放影片剪辑“正确”，
并在题后面出现"√"
    if (_root.kong1.text != "北京")
    {
a = "×";
      _root.jiayou.play();
}else{
        a = "√";
    }
```

```
if (_root.kong2.text != "华盛顿"){
        b = "×";
        _root.jiayou.play();
    }else{
        b = "√";
    }
if (_root.kong3.text != "伦敦")
    {
        c = "×";
        _root.jiayou.play();
    }else{
        c = "√";
    }}
```

//判断用户填入的答案是否正确，只要有一个错误就出现影片剪辑“加油”，并在题后面出现"√"或"×"。

步骤 23 添加“重做”按钮代码如下，效果如图 6-92 所示。

```
on (release) {
    _root.kong1.text = "";
    _root.kong2.text = "";
    _root.kong3.text = "";
    a = "";
    b = "";
    c = "";
}
```

图 6-92　实例“填空题”效果

6.8　影片剪辑

6.8.1　控制时间轴

MC 实际上相当于一个独立的 SWF 文件，它具有它自已的时间轴，可以通过下列函数或方法来进行控制。

- Stop()：时间轴停止播放。
- Play()：时间轴开始播放。
- gotoAndPlay(n)：将时间轴转到 n 所在的帧处，开始播放。
- gotoAndStop(n)：将时间轴转到 n 所在的帧处并停止。
- nextFrame()方法：将时间轴移到下一帧并停止。
- prevFrame()方法：将时间轴移到上一帧并停止。

以上函数或方法的详细用法可参考本章 6.4 节。下面主要介绍_currentframe 属性和_totalframes 属性的使用方法。

- _currentframe 属性：获取播放头在时间轴中的当前帧数。
- _totalframes 属性：获取影片剪辑总帧数。

下面用一个实例来进行说明。本实例主要完成影片剪辑的快进、快退及显示播放进度功能。用当前帧去除以总的帧数，就是 MC 的播放进度。然后用一个矩形条来显示进度，采用矩形条的 _xscal 属性等于当前帧与总帧数的比例来实现。

步骤 1 执行【文件】|【新建】命令，在【新建文档】对话框中选择【ActionScript 2.0】选项。创建一个空白文件。

步骤 2 执行【修改】|【文档】命令，在【文档属性】对话框中设置文档的大小、背景色、动画帧频率和标尺的单位，单击【确定】按钮。

步骤 3 执行【插入】|【新建元件】，名称为“进度条”，类型为“影片剪辑”单击【确定】。

步骤 4 使用【矩形工具】绘制长条，颜色蓝色，大小为 530 像素 × 6 像素，坐标为（0，0），如图 6-93 所示。

图 6-93 绘制进度条影片剪辑

步骤 5 回到【场景 1】，使用【椭圆工具】绘制小球，颜色为径向填充，单击“小球”，按【Trel+G】组合键，拖动“小球”至舞台左侧，在第 120 帧处插入关键帧，拖动“小球”至舞台右侧，在第 1 帧与第 120 帧之间【创建传统补间】动画，如图 6-94 所示。

步骤 6 新建图层 2 改名为“按钮”，从【按钮公用库】拖出 flat blue back、flat blue forward、flat blue play 按钮放置在舞台下方，如图 6-95 所示。

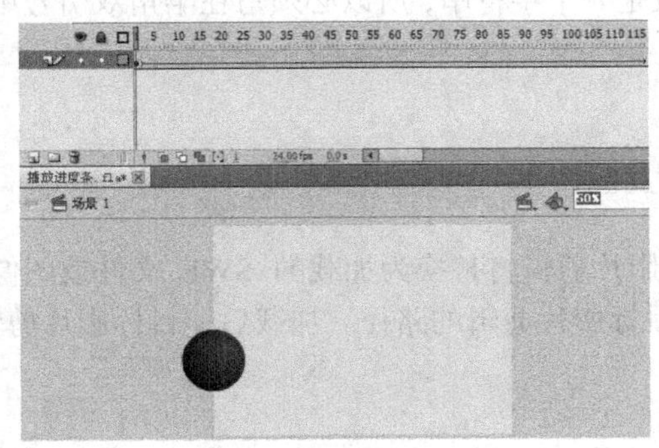

图 6-94 制作滚动的小球

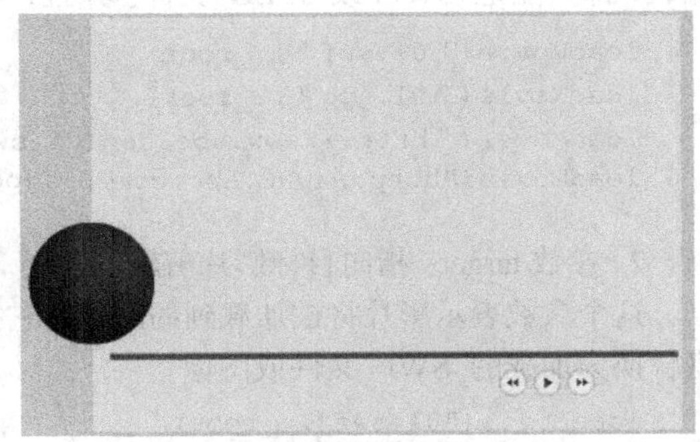

图 6-95 设置按钮及进度条位置

步骤 7 新建图层 3 改名为“进度条”，打开【库】面板，拖动影片剪辑“进度条”至舞台下方，在【属性】面板设置实例名称为“bft_mc”。

步骤 8 新建图层 4 改名为“AS”| 在该图层第 1 帧上添加代码如下：

```
onEnterFrame = function() {
  if(_currentframe<_totalframes){
    bl = Math.round(_currentframe/_totalframes*100);
    bft_mc._xscale=bl; //根据播放的进度设置进度条长度
} else {
delete onEnterFrame //删除每一帧的调用}}
```

步骤 9 在上分别添加代码如下：

```
on(release){
    gotoAndStop(_currentframe-5); //退 5 帧并停止
}
```

在上分别添加代码如下：

```
on(release){
    play();//播放
}
```

在上分别添加代码如下：

```
on(release){
    gotoAndStop(_currentframe-5); //进 5 帧并停止
}
```

步骤 10 测试影片，点击播放按钮时，动画开始播放，同时有一进度条随之展开。

6.8.2 加载外部 SWF 文件

Flash 可以通过帧、按扭、影片剪辑来调用外部文件。可以调用的外部文件包括：外部文本文件、外部程序文件、外部 SWF 文件、外部图片文件、外部声音文件、外部脚本文件。我们这里主要介绍调用外部 SWF 文件的方法，其他外部文件调用方法相似。具体用法如下。

一、loadMovie("url",target [, method])

【函数描述】在播放原始 SWF 文件的同时将 SWF 文件或 JPEG 文件加载到 Flash Player 中目标影片剪辑当中。

【函数格式】loadMovie("url",target [, method])

【参数说明】

1. 参数 url：要加载的 SWF 文件或 JPEG 文件的绝对或相对 URL（路径）。

就是说这个 url 可以是本地的文件路径，也可以是 Internet 上的文件地址。但是，无论从何处加载，都只能是 SWF 或 JPEG 文件。并且，该参数是一个字符串，所以必须写在半角双引号中。

```
loadMovie("01.swf", _root)
loadMovie("01.jpg", _root)
loadMovie("http://www.abc.com/01.swf", _root)
loadMovie("http://www.abc.com/01.jpg", _root)
…
```

2. 参数 target：指向目标影片剪辑的路径。目标影片剪辑将替换为加载的 SWF 文件或图像。

这个参数表示影片将被加载到的路径，它指向目标影片剪辑的路径。加载后，目标影片剪辑将替换为加载的 SWF 文件或图像。

```
loadMovie("01.swf", _root)
loadMovie("01.swf", _root.loading)
loadMovie("01.swf", _root.loading.01)
…
```

3. 参数 method：可选参数，指定用于发送变量的 HTTP 方法。该参数必须是字符串 GET 或 POST。如果没有要发送的变量，则省略此参数。GET 方法将变量追加到 URL 的末尾，它用于发送少量的变量。POST 方法在单独的 HTTP 标头中发送变量，它用于发送大量的变量。

二、loadMovieNum("url",level [, variables])

【函数描述】在播放原来加载的 SWF 文件的同时将 SWF 文件或 JPEG 文件加载到 Flash Player 中的某个级别。

【函数格式】loadMovieNum("url",level [, variables])

【参数说明】

1. 参数 url：要加载的 SWF 文件或 JPEG 文件的绝对或相对 URL（路径）。该函数的此参数和上面 loadMovie 中的此参数用法完全一致，这里不再作解释。

2. 参数 level：一个整数，指定 SWF 文件将加载到 Flash Player 中的哪个级别。

加载的时候，可以这样来写：

```
loadMovieNum("01.swf", 1);
loadMovieNum("01.swf", 2);
loadMovieNum("01.swf", 3);
…
```

控制的时候，可以这样使用：

```
_level1._x=10
_level2.aa._alpha=50
_level3.aa.bb._width=110
…
```

需要注意的是，每一个级别只能同时存在一个 SWF 或 JPEG 文件。如果两个 SWF 或 JPEG 文件的级别相同，那么后者将替换掉前者。对于级别不同的_level，级别大的将覆盖掉级别小的，即数字大的将处于数字小的之上。

3. 参数 variables：可选参数，指定发送变量所使用的 HTTP 方法。该参数必须是字符串 GET 或 POST。如果没有要发送的变量，则省略此参数。GET 方法将变量追加到 URL 的末尾，它用于发送少量的变量。POST 方法在单独的 HTTP 标头中发送变量，它用于发送大量的变量。

三、unloadMovieNum("url",level)

【函数描述】使用 unloadMovieNum() 可删除用 loadMovieNum() 加载的 SWF 文件或图像。

【函数格式】unloadMovieNum("url",level)

【参数说明】

1. 参数 url：要加载的 SWF 文件或 JPEG 文件的绝对或相对 URL（路径）。该函数的此参数和上面 loadMovie 中的此参数用法完全一致，这里不再作解释。

2. 参数 level 指所加载影片的级别（_levelN）。

下面用一个实例来进行具体说明。本实例主要完成多个外部 SWF 文件的导入及切换。

步骤 1　在桌面新建一个文件夹，改名为“调用外部 SWF 文件”，将需要调用的两个 SWF 文件放置在该文件夹中。

步骤 2　执行【文件】|【新建】命令，在【新建文档】对话框中选择“ActionScript 2.0”选项。创建一个空白文件，保存在上面所建的文件夹中。

步骤 3　执行【修改】|【文档】命令，在【文档设置】对话框中设置文档的大小、背景色、动画帧频率和标尺的单位，单击【确定】。

步骤 4　执行【插入】|【新建元件】| 名称为“空白影片剪辑”，类型为“影片剪辑”|【确定】。

步骤 5　打开元件库连续拖动两次“空白影片剪辑”至舞台任意位置，在【属性】面板中设置实例名称分别为“mymc1”和“mymc2”。

步骤 6　执行【插入】|【新建元件】| 名称为“影片 1”，类型为“按钮”，【确定】|在舞台中央使用【文本工具】添加“影片 1”，【系列】为“黑体”，【大小】为“20.0 点”；在“点击”帧上单击右键执行【插入关键帧】命令，使用【矩形工具】在文本下方绘制适当大小矩形，如图 6-96 所示。

步骤 7　制作“影片 2”按钮，方法同步骤 6。

步骤 8 单击【场景 1】回到场景 1，新建图层 2 改名为“按钮”；打开【库】面板，拖动“影片 1”和 “影片 2”按钮至舞台下方，如图 6-97 所示。

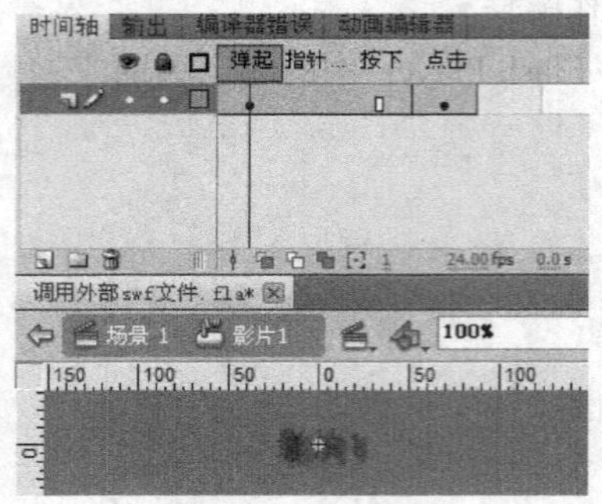

图 6-96 制作按钮

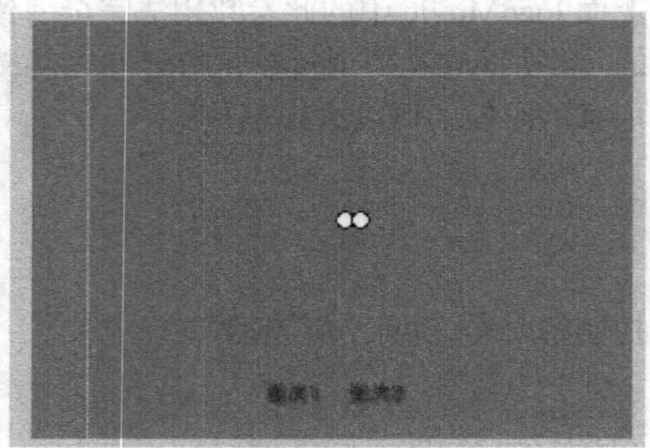

图 6-97 放置按钮

步骤 9 在“影片 1”按钮上，添加代码如下：

```
on (release) {//鼠标离开按扭后执行下面的代码;
    loadMovie("影片 1.swf", "mymc1");//加载外部的“影片 1.swf”文件到“mymc”空影片剪辑中;
    _root.mymc1._x =70;//加载影片的 X 轴坐标;
    _root.mymc1._y = 50;//加载影片的 Y 轴坐标;
    _root.mymc1._xscale = 75;//加载影片的宽度;
    _root.mymc1._yscale = 75;//加载影片的高度;
    unloadMovie(mymc2);//删除用 loadMovie 加载的影片 2.swf 文件;
}
```

步骤 10 在“影片 2”按钮上，添加代码如下：

```
on (release) {//鼠标离开按扭后执行下面的代码;
    loadMovie("影片 2.swf", "mymc2");//加载外部的“影片 2.swf”文件到“mymc”空影片剪辑中;
    _root.mymc2._x =70;//加载影片的 X 轴坐标;
    _root.mymc2._y = 50;//加载影片的 Y 轴坐标;
    _root.mymc2._xscale = 75;//加载影片的宽度;
    _root.mymc2._yscale = 75;//加载影片的高度;
    unloadMovie(mymc1);//删除用 loadMovie 加载的影片 1.swf 文件;
}
```

步骤 11 测试影片，点击两个按钮可以在两个外部 SWF 文件画面之间切换。

6.8.3 拖动与碰撞检测

Flash 可以通过 startDrag() 函数或 MovieClip.startDrag() 方法来实现对象的拖动。执行了 startDrag() 操作后，一次只能拖动一个影片剪辑，影片剪辑将保持可拖动状态，直到用 stopDrag() 明确停止拖动为止，或直到对其他影片剪辑调用了 startDrag() 动作为止。

一、startDrag(target,[lock ,left , top , right, bottom])

【函数描述】startDrag() 函数或 MovieClip.startDrag() 方法，使用 startDrag()可以实现拖动效果。

【函数格式】startDrag(target,[lock ,left , top , right, bottom])

【参数说明】

target：要拖动的影片剪辑的目标路径。

lock：一个布尔值。指定可拖动影片剪辑是锁定到鼠标位置中央（true），还是锁定到用户首次单击该影片剪辑的位置上（false）。此参数是可选的。

left、top、right、bottom 相对于影片剪辑父级坐标的值，这些值指定该影片剪辑的约束矩形。这些参数是可选的。

二、stopDrag()

【函数描述】stopDrag() 函数或 MovieClip.stopDrag() 方法，使用 stopDrag()可以实现停止拖动效果。

【函数格式】stopDrag()

【参数说明】无参数

三、movieClip.hitTest(target)

【函数描述】startDrag() 函数或 MovieClip.startDrag() 方法，使用 startDrag()可以实现拖动效果。

【函数格式】movieClip.hitTest(target)

【参数说明】

1. movieClip 碰撞对象
2. target 被碰撞的对象

下面用一个实例来进行具体说明。本实例主要制作一个简单的拼图游戏。

步骤 1　在桌面新建一个文件夹，改名为“调用外部 SWF 文件”，将需要调用的两个 SWF 文件放置在该文件夹中。

步骤 2　执行【修改】|【文档】命令，在“文档属性”对话框中设置文档的大小（默认）、背景色（蓝色）、动画帧频率和标尺的单位，单击【确定】按钮。

步骤 3　执行【文件】|【导入】|【导入到舞台】| 选中“车.jpg”图片，单击【确定】。

步骤 4　将图层 1 改名为“图片”，选中图片使用【Ctrl+B】快捷键进行分离，使用【选择工具】将图片分成四等份，如图 6-98 所示。

步骤 5　新建图层 2 改名为“标题”，使用文本工具添加静态文本“拼图游戏”，字体为黑体，【大小】为“40.0 点”，颜色为“红色”，添加【投影】滤镜，如图 6-99 所示。

图 6-98　分割图片

图 6-99　添加标题

步骤 6　在图片（左上）上单击右键，执行【转换为元件】命令，在弹出的【转换为元件】对话框中，改元件名为“图片 1”，【类型】为“影片剪辑”，【对齐】为“中点”，单击【确定】按钮，如图 6-100 所示。

步骤 7　用步骤 6 中的方法转换其他图片为元件，名称分别为“图片 2”、“图片 3”、“图片 4”。

步骤 8　在“图片 1”、“图片 2”、“图片 3”、“图片 4”上添加代码如下：

```
on(press){
	this.startDrag(true);//按下鼠标左键开始拖动
}
on(release){
	this.stopDrag();//松开鼠标左键停止拖动
}
```

步骤 9 随意改变图片位置，按【Ctrl+Enter】快捷键测试影片，实现了简单拼图游戏制作。

图 6-100 将“图片 1”转换为元件

图 6-101 拼图游戏界面效果

6.8.4 课件实战——给水果和蔬菜分类

本节将制作一个给“水果和蔬菜分类”的小动画，画面上放置 7 个蔬菜或水果和 2 个标有水果或蔬菜的篮子。用户通过移动这些蔬果放到对应的篮子中，就会出现鼓励的画面；如果放错了，这个物品就会回到原来位置。

图 6-102 运行效果

本课件中涉及的知识点较多也较复杂。其中包括拖曳、判断语句的使用、碰撞方法的使用等。具体制作步骤如下。

步骤 1 执行【文件】|【新建】命令，在【新建文档】对话框中选择“ActionScript 2.0”选项。创建一个空白文件。

步骤 2 执行【修改】|【文档】命令，在“文档属性”对话框中设置文档的大小、背景色、动画帧频率和标尺的单位，单击【确定】按钮。

步骤 3 执行【文件】|【导入】|【导入到库】，选择文件夹中所有素材，单击【确定】|【F11】打开【库】面板。选择【库】面板中的元件 2，在其上方单击右键，执行【属性】命令，打开【属性】面板，根据图片改名称为“菠萝”，改类型为“影片剪辑”。

步骤 4 其他元件操作同步骤 3。

步骤 5 改图层 1 为“背景”，【F11】打开【库】面板，选择【库】面板中“背景”元件拖至舞台。

步骤 6　新建图层 2 改名为“篮子”，从打开的【库】面板中拖出“竹篮”元件，放置在舞台左下部，使用【任意变形工具】等比例调至合适大小，使用【文本工具】在“竹篮”下方输入静态文本“水果”，打开【属性】面板给文字添加滤镜【投影】效果。相同方法添加“蔬菜蓝子”。

步骤 7　选中“水果篮子”，在打开的【属性】面板中添加实例名称为 shuiguo，选中“蔬菜篮子”，在打开的【属性】面板中添加实例名称为 shucai，如图 6-103 所示。

图 6-103　添加实例名称

步骤 8　新建图层 3 改名为“果蔬”，从打开的【库】面板中拖出“菠萝”、“草莓”、“橘子” 、“萝卜”、“土豆”、“ 西瓜”、“ 洋葱”元件| 在【属性】面板中设置这些元件坐标和【实例名称】分别为：

元件名	X 坐标 ，Y 坐标	实例名称
“菠萝”	（105.85，74.25）	boluo
“草莓”	（148.3，145.45）	caomei
“橘子”	（323，80.6）	juzi
“萝卜”	（437.85，82.3）	luobo
“土豆”	（208.5，86.45;）	tudou
“西瓜”	（272.05，153.2）	xigua
“洋葱”	（384.9，161.45）	yangcong

此坐标值及实例名称可以根据自己需要进行修改，但必须和后面的代码中的坐标值和实例名称保持一致。

步骤 9　执行【插入】|【新建元件】，在【新建元件】对话框中修改元件名为“正确”，类型为“影片剪辑”。

步骤 10　在图层 1 第 1 帧上添加代码如下：

```
Stop();
```

步骤 11　在图层 1 第 2 帧上插入【空白关键帧】| 使用【刷子工具】绘制“√”，颜色为“红色”，在第 2 帧上输入代码如下：

```
_root.jishu++;//做对 1 次就计数 1 次
```

步骤 12　在第 10 帧处，插入关键帧并添加代码如下：

```
if (_root.jishu == 7){
        _root.chenggong.play();;//做对 7 次就播放场景 1 中实例名称为 chenggong 影片剪辑
}
```

步骤 13　新建图层 2，使用前面所学遮罩知识，制作一个打“√”的动画，详细步骤见前面相关章节，如图 6-104 所示。

步骤 14　执行【插入】|【新建元件】，在【新建元件】对话框中修改元件名为“成功”，类型为“影片剪辑”。

步骤 15　在第 1 帧上添加添加代码如下：

```
Stop();
```

步骤 16　在图层 1 第 2 帧处插入【空白关键帧】，使用【文本工具】绘制【静态文字】“成功!"，颜色为"红色"，大小为"27.0 点"，字体为"黑体"，在第 60 帧处插入关键帧，使用【任意变形工具】等比例放大文字至合适大小，在第 2 帧和第 60 帧之间【创建传统补间】，制作出文字由小变大的效果如图 6-105 所示。

在第 60 帧上添加代码如下：

```
_root.boluo._x = 105.85;
_root.boluo._y = 74.25;
_root.tudou._x = 208.5;
_root.tudou._y = 86.45;
_root.juzi._x = 323;
_root.juzi._y = 80.6;
_root.luobo._x = 437.85;
_root.luobo._y = 82.3;
_root.caomei._x = 148.3;
_root.caomei._y = 145.45;
_root.xigua._x = 272.05;
_root.xigua._y =153.2;
_root.yangcong._x = 384.9;
_root.yangcong._y = 161.45;
//这段代码实现了用户在全部做对了的情况下，显示"成功"，并让所有对象回到原来位置。
```

步骤 17 单击【场景 1】回到场景 1 界面，新建图层 4 改名为"反馈"，按【F11】键打开【库】面板，将"正确"、"成功"两个元件拖至舞台中央，在【属性】面板中修改实例名称为"dui"和"chenggong"，如图 6-106 所示。

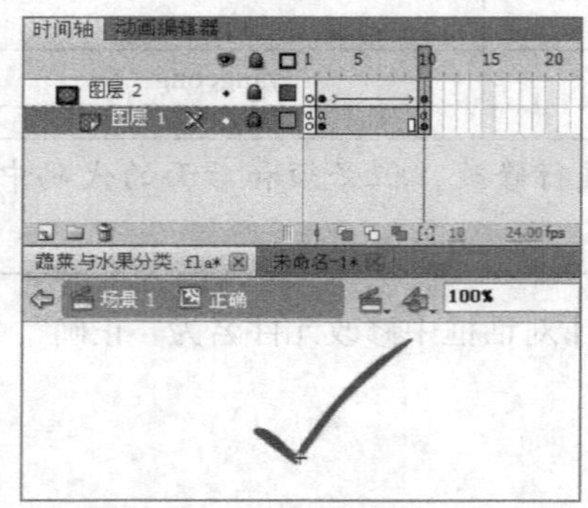

图 6-104 制作"正确"元件

图 6-105 制作"成功"元件

步骤 18 新建图层 5 改名为"标题"，使用【文本工具】添加文字"给蔬菜和水果分类" | 选中文本，在【属性】面板添加滤镜【投影】效果，运行效果如图 6-106 所示。

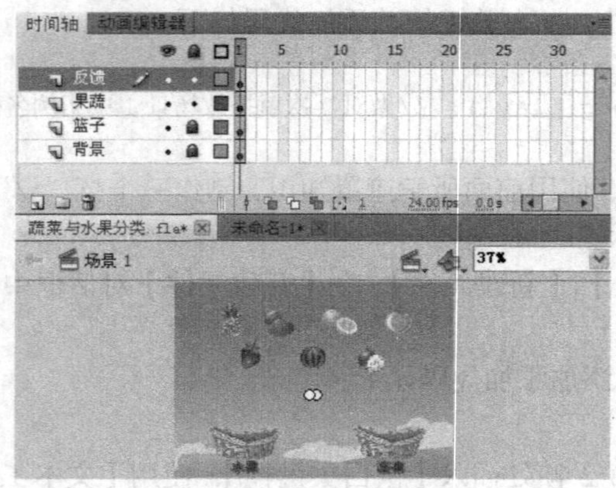

图 6-106 添加"反馈"

步骤 19　新建图层 6 改名为“AS”，在第 1 帧上添加代码如下：

```
jishu=0;//定义“计数”变量并赋初始值为 0
```

步骤 20　在影片剪辑“菠萝”上添加代码如下：

```
on (press) {
    this.startDrag(true);//按下鼠标左键实现拖曳
}
on (release) {
    if (this.hitTest(_root.shuiguo)){
        this.stopDrag();
        _root.dui.play();
//松开鼠标停止拖曳，判断是否碰到“水果”篮，碰到则播放“正确”的动画
    }else{
        this.stopDrag();
        this._x = 105.85;
        this._y = 74.25;
// 松开鼠标停止拖曳，判断是否碰到“水果”篮，没碰到则“菠萝”回到原来位置
    }}
```

步骤 21　复制影片剪辑“菠萝”上的代码到其他“水果”或“蔬菜”上，注意要把代码中的坐标数值改成此元件自身的坐标，另外，如果是某种“蔬菜”的话就还要将条件语句中“shuiguo”改动为“shucai”。

步骤 22　测试影片。

课后练习

制作剪刀石头布游戏。

第7章 组件的应用

本章主要介绍 Flash CS5 中组件的应用。通过本章内容的学习，可以了解并掌握如何应用系统自带的功能事半功倍地完成动画制作。

本章学习目标

- 掌握组件的概念
- 掌握常用组件的应用

7.1 关于 ActionScript 2.0 组件

Flash 提供了非常强大的组件功能，利用 Flash 的组件可以创建功能强大、效果丰富的动画。

7.1.1 使用组件的优点

组件是带参数的影片剪辑，这些参数可以修改组件的外观和行为，用户在创作 Fash 影片时可以对其进行设置。组件既可以是简单的用户界面控件（例如，单选按钮或复选框），也可以包含内容（例如，滚动窗格）；组件还可以是不可视的（例如，FocusManager，它允许控制应用程序中获得焦点的对象）。

使用组件，即使用户对 ActionScript 没有深入的理解，也可以构建复杂的 Flash 应用程序。用户不必创建自定义按钮、组合框和列表，而只需将这些组件从【组件】面板拖到应用程序中即可为应用程序添加功能。用户还可以方便地自定义组件的外观，从而满足自己的设计需求。

组件将应用程序的设计过程和编码过程分开。通过使用组件，开发人员可以创建设计人员在应用程序中能用到的功能。开发人员可以将常用功能封装到组件中，而设计人员可以通过更改组件的参数来定义组件的大小、位置和行为，通过编辑组件的图像元素或外观，还可以更改组件的外观。组件之间共享核心功能，如样式、外观和焦点管理。

7.1.2 组件的类型

Flash 提供的组件分为以下 5 个类别（其 ActionScript 源文件的位置与其类别也大致对应，并且列在括号中）。

- 数据组件（mx.data.*）

使用数据组件可加载和处理数据源中的信息；WebServiceConnector 和 XMLConnector 组件都是数据组件。

- FLVPlayback 组件（mx.video.FLVPlayback）

FLVPlayback 组件可以轻松地将视频播放器包括在 Flash 应用程序中，以便通过 HTTP 从 Flash Video Streaming Service （FVSS） 或从 Flash Media Server 播放渐进式视频流。

- 媒体组件（mx.controls.*）

利用媒体组件可播放和控制媒体流；MediaController、MediaPlayback 和 MediaDisplay 都是媒体组件。

- 用户界面组件（mx.controls.*）

利用用户界面组件（通常称为“UI 组件”）可与应用程序进行交互；例如，RadioButton、CheckBox 和 TextInput 组件都是用户界面控件。

- 管理器 （mx.managers.*）

管理器是不可见的组件，使用此类组件可以在应用程序中管理诸如焦点或深度等功能，FocusManager、DepthManager、PopUpManager、StyleManager 和 SystemManager 都是管理器组件。

- 屏幕组件（mx.screens.*）

屏幕类组件包括 ActionScript 类，使用此类组件可以控制 Flash 中的表单和滑块。

7.1.3　组件的体系结构

Flash 组件是使用 Adobe 组件体系结构第 2 版构建的。Flash Player 6（6.0.79.0）及更高版本和 ActionScript 2.0 支持第 2 版组件。这些组件不是总与用第 1 版体系结构构建的组件（所有在 Flash MX 2004 以前发布的组件）兼容。而且，Flash Player 7 不支持原始的第 1 版组件。

第 2 版组件作为编译剪辑（SWC）元件包含在【组件】面板中。编译剪辑是其代码已经过编译的组件影片剪辑。编译剪辑无法编辑，但可以在【属性】检查器和【组件】检查器中更改参数，就像更改其他任何组件的参数一样。

第 2 版组件是用 ActionScript 2.0 编写的。每个组件都是一个类，而每个类都属于一个 ActionScript 包。例如，单选按钮组件是 RadioButton 类的一个实例，该类的包名称为 mx.controls。用 Adobe 组件体系结构的第 2 版构建的 UI 组件大多数都是 UIObject 和 UIComponent 类的子类，并且继承了这些类的所有属性、方法和事件。许多组件也是其他组件的子类。

7.2　常用组件

下面介绍几个常用组件的参数设置与应用。

7.2.1　Button 组件

Button 组件是一个可调整大小的矩形用户界面按钮。可以给按钮添加自定义图标，也可将按钮的行为从按下改为切换。可以在应用程序中启用或禁用按钮。在禁用状态下，按钮不接收鼠标或键盘输入。

在【组件】面板中，将 Button 组件拖曳到舞台窗口中，如图 7-1 所示。

在【属性】面板中，显示出组件的参数，如图 7-2 所示。

【参数】选项卡中各参数介绍如下。

“icon”选项：为按钮添加自定义的图标。该值是库中影片剪辑或图形元件的链接标识符。

“label”选项：设置组件上显示的文字，默认状态下为“Button”。

“labelPlacement”选项：确认组件上的文字相对于图标的方向。

“selected”选项：如果“toggle”参数值为“true”，则该参数指定组件是处于按下状态“true”，还是释放状态“false”。

“toggle”选项：将组件转变为切换开关。如果参数值为“true”，那么按钮在按下后保持按下状态，直到再次按下时才返回弹起状态；如果参数值为“false”，那么按钮的行为和普通按钮相同。

“enabled”选项：设置组件是否为激活状态。

“visible”选项：设置组件的可见性。

“minHeight”选项和“minWidth”选项：属性由内部的大小调整例程使用。

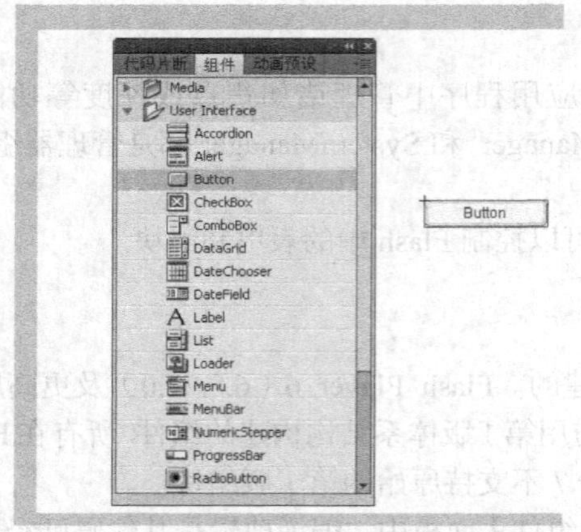

图 7-1 在文档中添加 Button 组件

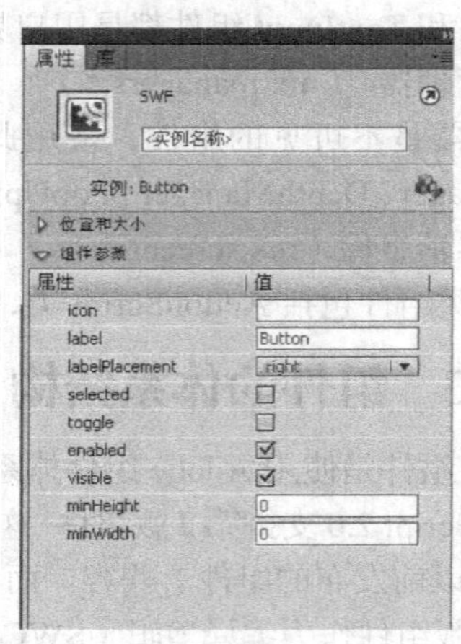

图 7-2 【参数】选项卡

以下过程解释了如何在创作时将 Button 组件添加到应用程序。在本示例中，单击按钮时会显示一条消息。

1．创建具有 Button 组件的应用程序。

步骤 1 将 Button 组件从“组件”面板拖到舞台上。输入实例名称“my_button”，如图 7-3 所示。

步骤 2 在时间轴中选择第一帧，打开"动作"面板，然后输入以下代码，如图 7-4 所示。

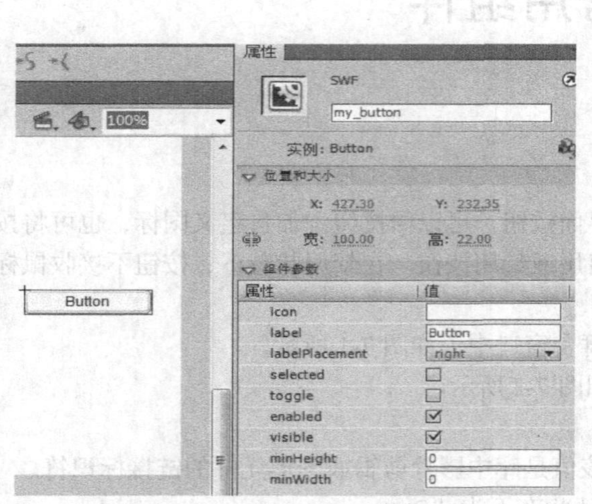

图 7-3 创建组件

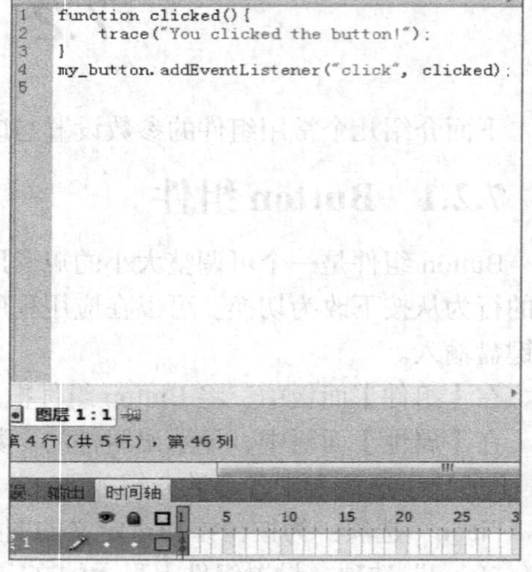

```
function clicked(){
    trace("You clicked the button!");
}
my_button.addEventListener("click", clicked);
```

图 7-4 输入代码

步骤 3　选择【控制】|【测试影片】。单击该按钮时，Flash 会显示消息“You clicked the button!”（您单击了该按钮！），如图 7-5 所示。

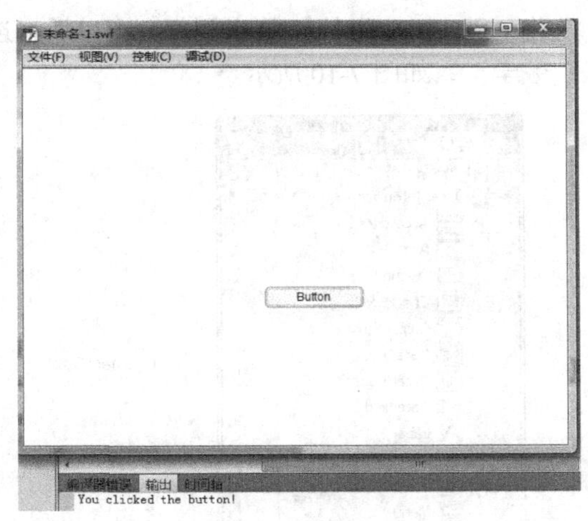

图 7-5　测试效果

2. 要使用 ActionScript 创建 Button，请执行下列操作。

步骤 1　在时间轴中选择第一帧，打开【动作】面板，然后输入以下代码，如图 7-6 所示。

步骤 2　选择【控制】|【测试影片】。单击该按钮时，Flash 会显示消息“You clicked the button!”（您单击了该按钮！），如图 7-7 所示。

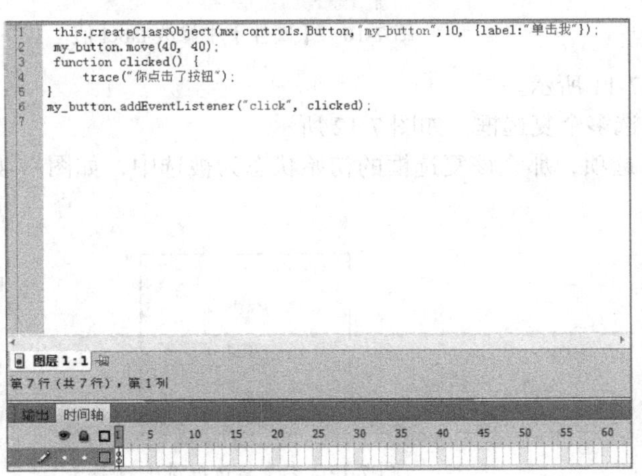

图 7-6　输入代码

图 7-7　测试效果

7.2.2　CheckBox 组件

复选框是一个可以选中或取消选中的方框。可以在应用程序中启用或者禁用复选框。如果复选框已启用，用户单击它，复选框会出现对号标记☑显示为按下状态。如果用户在复选框或其名称上按下鼠标后，将鼠标指针移动到复选框或其名称的边界区域之外，那么复选框没有被按下，也不会出现对号标记☑。

在【组件】面板中，将 CheckBox 组件☑拖曳到舞台窗口中，如图 7-8 所示。

在【属性】面板中，显示组件的参数，如图 7-9 所示。

【组件参数】选项卡中各参数介绍如下。

“label”选项：设置组件的名称，默认状态下为“CheckBox”。

“labelPlacement”选项：设置名称相对组件的位置，默认状态下，名称在组件的右侧。

“selected”选项：将组件的初始值设为选中或取消选中。

下面用实例介绍 CheckBox 组件☑的应用。

将 CheckBox 组件☑拖曳到舞台窗口后，选择【属性】面板，在“label”选项的文本框中输入“数学”，如图 7-10 所示。

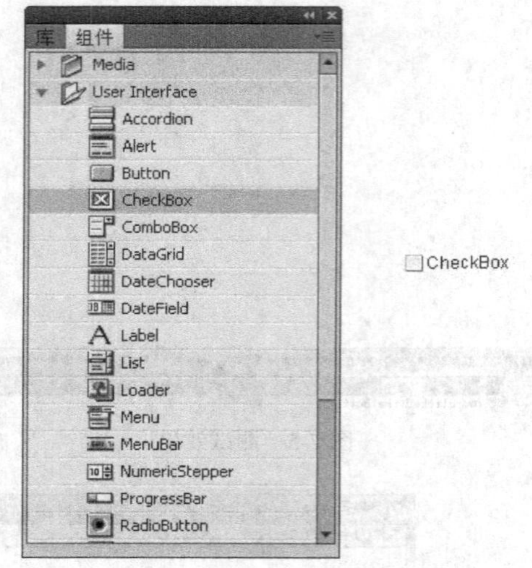

图 7-8　在文档中添加 CheckBox 组件

图 7-9　【参数】选项卡

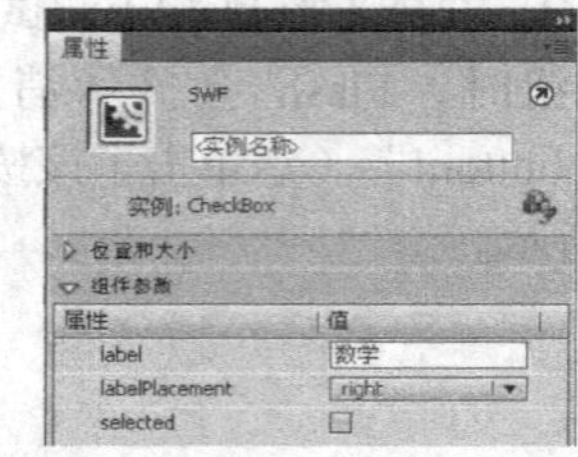

图 7-10　【属性】中修改 label 值

用相同的方法再制作两个组件，如图 7-11 所示。

按【Ctrl+Enter】快捷键测试，可以勾选多个复选框，如图 7-12 所示。

如果勾选“数学”组件的“selected”选项，那么该复选框的初始状态为被选中，如图 7-13 所示。

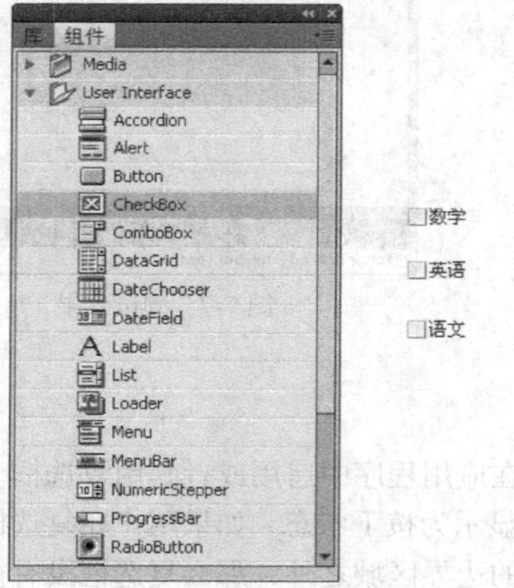

图 7-11　新建 checkbox 组件效果

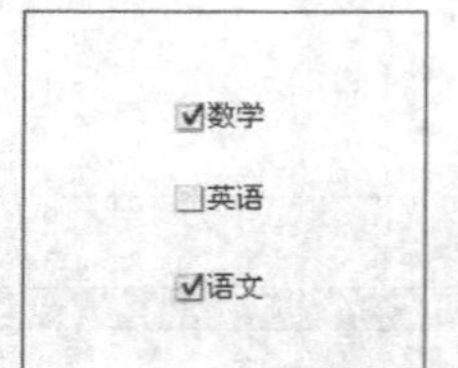

图 7-12　多个复选框选中效果

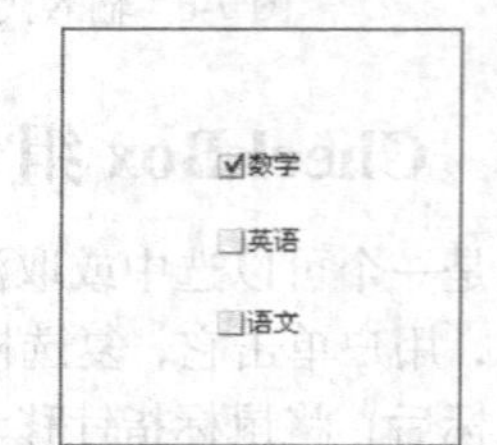

图 7-13　复选框选中设置

以下过程介绍了如何在创作时将 CheckBox 组件添加到应用程序。下面的范例是一个用于联机约会应用程序的表单，该表单是一个查询，它搜索与客户相匹配的可能约会。该查询表单必须有一个标签为【Restrict Age】的复选框，以允许客户将其搜索限定在一个指定的年龄组。选中【Restrict Age】复选框后，客户就可以在两个文本字段中输入最小年龄和最大年龄。(这两个文本字段仅在该复选框被选中时才启用。)

1. 创建具有 CheckBox 组件的应用程序。

步骤 1　将两个 TextInput 组件从【组件】面板拖到舞台上。在属性检查器中，输入实例名称

"minimumAge"和"maximumAge"，如图 7-14 所示。

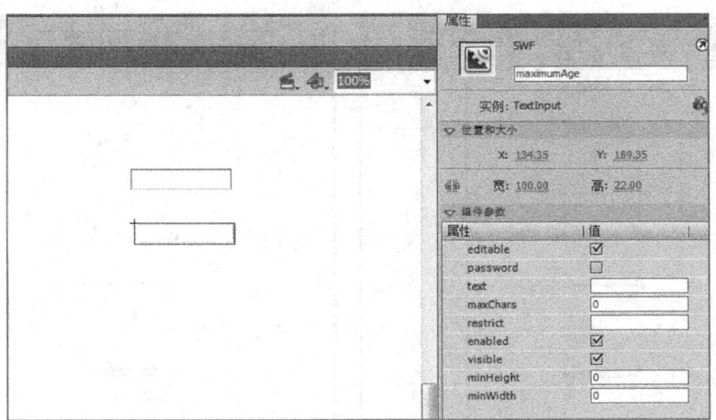

图 7-14　创建两个 TextInput 组件

步骤 2　将 CheckBox 组件从【组件】面板拖到舞台上。在属性检查器中，执行以下操作：输入"restrictAge"作为实例名称，如图 7-15 所示。

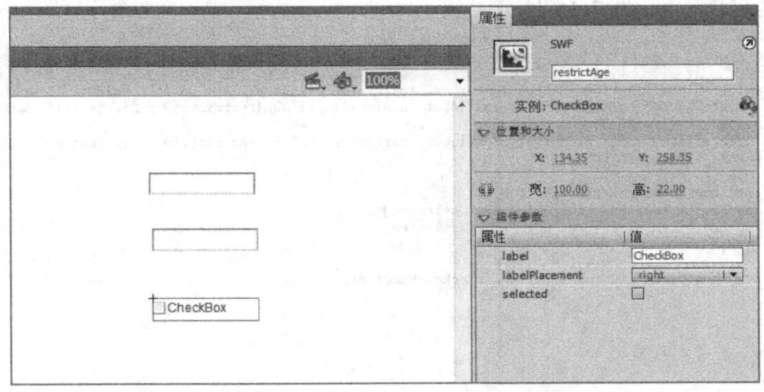

图 7-15　输入"restrictAge"作为实例名称

步骤 3　在时间轴中选择第一帧，打开【动作】面板，然后输入以下代码，如图 7-16 所示。

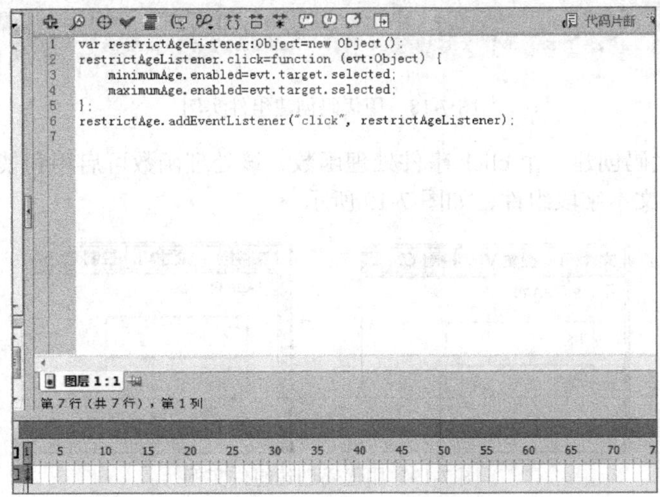

```
var restrictAgeListener:Object=new Object();
restrictAgeListener.click=function (evt:Object) {
    minimumAge.enabled=evt.target.selected;
    maximumAge.enabled=evt.target.selected;
};
restrictAge.addEventListener("click", restrictAgeListener);
```

图 7-16　输入代码

步骤 4 测试效果如下，如图 7-17 所示。

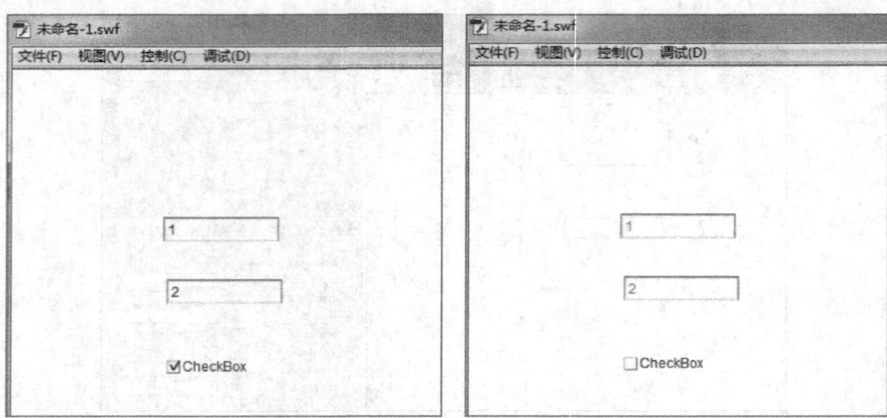

图 7-17 测试效果

2. 使用 ActionScript 创建复选框。

步骤 1 在主时间轴的第 1 帧中，向【动作】面板添加以下 ActionScript 代码以创建组件实例并定位这些组件实例，如图 7-18 所示。

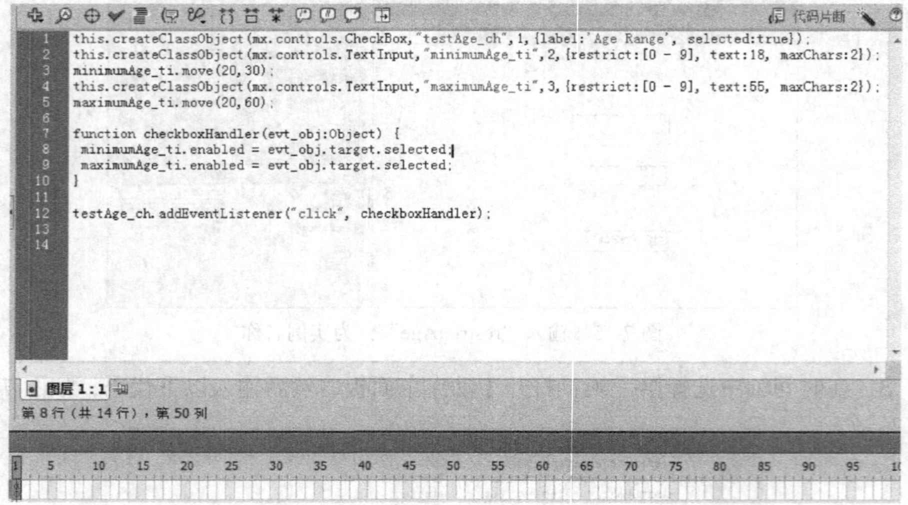

图 7-18 用代码创建组件实例

步骤 2 这段代码创建一个 click 事件处理函数，该处理函数可启用和禁用“minimumAge”和“maximumAge”文本字段组件，如图 7-19 所示。

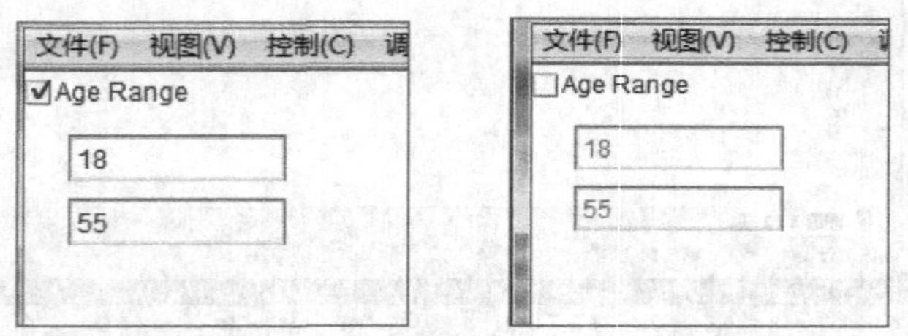

图 7-19 用代码创建组件实例

7.2.3　ComboBox 组件

通过使用 ComboBox 组件，可以从下拉列表中做出一项选择。组合框可以是静态的，也可以是可编辑的。通过使用可编辑的组合框，用户可以在列表顶部的文本字段中直接输入文本，也可以从下拉列表中选择一项。如果下拉列表到达文档底部，该列表将会向上打开。

在【组件】面板中，将 ComboBox 组件拖曳到舞台窗口中，如图 7-20 所示。

在【属性】面板中，显示出组件的参数，如图 7-21 所示。

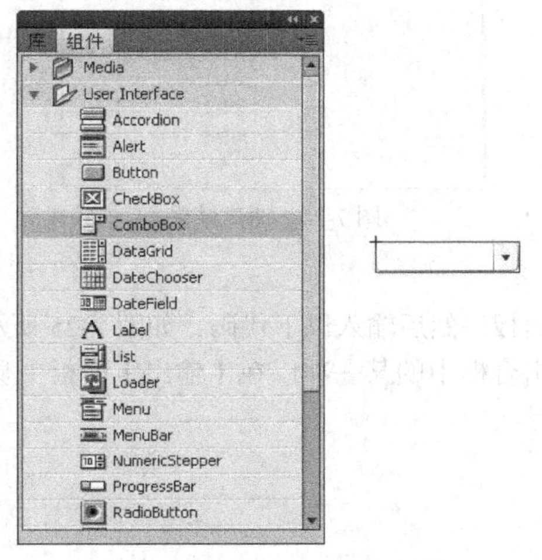

图 7-20　ComboBox 组件效果

图 7-21　组件参数

【参数】选项卡中各参数介绍如下。

"data"选项：将一个数据值与 ComboBox 组件中的每一项相关联。该数据参数是一个数组。

"editable"选项：设置组件为可编辑的"true"还是静态的"false"。

"labels"选项：用一个文本值数组填充 ComboBox 组件。

"rowCount"选项：设置列表中最多可以显示的项数，默认值为 5。

"restrict"选项：设置限定的范围。

"enabled"选项：是一个布尔值，它指示组件是否可以接收焦点和输入，默认值为 true。

"visible"选项：设置组件的可见性。

"minHeight"选项和"minWidth"选项：属性由内部的大小调整例程使用。

1. 创建具有 ComboBox 组件的应用程序。

步骤 1　将 ComboBox 组件从【组件】面板拖到舞台上。选择组合框，并在属性检查器中输入实例名称 comboBox。单击 labels 以打开【值】对话框，然后单击加号以添加项目，输入地名 1、地名 2 和地名 3 作为标签参数，如图 7-22 所示。

步骤 2　在时间轴中选择第一帧，打开【动作】面板，然后输入以下代码，如图 7-23 所示。

步骤 3　测试文件如图 7-24 所示。

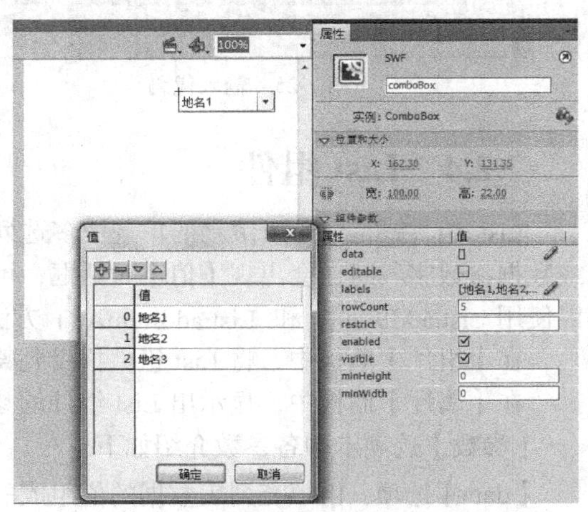

图 7-22　修改组件参数

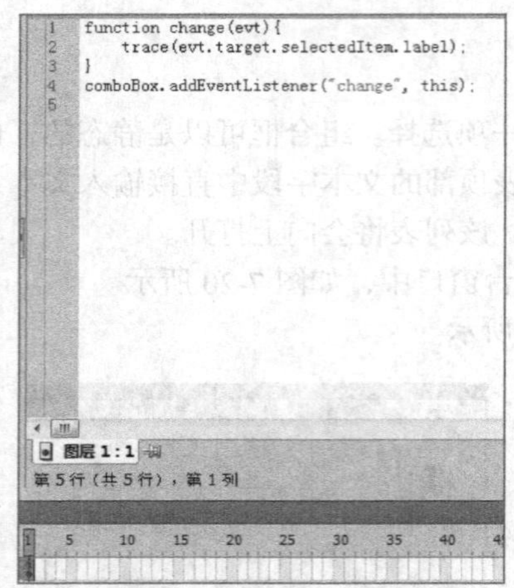

图 7-23 输入代码

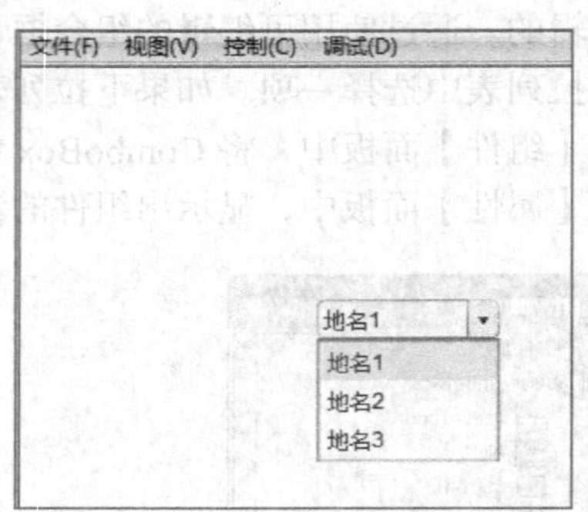

图 7-24 测试结果

2. 使用 ActionScript 创建 ComboBox 组件。

步骤 1 在主时间轴中选择第一帧，打开"动作"面板，然后输入以下代码，如图 7-25 所示。

步骤 2 选择【控制】|【测试影片】，然后单击组合框中的某一项以在【输出】面板中显示一条消息，如图 7-26 所示。

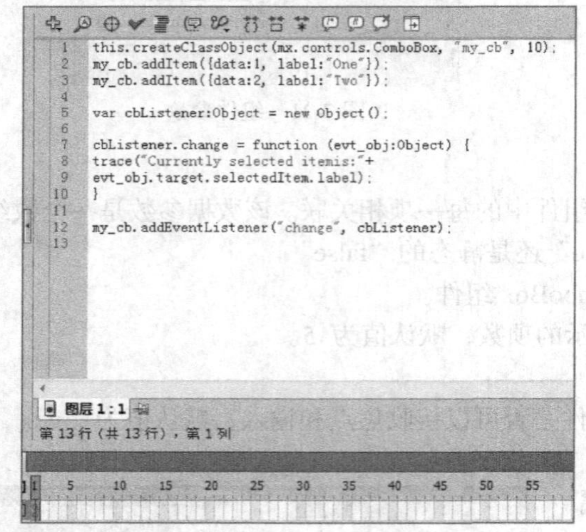

图 7-25 输入代码

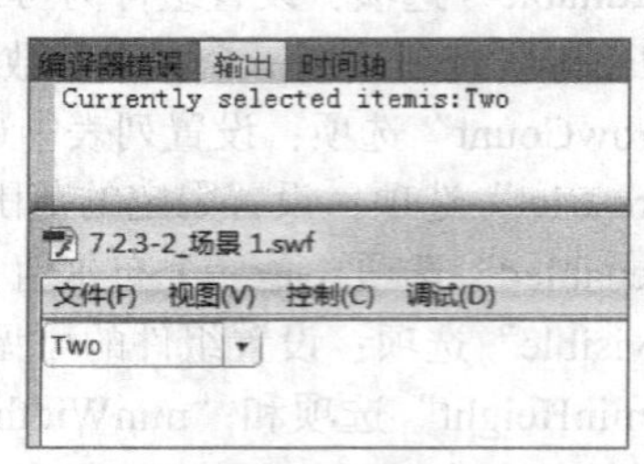

图 7-26 测试结果

7.2.4 List 组件

List 组件是一个可滚动的单选或多选列表框。列表还可显示图形及其他组件。在单击标签或数据参数字段时，会出现【值】对话框，可以使用该对话框来添加显示在列表中的项目。也可以使用 List.addItem() 和 List.addItemAt() 方法来将项添加到列表中。

在【组件】面板中，将 List 组件拖曳到舞台窗口中，如图 7-27 所示。

在【属性】面板中，显示出 List 组件的参数，如图 7-28 所示。

【参数】选项卡中各参数介绍如下。

【data】选项：由填充列表数据的值组成的数组。默认值为［］(空数组)。没有相应的运行时属性。

【labels】选项：由填充列表的标签值的文本值组成的数组。默认值为 []（空数组）。没有相应的运行时属性。

【multipleSelection】选项：一个布尔值，它指示是（true）否（false）可以选择多个值。默认值为 false。

【rowHeight】选项：指示每行的高度，以像素为单位。默认值是 20。设置字体不会更改行的高度。

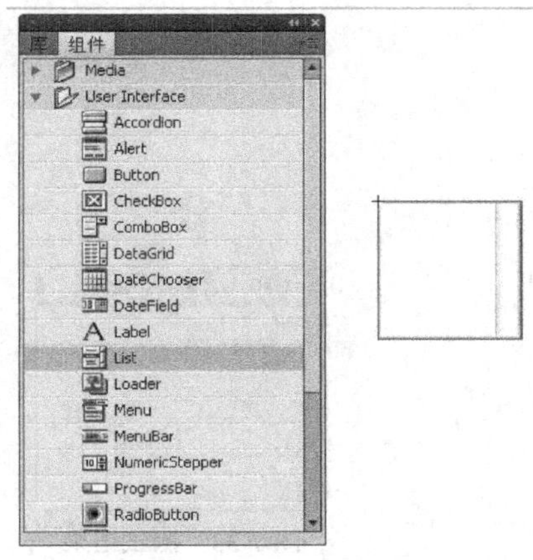

图 7-27　List 组件效果

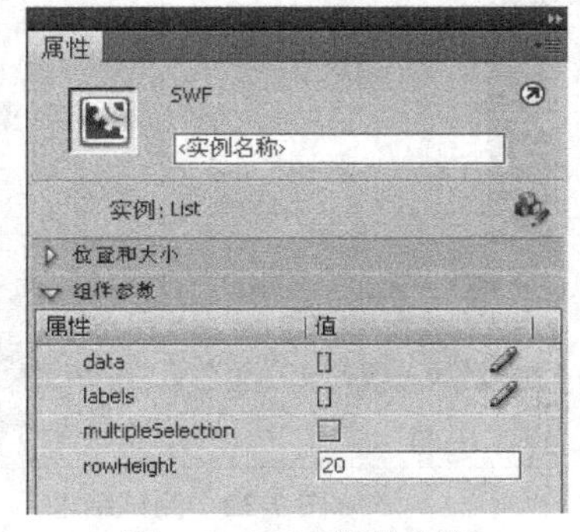

图 7-28　List 组件参数

1. 将单个 List 组件添加到应用程序。

步骤 1　将 List 组件从【组件】面板拖到舞台上。在属性检查器中，执行以下操作：输入实例名称“my_list”。为 labels 参数输入 Item1、Item2 和 Item3，如图 7-29 所示。

步骤 2　在 actions 图层的第 1 帧中添加以下 ActionScript，如图 7-30 所示。

步骤 3　测试结果如图 7-31 所示。

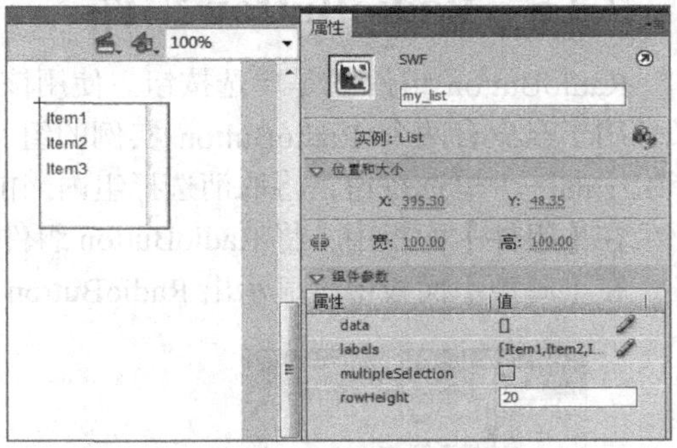

图 7-29　创建实例

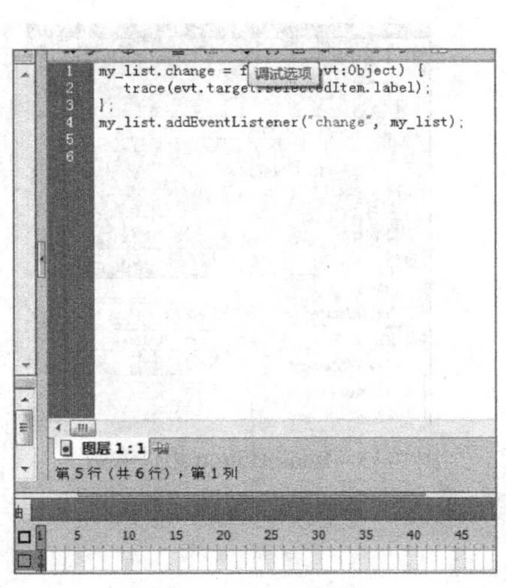

图 7-30　输入代码

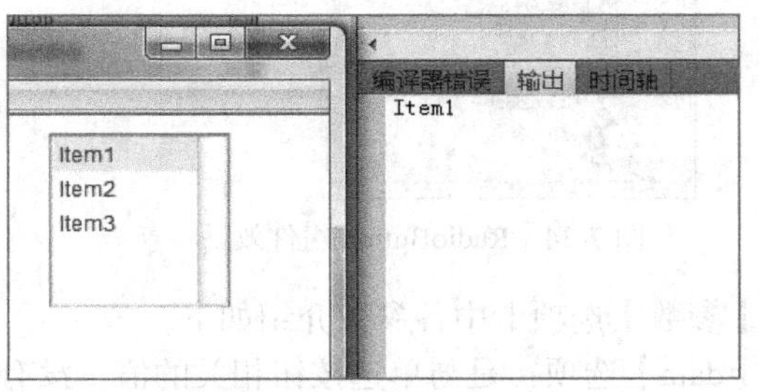

图 7-31　测试结果

2. 使用 ActionScript 创建 List 组件实例：

步骤 1 将 List 组件从【组件】面板拖入到库中。在主时间轴中选择第一帧，打开【动作】面板，然后输入以下代码，如图 7-32 所示。

步骤 2 选择【控制】|【测试影片】。测试结果如图 7-33 所示。

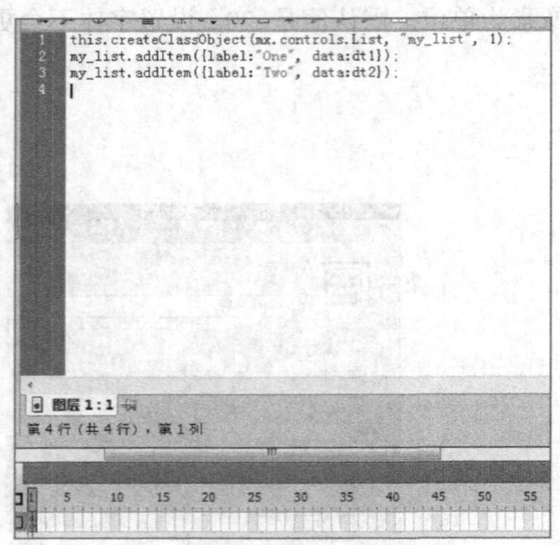

图 7-32 测试结果

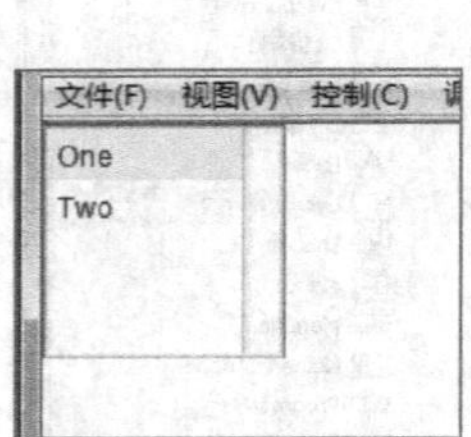

图 7-33 测试结果

7.2.5 RadioButton 组件

RadioButton 组件是单选按钮。使用该组件只能选择一组选项中的一项。RadioButton 组件必须用于至少有两个 RadioButton 实例的组。在任何选定的时刻，都只有一个组成员被选中。选择组中的一个单选按钮，将取消选择组内当前已选定的单选按钮。

在【组件】面板中，将 RadioButton 组件拖曳到舞台窗口中，如图 7-34 所示。

在【属性】面板中，显示出 RadioButton 组件的参数，如图 7-35 所示。

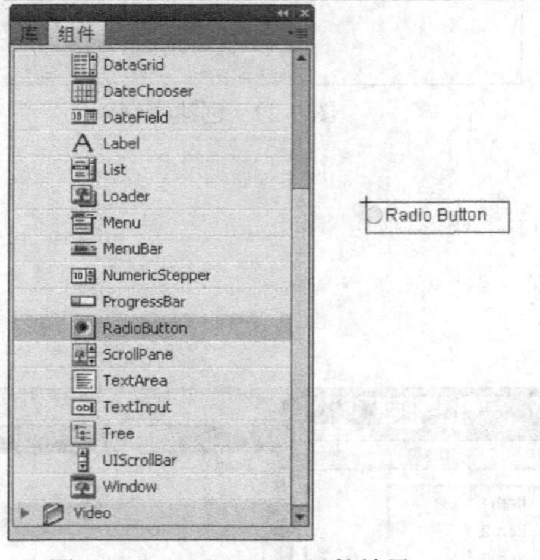

图 7-34 RadioButton 组件效果

图 7-35 RadioButton 组件参数

【参数】选项卡中各参数介绍如下。

【data】选项：是与单选按钮相关的值。没有默认值。

【groupName】选项：是单选按钮的组名称。默认值为 radioGroup。

【label】选项：设置按钮上的文本值。默认值为 Radio Button（单选按钮）。

【labelPlacement】选项：确定按钮上标签文本的方向。该参数可以是下列四个值之一：left、right、top 或 bottom。默认值为 right。

【selected】选项：将单选按钮的初始值设置为被选中 (true) 或取消选中(false)。被选中的单选按钮中会显示一个圆点。一个组内只有一个单选按钮可以有表示被选中的值 true。如果组内有多个单选按钮被设置为 true，则会选中最后实例化的单选按钮。默认值为 false。

下面用实例介绍 RadioButton 组件的应用。

步骤 1　做一个选择性别的单选题，首先将 CheckBox 组件拖曳到舞台窗口，然后选择【属性】面板，在“label”选项的文本框中输入“男”，如图 7-36 所示。

步骤 2　用相同的方法再制作另一个组件，如图 7-37 所示。

图 7-36　checkbox 组件参数

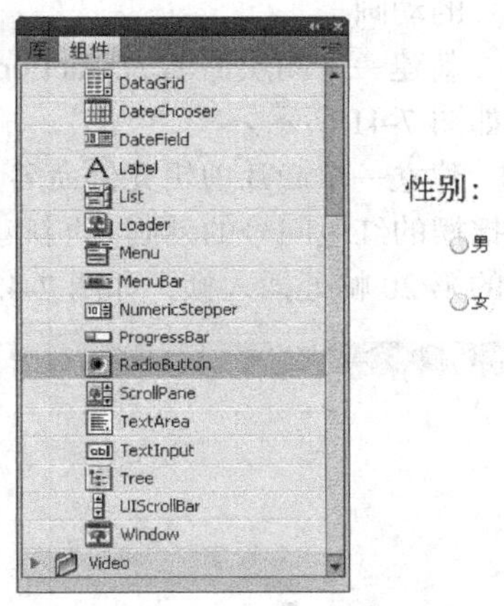

图 7-37　制作组件效果

步骤 3　按 Ctrl+Enter 组合键测试，只能勾选一个单选按钮如图 7-38 所示。

如果勾选【女】组件的【selected】选项，那么该复选框的初始状态为被选中，如图 7-39 所示。

图 7-38　选中效果 1

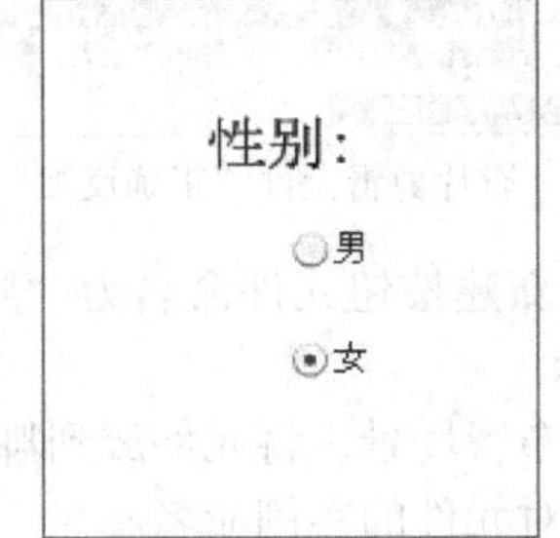

图 7-39　选中效果 2

7.3　课件实战——小测试

本案例是利用标签、文本框、复选按钮等实现测试功能。动画运行后，认为哪个选项是正确答案就单击该选项前的复选框，选择完毕后，单击“判断”按钮，就会判断选择答案是否正确。

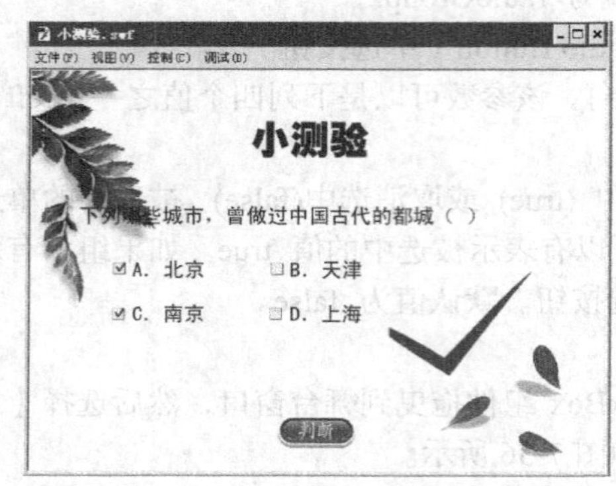

图 7-40　运行后效果

如果正确会有勾出现，反之会有问号出现，如图 7-40 所示。

具体实现步骤如下。

步骤 1　打开 Flash cs5 软件，单击【文件】|【新建】命令。新建一个 Flash 文档（ActionScript 2.0），将对话框中的【宽和高】设置为“550*400”像素，【背景颜色】设置为“白色”，【帧频】设置为 30fps，单击【确定】按钮。导入一张位图“背景”（见本章素材）作为课件背景。

步骤 2　建立一个影片剪辑元件命名为“正确反馈”，新建“动画”图层，从第 2 帧到第 7 帧制作一个打对号的动画。

步骤 3　新建一个图层命名为“action”，在第 1 帧添加代码“stop();”将两个图层的第 20 帧处插入帧，如图 7-41 所示。

步骤 4　建立一个影片剪辑元件命名为“错误反馈”，新建“动画”图层，从第 2 帧到第 8 帧制作一个摇摆的红色问号的动画。再新建一个图层命名为“action”，在第 1 帧添加代码“stop();”将两个图层的第 20 帧处插入帧，如图 7-42 所示。

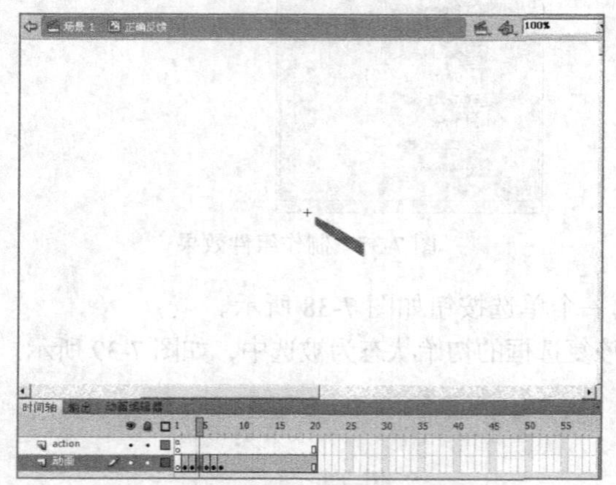

图 7-41　影片剪辑元件“正确反馈”

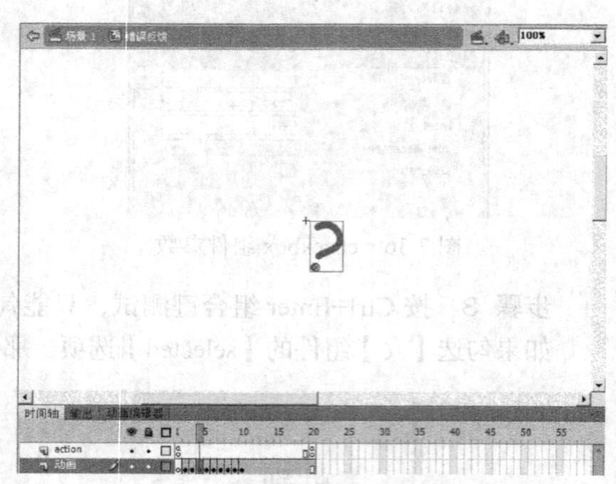

图 7-42　影片剪辑元件“错误反馈”

步骤 5　新建按钮元件命名为“判断”，如图 7-43 所示。

图 7-43　影片剪辑元件“判断”

下面开始布置场景，将元件放到舞台上适当的位置，并对元件的实例命名。

步骤 6　新建一个图层并命名为“标题”，在舞台上方插入一个静态文本框，并输入文字“小测试”。新建一个图层并命名为“题目”，在舞台上方测试题目。新建一个图层并命名为“复选框”，选择【窗口】|【组件】命令，打开组件面板，将 4 个 CheckBox 组件拖动到舞台，分别放在每个选项前，如图 7-44 所示。

步骤 7　选择 A 选项前的 CheckBox 组件，

对其进行属性参数设置，如图 7-45 所示。

步骤 8　同理，将其他三个选项前 CheckBox 组件的属性参数进行设置，如图 7-46 所示。

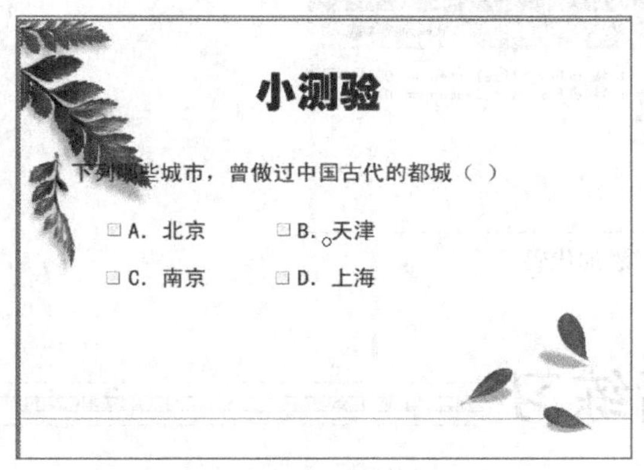

图 7-44　测试题目

图 7-45　设置组件参数

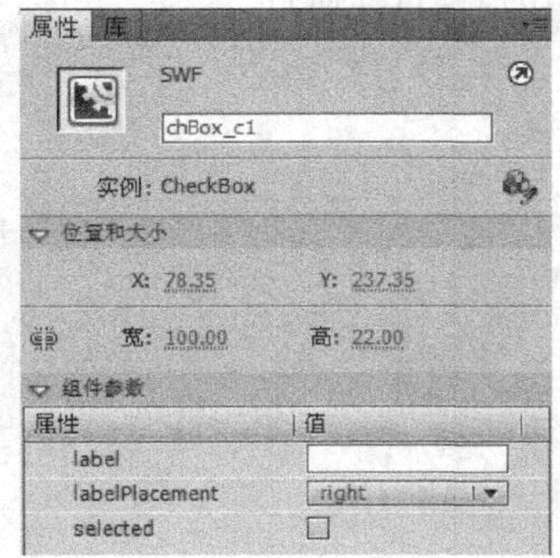

图 7-46　组件参数

步骤 9　新建一个图层并命名为“反馈”，将影片剪辑元件“正确反馈”和“错误反馈”放到舞台上，并分别命名为“dui_MC”和“cuo_MC”，如图 7-47 所示。

步骤 10　新建一个图层并命名为“判断”，将“判断”按钮放到舞台下方居中的位置，如图 7-48 所示。

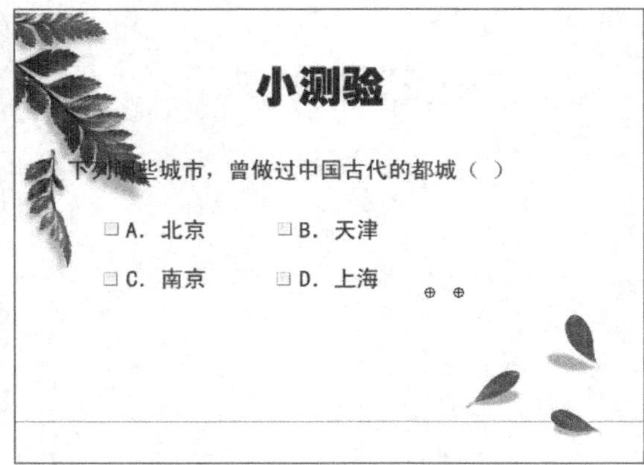

图 7-47　加入“正确反馈”和“错误反馈”

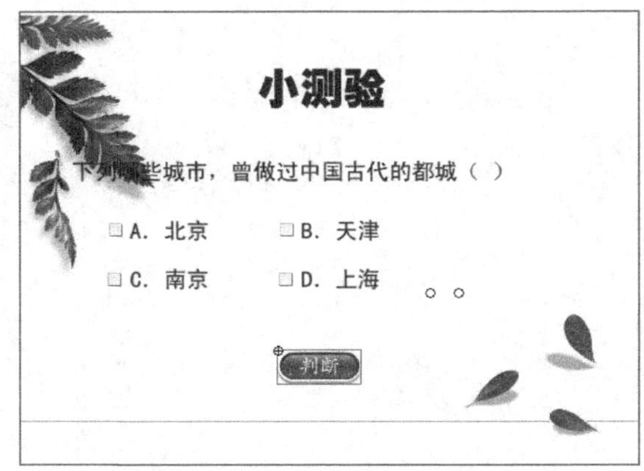

图 7-48　“判断”按钮的实例

步骤 11 选择舞台上的“判断”按钮，打开【动作】面板，添加代码，如图 7-49 所示。

步骤 12 测试动画。执行【控制】|【测试影片】命令（快捷键 Ctrl+Enter），运行动画。

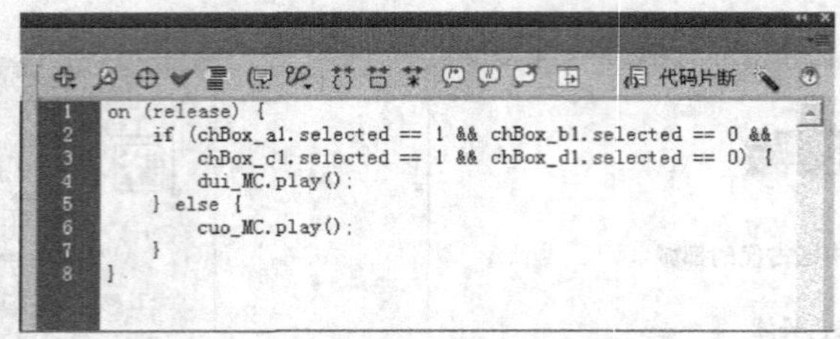

```
on (release) {
    if (chBox_a1.selected == 1 && chBox_b1.selected == 0 &&
        chBox_c1.selected == 1 && chBox_d1.selected == 0) {
        dui_MC.play();
    } else {
        cuo_MC.play();
    }
}
```

图 7-49　添加代码

课后练习

1. 制作一道关于奥运知识的单选题。
2. 制作一个在线学习网站的用户信息注册页。

第 8 章 Flash CS5 课件综合实例

8.1 制作小学语文课件

语文学科作为一门人文与科学结合的学科，不能单靠传统的讲解和分析来进行教学，而应该采用现代的教学方法和先进的教学手段来提高语文教学的效果和效率。

多媒体教学手段集声音、文字、图像、动画等多种信息于一体，可以从多种角度刺激学生的感官，激发学生的学习兴趣和情感，吸引学生的注意力，因此制作一个符合教学思路的多媒体课件来辅助教学是提高语文教学效果和效率的一种最佳模式。

本节制作的是小学语文课件“看画识字真有趣”。本课件是一个综合型课件，使用了 Flash 中的各种特效和功能。希望通过这节的学习大家不仅能够加深对前面知识的理解和运用，更能够掌握课件制作的基本方法。

（1）教学分析与课件说明

“看画识字真有趣”是一篇让小学生学会认字和写字的课文，课文中给出了红日、月牙、河水、火苗的图片和有关象形字，要求教师能够借助图与字的形状关系来引导学生认字和写字，要求学生能够掌握笔顺笔画，能够在田字格里正确书写。

本课件分为四个部分：进入部分、识字部分、书写部分和拓展部分。进入部分是一段欢迎动画，写有本课的标题。识字部分是四个字形变的动画，可以选择播放。书写部分有四个生字的书写过程，可以选择播放。拓展部分是一首与所教的生字相关的诗歌，让小学生朗读。

进入部分的界面如图 8-1 所示。

单击“进入部分”标题文字后方的按钮，课件就会自动跳转到第二部分：识字部分的界面，如图 8-2 所示。在这个部分，一共有四张图片，单击其中一张，就会播放相应的演示动画。

图 8-1 进入部分界面

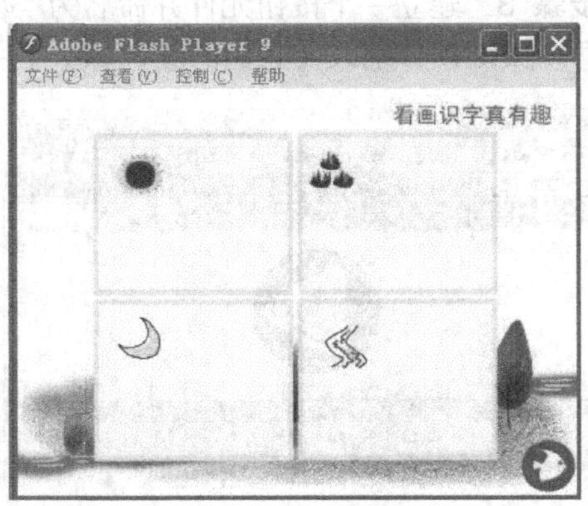

图 8-2 识字部分界面

单击右下角的绿色按钮，课件就会自动跳转到第三部分：书写部分，如图 8-3 所示，在这个部分里，有四个生字，单击其中一个，就会自动播放相应的书写演示动画。

单击右下角的绿色按钮，课件就会自动跳转到第四部分：拓展部分，如图 8-4 所示，在这个部分里，有一首诗歌让小学生朗读，界面中的诗歌可以通过单击鼠标隐藏其中的拼音部分。

图 8-3　书写部分界面

图 8-4　拓展部分界面

本节通过制作一个语文课件“看图识字真有趣”，详细讲解了如何运用 Flash 来制作一个完整的课件，如何运用好 Flash 中的场景、元件和舞台以及前面所学的知识。

（2）课件实战

制作“看图识字真有趣”课件的方法如下。

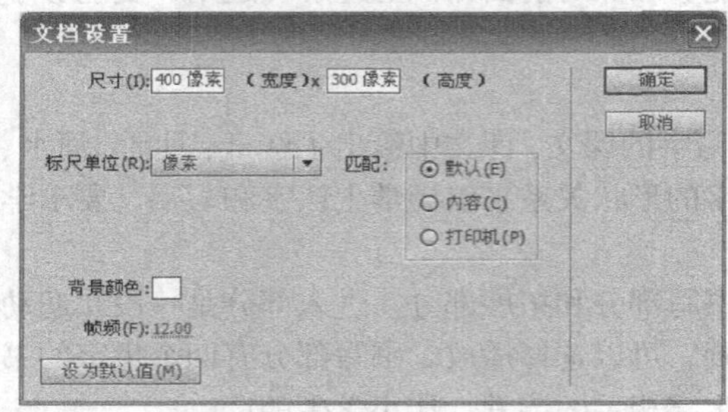

图 8-5　课件的文档属性

步骤 1　新建一个 Flash 文档（ActionScript 2.0），将文档属性中的【尺寸】设置为 400 像素×300 像素，【背景颜色】设置为“白色”，【帧频】设置为 12fps，如图 8-5 所示。

下面首先制作需要用到的元件，课件中用到的元件有四个声音：“开场音乐”、“风”、“风铃”和“变”，三个按钮元件：“播放”、“返回”和“下一个”，一张背景图片以及若干个在动画中用到的影片剪辑和图形元件。

步骤 2　建立一个按钮元件并命名为“播放”，它的内容如图 8-6 所示。在【指针经过】和【按下】两个关键帧分别改变它们的颜色。

步骤 3　建立一个按钮元件并命名为“返回”，它的内容如图 8-7 所示。在【指针经过】和【按下】两个关键帧分别改变它们的颜色。

图 8-6　“播放”元件

图 8-7　“返回”元件

步骤 4　建立一个按钮元件并命名为“下一个”，它的内容如图 8-8 所示。在【指针经过】和【按下】两个关键帧分别改变它们的颜色。

步骤 5　导入四个声音文件和一张背景图片，如图 8-9 所示（素材见光盘相应章节内容）。

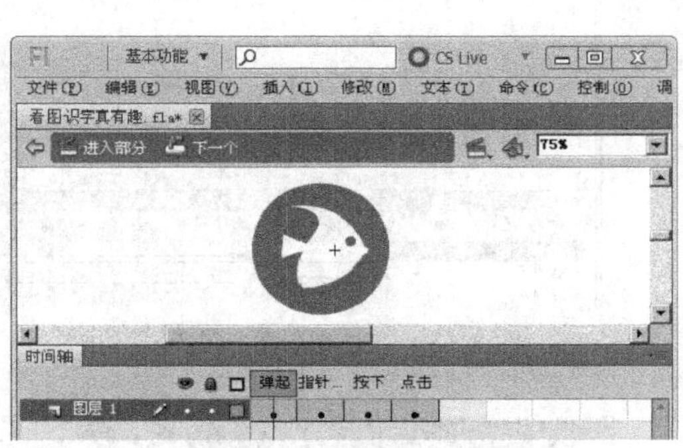

图 8-8　“下一个”元件

图 8-9　声音和背景元件

下面开始制作“识字部分”内容。

步骤 6　建立一个影片剪辑元件并命名为“月亮”，绘制一个简单的月亮形象，如图 8-10 所示。

步骤 7　建立一个影片剪辑元件并命名为“月字动画”，绘制一个如图 8-11 所示的框作为背景图层。

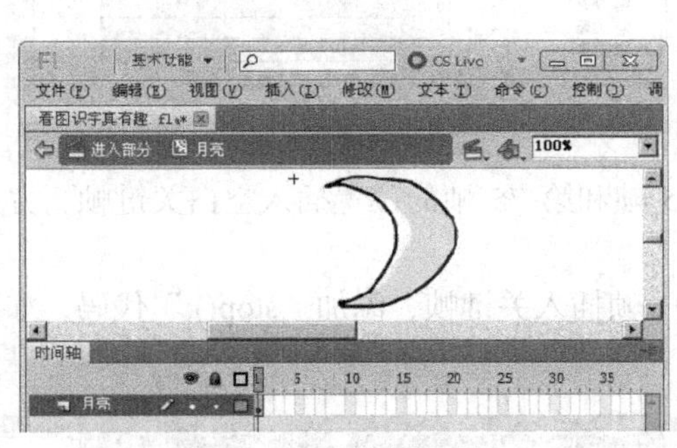

图 8-10　“月亮”元件

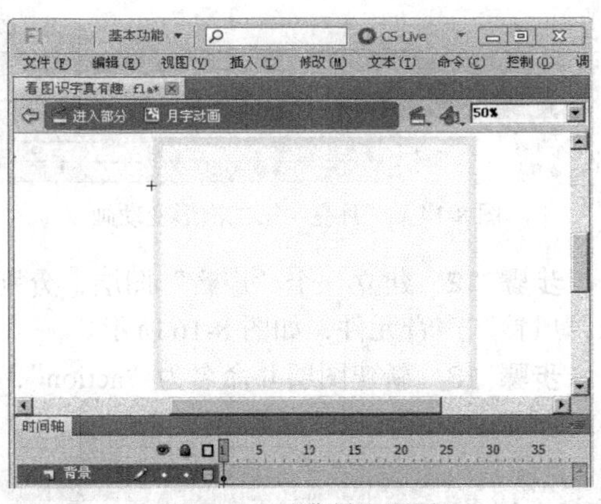

图 8-11　“背景”图层

步骤 8　建立一个图层，命名为“月亮”，在这个图层中制作一段“月亮”从有到无再到有的动画过程，如图 8-12 所示。

步骤 9　建立一个图层，命名为“演变 1”，在这个图层上制作一段“月亮”第一次形变的动画，如图 8-13 所示。

步骤 10　建立一个图层，命名为“演变 2”，在这个图层上制作一段“月亮”第二次形变的动画，如图 8-14 所示。

步骤 11　建立一个图层，命名为“文字”，在这个图层上制作一段“月亮”最终变为文字“月”的动画，在第 96 帧的位置插入一个关键帧，做一段将文字“月”由黑色变为红色的动画，如图 8-15 所示。

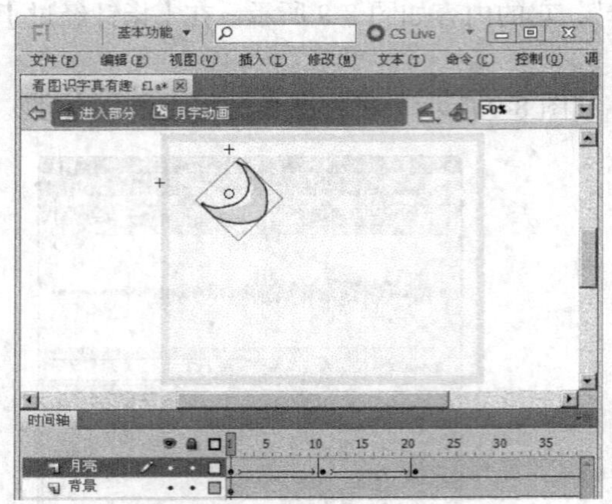

图 8-12 “月亮”动画

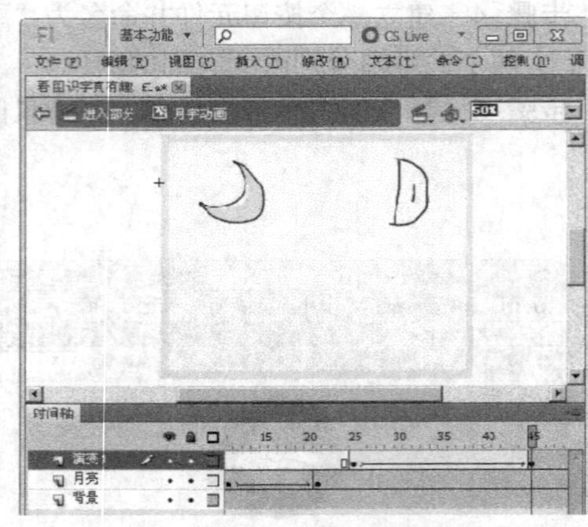

图 8-13 “月亮”第一次形变动画

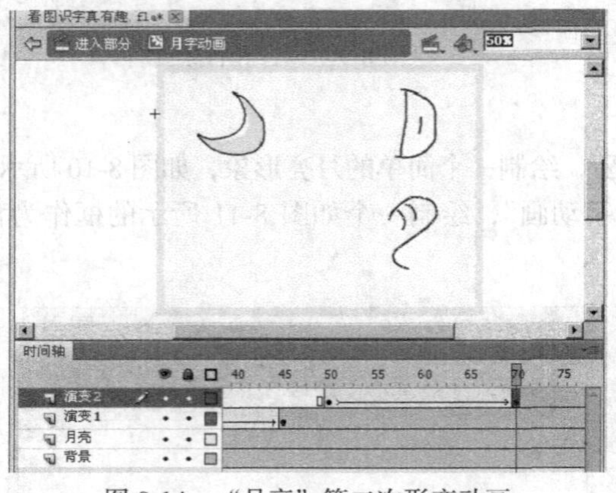

图 8-14 “月亮”第二次形变动画

图 8-15 文字“月”

步骤 12 建立一个“声音”图层，分别在第 25 帧和第 75 帧的位置插入空白关键帧，并拖入“风铃”声音元件，如图 8-16 所示。

步骤 13 新建图层并命名为“action”，在最后一帧插入关键帧，添加“stop();”代码，如图 8-17 所示。

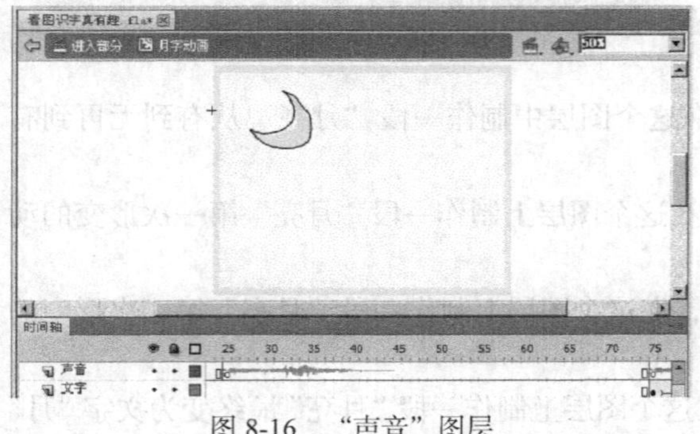

图 8-16 “声音”图层

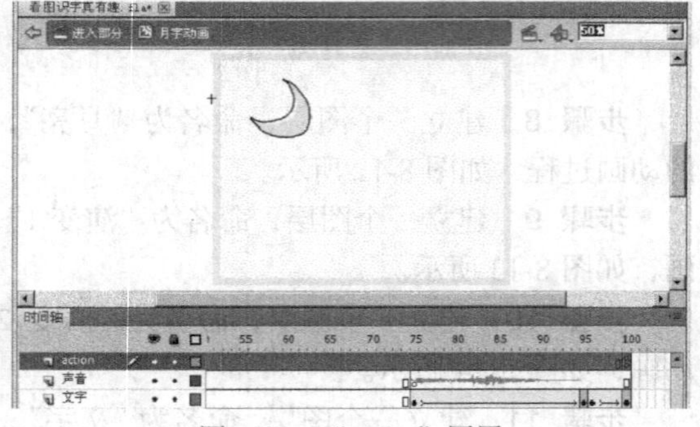

图 8-17 “action”图层

步骤 14 此时体现月字变形的动画就制作完成了，体现“日”字、“火”字和“水”字变形的动画放在“日字动画”、“火字动画”和“水字动画”影片剪辑元件中，制作过程在这里不作详细讲解。

步骤 15 新建一个影片剪辑元件并命名为“动画所有”，制作单击图片播放的动画效果。将“日字动画”、“火字动画”、“月字动画”和“水字动画”元件放入舞台，如图 8-18 所示。

步骤 16 选中“日字动画”元件，添加如下代码，如图 8-19 所示。

```
onClipEvent (load) {
    this.stop();
}//在“日字动画”进入帧的时候不自动播放
on (release) {
    _parent.gotoAndStop("ri");
}//单击时“动画所有”元件跳转到“ri”帧
```

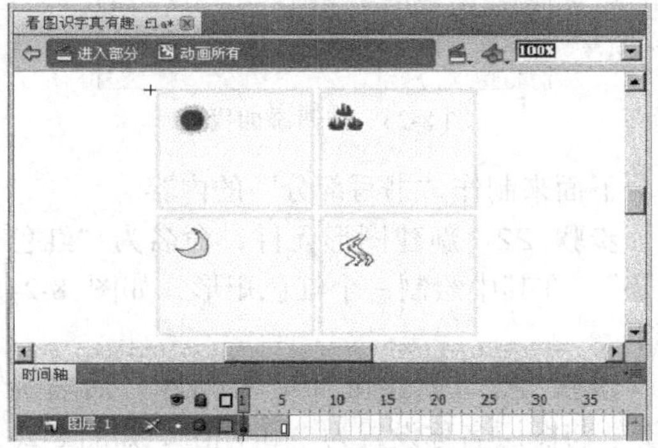

图 8-18 “动画所有”元件

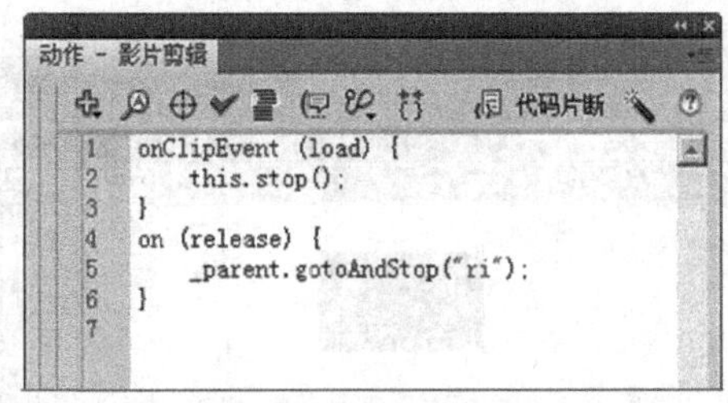

图 8-19 “日字动画”元件上的代码

步骤 17 在“火字动画”、“月字动画”和“水字动画”中添加类似的代码，只是第 5 行有区别，“火字动画”为“_parent.gotoAndStop("huo");”，“月字动画”为“_parent.gotoAndStop("yue");”，“水字动画”为“_parent.gotoAndStop("shui");”。

步骤 18 在第 1 帧添加“stop();”代码，插入 4 个空白关键帧，在属性面板中将现有的 5 个关键帧的标签分别设置为“ks”、“ri”、“huo”、“yue”和“shui”，如图 8-20 所示。

步骤 19 在帧标签为“ri”的帧放入影片剪辑“日字动画”，“huo”帧放入“火字动画”，“yue”帧放入“月字动画”，“shui”帧放入“水字动画”，如图 8-21 所示。将这 4 帧上的 4 个元件的实例名称都设置为“dh”。

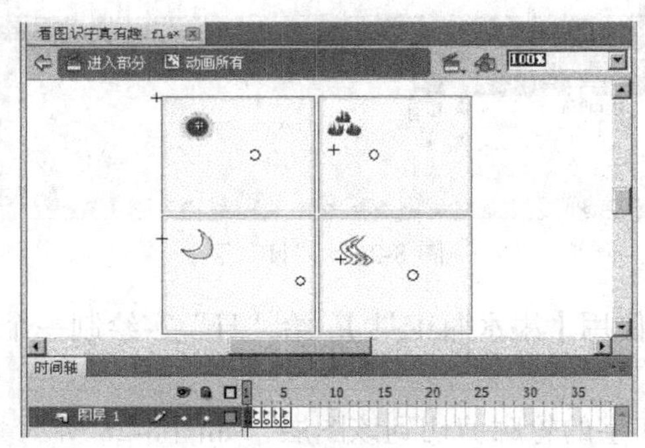

图 8-20 设置帧标签

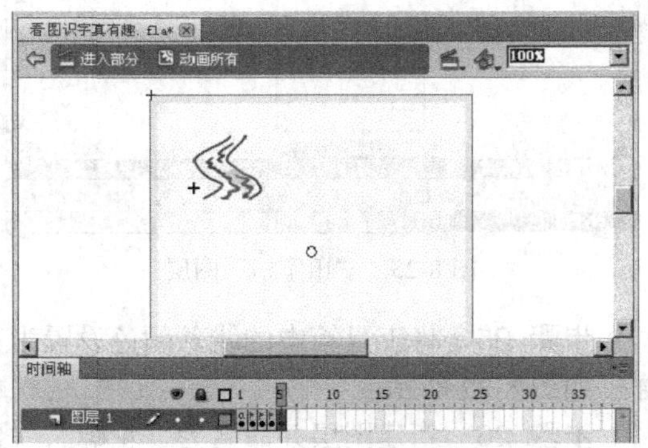

图 8-21 在关键帧放入元件

步骤 20 新建图层，在第 2 帧处插入关键帧，将“播放”和“返回”按钮放入第 2 帧的适当位置，如图 8-22 所示。

步骤 21 在“播放”按钮上添加代码：on (release) {dh.play();}。在“返回”按钮上添加代码：

on (release) {gotoAndStop("ks");}，如图 8-23 所示。

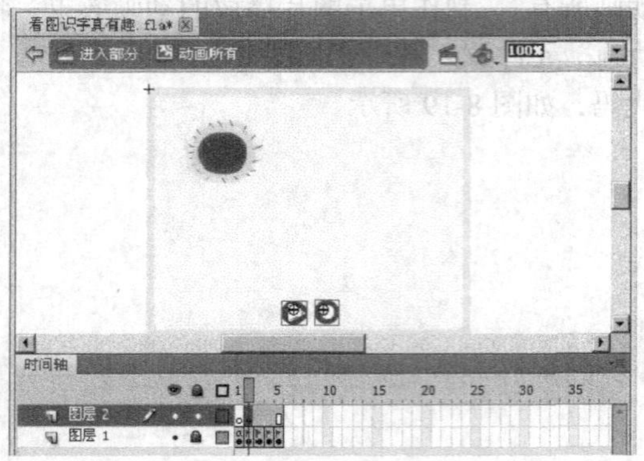

图 8-22　添加按钮

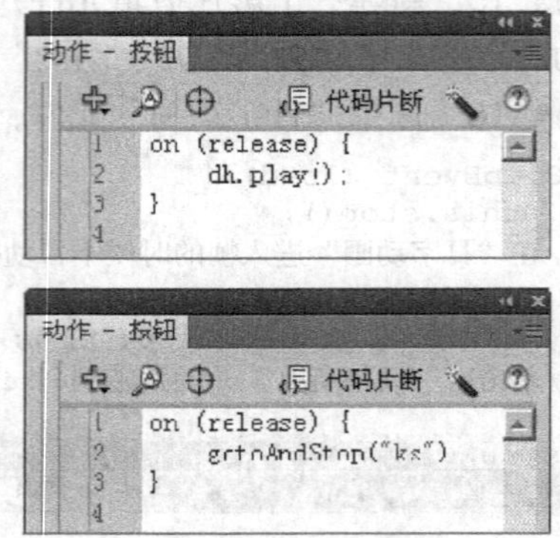

图 8-23　按钮添加代码

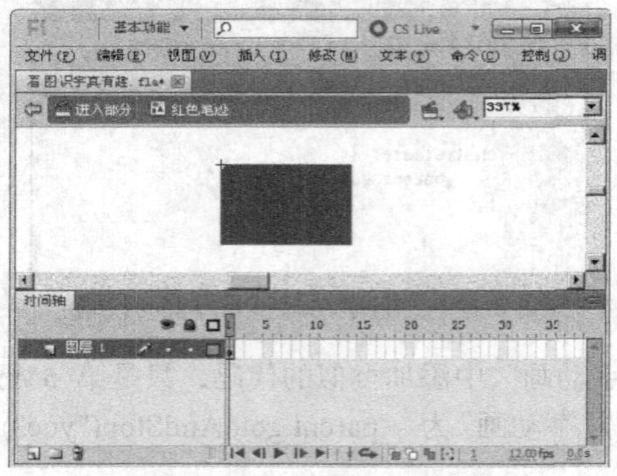

图 8-24　“红色笔迹”元件

下面来制作“书写部分”的内容。

步骤 22　新建图形元件，命名为“红色笔迹”，在其中绘制一个红色矩形，如图 8-24 所示。

步骤 23　创建影片剪辑元件，命名为“日”。将图层名称设置为“田字格”，如图 8-25 所示。

步骤 24　新建图层并命名为“笔画”，在“笔画”图层添加“日”字，并将其打散（按【Ctrl+B】快捷键），如图 8-26 所示。

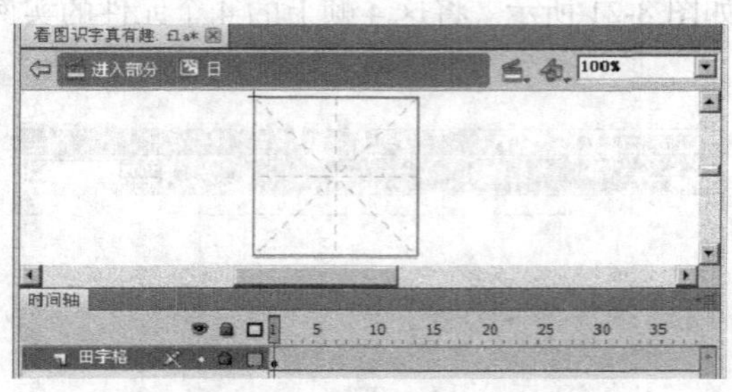

图 8-25　“田字格”图层

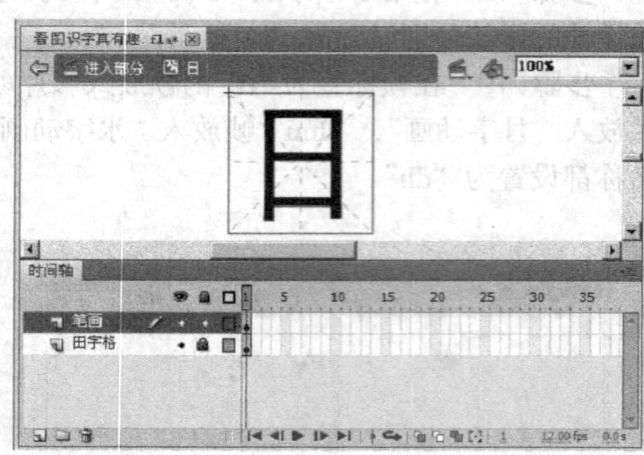

图 8-26　“日”字

步骤 25　将工具箱中的线条颜色设置为灰色，使用【墨水瓶工具】，给“日”字绘制一个轮廓，如图 8-27 所示。

步骤 26　新建图层并命名为“轮廓”，将“日”字的轮廓剪切到该图层，如图 8-28 所示。

步骤 27　在“笔画”图层第 2 帧至第 7 帧之间插入关键帧，将“日”字切割并设置为红色，分别放入第 3 帧至第 7 帧，每个帧的内容如图 8-29 所示。注意第 2 帧内无内容。

步骤 28　新建图层并命名为“遮罩”，在第 2 帧至第 6 帧之间插入关键帧，将“日”字切割成 5 个部分，分别放入这 5 个关键帧中，每个关键帧的内容如图 8-30 所示。

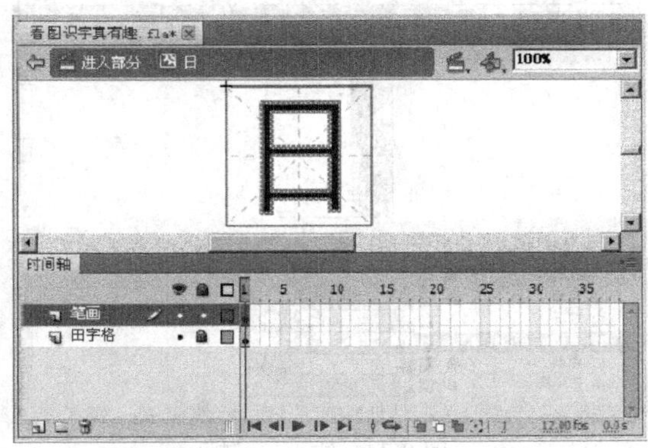

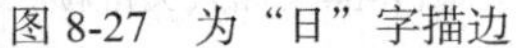
图 8-27 为“日”字描边

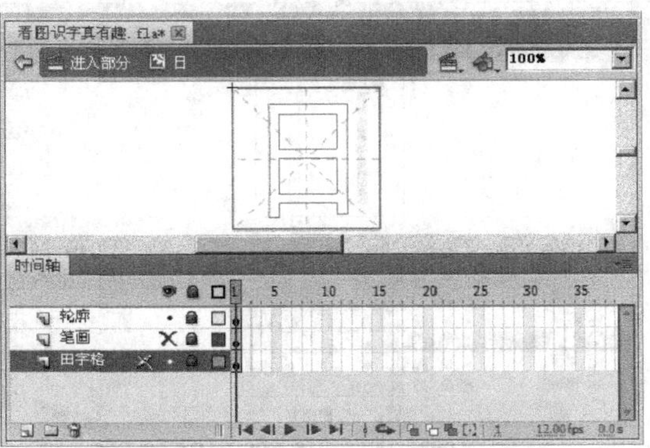

图 8-28 “轮廓”图层

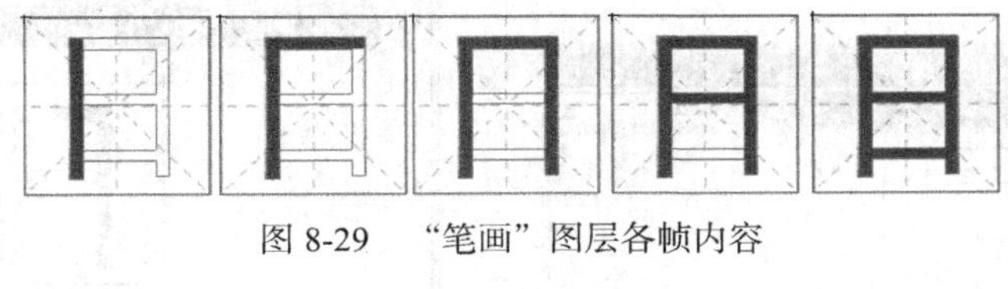

图 8-29 “笔画”图层各帧内容

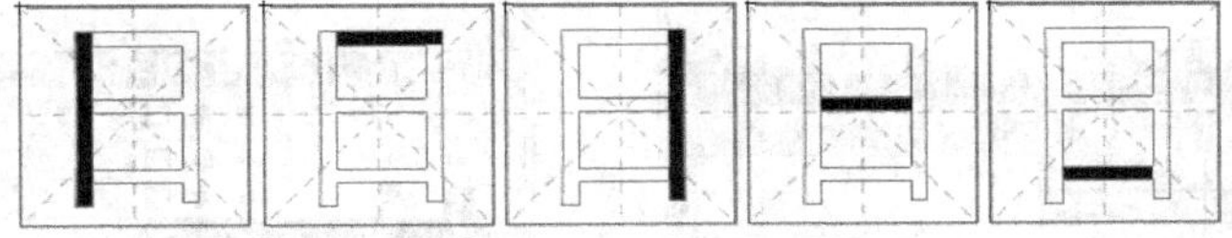

图 8-30 “遮罩”图层各帧内容

步骤 29 在“田字格”、“遮罩”、“轮廓”的第 7 帧处分别插入帧，在“遮罩”图层下和“笔画”图层上创建新图层并命名为“填充”，在“填充”图层第 2 帧处插入关键帧，如图 8-31 所示。

步骤 30 在所有图层第 2 帧和第 3 帧之间插入 10 帧，如图 8-32 所示。

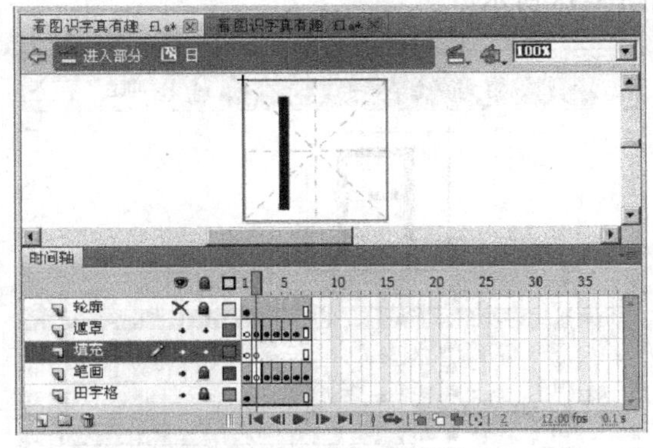

图 8-31 “填充”图层

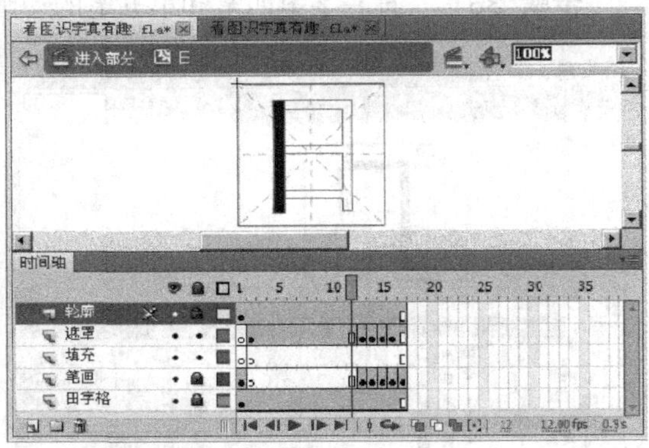

图 8-32 插入帧

步骤 31 在“填充”图层第 2 帧，将“红色填充”元件拖入舞台适当位置，如图 8-33 所示。

步骤 32 打散“红色填充”元件，在“填充”图层第 11 帧处插入关键帧，将“红色填充”元件调整形状到如图 8-34 所示的状态。

步骤 33 为“填充”图层的第 2 帧至第 11 帧创建补间形状动画，并将遮罩图层设置为遮罩层，如图 8-35 所示。

步骤 34 使用同样的方法，为“日”字的第二笔制作动画如图 8-36 所示。

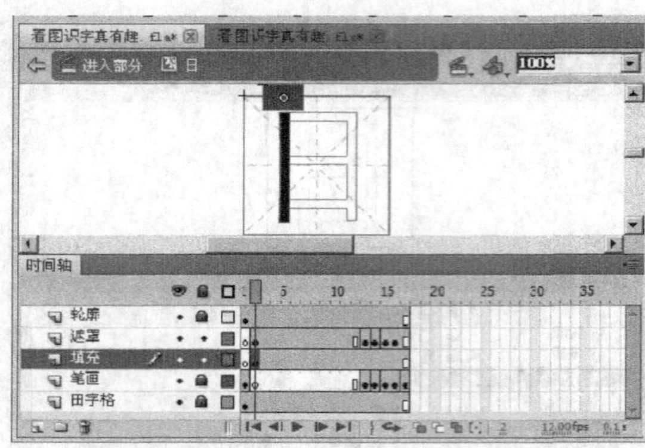

图 8-33 “填充”图层

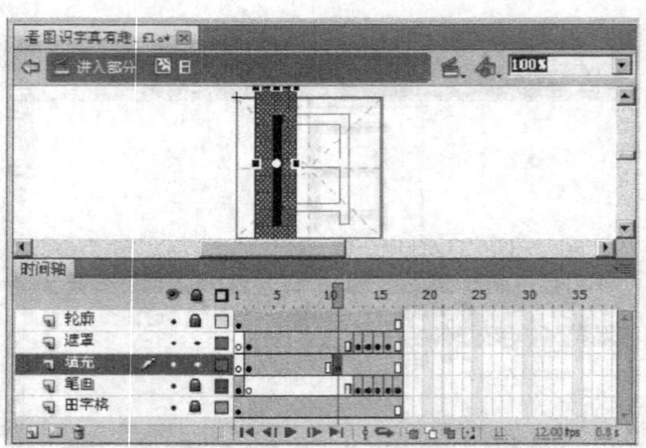

图 8-34 插入关键帧

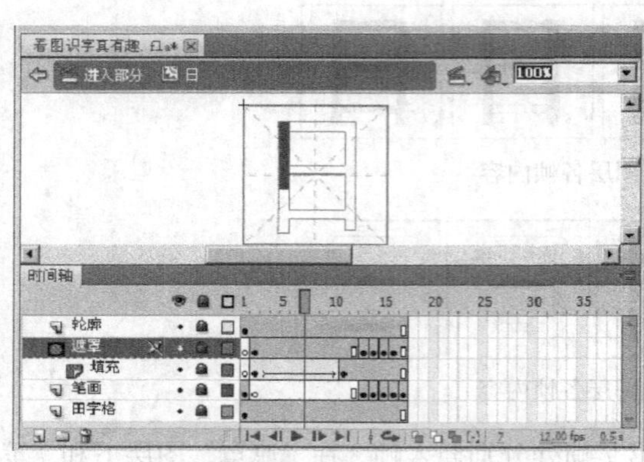

图 8-35 创建动画

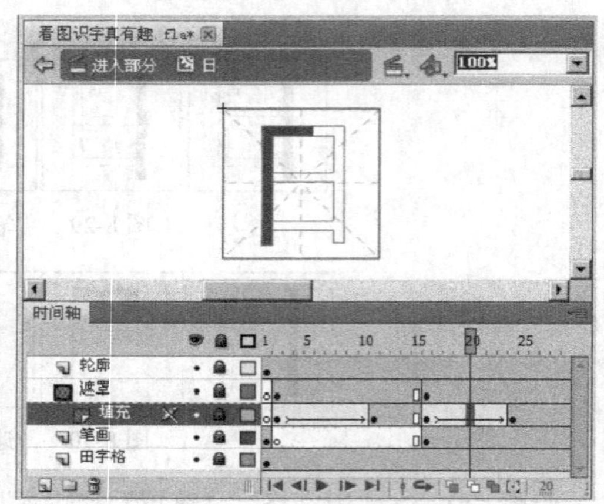

图 8-36 “日”字第二笔

步骤 35 下面是“日”字的第三笔的动画，如图 8-37 所示。

步骤 36 “日”字第四笔和第五笔的动画如图 8-38 所示。

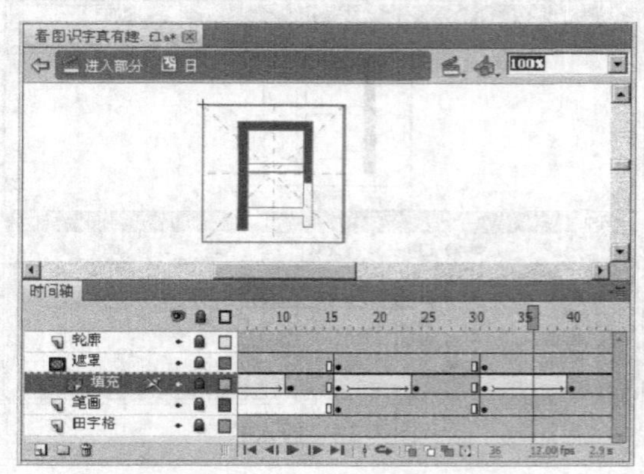

图 8-37 “日”字第三笔

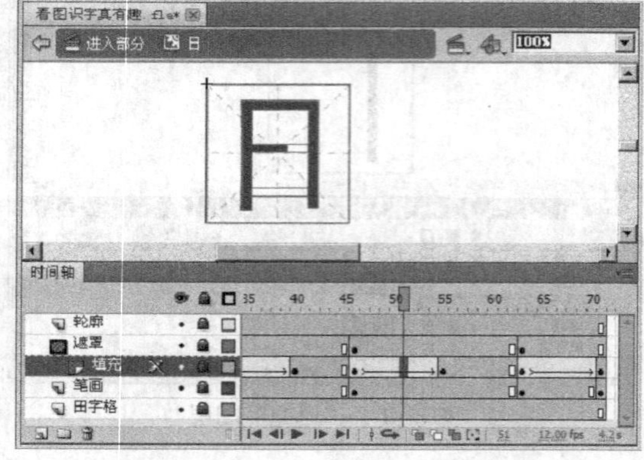

图 8-38 “日”字第四笔和第五笔

步骤 37 新建图层并命名为“action”，在“action”图层的第一帧和最后一帧添加代码“stop();”，如图 8-39 所示。

步骤 38 此时“日”字的书写过程就制作完成了，“火”、“月”和“水”元件内的动画制作过程与“日”元件类似，在这里就不做详细讲解了。

步骤 39　创建影片剪辑元件并命名为“笔画所有”，将“日”、“火”、“月”和“水”元件放到舞台的适当位置，在第 1 帧上添加代码“stop();”，如图 8-40 所示。

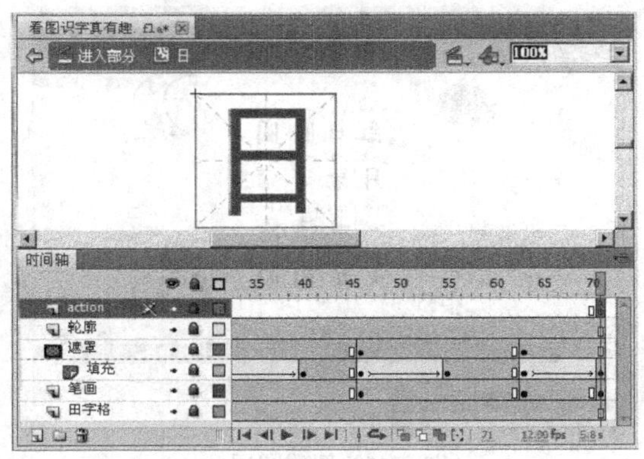

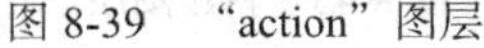

图 8-39　“action”图层

图 8-40　“笔画所有”元件

步骤 40　在元件“日”上添加代码：on (release) {_parent.gotoAndStop(2);}，
在元件“火”上添加代码：on (release) {_parent.gotoAndStop(3);}，
在元件“月”上添加代码：on (release) {_parent.gotoAndStop(4);}，
在元件“水”上添加代码：on (release) {_parent.gotoAndStop(5);}。

步骤 41　在第 2 帧至第 5 帧之间插入空白关键帧，将“日”、“火”、“月”和“水”元件分别放入这 4 个关键帧，并将它们的实例名称命名为“bh”，如图 8-41 所示。

步骤 42　新建图层，在第 2 帧处插入关键帧，将“播放”和“返回”按钮放入第 2 帧的适当位置，如图 8-42 所示。

图 8-41　插入关键帧

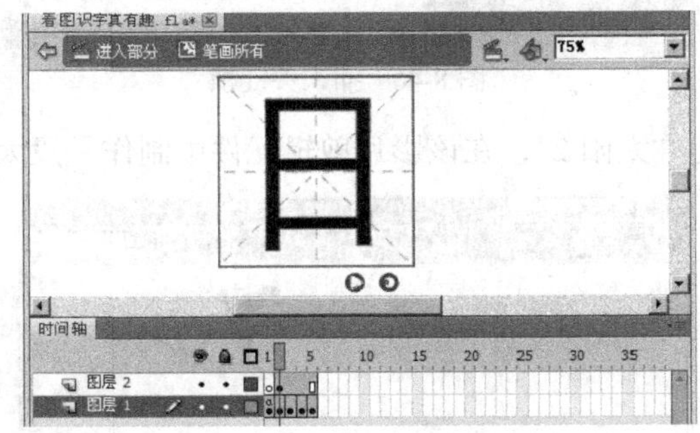

图 8-42　新建图层

步骤 43　在“播放”按钮上添加代码：on (release) {bh.play();}。在“返回”按钮上添加代码：on (release) {gotoAndStop(1);}，如图 8-43 所示。

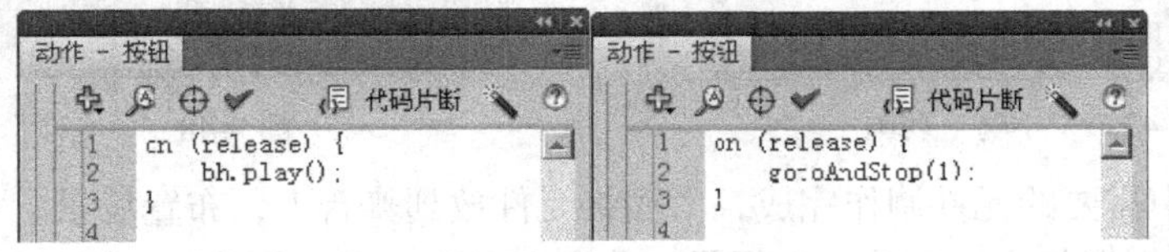

图 8-43　在按钮上添加代码

下面制作“拓展部分”的内容。

步骤 44　创建影片剪辑元件“拓展”，在图层 1 中制作如图 8-44 所示的背景。

步骤 45 新建一个图层，命名为“文字”，在“文字”图层的第 1 帧上添加代码“stop();”，并添加如图 8-45 所示的文字。

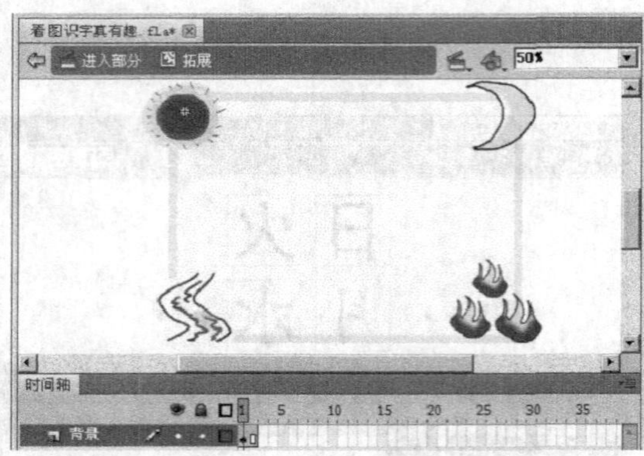

图 8-44　制作背景

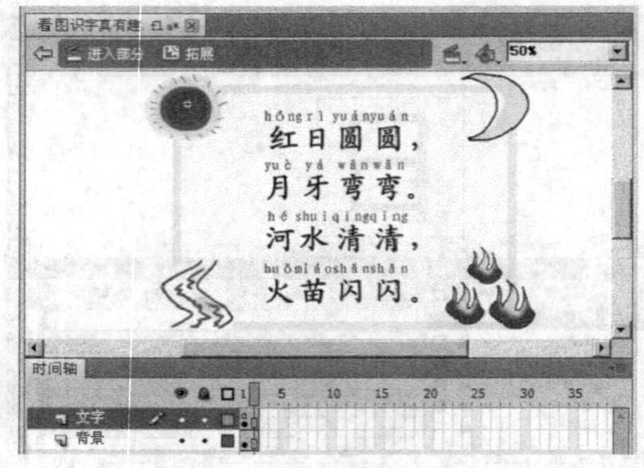

图 8-45　新建图层

图 8-46　插入关键帧

步骤 46 在“文字”图层的第 2 帧处插入关键帧，删除文字上方的拼音，并添加代码“stop();”，如图 8-46 所示。

下面制作“进入部分”需要的元件。

步骤 47 创建一个影片剪辑元件，命名为“小鸟”，建立三个图层，分别命名为“小鸟”、“引导层”和“action”，在“小鸟”和“引导层”中制作一段小鸟沿引导层路线飞翔的动画，在“action”图层的最后一帧中添加代码“stop();”，如图 8-47 所示。

步骤 48 创建一个影片剪辑元件，命名为“太阳 2”，在该影片剪辑元件中制作一段太阳不停转动的动画，如图 8-48 所示。

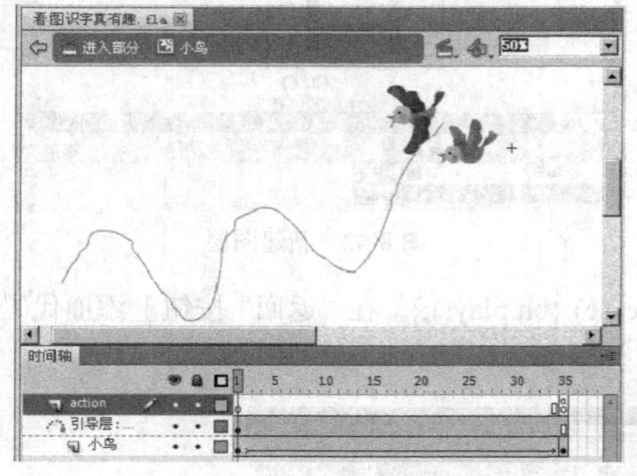

图 8-47　“小鸟”动画

图 8-48　“太阳”动画

至此，课件中需要的元件制作完成，下面将元件放到舞台上，布置场景，完成课件的制作。

步骤 49 根据课件内容创建 4 个场景，分别命名为“进入部分”、“识字部分”、“书写部分”和“拓展部分”，如图 8-49 所示。

步骤 50 选择场景“进入部分”，将图层名称命名为“背景”，从库中导入图片放置于舞台上的合适位置作为背景，如图 8-50 所示。

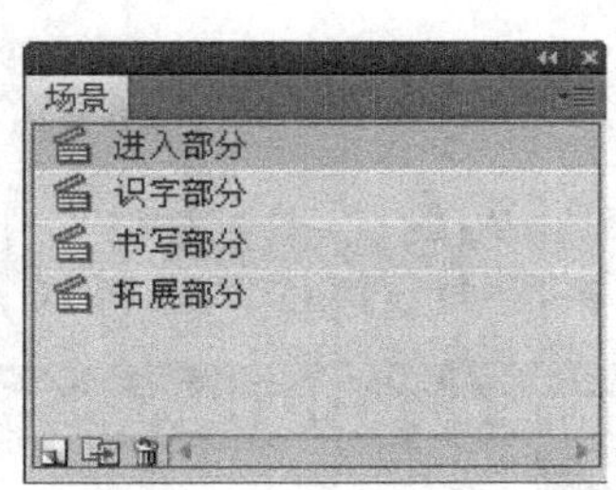

图 8-49　场景安排

图 8-50　导入背景图片

步骤 51　新建“小鸟”图层，将“小鸟”元件放入舞台中合适的位置；新建“太阳”图层，将“太阳 2”元件放入舞台中合适的位置，如图 8-51 所示。

步骤 52　新建“文字”和“声音”图层，将图 8-52 所示的文字输入舞台中合适的位置；并将库中的“开场音乐”声音元件拖入“声音”图层。

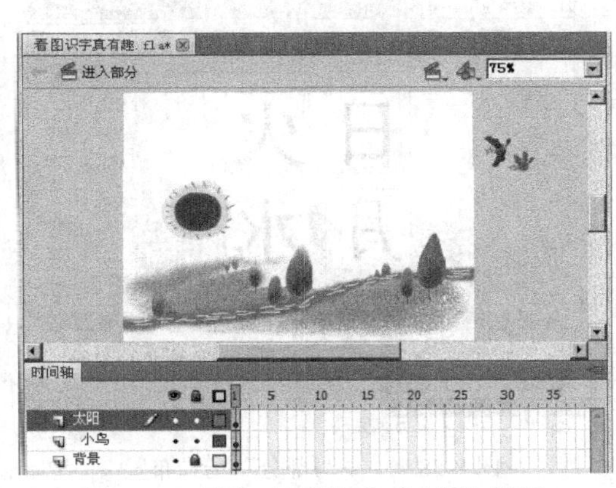

图 8-51　新建“小鸟”和“太阳”图层

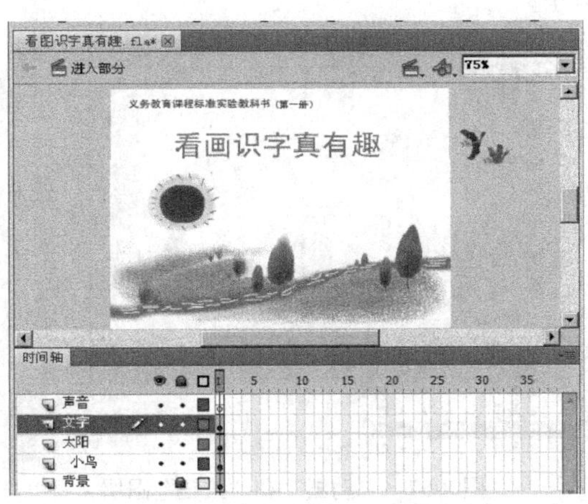

图 8-52　新建“文字”和“声音”图层

步骤 53　新建“按钮”图层，将按钮元件“下一个”放到舞台中“标题文字”的后面，在它上面添加代码：on (release) {play();_parent.t.gotoAndStop(1);}，并为按钮添加【停止所有声音】的行为，如图 8-53 所示。

步骤 54　新建图层并命名“action”，添加如下代码，如图 8-54 所示。

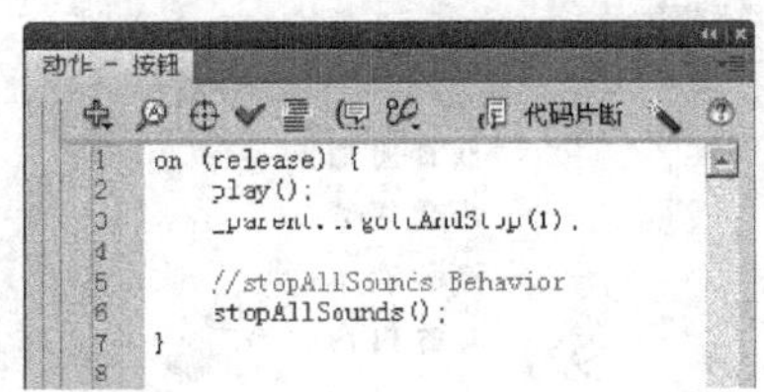

图 8-53　添加代码和行为

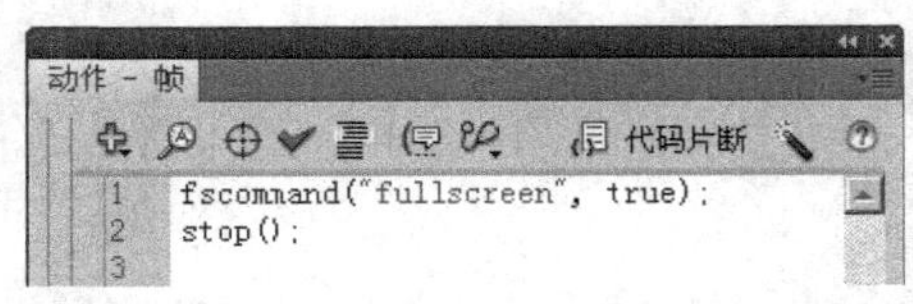

图 8-54　为“action”图层添加代码

步骤 55　至此完成“进入部分”场景的布置，效果如图 8-55 所示。

步骤 56　选择场景“识字部分”，新建两个图层，分别命名为“背景”和“文字”，分别导入背景和输入文字，并在文字图层的第 1 帧中添加代码“stop();”，如图 8-56 所示。

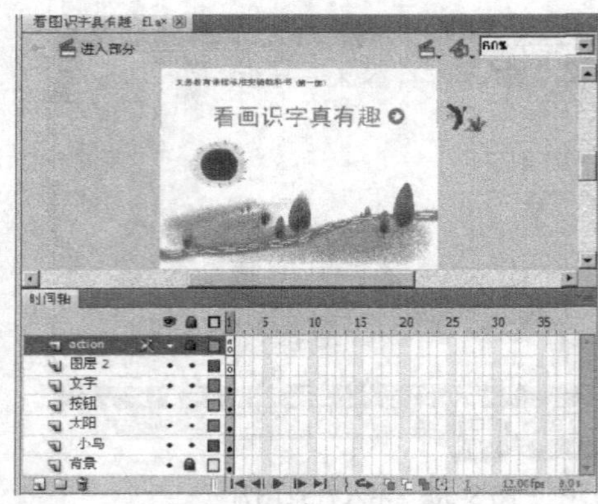

图 8-55 “进入部分”场景

图 8-56 新建“背景”和“文字”图层

步骤 57 在文字图层和背景图层之间新建两个图层，分别命名为“动画”和“按钮”，将“动画所有”元件和“下一个”按钮元件放入舞台中合适的位置，如图 8-57 所示。

步骤 58 选择场景“书写部分”，按照“识字部分”同样的方法来布置场景，效果如图 8-58 所示。

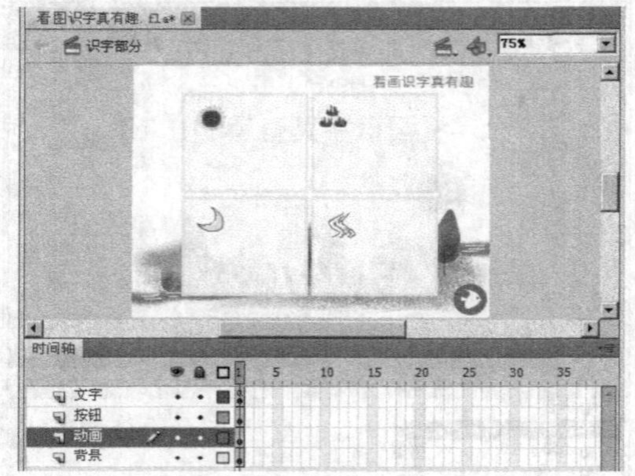

图 8-57 “动画”和“按钮”图层

图 8-58 “书写部分”场景布置

步骤 59 选择场景“拓展部分”，分别建立图层“按钮”和“action”，将“下一个”按钮放置舞台中适当的位置，在“action”图层的第 1 帧中添加代码“stop();”，如图 8-59 所示。

步骤 60 在图层“action”和“按钮”图层之间新建一个图层，命名为“内容”，将“拓展”元件放入舞台中适当的位置，如图 8-60 所示。

图 8-59 “action”和“按钮”图层

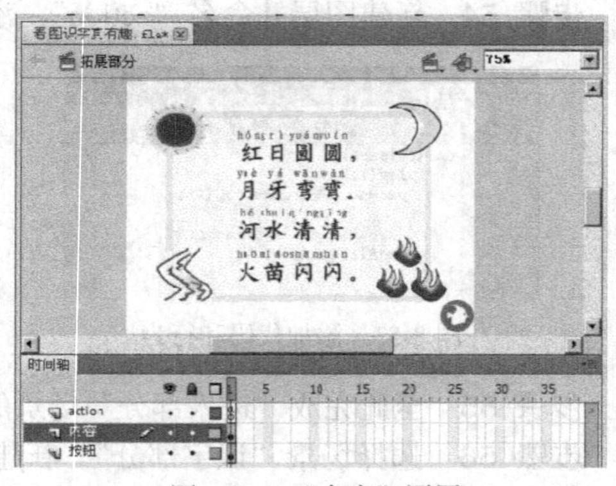

图 8-60 “内容”图层

步骤 61　在“拓展”元件上添加代码，如图 8-61 所示。可以让“拓展”元件在其两个关键帧之间切换。

步骤 62　至此，整个语文课件的制作完成，保存并测试影片，即可进入如图 8-1 所示的操作界面。

图 8-61　添加代码

8.2　制作数学课件

数学学科是一门结构严谨、逻辑性非常强的学科，学习数学需要有很强的抽象思维能力，而且在数学教学过程中不容易使用真实的事物来进行演示。所以交互演示型课件在数学教学中的作用很大，利用交互演示型课件进行数学教学能够提高数学教学的效果和效率。

使用 Flash 能够制作出风格各异、效果多样的交互型动画，可以将抽象的数学问题更直观地展示给学生，有利于激发学生的学习兴趣和对重难点知识的学习。本节通过一个数学课件的制作过程，介绍使用 Flash 制作交互演示型数学课件的方法。

本节制作的是一个数学课件“三边形内角和”。本课件是一个交互演示型课件，课件的效果是能够即时显示角度值，其中涉及的重点知识是在 Flash 代码中如何使用余弦定理。希望通过这节的学习大家能够将本节介绍的在代码中根据数学原理制作交互型课件的方法拓展到数学的其他问题上，从而制作出更多、更实用的交互演示型数学课件。

1．教学分析与课件说明

三角形内角和定理是三角形的三个内角相加等于 180°。制作本课件的目的是在移动三角形的某个顶点的同时，计算并显示出三个内角的角度以及它们的角度之和，课件运行效果如图 8-61 所示。三角形的三个顶点 A、B 和 C 可以任意移动，形成新的三角形，在左侧的动态文本中随时显示∠A、∠B 和∠C 的值以及它们的和。

2．重点知识解析

本小节课件在代码中使用了余弦定理，余弦定理是揭示三角形边角关系的重要定理，直接运用它可以解决一类已知三角形两边及夹角求第三边，或者是已知三个边求角的问题。某三角形如图 8-63 所示。

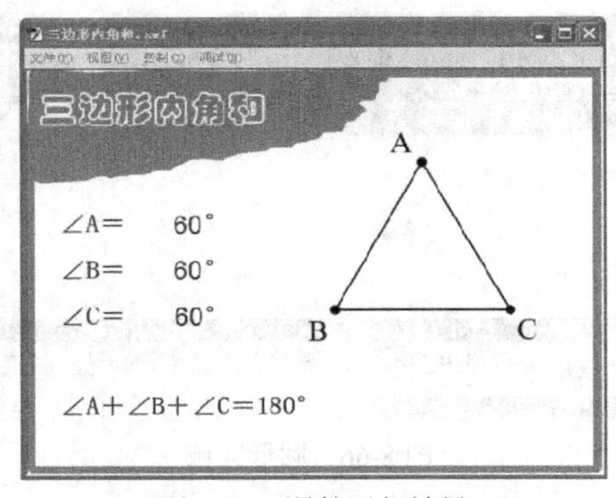

图 8-62　课件运行效果

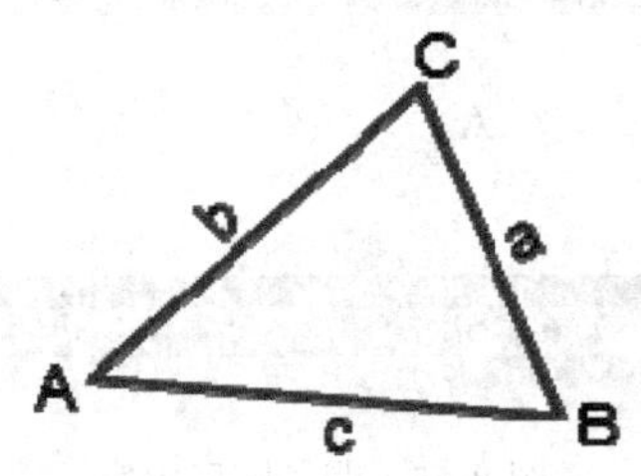

图 8-63　三角形

余弦定理：$\cos\angle A=(b^2+c^2-a^2)/(2bc)$

此时计算∠A 的值的算式为 $\angle A=\mathrm{acos}((b^2+c^2-a^2)\ /(2bc))$，用 ja 代表∠A，代码为 ja=Math.

acos((b*b+c*c−a*a)/(2*b*c))，此时得到的角度为弧度值，转化为角度则需要 ja/Math.PI*180。

如果点 A 的实例名称为 da，点 B 的实例名称为 db，点 C 的实例名称为 dc，那么要计算∠A 的值，则代码如下所示。

```
lin1=dc._x-db._x;
lin2=dc._y-db._y;
biana2=lin1*lin1+lin2*lin2;//得到 a 的平方值
biana=Math.sqrt(biana2);//得到 a 值
lin1=da._x-dc._x;
lin2=da._y-dc._y;
bianb2= lin1*lin1+lin2*lin2;//得到 b 的平方值
bianb=Math.sqrt(bianb2);//得到 b 值
lin1=da._x-db._x;
lin2=da._y-db._y;
bianc2=lin1*lin1+lin2*lin2;//得到 c 的平方值
bianc=Math.sqrt(bianc2);//得到 c 值
lin1=Math.acos((bianb2+bianc2-biana2)/2*bianb*bianc);//得到角 A 的弧度值
ja=lin1/Math.PI*180;//得到∠A 的值，为 ja
```

3. 课件实战

课件“三角形内角和”的具体操作方法是，用鼠标拖动三个角的端点，则在左侧关于角度的提示文本就会发生变化，但三角形的内角和永远都是 180°。制作“三角形内角和”课件的具体操作步骤如下。

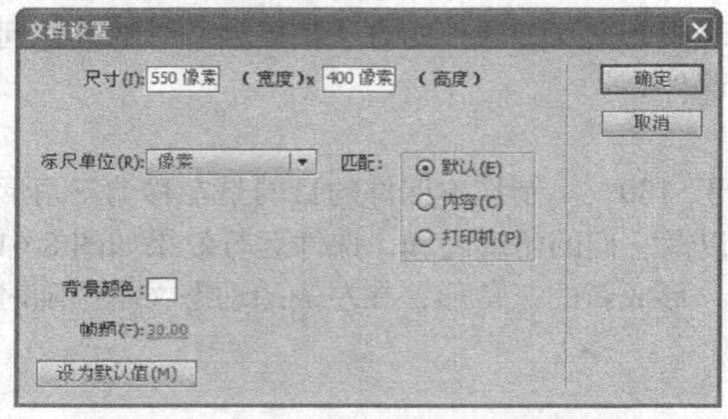

图 8-64 【文档设置】对话框

步骤 1 新建一个 Flash 文档（ActionScript 2.0），将【文档设置】对话框中的【尺寸】设置为 550 像素×400 像素，【背景颜色】设置为“白色”，【帧频】设置为 30fps，如图 8-64 所示。

下面首先制作需要用到的元件，课件中用到的主要元件有三个，即 A 点、B 点和 C 点。

步骤 2 建立一个影片剪辑元件并命名为“A 点”，在元件的注册点位置绘制一个黑色圆形，在圆形的左上角添加字母 A，如图 8-65 所示。

步骤 3 在“图层 1”下新建一个图层，绘制一个圆形区域，将这个区域设置为透明，如图 8-66 所示。

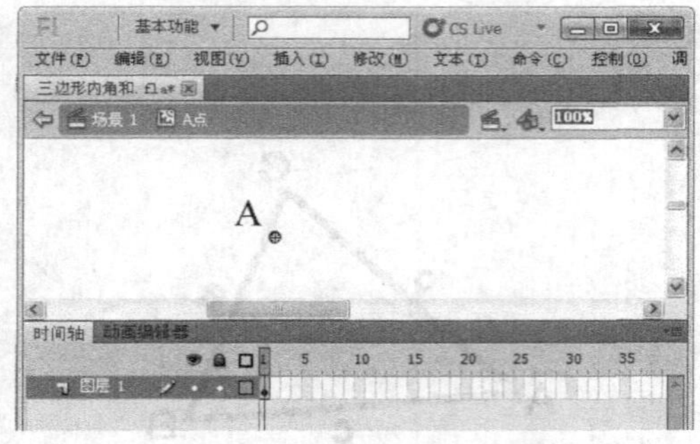

图 8-65 背景图层内容

图 8-66 圆形区域

步骤 4 新建影片剪辑元件并命名为“B 点”，具体内容如图 8-67 所示。

步骤 5 新建影片剪辑元件并命名为“C 点”，具体内容如图 8-68 所示。

图 8-67 “B 点”元件

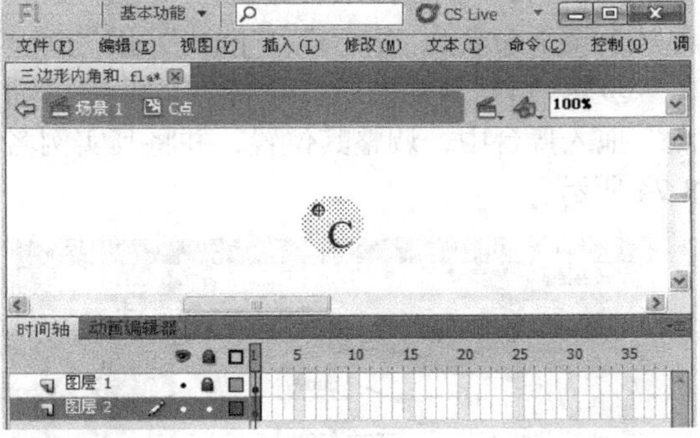
图 8-68 “C 点”元件

至此课件需要的元件就制作完成了，下面布置场景，将元件拖放到舞台上，并对元件实例进行命名。

步骤 6 把场景中的“图层 1”重命名为“背景”，并将素材“背景.png”导入到舞台中调整其位置，效果如图 8-69 所示。

步骤 7 新建图层并命名为“方框”，选择线条工具，并将线条工具【属性】面板中的笔触颜色设置为“#FF9900”，笔触大小设置为“8.00”，【样式】为“实线”，如图 8-70 所示。

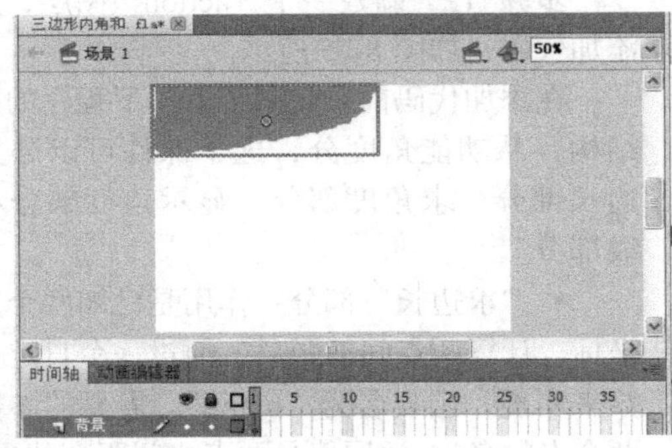
图 8-69 导入素材

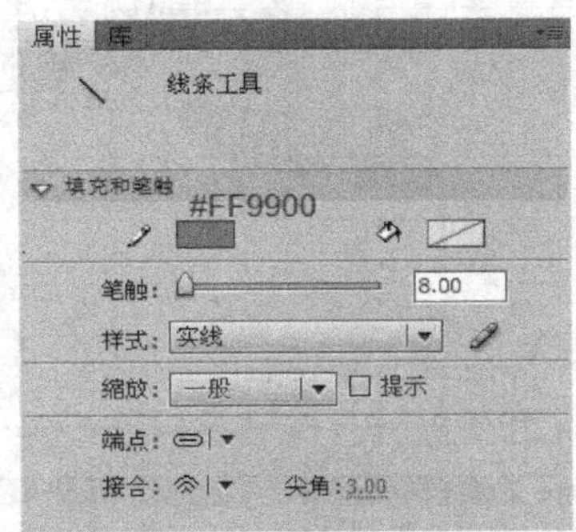

图 8-70 【线条工具】属性设置

步骤 8 将鼠标移至舞台中，在舞台四边缘处绘制四条直线作为背景边框，效果如图 8-71 所示。

步骤 9 新建立一个图层，命名为“文字”，将课件所需要的文字输入舞台中，如图 8-72 所示。

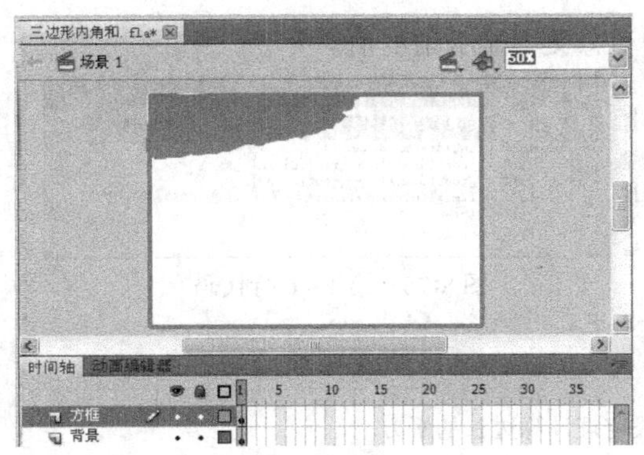
图 8-71 边框图层内容

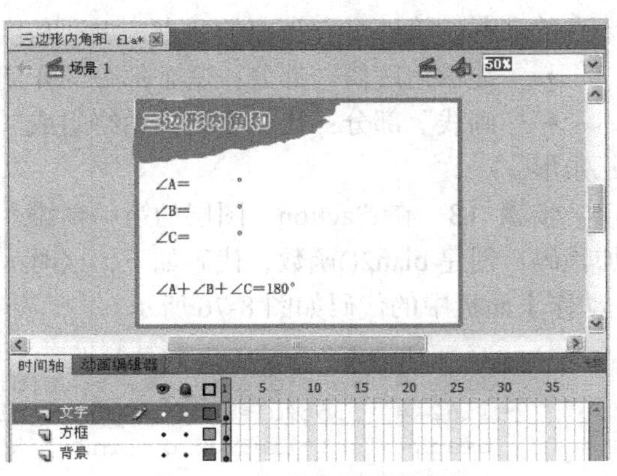

图 8-72 “文字”图层内容

步骤 10 新建图层，命名为“动态文本”，在这个图层上插入三个动态文本，并将其变量名称从上至下命名为“jiaoa”、“jiaob”和“jiaoc”，如图 8-73 所示。

步骤 11 新建图层，命名为“圆点”，将【库】中的影片剪辑元件“A 点”、“B 点”和“C 点”拖入舞台中，调整其位置，并将其实例名称依次命名为“diana”、“dianb”和“dianc”，如图 8-74 所示。

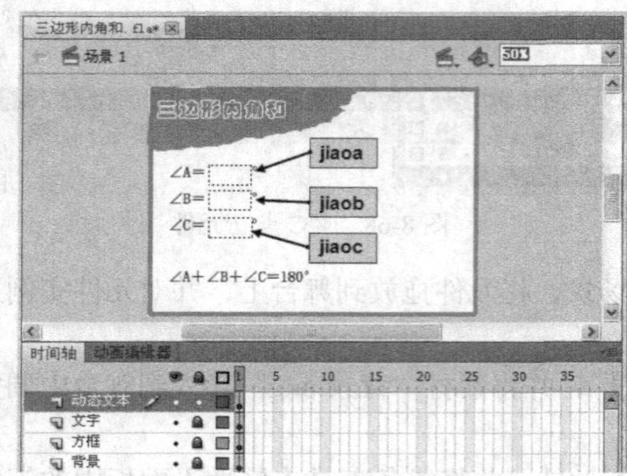

图 8-73 “动态文本”图层及变量命名

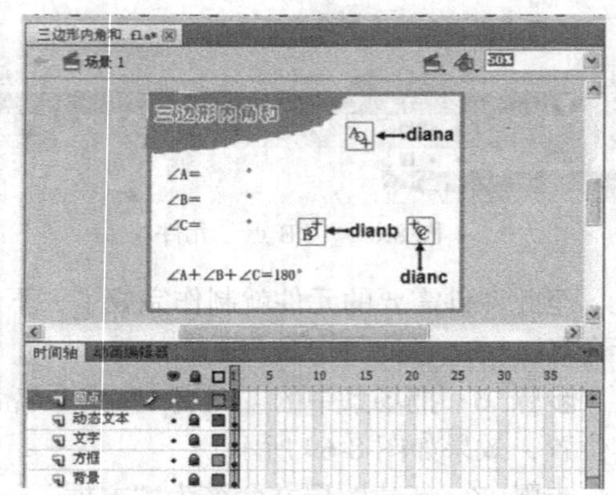

图 8-74 “圆点”图层及实例命名

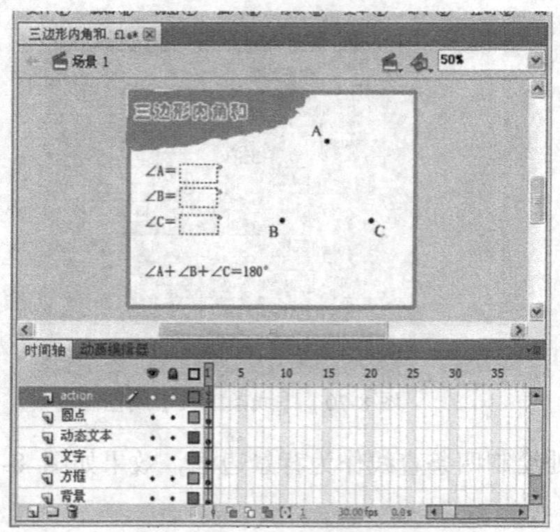

图 8-75 “action”图层

步骤 12 新建一个“action”图层，用来添加代码，如图 8-75 所示。

在添加代码前，先来了解一下程序的总体结构。从功能角度分，这个课件可以分为求边长部分、求角度部分、显示角度部分和画线部分。

- “求边长”部分：作用是已知两个点的坐标，计算两点间的距离。通过一个自定义函数来实现，函数名为“bian2”，需要的参数是两个点的名称，返回值是两点之间距离的平方。
- “求角度”部分：这个部分有两个功能，一是通过余弦定理计算出角度值，二是将角度值保留一位小数。这是通过一个自定义函数实现的，函数名为“yuxiand1”，需要的参数是三个点的名称，第一个点为角的顶点，返回角度值。
- “显示角度值”部分：这个部分的作用是让动态文本显示角度值。
- “画线”部分：让三个线条始终组成三角形。

步骤 13 在“action”图层的第一帧添加代码，创建 bian2()函数，代码如下，这时【动作】面板中的代码如图 8-76 所示。

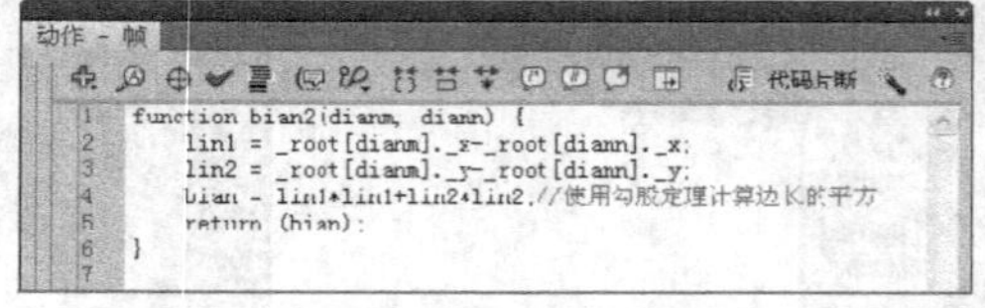
图 8-76 第 1～6 行代码

```
function bian2(dianm, diann) {
    lin1 = _root[dianm]._x-_root[diann]._x;
    lin2 = _root[dianm]._y-_root[diann]._y;
    bian = lin1*lin1+lin2*lin2;//使用勾股定理计算边长的平方
    return (bian);
}
```

步骤 14 在“action”图层的第一帧继续添加代码，创建 yuxiandl()函数，代码如下，这时【动作】面板中的代码如图 8-77 所示。

```
function yuxiandl(diano, dianm, diann) {
    biana2 = _root.bian2(dianm, diann);
    bianb2 = _root.bian2(diano, diann);
    bianb = Math.sqrt(bianb2);//Math.aqrt 作用是计算后面的参数平方根
    bianc2 = _root.bian2(dianm, diano);
    bianc = Math.sqrt(bianc2);//计算余弦定理中的边长及其平方值
    jiao = Math.acos((bianb2+bianc2-biana2)/(2*bianb*bianc))/Math.PI*180;
  //使用余弦定理计算角度值
    jiao1 = jiao-(jiao*10%1)/10;//为角度值保留一位小数
    return (jiao1);
}
```

```
动作 - 帧
代码片断
1   function bian2(dianm, diann) {
2       lin1 = _root[dianm]._x-_root[diann]._x;
3       lin2 = _root[dianm]._y-_root[diann]._y;
4       bian = lin1*lin1+lin2*lin2;//使用勾股定理计算边长的平方
5       return (bian);
6   }
7   function yuxiandl(diano, dianm, diann) {
8       biana2 = _root.bian2(dianm, diann);
9       bianb2 = _root.bian2(diano, diann);
10      bianb = Math.sqrt(bianb2);//Math.aqrt作用是计算后面的参数平方根
11      bianc2 = _root.bian2(dianm, diano);
12      bianc = Math.sqrt(bianc2);//计算余弦定理中的边长及其平方值
13      jiao = Math.acos((bianb2+bianc2-biana2)/(2*bianb*bianc))/Math.PI*180;
14      //使用余弦定理计算角度值
15      jiao1 = jiao-(jiao*10%1)/10;//为角度值保留一位小数
16      return (jiao1);
17  }
action : 1
第 17 行(共 17 行)，第 2 列
```

图 8-77　第 7～17 行代码

步骤 15 在“action”图层的第一帧继续添加代码，代码如下，这时【动作】面板中的代码如图 8-78 所示。

```
_root.onEnterFrame = function() {
    jiaoa = yuxiandl("diana", "dianb", "dianc");
    jiaob = yuxiandl("dianb", "diana", "dianc");
    jiaoc = yuxiandl("dianc", "dianb", "diana");
 //调用自定义函数让动态文本显示角度值
```

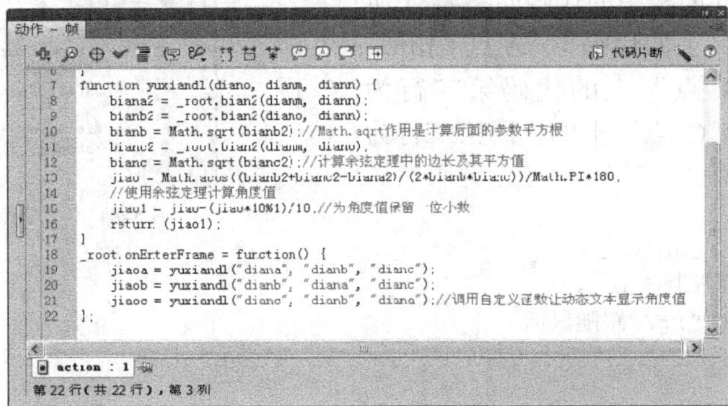

图 8-78　第 18～22 行代码

步骤 16 在“action”图层的第一帧继续添加代码。代码添加在第 22 行大括号的左侧，代码如下，这时【动作】面板中的代码如图 8-79 所示。

```
if (dangqian == 1) {
```

```
jiaoa = 180-jiaob-jiaoc;
}
if (dangqian == 2) {
jiaob = 180-jiaoa-jiaoc;
}
if (dangqian == 3) {
jiaoc = 180-jiaob-jiaoa;
}
```

步骤 17 在“action”图层的第一帧继续添加代码。代码添加在第 32 行大括号的左侧，代码如下，这时【动作】面板中的代码如图 8-80 所示。

```
this.createEmptyMovieClip("xiantiao",0);
xiantiao.lineStyle(2,0x000000,100);
xiantiao.moveTo(diana._x,diana._y);
xiantiao.lineTo(dianb._x,dianb._y);
xiantiao.lineTo(dianc._x,dianc._y);
xiantiao.lineTo(diana._x,diana._y);
//绘制三角形
};//原第 32 行的大括号
dangqian = 1;
```

动作 - 帧

代码片断

```
16      return (jiaol);
17  }
18  _root.onEnterFrame = function() {
19      jiaoa = yuxiandl("diana", "dianb", "dianc");
20      jiaob = yuxiandl("dianb", "diana", "dianc");
21      jiaoc = yuxiandl("dianc", "dianb", "diana");
22
23      if (dangqian == 1) {
24          jiaoa = 180-jiaob-jiaoc;
25      }
26      if (dangqian == 2) {
27          jiaob = 180-jiaoa-jiaoc;
28      }
29      if (dangqian == 3) {
30          jiaoc = 180-jiaob-jiaoa;
31      }
32  };
```

action : 1

第 32 行（共 32 行），第 2 列

图 8-79 第 23～32 行代码

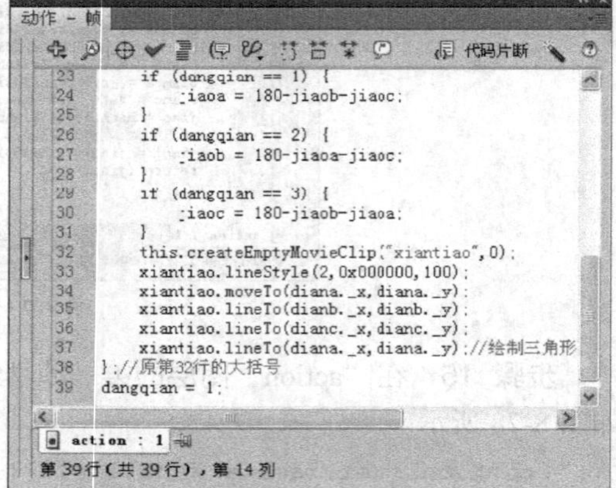

图 8-80 第 32～39 行代码

步骤 18 在“A 点”上添加代码，代码如下所示，这时【动作】面板中的代码如图 8-81 所示。“B 点”和“C 点”上的代码与“A 点”相似，唯一不同的是，“B 点”上的代码第二行为“_root.dangqian=2”，“C 点”上的代码第二行为“_root.dangqian=3”。

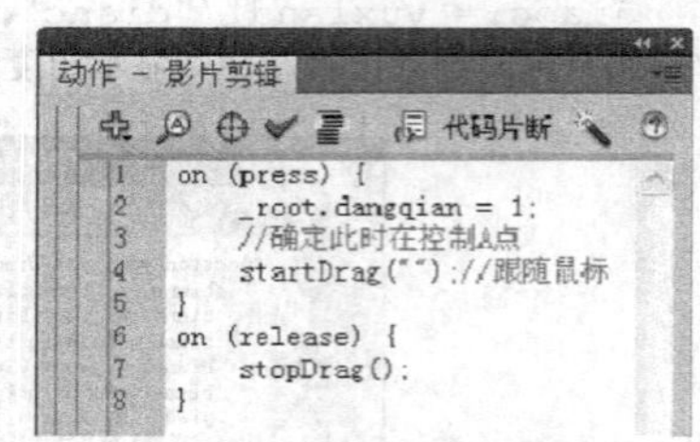

图 8-81 “A 点”上的代码

```
on (press) {
    _root.dangqian = 1;
    //确定此时在控制 A 点
    startDrag("");//跟随鼠标
}
on (release) {
    stopDrag();
}
```

本课件用代码实现了余弦定理，从而方便计算角度值，计算机中的很多计算方法都来自于数学，积累更多的数学知识对于深入学习计算机语言有很大的帮助。

8.3　制作学前课件

制作“儿童节”动画的方法如下。

步骤 1　新建一个 Flash 文档（ActionScript 2.0），将文档的【尺寸】设置为 400 像素×300 像素，【背景颜色】设置为“白色”，【帧频】设置为 12fps，如图 8-82 所示。

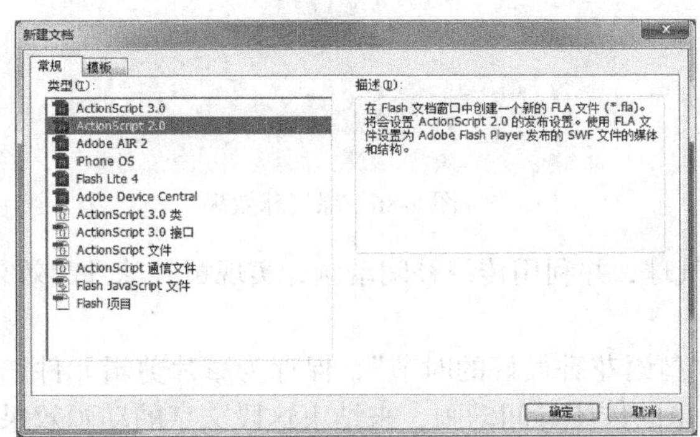

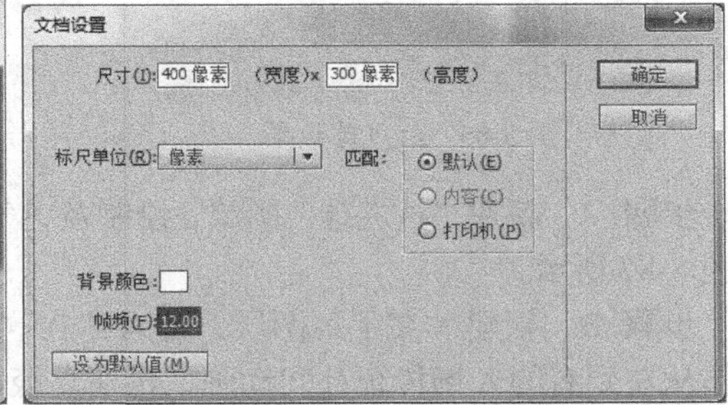

图 8-82　新建文档

步骤 2　建立一个文件夹命名为“Button”，新建按钮元件并命名为“button”，将它放入“Button”文件夹内，它的内容如图 8-83 所示。在【点击】关键帧上改变“replay”的显示状态，之后将背景改为白色。

步骤 3　新建一个文件夹“Sound”，将声音素材 sound1、sound2、sound3 拖入文件夹“Sound”备用。

步骤 4　新建两个文件夹：“Graphic”和“MovieClip”，用来放置图形和影片剪辑元件。在场景中新建“背景”图层，它的内容如图 8-84 所示。首先绘制渐变天空背景，然后分别绘制出白云、太阳、城堡、小朋友、小旗帜、绿草、道路以及铁轨。注意绘制后的完整场景要大于舞台所占面积。

图 8-83　按钮元件

图 8-84　背景图层整体效果

步骤 5　新建“红气球”图层和“引导层”图层，在“红气球”图层绘制红色气球，并在引导层绘制气球升起的路径，如图 8-85 所示。

步骤 6　新建“绿气球”图层，绘制绿色气球，并利用步骤 5 中的方法，实现绿气球升起效果，如图 8-86 所示。

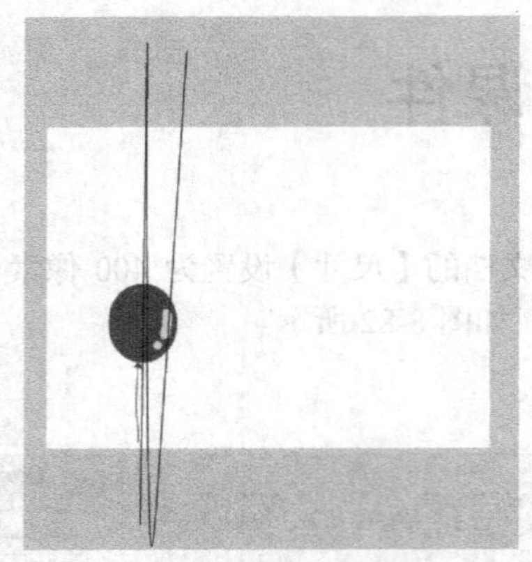

图 8-85 红气球效果

图 8-86 绿气球效果

步骤 7 新建“黄气球”图层，绘制黄色气球，并利用传统补间动画，实现黄气球升起效果，如图 8-87 所示。

步骤 8 新建“文字”图层，键入“在这鸟语花香最好的时节”，保存为影片剪辑元件，并制作从左到右的入场传统补间动画，再建立淡出的传统补间动画，来结束这段文字的动画效果，如图 8-88 所示。

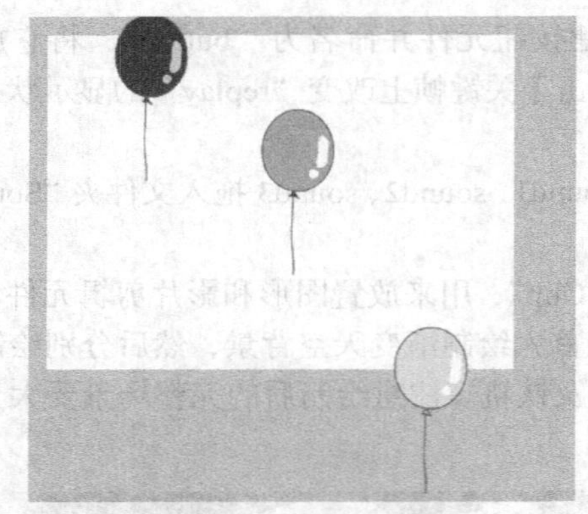

图 8-87 黄气球效果

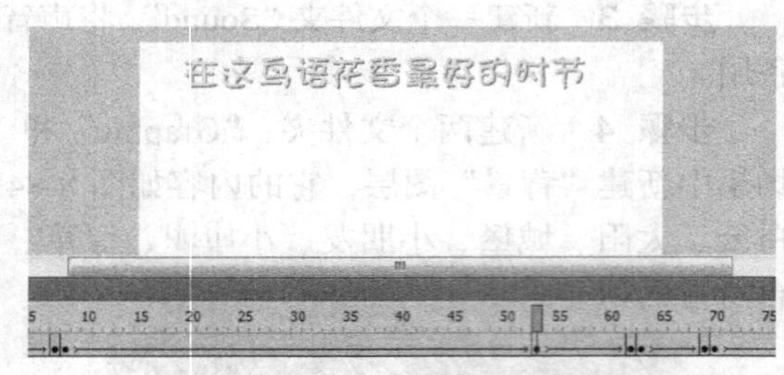

图 8-88 文字层开始阶段效果

步骤 9 在“文字”图层，紧接“在这鸟语花香最好的时节”之后，输入“迎来了我们最可爱的日子”保存为影片剪辑元件，并制作从右到左的淡出传统补间动画，来结束这段文字的动画效果，如图 8-89 所示。

步骤 10 在“文字”图层，紧接“迎来了我们最可爱的日子”之后，输入“亲爱的小朋友”保存为影片剪辑元件，并制作从右到左的传统补间动画，来结束这段文字的整体动画效果，如图 8-90 所示。

图 8-89 文字层中间阶段效果

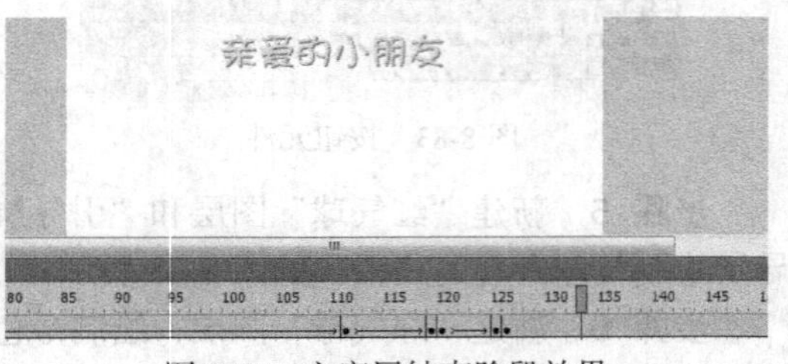

图 8-90 文字层结束阶段效果

步骤 11　新建图层并命名为“声音”，在这个图层上插入 sound1 素材，作为整个动画的背景音乐。

步骤 12　新建图层并命名为“边框”，插入黑色边框，使边框遮住除舞台大小以外的部分，如图 8-91 所示。

步骤 13　新建图层并命名为“按钮”，在最后一帧插入关键帧，在舞台左下角拖入按钮元件“button”，如图 8-92 所示。

图 8-91　“边框”图层

图 8-92　“按钮”图层

步骤 14　新建一个影片剪辑元件，命名为“火车”，建立不同图层，分别绘制出车身、车厢、车头、车轮，如图 8-93 所示。

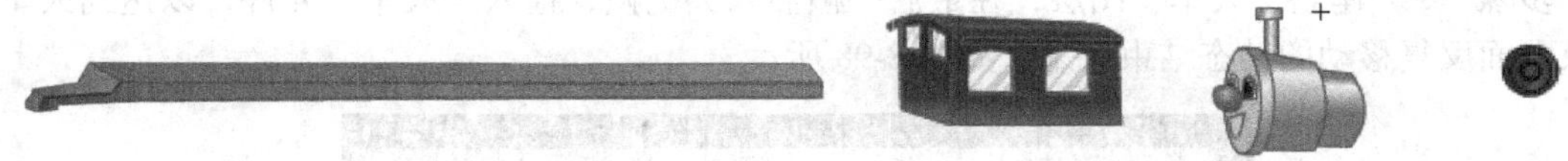

图 8-93　火车的“车身”、“车厢”、“车头”和“车轮”

步骤 15　在“火车”元件中将“车身”和“车头”拼接，并复制“车厢”和“车轮”，并拼成整列火车，如图 8-94 所示。

图 8-94　整列火车效果

步骤 16　绘制小朋友和气球元件，并分别放在火车车窗的位置，如图 8-95 所示。

图 8-95　车窗位置小朋友举气球效果

步骤 17　建立遮罩层，遮住所有小朋友和气球的车窗以上部分，以达到显示时小朋友在车窗探出头的效果，如图 8-96 和图 8-97 所示。

图 8-96　遮罩层效果图

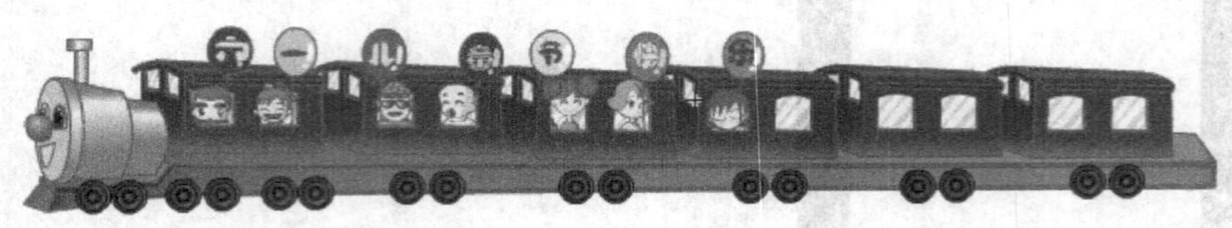

图 8-97　火车内小朋友举气球效果

步骤 18　在火车元件内新建事件声音图层，插入 sound2。并利用传统补间动画制作火车从右向左的移动动画。

步骤 19　建立“火车”图层，在最后一帧插入关键帧，拖入“火车”元件，以达到火车在结束画面反复移动的动态结束效果，如图 8-98 所示。

图 8-98　结束部分的动画效果

步骤 20　建立“代码”图层，在最后一帧键入“{stop ();}”，并在按钮部分加入功能代码，如图 8-99 所示。

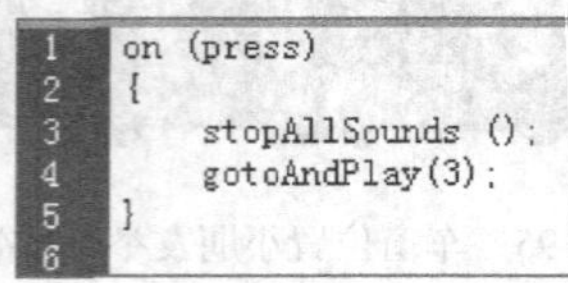

```
on (press)
{
    stopAllSounds ();
    gotoAndPlay(3);
}
```

图 8-99　按钮代码

步骤 21　至此，整个儿童动画的制作完成，保存并测试影片。